人类减贫史上的中国奇迹

——中国扶贫改革40周年论文集

国 务 院 扶 贫 办 政 策 法 规 司
国务院扶贫办全国扶贫宣传教育中心 | 组织编写

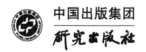

中国出版集团
研究出版社

图书在版编目 (CIP) 数据

人类减贫史上的中国奇迹：中国扶贫改革 40 周年论
文集 / 国务院扶贫办政策法规司，国务院扶贫办全国扶
贫宣传教育中心编写 . —— 北京：研究出版社，2018.10
ISBN 978-7-5199-0528-6

Ⅰ. ①人… Ⅱ. ①国… ②国… Ⅲ. ①扶贫 – 中国 –
文集 Ⅳ. ① F126–53

中国版本图书馆 CIP 数据核字 (2018) 第 242841 号

出 品 人：赵卜慧
策　　划：张　博
责任编辑：寇颖丹　张　博

人类减贫史上的中国奇迹：中国扶贫改革40周年论文集
RENLEI JIANPINSHISHANG DE ZHONGGUO QIJI：ZHONGGUO FUPIN GAIGE
40 ZHOUNIAN LUNWENJI

国务院扶贫办政策法规司　国务院扶贫办全国扶贫宣传教育中心　组织编写

研究出版社 出版发行
（100011　北京市朝阳区安华里 504 号 A 座）

北京建宏印刷有限公司　新华书店经销

2018 年 11 月第 1 版　2018 年 11 月北京第 1 次印刷
开本：710 毫米 ×1000 毫米 1/16　印张：29
字数：429 千字

ISBN 978 – 7 – 5199 – 0528 – 6　定价：78.00 元

邮购地址 100011　北京市朝阳区安华里 504 号 A 座
电话（010）64217619　64217612（发行中心）

《人类减贫史上的中国奇迹——中国扶贫改革40周年论文集》

编印说明

　　40 年前，中国开启了改革开放历史征程，书写了国家和民族发展的壮丽史诗。进入 20 世纪 80 年代中期，我国实施有组织、有计划、大规模的扶贫开发，取得了显著成就。党的十八大以来，以习近平同志为核心的党中央把脱贫攻坚摆到治国理政的重要位置，以前所未有的力度加以推进，全党全国全社会以习近平关于扶贫工作的重要论述为根本遵循，奋力攻坚，脱贫攻坚战取得了决定性进展，创造了历史上最好的减贫成绩。为纪念中国扶贫改革 40 周年，国务院扶贫办决定于 2018 年 11 月召开中国扶贫改革 40 周年座谈会，会前开展主题征文活动，旨在进一步引导广大干部群众深入学习领会习近平关于扶贫工作的重要论述，深化精准扶贫精准脱贫理论创新和实践创新，彰显扶贫开发的中国道路与中国模式，为全球减贫事业提供中国方案，贡献中国智慧。

　　2018 年 4 月在国务院扶贫办综合司、政策法规司支持指导下，全国扶贫宣传教育中心开展"中国扶贫改革 40 周年"主题征文活动。至 7 月 15 日截止收稿，共收到投稿论文 2837 篇。全国扶贫宣传教育中心邀请相关领域专家学者组成初审、复审专家组，有序开展论文评审工作。专家组对初审评分的前 511 篇论文提出修改意见，经作者修改后进行匿名复审（百分制打分），评选出 118 篇优秀论文。国务院扶贫办领导、各司各单位主要负责同志对优秀征文进行了审读。综合考虑专家评审、扶贫办有关负责同志的审读意见，确定 29 篇征文汇编成论文集。经批准，《人类减贫史上的中国奇迹——中国扶贫改革 40 周年论文集》由中国出版集团研究出版社出版发行，供学习交流。

国务院扶贫办政策法规司

国务院扶贫办全国扶贫宣传教育中心

2018 年 9 月

目 录
CONTENTS

创造人类反贫困历史的中国奇迹

——改革开放 40 年我国扶贫工作的重大成就与经验

中共国务院扶贫办党组

消除贫困实现共同富裕，是社会主义的本质要求，是中国共产党人的伟大使命。中国共产党和中国政府历来高度重视扶贫工作，新中国成立特别是改革开放 40 年来，中国共产党带领全国人民矢志不渝、接力奋斗，走出了一条中国特色扶贫开发道路，取得了举世瞩目的扶贫成就，创造了人类减贫史上的中国奇迹，加速了世界减贫进程。这既是中华民族进步的重要标志，也是对人类发展进步作出的卓越贡献。

一、改革开放 40 年来我国扶贫开发的历史进程和重大成就

改革开放初期，党中央尊重人民群众的首创精神，通过部署和推动以家庭联产承包为基础、统分结合的双层经营体制，实施提高农产品价格、发展农村商品经济等配套改革，极大地解放了农村生产力。1982 年，启动"三西"专项扶贫计划。1984 年中共中央发布《关于帮助贫困地区尽快改变面貌的通知》。从 1978 至 1985 年，农村经济体制的深刻变革，为农村经济的超常规增长和贫困人口的大幅减少提供了强劲动力。按当时标准，有 50% 未解决温饱的农村人口在这期间解决了温饱问题。按现在的扶贫标准，有超过 1 亿农村人口在这期间摆脱了贫困。1986 年，国家成立了专门机构专责推进有组织、大规模、有计划的开发式扶贫。划定 18 个集中连片贫困地区和一批国家级、省级贫困县，探索并实施以区域开发带动扶贫为重点的开发式扶贫。按 1984 年贫困标准，全国农村未解决温饱的人口从 1985 年的 1.25 亿人减少到 1993

年的 7500 万人，平均每年减少 625 万人。1994 年，国家颁布实施《国家八七扶贫攻坚计划（1994—2000 年）》，增加扶贫开发投入，建立东部沿海地区支持西部欠发达地区的扶贫协作机制，推行入户项目支持、最低生活救助、劳动力转移、生态移民等综合性扶贫措施。1993—2000 年，按当时的贫困标准，全国未解决温饱的农村人口减少到 3209 万人。

新千年伊始，中共中央、国务院颁布《中国农村扶贫开发纲要（2001—2010 年）》继续推进扶贫开发事业。这一时期，在全国中西部地区确定了 592 个国家扶贫开发重点县，把贫困瞄准重心下移到村，全国范围内确定了 14.8 万个贫困村，全面推进以整村推进、产业发展、劳动力转移为重点的综合扶贫措施。2007 年在全国范围全面实施农村最低生活保障制度，扶贫开发进入扶贫开发政策与最低生活保障制度衔接的阶段，国家贫困治理体系进一步完善。到 2010 年，按照 1196 元的贫困标准线，全国贫困人口已经减少到 2688 万人。2011 年，中共中央、国务院颁布实施《中国农村扶贫开发纲要（2011—2020 年）》，提出了新的扶贫目标和扶贫战略，将连片特困地区作为扶贫开发的主战场，扶贫标准提高 92%。至 2012 年底，贫困人口为 9899 万人。

党的十八大以来，党中央全面深化扶贫领域改革，创新扶贫思路举措和体制机制，颁布《中共中央 国务院关于打赢脱贫攻坚战的决定》，明确脱贫攻坚的目标标准，确立精准扶贫、精准脱贫的基本方略，全面打响脱贫攻坚战。习近平总书记亲自部署、亲自挂帅、亲自出征、亲自督战，脱贫攻坚取得了决定性进展，创造了我国减贫史上最好成绩。2013—2017 年，现行标准下的农村贫困人口从 9899 万人减少到 3046 万人，累计减贫 6853 万人，年均减贫 1370 万人，解决区域性整体贫困迈出坚实步伐。脱贫攻坚促进了贫困地区经济社会发展，贫困地区内生发展活力和动力明显增强，贫困地区基层治理能力和管理水平、农村基层党组织凝聚力和战斗力明显提升，形成了全社会合力攻坚的局面，贫困人口自我发展能力不断提高。

改革开放 40 年来，我国在减少贫困人口、提高居民生活质量方面取得了重大进步。按照农民年人均纯收入 2300 元扶贫标准，农村贫困人口从 1978

年的 7.7 亿人减少到 2017 年的 3000 多万人，减少了 7 亿多人。按照 2011 年购买力平均每天 1.9 美元的贫困标准，1981—2012 年全球贫困人口减少了 11 亿人，降幅 55.1%，同期中国贫困人口减少了 7.9 亿人，占全球减少贫困人口的 71.82%，同时为全球减贫事业贡献了中国智慧和中国方案。我国扶贫工作的巨大成就，显著提升了我国的软实力，彰显了中国共产党领导的政治优势和社会主义制度优势，更加坚定了"四个自信"。

二、改革开放 40 年来我国扶贫工作的基本经验

在长期的扶贫开发实践中，我国积累了宝贵的扶贫工作经验，这些经验集中体现在以下七个坚持。

一是坚持党的领导，发挥制度优势。不断加强和改善党对扶贫工作的领导，建立强化中央统筹、省负总责、市县抓落实的工作机制，省、市、县、乡、村五级书记抓扶贫。实施跨部门的扶贫工作协调机制，按照中央扶贫工作重大决策部署制定政策举措，组织实施项目。国家建立扶贫工作组织领导机构，不断提升扶贫工作队伍的能力。全面强化贫困地区农村基层党组织领导核心地位，切实提升贫困村党组织的战斗力。充分利用各种传媒手段，为扶贫工作营造良好舆论氛围。建立最严格的考核制度，督促各地、各部门落实扶贫工作责任。

二是坚持改革开放，将扶贫工作纳入经济社会发展总体布局。改革开放 40 年来国民经济健康快速增长，为大规模减贫奠定了物质基础。国家在制定经济社会发展中长期规划的过程中，始终把促进区域协调发展、缩小居民收入差距作为重要目标。"十三五"国民经济社会发展规划单独编制了脱贫攻坚子规划。20 世纪 90 年代中期以来，连续制定《国家八七扶贫攻坚计划（1994—2000 年）》《中国农村扶贫开发纲要（2001—2010 年）》《中国农村扶贫开发纲要（2011—2020 年）》三个中长期扶贫规划，分阶段明确扶贫对象、奋斗目标、主要途径、政策措施、组织保障，持续推进扶贫事业。

三是坚持与时俱进，分阶段确定扶贫标准和目标任务。从国情出发确定扶贫标准，是制定国家扶贫战略和政策体系的前提和基础。随着我国国民经

济社会发展和居民收入水平的普遍提高，国家根据贫困人口特征变化，先后三次确定扶贫标准，让改革和发展成果惠及更多贫困群众。现行贫困标准在基本生存需求以外，考虑了教育、卫生、住房等发展需要。根据发展不平衡的状况，制定了"各省（自治区、直辖市）可根据当地实际制定高于国家扶贫标准的地区扶贫标准"的政策。每一次标准调整后，国家规划的目标任务都是逐步减少该标准下的贫困人口。

四是坚持精准方略，采取有针对性的扶持措施。改革开放以来，我国农村减贫的驱动力量包括制度变革、经济增长拉动、普惠政策覆盖、专项减贫计划，针对不同阶段的主要致贫因素，这些措施发挥不同作用。党的十八大以来，随着农民生活水平普遍提高、贫困人口的大幅减少，党中央明确提出了实施精准扶贫、精准脱贫的基本方略，要求做到扶持对象精准、项目安排精准、资金使用精准、措施到户精准、因村派人精准、脱贫成效精准，根据致贫原因分类施策，通过发展生产脱贫、转移就业脱贫、易地扶贫搬迁、社会保障兜底、教育扶贫、健康扶贫、生态扶贫、资产收益扶贫等途径脱贫致富，解决好扶持谁、谁来扶、怎么扶、如何退的问题。

五是坚持广泛参与，形成了跨地区、跨部门、跨领域的社会扶贫体系。组织实施东西部扶贫协作，逐步形成东部省市对口帮扶中西部省区市的工作格局，同时动员全国支援西藏、新疆南疆四地州和四川、云南、甘肃、青海四省藏区。组织开展党政机关定点帮扶贫困县，探索完善行业扶贫政策的有效方式。鼓励支持各类企业、社会组织、个人参与脱贫攻坚，促进不同社会阶层之间的相互交流。

六是坚持开发扶贫，激发贫困地区贫困人口的内生动力。实施开发式扶贫方针，把扶贫开发作为脱贫致富的主要途径，鼓励贫困地区广大干部群众发扬自力更生、艰苦奋斗的精神，在国家和社会各方面扶持下，以市场需求为导向，依靠科技进步和组织创新，通过发展产业、转移就业、生态建设、扶贫搬迁、危房改造等多种途径，实现脱贫致富。改善贫困地区交通、水利、电力、通信等基础设施，提高发展水平，为贫困群众脱贫致富创造条件。发展贫困地区教育、卫生、社保等社会事业，为贫困人口建设覆盖各方面的安全网。注重扶贫与扶志扶智相结合，深入细致做好群众的思想工作，摆脱思想贫困、意识贫困。

七是坚持合作共赢，携手共建人类命运共同体。消除贫困是人类的共同使命，我们注重加强减贫领域国际合作与交流。中国政府积极响应联合国千年发展目标和2030年可持续发展议程，在减贫目标的实现上作出积极贡献。改革开放之初，我们引进国际资金、项目和经验，促进国内扶贫事业发展。进入21世纪后，中国在致力于自身消除贫困的同时，积极开展南南合作，发起"一带一路"倡议，力所能及地向其他发展中国家提供不附加政治条件的援助，支持和帮助广大发展中国家特别是最不发达国家消除贫困。在中非、中拉和中国东盟合作框架内，开展考察、培训交流等项目，加强与发展中国家的合作，共同促进减贫事业。

以上七个坚持，是中国特色扶贫开发道路的主要内容，是中国特色社会主义道路的重要组成部分，是全球减贫事业的中国智慧和中国方案。不同政治倾向的国际组织，不同社会制度的国家，对于中国扶贫开发的成就和经验都给予高度肯定，认为中国创造了有利于贫困人口的发展模式，所形成的经验值得学习借鉴。

当前，我国脱贫攻坚进入到攻坚拔寨阶段。习近平总书记在党的十九大报告中把精准脱贫作为全面建成小康社会必须打好的三大攻坚战之一作出重大部署，为打赢脱贫攻坚战提供了行动指南。《中共中央 国务院关于打赢脱贫攻坚战三年行动的指导意见》，全面部署2018—2020年脱贫攻坚工作，是今后三年打赢脱贫攻坚战的行动方案。未来三年，我们将坚持改革开放40年形成的扶贫工作基本经验，全面贯彻党的十九大精神，以习近平新时代中国特色社会主义思想为指导，充分发挥政治优势和制度优势，始终加强党对扶贫工作的领导。我们将坚持精准扶贫、精准脱贫的基本方略，坚持中央统筹、省负总责、市县抓落实的工作机制，坚持大扶贫工作格局，坚持脱贫攻坚目标和现行扶贫标准，聚焦深度贫困地区和特殊贫困群体，突出问题导向，优化政策供给，下足"绣花"功夫，着力激发贫困人口内生动力，着力夯实贫困人口稳定脱贫基础，着力加强扶贫领域作风建设，切实提高贫困人口获得感。我们将围绕完成 3000 万人脱贫、680 个贫困县摘帽，实现政府、市场、社会互动，专项扶贫、行业扶贫和社会扶贫联动，一年一个新进展，三年全面完成任务，确保到 2020 年贫困地区和贫困群众同全国人民一道进入全面小康社会，为实施乡村振兴战略打好基础。

习近平总书记关于扶贫工作重要论述中的马克思主义哲学底色

——学习习近平总书记有关扶贫工作的重要论述

王倩蕾

（中央党史和文献研究院，北京 西城，100017）

摘要： 党的十八大以来，以习近平同志为核心的党中央自觉运用马克思主义哲学理论指导脱贫攻坚实践，扶贫开发工作取得重大进展，为决胜全面建成小康社会提供了坚实保证。习近平总书记在扶贫开发工作中对马克思主义哲学的运用主要表现在三个方面。第一，运用辩证唯物论思想，坚持实事求是、因地制宜，同时注重发挥意识能动的反作用。第二，运用唯物辩证法，坚持用联系、发展、全面的眼光看问题；运用矛盾分析法，抓主要矛盾；坚持具体问题具体分析，提出精准扶贫、精准脱贫思想。第三，运用历史唯物主义思想，坚持发展为了人民、发展依靠人民、发展成果由人民共享，并且十分尊重社会存在对社会意识的决定作用。通过学习这些思想，我们可以看到，习近平总书记是在实践中推动理论创新的典范，习近平总书记关于扶贫工作的重要论述是新时代中国特色社会主义思想的重要组成部分，不仅为我国决胜全面建成小康社会提供了科学指导，也为广大发展中国家的减贫事业贡献了中国方案和中国智慧。

关键词： 扶贫开发；马克思主义哲学；辩证唯物主义；历史唯物主义

作者简介：王倩蕾，中央党史和文献研究院副主任科员、助理研究员。

马克思主义哲学是中国共产党人的看家本领，我们党一直非常重视用马克思主义哲学来指导实践。党的十八大以来，以习近平同志为核心的党中央锐意进取、攻坚克难，带领全国人民取得脱贫攻坚战的决定性进展，这其中贯穿着马克思主义哲学的理论光辉和实践指导，是马克思主义哲学在当代中国脱贫攻坚实践中的最鲜活运用。自觉运用马克思主义哲学指导脱贫攻坚实践，是习近平总书记关于扶贫工作重要论述中的一个十分鲜明的特色，为我们打赢脱贫攻坚战，全面建成小康社会提供了科学理论指导和行动指南。

一、辩证唯物论思想

马克思主义哲学指出，物质第一性，意识第二性，世界统一于物质，物质决定意识，意识对物质具有能动的反作用。习近平总书记尊重辩证唯物论原理，在扶贫开发中多次指出，要尊重规律、实事求是，一切从客观实际出发。"求真务实、真抓实干。要把调查研究作为基本功，坚持从实际出发谋划事业和工作，使想出来的点子、举措、方案符合实际情况。"[①]同时，也要注意运用意识的反作用，讲究方法、提振精神，发挥主观能动性，"就是要把物质力量和精神力量结合起来，把人心和力量凝聚到实现'两个一百年'奋斗目标、实现中华民族伟大复兴的中国梦上来"。[②]

（一）坚持实事求是，从贫困地区实际出发制定政策措施

实事求是，首先目标要合理。习近平总书记在深度贫困地区脱贫攻坚座谈会上提出 8 条要求，其中第一条就是合理确定脱贫目标。党中央对 2020 年脱贫攻坚的目标已有明确规定，即到 2020 年，稳定实现农村贫困人口"两不愁、三保障"，确保我国现行标准下农村贫困人口实现脱贫，贫困县全部摘帽，解决区域性整体贫困。深度贫困地区在实现这个目标的同时"要坚持实事求是，不好高骛远，不吊高各方面胃口"。[③]"脱贫和高标准的小康是两码事。我们不是一劳永逸，毕其功于一役。相对贫困、相对落后、相对差距将长期

---

① 《在同中央党校县委书记研修班学员座谈时的讲话》，《人民日报》2015 年 1 月 13 日，第 1 版。
② 《在中央第六次西藏工作座谈会上的讲话》，《人民日报》2015 年 8 月 26 日，第 1 版。
③ 《在深度贫困地区脱贫攻坚座谈会上的讲话》，《人民日报》2017 年 6 月 25 日，第 1 版。

存在。要实事求是，求真务实，踏踏实实做这个事，不能搞数字游戏。考核要有正确导向，起到促进作用。"①

实事求是，其次方法要得当。党的十九大报告指出："保障和改善民生要抓住人民最关心最直接最现实的利益问题，既尽力而为，又量力而行，一件事情接着一件事情办，一年接着一年干。"②习近平总书记也多次指出："要防止层层加码，要量力而行、真实可靠、保证质量。"③一味追求高标准、高指标，只会让扶贫工作中出现形式主义和浮夸风。要想扶真贫、真扶贫，脱真贫、真脱贫，"扶贫工作必须务实，脱贫过程必须扎实，脱贫结果必须真实，让脱贫成效真正获得群众认可、经得起实践和历史检验"。④

实事求是，最后评价要中肯。党的十八大以来，扶贫开发工作取得历史性进展，成就斐然，同时，习近平总书记也一再提醒大家必须看到，工作中还存在着脱贫质量不高、帮扶工作不实、扶贫措施不够精准、资金监管有待加强等突出问题。如何在正确认识所取得的成绩和所存在的不足的基础上更好推进脱贫攻坚工作，习近平总书记要求我们"落实好中央统筹、省负总责、市县抓落实的管理体制"，⑤"从当地实际出发，推动脱贫攻坚各项政策措施落地生根。要改进考核评估机制，根据脱贫攻坚进展情况不断完善"。⑥建立贫困退出机制是脱贫攻坚的重要内容。对此，习近平总书记也明确要求，"要实事求是，严格评估，用经得起检验的摘帽标准来衡量验收，注重脱贫质量和可持续性"。⑦

（二）重视意识能动的反作用，扶贫同扶志、扶智相结合

扶贫要扶志。习近平总书记每次在贫困地区调研时，最常说的一句话就

---

① 《打好全面建成小康社会决胜之战——习近平总书记同出席全国两会人大代表、政协委员共商国是纪实》，《人民日报》2016年3月16日，第1版。
② 《决胜全面建成小康社会 夺取新时代中国特色社会主义伟大胜利——在中国共产党第十九次全国代表大会上的报告》，《人民日报》2017年10月28日，第4版。
③④ 《在十八届中共中央政治局第三十九次集体学习时的讲话》，《人民日报》2017年2月23日，第1版。
⑤⑥ 《在打好精准脱贫攻坚战座谈会上的讲话》，《人民日报》2018年2月15日，第1版。
⑦ 《主持召开中央全面深化改革领导小组第二十二次会议时的讲话》，《人民日报》2016年3月23日，第1版。

是"只要有信心，黄土变成金"。贫困地区的领导干部首先要有信心。习近平总书记在青海考察时指出："脱贫攻坚任务艰巨、使命光荣。各级党政部门和广大党员干部要有'不破楼兰终不还'的坚定决心和坚强意志，坚持精准扶贫、精准脱贫，切实做到脱真贫、真脱贫。"① 党员领导干部是发展的开路人，只有激励贫困地区广大干部群众进一步行动起来，形成扶贫开发工作强大合力，万众一心，埋头苦干，才能切实把精准扶贫、精准脱贫落到实处，全力以赴打赢脱贫攻坚战。习近平总书记一再强调，"实践证明，深度贫困并不可怕。只要高度重视、思路对头、措施得力、工作扎实，深度贫困是完全可以战胜的"。② 这为贫困地区广大干部群众提振了"精气神"。早在地方工作时，习近平总书记就说过，扶贫扶志，贫困地区缺"精气神"不行，从注重外部帮扶向注重外部帮扶与激发内生动力并重转变，注重扶贫同扶志、扶智相结合，补齐贫困群众"精神短板"，是脱贫攻坚的一项重要任务。习近平总书记反复鼓励贫困地区的广大群众要发扬自强自立精神，立志早日改变贫困面貌。只有首先摆脱头脑中的贫困，才能真正摆脱贫困。脱贫致富贵在立志，只要有志气、有信心，就没有迈不过去的坎。

扶贫必扶智。"要紧紧扭住教育这个脱贫致富的根本之策，再穷不能穷教育，再穷不能穷孩子，务必把义务教育搞好，确保贫困家庭的孩子也能受到良好的教育，不要让孩子们输在起跑线上"。③ 2015 年 6 月，习近平总书记在贵州省调研时，专程了解了贵州省教育"9+3"计划实施情况、清镇职教城规划建设和教育扶贫情况，肯定他们重点招收贫困学生入学，通过技术培训、学历教育、职业指导、校企合作等方式支持农村脱贫的实践。2015 年教师节，习近平总书记在给"国培计划（2014）"北师大贵州研修班参训教师的回信中说："扶贫必扶智。让贫困地区的孩子们接受良好教育，是扶贫开发的重要任务，也是阻断贫困代际传递的重要途径。"④ "扶智"，就是要把贫困群众自己

---

① 《在青海考察时的讲话》，《人民日报》2016 年 8 月 25 日，第 1 版。
② 《在深度贫困地区脱贫攻坚座谈会上的讲话》，《人民日报》2017 年 6 月 25 日，第 1 版。
③ 习近平：《做焦裕禄式的县委书记》，中央文献出版社 2015 年版，第 30 页。
④ 《给"国培计划（二〇一四）"北师大贵州研修班参训教师的回信》，《人民日报》2015 年 9 月 10 日，第 1 版。

主动脱贫的才智"扶"起来。只有提升贫困群众的综合素质,才能切实提高他们脱贫的能力,从长远来看,也才能彻底改变贫困地区的面貌。党的十八大以来,中央进一步加大投入,改善贫困地区义务教育薄弱学校基本办学条件、落实义务教育"两免一补"政策,同时出台农村义务教育阶段学生营养改善计划、贫困地区定向招生专项计划等"特惠"政策,就是要授人以渔,不让贫困代际传递。扶贫必扶智,让贫困地区的孩子们接受良好教育,是扶贫开发的重要任务,也是阻断贫困代际传递的重要途径。把贫困地区孩子培养出来,是根本的扶贫之策。扶智的形式也要创新,不仅要大力扶持中小学基础教育,还可以结合职业教育、教育培训等多种形式,最大限度满足贫困地区学生不同的学习需求和发展需要。

二、唯物辩证法思想

辩证思维是马克思主义哲学的精华。习近平总书记在十八届中央政治局第二十次集体学习时强调,"要学习掌握唯物辩证法的根本方法,不断增强辩证思维能力,提高驾驭复杂局面、处理复杂问题的本领"。[①] 而他对扶贫开发工作所作的很多指示,都充满着唯物辩证法的思想智慧,闪烁着与时俱进的真理光芒。

(一)坚持用联系、发展、全面的眼光看问题

习近平总书记坚持普遍联系的观点,正确看待扶贫与我国所处发展阶段的关系,认为贫困问题是长期形成的,解决起来也有一个相应的过程,这是符合事物发展规律的。他在河北阜平县调研时曾明确指出,"有的地方贫困,原因是多方面的,不等于工作没做好,大家不要有顾虑",[②] 一定要真扶贫、扶真贫,通过了解贫困地区真实情况,做出正确决策。"本来很贫困,却粉饰太平,结果只会把事情办糟。"[③] 习近平总书记同时指出,扶贫目标的确立和扶贫工作的开展必须与我国整体发展目标相联系,统筹安排,既尽力而为,又量力而行,一件事情接着一件事情办,一年接着一年干。

---

① 《在十八届中共中央政治局第二十次集体学习时的讲话》,《人民日报》2015年1月25日,第1版。
②③ 习近平:《做焦裕禄式的县委书记》,中央文献出版社2015年版,第13页。

习近平总书记坚持用发展的眼光看问题，在决胜全面建成小康社会阶段就自觉站在与"两个一百年"奋斗目标相衔接、实现中华民族伟大复兴的高度通盘考虑脱贫攻坚工作，指出"脱贫和高标准的小康是两码事。我们不是一劳永逸，毕其功于一役。相对贫困、相对落后、相对差距将长期存在。要实事求是，求真务实，踏踏实实做这个事，不能搞数字游戏"。^①同时要求建立健全稳定脱贫长效机制，"要有巩固脱贫的后续计划、措施、保障"，^②增强"造血"功能，"注重提高脱贫效果的可持续性。不能这几年集中力量打歼灭战，过了几年又返贫了"。^③

习近平总书记坚持站在全局高度统筹安排脱贫攻坚工作，特别重视东西部协作扶贫的开展情况。我国是一个社会主义国家，全面小康覆盖的人口要全面、覆盖的区域要全面，东西部协作扶贫的开展则是形成扶贫开发工作强大合力的一个重要途径。他多次指出，"东西部扶贫协作是加快西部地区贫困地区脱贫进程、缩小东西部发展差距的重大举措，必须长期坚持并加大力度"。^④组织东部地区支援西部地区，并且大规模、长时间开展这项工作，在世界上只有我们党和国家能够做到，这就是我们的政治优势和制度优势。2016 年 7 月，在东西部扶贫协作座谈会上，他再次强调："实践证明，东西部扶贫协作和对口支援，是推动区域协调发展、协同发展、共同发展的大战略，是加强区域合作、优化产业布局、拓展对内对外开放新空间的大布局，是实现先富帮后富、最终实现共同富裕目标的大举措，必须长期坚持下去。"^⑤习近平总书记以这种"不谋全局者不足以谋一域"的全局观，坚持和发展了唯物辩证法。

---

① 《打好全面建成小康社会决胜之战——习近平总书记同出席全国两会人大代表、政协委员共商国是纪实》，《人民日报》2016 年 3 月 16 日，第 1 版。

② 《在青海考察时的讲话》，《人民日报》2016 年 8 月 25 日，第 1 版。

③ 《打好全面建成小康社会决胜之战——习近平总书记同出席全国两会人大代表、政协委员共商国是纪实》，《人民日报》2016 年 3 月 16 日，第 1 版。

④ 《在宁夏考察时的讲话》，《人民日报》2016 年 7 月 21 日，第 1 版。

⑤ 《在东西部扶贫协作座谈会上的讲话》，《人民日报》2016 年 7 月 22 日，第 1 版。

（二）运用矛盾分析法，抓主要矛盾

对立统一规律即矛盾规律是辩证法的核心和实质。习近平总书记在扶贫开发工作中十分重视运用矛盾分析法，指出扶贫开发工作中存在着许多对立统一的关系，要在对立中把握统一，在统一中把握对立。

全面建成小康社会是全国各地区、各民族共同建成全面小康，因此在这一过程中，一些重点地区、重点人群就显得特别关键。习近平总书记指出，"全面建成小康社会，最艰巨最繁重的任务在农村、特别是在贫困地区。没有农村的小康，特别是没有贫困地区的小康，就没有全面建成小康社会"。①扶贫开发到了攻克最后堡垒的阶段，《中共中央关于制定国民经济和社会发展第十三个五年规划的建议》把农村贫困人口脱贫作为全面建成小康社会的基本标志，正是基于此，习近平总书记非常关注农村地区的脱贫攻坚工作，多次强调"小康不小康，关键看老乡"，要求补齐农村地区这个扶贫开发"短板"。

习近平总书记还十分关心民族地区和革命老区的脱贫攻坚工作，多次指出"党和政府高度重视扶贫开发工作，特别是高度重视少数民族和民族地区的发展，一定会给乡亲们更多支持和帮助"。②"我们要实现第一个百年奋斗目标，全面建成小康社会，没有老区的全面小康，没有老区贫困人口脱贫致富，那是不完整的"。③他熟练运用辩证法的"矛盾论"和"两点论"来观察和处理问题，在全面建成小康社会的过程中不忘重点抓好农村地区、民族地区、革命老区等关键地区建设，取得了巨大的成就。

（三）具体问题具体分析

具体问题具体分析是矛盾特殊性的要求，在扶贫开发领域最直接的体现就是精准扶贫、精准脱贫政策的提出。精准扶贫是习近平总书记立足于中国贫困地区实际，针对如何在新形势下持续推进扶贫开发工作提出的全新思路和伟大创举。早在 2012 年底，习近平总书记赴河北省阜平县调研时就提出，

---

① 《到河北阜平看望慰问困难群众时的讲话》，《人民日报》2012 年 12 月 31 日，第 1 版。
② 《春节前夕赴甘肃看望各族干部群众时的讲话》，《人民日报》2013 年 2 月 6 日，第 1 版。
③ 《春节前夕赴陕西看望慰问广大干部群众时的讲话》，《人民日报》2015 年 2 月 17 日，第 1 版。

"要坚持从实际出发，因地制宜，厘清思路、完善规划、找准突破口"。① 2013 年 11 月，习近平总书记在湖南省花垣县考察时正式提出了精准扶贫的理念，他要求"贫困地区要从实际出发，因地制宜"。② "抓扶贫开发，既要整体联动、有共性的要求和措施，又要突出重点、加强对特困村和特困户的帮扶。"③ 后来他又在不同场合多次强调，"一个地方的发展，关键在于找准路子、突出特色"。④ "扶贫开发推进到今天这样的程度，贵在精准，重在精准，成败之举在于精准。"⑤ 为了实现这样的目标，习近平总书记注重抓"六个精准"，即扶持对象精准、项目安排精准、资金使用精准、措施到户精准、因村派人精准、脱贫成效精准，确保各项政策好处落到扶贫对象身上。⑥ 在 2015 减贫与发展高层论坛上，习近平总书记又提出"五个一批"脱贫路径：通过扶持生产和就业发展一批、通过易地搬迁安置一批、通过生态保护脱贫一批、通过教育扶贫脱贫一批、通过低保政策兜底一批。⑦ "五个一批"所包含的因人因地施策、因贫困原因施策、因贫困类型施策的分类施策思想，正是精准扶贫方略在实践领域的深化，也是扶贫开发创新思路的体现。"六个精准""五个一批"等举措在全国各地陆续实施以来，习近平总书记所坚决反对的"手榴弹炸跳蚤"的大水漫灌式的错误做法少了，而扶贫开发资源"精准滴灌、靶向治疗"，顺着精准扶贫"管道"有效"滴灌"到需要帮扶的贫困群众身上的做法多了。这些有益转变为扶贫开发事业注入了无穷活力。

三、历史唯物主义思想

中国共产党是中国工人阶级的先锋队，是中华民族和中国人民的先锋队，中国共产党的初心是为中国人民谋幸福，为中华民族谋复兴。这种人民情怀也深深地体现在习近平总书记关于扶贫工作的重要论述中，正如他说的

---

① 《让全体中国人民迈入全面小康——以习近平同志为总书记的党中央关心扶贫工作纪实》，《人民日报》2015 年 11 月 27 日，第 3 版。
②③ 《在湖南考察时的讲话》，《人民日报》2013 年 11 月 6 日，第 1 版。
④ 习近平：《在山东考察时的讲话》，《人民日报》2013 年 11 月 29 日，第 1 版。
⑤⑥ 《在部分省区市党委主要负责同志座谈会上的讲话》，《人民日报》2015 年 6 月 20 日，第 1 版。
⑦ 《十八大以来重要文献选编》(中)，中央文献出版社 2016 年版，第 720 页。

那样："摆脱贫困，为广大人民群众谋幸福，是我们党和国家推动发展的根本目的。"①在扶贫开发工作中，他始终坚持脱贫攻坚为了群众、脱贫攻坚依靠群众，让广大人民共享改革发展成果。

（一）发展为了人民

习近平总书记在十二届全国人大二次会议参加贵州代表团审议时，曾深情回忆起自己在农村插队的岁月，说道，"插队的经历，让我对贫困群众有天然的感情，现在生活越来越好了，心里更惦念贫困地区的人民群众"。②习近平总书记情牵贫困地区干部群众，一直要求各级党委和政府聚精会神抓好扶贫攻坚工作，特别是要抓好革命老区扶贫开发工作，确保贫困地区人民群众同全国人民一道进入全面小康社会。党的十八届五中全会提出必须牢固树立并切实贯彻创新、协调、绿色、开放、共享的发展理念，其中共享发展就是要坚持发展为了人民、发展依靠人民、发展成果由人民共享，作出更有效的制度安排，使全体人民在共建共享发展中有更多获得感。习近平总书记一直强调，"对困难群众，我们要格外关注、格外关爱、格外关心"，③把人民群众满意看成对我们工作最高的评价。他明确要求："党中央的政策好不好，要看乡亲们是笑还是哭。如果乡亲们笑，这就是好政策，要坚持；如果有人哭，说明政策还要完善和调整。"④这种深沉的为民情怀贯穿习近平总书记关于扶贫工作的重要论述。

（二）发展依靠人民

贫困地区发展既要政策扶持，也要靠挖掘内生动力。习近平总书记非常重视发挥贫困群众的主观能动性，他多次指出，"贫困群众既是脱贫攻坚的对象，更是脱贫致富的主体"，⑤要"把贫困群众积极性和主动性充分调动起来，

---

① 《对脱贫攻坚工作作出重要指示》，《人民日报》2017年10月10日，第1版。
② 《"改革的集结号已经吹响"——习近平总书记同人大代表、政协委员共商国是纪实》，《人民日报》2014年3月13日，第1版。
③ 《到河北阜平看望慰问困难群众时的讲话》，《人民日报》2012年12月31日，第1版。
④ 《在贵州调研时的讲话》，《人民日报》2015年6月19日，第1版。
⑤ 《在十八届中共中央政治局第三十九次集体学习时的讲话》，《人民日报》2017年2月23日，第1版。

引导贫困群众树立主体意识，发扬自力更生精神，激发改变贫困面貌的干劲和决心，靠自己的努力改变命运"。①事物的发展是内因外因共同作用的结果，其中内因是起决定作用的因素。正如习近平总书记在中央扶贫开发工作会议上所指出的，脱贫致富终究要靠贫困群众用自己的辛勤劳动来实现。要充分调动贫困地区干部群众的积极性主动性，摒弃"等人送小康"的心态。习近平总书记强调，"贫困地区发展要靠内生动力，如果凭空救济出一个新村，简单改变村容村貌，内在活力不行，劳动力不能回流，没有经济上的持续来源，这个地方下一步发展还是有问题。"②在扶贫开发工作中，要努力将外力与内力有机结合起来，特别是要发掘、激发群众的内生动力，牢牢树立发展依靠人民的思想，引导困难群众通过自力更生、艰苦奋斗最终实现脱贫致富的美好梦想，凝聚起打赢脱贫攻坚战的强大力量。

（三）发展成果由人民共享

习近平总书记一再强调，消除贫困，改善民生，逐步实现全体人民共同富裕，是社会主义的本质要求。他在河北阜平县考察时说："做好扶贫开发工作，支持困难群众脱贫致富，帮助他们排忧解难，使发展成果更多更公平惠及人民，是我们党坚持全心全意为人民服务根本宗旨的重要体现，也是党和政府的重大职责。"③脱贫不仅是民生问题，更是政治问题，必须坚决打赢脱贫攻坚战。习近平总书记时刻牵挂着贫困地区群众的生活，多次到贫困地区调研指导，要求把脱贫攻坚作为"十三五"期间第一民生工程来抓，以更大的决心、更明确的思路、更精准的举措、超常规的力度，确保到 2020 年农村贫困人口实现脱贫、确保贫困县全部脱贫摘帽。他始终坚持发挥社会主义制度集中力量办大事的优越性，带领广大人民积极探索、顽强奋斗，走出了一条坚持改革开放、坚持政府主导、坚持开发式扶贫方针、坚持动员全社会参与、坚持普惠政策和特惠政策相结合的中国特色减贫道路，体现了深刻的为民情怀。

---

① 《在十八届中共中央政治局第三十九次集体学习时的讲话》，《人民日报》2017 年 2 月 23 日，第 1 版。
② 习近平：《做焦裕禄式的县委书记》，中央文献出版社 2015 年版，第 17—18 页。
③ 《让全体中国人民迈入全面小康——以习近平同志为总书记的党中央关心扶贫工作纪实》，《人民日报》2015 年 11 月 27 日，第 3 版。

（四）尊重社会存在

社会存在决定社会意识，是历史唯物主义的一条基本原理。习近平总书记对于历史唯物主义的坚持和发展，不仅体现在始终坚持人民性，把人民放在心头，也体现在他尊重社会存在，把坚持发展当作解决一切问题的钥匙上。2013 年 11 月，他在湖南考察时就提出，"发展是甩掉贫困帽子的总办法"，[①]只有帮助乡亲们寻找脱贫致富的好路子，带领乡亲们过上脱贫致富的好日子，我们的工作才更有意义和价值。2015 年 6 月，在会见全国优秀县委书记时，他郑重提出，希望县委书记"要做发展的开路人"。[②]"回应人民群众新期待，坚持从实际出发，带领群众一起做好经济社会发展工作，特别是要打好扶贫开发攻坚战，让老百姓生活越来越好，真正做到为官一任，造福一方。"[③]在党的十九大报告中，他正式提出乡村振兴战略。在参加十三届全国人大一次会议内蒙古代表团审议时，他提出，"要把脱贫攻坚同实施乡村振兴战略有机结合起来，推动乡村牧区产业兴旺、生态宜居、乡风文明、治理有效、生活富裕，把广大农牧民的生活家园全面建设好"。[④]这些都体现了习近平总书记尊重规律、重视发展，将脱贫攻坚与长期发展结合起来的智慧与担当。

四、几点启示

（一）在实践中推动理论创新的典范

习近平总书记在庆祝中国共产党成立 95 周年大会上的讲话中说道："时代是思想之母，实践是理论之源。实践发展永无止境，我们认识真理、进行理论创新就永无止境。"[⑤]今天，时代变化和我国发展的广度和深度远远超出了马克思主义经典作家当时的想象。扶贫开发工作本身也并未被马克思主义经典作家所深入描述，但是它又是我国现阶段发展的一项重要且必须做好的工作。在如何打好脱贫攻坚战，最终实现共同富裕这个问题上，以习近平总书

[①] 《在湖南考察时的讲话》，《人民日报》2013 年 11 月 6 日，第 1 版。
[②][③] 《在会见全国优秀县委书记时的讲话》，《人民日报》2015 年 9 月 1 日，第 2 版。
[④] 《在参加内蒙古代表团审议时的讲话》，《人民日报》2018 年 3 月 6 日，第 1 版。
[⑤] 《在庆祝中国共产党成立 95 周年大会上的讲话》，《人民日报》2016 年 7 月 2 日，第 2 版。

记为代表的这一代中国共产党人付出了艰辛探索，将马克思主义基本原理同中国实际相结合，走出了一条具有中国特色的减贫道路，提出了精准扶贫、精准脱贫、挖掘内生动力等许多新的思路，丰富了实事求是思想路线这一马克思主义哲学精髓，在阐述实践创新与理论创新的互动方面形成了新见解。正如恩格斯所说："马克思的整个世界观不是教义，而是方法。它提供的不是现成的教条，而是进一步研究的出发点和供这种研究使用的方法。"[①]我国的社会主义还处在初级阶段，"事业越发展新情况新问题就越多，也就越需要我们在实践上大胆探索、在理论上不断突破"。[②]如何更好地运用马克思主义基本原理为我国实际工作服务，在实践创新中推动理论创新，习近平总书记为我们树立了典范。

（二）新时代中国特色社会主义思想的重要组成部分

习近平总书记关于扶贫工作的重要论述是一个系统完备的体系，是新时代中国特色社会主义思想的重要组成部分。学习习近平总书记关于扶贫工作的重要论述，要用系统、全面、联系的眼光来看来学，真正领会其中蕴含的哲学思想、唯物主义本色、辩证法意蕴、人民为本情怀。学习他实事求是的精神，扶志扶智的决心，精准扶贫、精准脱贫的智慧，尽力而为与量力而行相结合的原则，时时刻刻把人民放在心中最高位置的情怀，等等。学习习近平总书记关于扶贫工作的重要论述，要把它放在马克思主义哲学的框架下深刻体会，学习其中蕴含的哲学思想，感受其闪耀的哲学光芒。学习习近平总书记关于扶贫工作的重要论述，要把它放在新时代中国特色社会主义事业的大背景下，深刻体会其在实现"两个一百年"奋斗目标、实现中华民族伟大复兴的中国梦的伟大进程中的重要地位和关键作用，将习近平总书记关于扶贫工作的重要论述与伟大梦想、伟大工程、伟大斗争、伟大事业联系起来思考。

（三）为广大发展中国家的减贫事业贡献中国智慧

"消除贫困，自古以来就是人类梦寐以求的理想，是各国人民追求幸福生活的基本权利。第二次世界大战结束以来，消除贫困始终是广大发展中国

---

①② 《在庆祝中国共产党成立 95 周年大会上的讲话》，《人民日报》2016 年 7 月 2 日，第 2 版。

家面临的重要任务。"①改革开放 40 年来，经过中国政府、社会各界、贫困地区广大干部群众共同努力以及国际社会积极帮助，中国近 7 亿人口摆脱贫困。中国是全球最早实现联合国千年发展目标的发展中国家，为全球减贫事业作出了重大贡献。中国人民在追求自身共同富裕的同时，也积极向发展中国家提供减贫援助合作项目支持，设立"南南合作援助基金"，与各国人民分享中国特色减贫经验。正如潘基文在担任联合国秘书长时所说，"习近平主席提出了一系列非常重要和慷慨的倡议来推动全球的和平与发展"，②千年发展目标成功地帮助全世界 10 多亿人口摆脱极端贫困，其中中国功不可没。

总之，习近平总书记关于扶贫工作的重要论述是一个内涵丰富、系统全面的完整体系，体现了马克思主义哲学思想，是马克思主义哲学原理与中国特色社会主义扶贫开发工作实际的结合，是马克思主义理论在新时代中国特色社会主义绽放的崭新光芒，体现了以习近平同志为核心的党中央坚持把马克思主义理论作为"我们做好一切工作的看家本领"③的决心与智慧。对习近平总书记关于扶贫工作的重要论述，我们要不断学习与思考，从而更好地运用马克思主义理论、习近平新时代中国特色社会主义思想指导扶贫开发工作，为决胜全面建成小康社会，实现"两个一百年"奋斗目标、实现中华民族伟大复兴的中国梦作出新的更大的贡献。

---

①② 《携手消除贫困，促进共同发展》，《人民日报》2015 年 10 月 17 日，第 2 版。
③ 《在中央党校建校 80 周年庆祝大会暨 2013 年春季学期开学典礼上的讲话》，《人民日报》2013 年 3 月 3 日，第 2 版。

论习近平总书记关于扶贫工作重要论述的逻辑向度

侯红霞　张瑞娇

（山西大学马克思主义学院，山西 太原，030006）

摘要： 习近平总书记关于扶贫工作的重要论述是打赢脱贫攻坚战的根本遵循，是新时代中国特色社会主义思想的重要组成部分，也是马克思主义贫困理论中国化的重要成果。从历史逻辑看，习近平总书记关于扶贫工作的重要论述与马克思主义贫困理论在根本遵循上一脉相承，与中国共产党的历代领导人在社会主义本质思想上一脉相承；从理论逻辑看，习近平总书记关于扶贫工作的重要论述既注重物质扶贫，也注重精神扶贫，既注重精准帮扶，也注重激发内生动力，既引导贫困群众摆脱思路贫困，又倡导形成社会扶贫大格局，平衡了人的目的性价值与工具性价值，实质上是以人的全面发展为价值取向；从实践逻辑看，习近平总书记关于扶贫工作的重要论述强调必须引导贫困群众崇尚劳动，树立勤劳致富观，为贫困群众脱贫致富提供了强有力的精神支撑。

关键词： 习近平；历史逻辑；理论逻辑；实践逻辑

习近平总书记关于扶贫工作的重要论述是打赢脱贫攻坚战的根本遵循，是新时代中国特色社会主义思想的重要组成部分，也是马克思主义贫困理

作者简介：侯红霞，山西大学马克思主义学院副教授。张瑞娇，山西大学马克思主义学院硕士研究生。

论中国化的重要成果。习近平总书记始终高度重视扶贫开发工作。1988 年 9 月至 1990 年 5 月，早在担任福建宁德地委书记期间，他就提出了"弱鸟先飞""滴水穿石""地方贫困，观念不能贫困"等许多关于脱贫致富的深刻见解；党的十八大以来，习近平总书记保持了对扶贫问题的持续关注，通过深入贫困地区考察研究，提出了"精准扶贫"新理念并将其作为我国扶贫开发工作新方略，要求举全国全社会之力，坚决打赢脱贫攻坚战；党的十九大报告更是明确提出："让贫困人口和贫困地区同全国一道进入全面小康社会是我们党的庄严承诺。"[1] 习近平总书记关于扶贫工作的重要论述不仅深刻而丰富，而且自身蕴含着历史逻辑、理论逻辑和实践逻辑。

一、历史逻辑：社会主义本质思想上一脉相承

在传统社会，贫困被视为一种自然现象，贫困的根源往往被归结于命运多舛、懒惰和能力有限等个人因素，因而并未产生相应的贫困与反贫困理论。随着资本主义兴起，财富日益集中，无产阶级的物质生活经常陷入困境，精神生活也随之受到限制。马克思高度关注无产阶级和劳动人民的贫困问题，从私有财产和异化劳动两个基本范畴出发，论述了在资本主义社会条件下，资本家财富积累的同时工人贫困也相应积累。正如马克思所总结的那样："在一极是财富的积累，同时在对立的另一极……是贫穷、劳动折磨、受奴役、无知、粗野、道德堕落和受奴役的积累。"[2] 随着无产阶级的觉醒，人们不再将贫困单纯地看作个人因素的问题，更多地从社会因素来分析贫困及反贫困问题。与此同时，马克思通过对资本主义社会商品生产过程和资本积累一般规律的具体分析，一针见血地指出无产阶级贫困的根源在于资本主义私有制，从而提出必须"用另建立新制度的办法来彻底铲除这一切贫困"。[3] 恩格斯在《英国工人阶级状况》1892 年英国版的序言中写道："工人阶级处境悲惨的原

---

① 习近平：《决胜全面建成小康社会 夺取新时代中国特色社会主义伟大胜利——在中国共产党第十九次全国代表大会上的报告》，《人民日报》2017 年 10 月 28 日。
② 《马克思恩格斯全集》第 23 卷，人民出版社 1973 年版，第 202 页。
③ 吴理财：《反贫困：对人类自身的一场战争》，《社会》2001 年第 3 期，第 4—9 页。

因不应当到这些小的欺压现象中去寻找，而应当到资本主义制度本身中去寻找。"①由此看来，马克思主义贫困理论着眼于社会制度因素，旨在将无产阶级从资本主义制度强加给他们的异化、贫穷、奴役等"非人的生活"状态中解放出来，从而站在人的自由全面发展高度为我们指明了无产阶级消除贫困的根本出路。从这个意义上说，马克思主义贫困理论可以称为"制度"反贫困理论。

马克思主义贫困理论尽管没有涉及关于社会主义条件下贫困与反贫困的具体问题，但"制度"反贫困理论对中国共产党的反贫困思想影响深远。关于未来社会制度的设想，马克思主义经典作家提出在共产主义社会，"通过社会生产不仅可能保证一切社会成员有富足的和一天比一天充裕的物质生活，而且还可能保障他们的体力和智力获得充分的自由的发展和运用"。②这对毛泽东共同富裕思想产生重要影响，成为毛泽东提出摆脱贫困、实现共同富裕奋斗目标的思想来源。在贫困及反贫困的问题上，毛泽东提出中国农民贫困的根源在于"三座大山"，因此，摆脱贫困的唯一出路就是彻底清除旧制度，建立社会主义制度。为动员农民积极参加社会主义改造，毛泽东在 1953 年的《关于农业生产合作的决议》一文中第一次提出了"共同富裕"概念，指出："要逐步实现农业的社会主义改造，使农业能够由落后的小规模生产的个体经济变为先进的大规模生产的合作经济，以便逐步克服工业和农业这两个经济部门发展不相适应的矛盾，并使农民能够逐步完全摆脱贫困的状况而取得共同富裕和普遍繁荣的生活。"③随后的社会主义改造与社会主义建设时期，毛泽东都将"全体人民共同富裕"作为国家和人民的奋斗目标。在"共同富裕"这一理念的指导下，20 世纪 50—70 年代中国农村的贫困问题有所缓解。直至改革开放前，尽管这一时期没有提出具体扶贫措施，但是，毛泽东对贫困根源的认识以及共同富裕理念的提出为中国扶贫理论与实践积累了经验。

改革开放以来，以邓小平为核心的党的第二代领导集体总结了毛泽东消

---

① 《马克思恩格斯全集》第 22 卷，人民出版社 1965 年版，第 313 页。
② 《马克思恩格斯选集》第 3 卷，人民出版社 2012 年版，第 814 页。
③ 《毛泽东文集》第 6 卷，人民出版社 1999 年版，第 442 页。

除贫困、实现共同富裕的思想及实践经验，提出"贫穷不是社会主义"，并对社会主义本质做了准确概括："社会主义的本质，是解放生产力、发展生产力，消灭剥削、消除两极分化，最终达到共同富裕。"① 以此为根本遵循，在消除贫困的策略选择上，邓小平提出"让一部分人、一部分地区先富起来，大原则是共同富裕，一部分地区发展快一点，带动大部分地区，这是加速发展，达到共同富裕的捷径"。② 这极大地调动了人民群众勤劳致富的积极性，打破了人们对反贫困及共同富裕就是同步同时富裕的认识禁锢。另外，自 1986 年我国政府首次确立扶贫开发方针以来，我国消除贫困工作开始步入有计划、有组织的阶段，党的历代领导人都高度重视扶贫工作，丰富了中国特色社会主义的扶贫理论与实践，从而使中国扶贫事业取得了显著成效。

党的十八大以来，在习近平新时代中国特色社会主义思想的指引下，我国社会进入一个新的历史时期。习近平总书记心系贫困群众，多次前往贫困落后地区调研，③ 多次召开脱贫攻坚座谈会并决策部署，④ 形成了深刻而丰富的重要论述。习近平总书记关于扶贫工作的重要论述的逻辑起点在于社会主义本质思想。2014 年，在全国社会扶贫工作电视电话会议上，他明确指出："消除贫困，改善民生，逐步实现全体人民共同富裕，是社会主义的本质要求。"在党的十八届二中全会上，他进一步强调："贫穷不是社会主义。如果贫困地区贫困面貌长期得不到改变，群众生活长期得不到明显提高，那就没有体现我国社会主义制度的优越性，那也不是社会主义。"在他看来，消除

---

① 《邓小平文选》第 3 卷，人民出版社 1993 年版，第 373 页。

② 《邓小平文选》第 3 卷，人民出版社 1993 年版，第 166 页。

③ 习近平总书记所考察过的贫困地方主要有：太行山深处的特困村河北阜平县骆驼湾村、顾家台村，甘肃渭源县元古堆村、东乡县布楞沟村，湖南湘西土家族苗族自治州十八洞村，全国 11 个山区集中连片特困地区，包括六盘山区、秦巴山区、武陵山区、乌蒙山区、滇桂黔石漠化区、滇西边境山区、大兴安岭南麓山区、燕山—太行山区、吕梁山区、大别山区、罗霄山区，等等。

④ 党的十八大以来，习近平总书记主持召开的脱贫攻坚座谈会共有五次：第一次是 2015 年 2 月 13 日，在陕西延安主持召开陕甘宁革命老区脱贫致富座谈会；第二次是 2015 年 6 月 18 日，在贵州贵阳主持召开涉及武陵山、乌蒙山、滇桂黔集中连片特困地区扶贫攻坚座谈会；第三次是 2016 年 7 月 20 日，在宁夏银川主持召开东西部扶贫协作座谈会；第四次是 2017 年 6 月 23 日，在山西吕梁山区召开深度贫困地区脱贫攻坚座谈会；第五次是 2018 年 2 月 12 日，在四川成都市主持召开打好精准脱贫攻坚战座谈会。

贫困、改善民生是社会主义的本质要求。这一论断不仅是对社会主义本质思想的新发展，也是我国持续开展脱贫攻坚工作的根本原因。习近平总书记关于扶贫工作的重要论述着眼于从根本上解决贫困问题，继承与发展了中国共产党历代领导人所提出的实现共同富裕的社会主义本质思想，认为贫困与社会主义制度是不相容的。如前所述，毛泽东第一次提出摆脱贫困、实现共同富裕理念，邓小平提倡先富带后富从而走向共同富裕，习近平总书记则在消除贫困、实现共同富裕目标的伟大征程中迈出关键一步，提出精准扶贫、精准脱贫思想，确保到 2020 年全面建成小康社会时，不落下一个贫困家庭，不丢下一个贫困群众。这一目标的提出充分体现了习近平总书记的为民情怀，也是新时期中国特色扶贫开发道路成功的精髓之处。正是在习近平总书记关于扶贫工作的重要论述指导下，党的十八大以来，我国"脱贫攻坚战取得决定性进展，六千多万贫困人口稳定脱贫，贫困发生率从百分之十点二下降到百分之四以下"。[①]

二、理论逻辑：以人的全面发展为价值取向

习近平总书记关于扶贫工作的重要论述内容丰富，蕴含着深刻的辩证法，既注重物质扶贫，又注重精神扶贫；既强调精准帮扶，又强调激发内生动力；既引导贫困群众摆脱思路贫困，又倡导形成社会扶贫大格局。其中，社会扶贫是打赢脱贫攻坚战的有效途径。习近平总书记关于扶贫工作的重要论述旨在强调扶贫开发是全党全社会的共同责任，要广泛调动社会各界参与扶贫开发工作的积极性，打造大扶贫格局。除此之外，习近平总书记关于扶贫工作的重要论述还包括以下三个方面：

（一）内源扶贫方略。在《摆脱贫困》一书中，他明确强调："摆脱贫困，其意义首先在于摆脱意识和思路的贫困，只有首先摆脱了我们头脑中的贫困，才能使我们所主管的区域摆脱贫困，才能使我们整个国家和民族摆脱贫困，

---

① 习近平：《决胜全面建成小康社会　夺取新时代中国特色社会主义伟大胜利——在中国共产党第十九次全国代表大会上的报告》，《人民日报》2017 年 10 月 28 日。

走上繁荣富裕之路。"① 可见，摆脱"思路贫困"是消除贫困，实现共同富裕的根本之路。正源于此，他在福建宁德工作时提出"弱鸟先飞"理念，认为贫困地区、贫困群众要有"飞"的意识和"先飞"的行动。换句话说，摆脱贫困的根本在于激发贫困地区和贫困群众的内在动力。如果没有内在动力，仅靠外部帮扶并不能从根本上解决问题。

习近平总书记的内源扶贫方略还强调扶贫要同扶智、扶志相结合，"扶贫先扶志""扶贫必扶智"。一方面，"扶智"可以通过教育扶贫方式，阻断贫困代际传递。另一方面，"扶智"可以通过帮助贫困群众掌握多种技术来提高其脱贫致富能力与自身发展能力，从而依靠贫困者自身发展能力的提高来摆脱贫困。"扶志"即改变贫困群众意识、思想上的贫困状态，帮助他们树立致富信心、志向，是实现贫困群众可持续性脱贫致富的前提。在马克思看来，人的全面发展最根本的是指人的劳动能力的全面发展。一定意义上讲，"扶智"就是帮助贫困群众充分发掘自身优势，掌握劳动技能，提高劳动能力，以促进其实践能力发展的过程。"扶志"可以说是促进贫困群众关于脱贫致富的认识的发展，是促进人的思维能力发展的一部分，也是实现人的全面发展的需要。

习近平总书记的内源扶贫方略着眼于"扶贫扶到根上"。贫困群众脱贫致富的动力主要来自两个方面：一是来自外部帮扶的外生动力，二是来自内部的内生动力。中国特色社会主义扶贫道路的成功之处在于能够有效地将两者有机结合起来，而且将根本立足点置于内源扶贫方面。因为单纯地外部帮扶并不能从根本上解决贫困地区和贫困群众的脱贫致富问题。相反，内源扶贫不仅有助于贫困群众从根本上脱贫致富，而且可以有效巩固脱贫、防止返贫。习近平总书记的内源扶贫方略正是认识到这一问题并将根本立足点放在摆脱思路贫困上，从而能够成为当前我国打赢脱贫攻坚战的根本遵循。

（二）精准扶贫方略。2013 年 11 月，在湖南湘西考察时，他首次提出精准扶贫方略，强调要"精准扶贫，切忌喊口号，也不要定好高骛远的目标"。② 2014 年 3 月，在参加全国"两会"代表团审议时，他强调"要实施

---

① 习近平：《摆脱贫困》，福建人民出版社 1992 年版，第 216 页。
② 《习近平同志系列重要讲话读本》，人民出版社 2016 年版，第 53—60 页。

精准扶贫，瞄准扶贫对象，进行重点施策"，进一步阐释了精准扶贫方略。[①] 2015 年 6 月，在贵州贵阳召开部分省市连片特困地区扶贫攻坚座谈会上，他提出了"六个精准""五个一批"和"三位一体"[②] 等更为全面细致的精准扶贫方略。2015 年 11 月，习近平总书记主持召开中央政治局会议，审议通过了《关于打赢脱贫攻坚战的决定》，指出要把精准扶贫作为我国扶贫开发工作基本方略。他不仅创造性地提出精准扶贫方略，而且强调"扶贫开发贵在精准，重在精准，成败之举在于精准"。简言之，习近平总书记的精准扶贫方略围绕精准化理念，以"扶持谁""谁来扶""怎么扶""如何退"为主要内容，着力使扶贫开发工作做到"看真贫、真扶贫、扶真贫"，从而推动贫困群众脱贫致富，走向共同富裕。

习近平总书记的精准扶贫方略实质上是要强调"扶贫扶到点上"。自 1986 年中国确立扶贫开发方针以来，国家扶贫单位是县级贫困区域，农村扶贫政策着眼于区域瞄准，没有识别到户。这种大水漫灌式扶贫能集中政策与资金优势，切实帮助到贫困地区和贫困群众。但是，那些不适应扶贫政策，自身能力薄弱，脱贫后又返贫的贫困群众并未实现长效脱贫，从而导致扶贫工作针对性不强，实效性不高。正是看到漫灌式扶贫的不足之处，习近平总书记提出了滴灌式精准扶贫方略。精准识贫是前提，首先要找到贫困人口的致贫原因，根据不同原因制定不同帮扶措施，通过多样化的帮扶措施，对症下药，靶向治疗，保证贫困群众真脱贫，脱真贫。比如，甘肃省陇南市电商扶贫成效显著，"全市贫困人口由 2014 年的 64.4 万人下降为 2016 年的 36.9 万人，减少 42.7%。贫困发生率由 26.04% 下降为 14.86%，下降了 12 个百分点"。[③] 甘肃陇南找到了致贫原因，针对贫困群众拥有优质农产品，却因交通不便、信息闭塞难以转化为群众收入的问题，通过发展电商产业，提升了减贫成效。

习近平总书记的精准扶贫方略主要是要通过多种精准扶贫方式使贫困群

---

① 《习近平扶贫新论断：扶贫先扶志、扶贫必扶智和精准扶贫》，中国新闻网，2016 年 1 月 3 日。
② 六个精准：扶贫对象精准、项目安排精准、资金使用精准、措施到户精准、因村派人精准、脱贫成效精准；五个一批：发展生产脱贫一批、易地扶贫搬迁一批、生态补偿脱贫一批、发展教育脱贫一批、社会保障兜底一批；三位一体：政策帮扶、因地制宜、提升贫困户觉悟。
③ 《国务院扶贫办精选 12 则精准扶贫典型案例》，《中国扶贫》2017 年第 5 期。

众摆脱贫困,一定意义上讲,也是激发贫困群众内生动力的有效方式。从这个角度讲,精准扶贫方略可以被认为是在为促进人的思维能力和实践能力发展而提供外部动力,归根结底是通过实现贫困群众劳动能力的全面发展从而达到脱贫致富目标。

(三)精神扶贫方略。一方面,贫困群众不仅有物质文化生活需要,而且有精神文化生活需要。因此,要"把思想道德教育和科学文化建设贯穿于脱贫致富的整个过程"。[1] 习近平总书记指出:"脱贫致富从直观上说,是贫困地区创造物质文明的实践活动。但是,真正的社会主义不能仅仅理解为生产力的高度发展,还必须有高度发展的精神文明,这才是真正意义上的脱贫致富。"[2] 另一方面,从表面上看,贫困是经济问题;从深层次剖析,精神文化则是贫困重要的影响因素。"扶贫既要富口袋,也要富脑袋。要坚持以促进人的全面发展的理念指导扶贫开发,丰富贫困地区文化活动,加强贫困地区社会建设,提升贫困群众教育、文化、健康水平和综合素质,振奋贫困地区和贫困群众的精神风貌。"[3] 精神扶贫的思想实质上是强调扶贫工作既要注重物质文明建设,也要注重精神文明建设。这一思想的提出,充分体现了习近平总书记关于扶贫工作的重要论述以"人的全面发展"为价值取向,不仅注重物质扶贫,而且注重精神扶贫。

在马克思看来,人的全面发展主要包括人的劳动能力的发展、人的社会关系的发展和人的个性的自由发展。精神文明建设本身就是实现人的全面发展的有效方式。精神扶贫方略的核心就是通过加强贫困地区的精神文明建设,扶持贫困群众精神文化发展以实现可持续致富。丰富贫困群众的精神文化世界,在一定程度上可以拓宽贫困群众的精神需要,刺激其物质生活与精神生活等多方面需要的发展,在某种意义上也可以为物质脱贫提供精神动力,促使贫困群众为满足多层次需要而努力脱贫致富。

贫困主要表现为贫困者的物质资本不足以维持自身生产和生活需要。因

---

① 习近平:《摆脱贫困》,福建人民出版社1992年版,第153页。
② 习近平:《摆脱贫困》,福建人民出版社1992年版,第149页。
③ 《习近平重要讲话选编》,中央文献出版社2016年版,第301页。

此，很多国家的反贫困理论和实践都以创造更多的物质财富为主要目的，这极大地调动了贫困者在物质财富创造中的积极性。然而，对物质资本的一味追求将会导致人的工具性价值片面发挥，其结果必然是生态环境破坏、人性的扭曲及社会的畸形发展。换言之，如果忽视人的目的性价值，不注重激发贫困者的内在动力，不重视内源性扶贫，那么必然会出现消极的"等、靠、要"现象，消除贫困的任务难以根本实现。与此相反，如果在反贫困中一味强调激发贫困者的内在动力，只重视发挥人的目的性价值，不从物质资本方面精准帮扶，那么反贫困就会成为无源之水，贫困者也会面临"巧妇难为无米之炊"的问题，消除贫困的任务同样难以根本实现。从这个意义上说，习近平总书记的内源扶贫与精准扶贫方略平衡了人的目的性价值与人的工具性价值的关系，将注重外部帮扶与激发内生动力有机结合起来，既提升了扶贫实效，又着眼于人的全面发展。因此，从实质上讲，习近平总书记的内源扶贫、精准扶贫和精神扶贫方略蕴含的理论逻辑是以"人的全面发展"为价值取向。

总的来说，内源扶贫是根本，精准扶贫是关键，精神扶贫是保障。如果贫困群众仅仅依靠外部帮扶，"等、靠、要"思想严重，这将会制约其长效脱贫，巩固脱贫、防止返贫的难度更大，那么打赢脱贫攻坚战就成了无源之水。如果外部帮扶不能精准识别扶贫对象贫困原因，不能精准施策，这将会增大贫困群众脱贫难度，那么打赢脱贫攻坚战就难以如期实现。如果脱贫攻坚战忽视精神文明建设，着眼于人的片面发展而非人的全面发展，没有将人的工具理性与价值理性辩证统一起来，那么脱贫攻坚战就会失去精神动力而难以为继。因此，激发贫困群众的内在动力是实现脱贫、防止返贫的根本，精准扶贫是打赢脱贫攻坚战的关键，精神扶贫则是贫困地区、贫困群众战胜贫困并得以长足发展的保障。

三、实践逻辑：引导贫困群众勤劳致富

人类社会发展史告诉我们，反贫困主要是如何增加财富的问题。在马克思看来，人类社会历史发展的最终目的是要摒弃劳动与财富的对立，确立劳

动与财富的同一性，从而达到"社会的活动与社会的享受"的直接同一。[①]最早从劳动角度揭示财富本质的国民经济学家是亚当·斯密，他在《国民财富的性质和原因的研究》开篇就指出："一国国民每年的劳动，本来就是供给他们每年消费的一切生活必需品和便利品的源泉。"[②] 在财富及其源泉这一问题上，马克思认为亚当·斯密取得了巨大进步，"他抛开了创造财富的活动的一切规定性——干脆就是劳动，既不是工业劳动，又不是商业劳动，也不是农业劳动，而既是这种劳动，又是那种劳动"。[③] 正是在批判与继承国民经济学的基础上，马克思发现了财富背后的劳动本质，并沿着"商品—货币—资本"这一财富形式，深刻地认识到资本主义社会"财富的积累"的同时也会造成"贫困的积累"，从而提出"制度"反贫困理论。就马克思而言，工人劳动应与个人财富的积累成正比。换言之，辛勤劳动是获取财富的正当途径。

习近平总书记关于扶贫工作的重要论述拓展与推进了马克思主义政治经济学关于劳动是财富的源泉这一基本原理，强调在精准扶贫过程中，必须引导贫困群众崇尚劳动，树立勤劳致富观。2013 年 4 月，他在同全国劳动模范代表座谈并发表重要讲话时指出："劳动是财富的源泉，也是幸福的源泉。人世间的美好梦想，只有通过诚实劳动才能实现；发展中的各种难题，只有通过诚实劳动才能破解。"[④] 2015 年 11 月，在中央扶贫开发工作会议上，他强调："脱贫致富终究要靠贫困群众用自己的辛勤劳动来实现。没有比人更高的山，没有比脚更长的路。要重视发挥广大基层干部群众的首创精神，让他们的心热起来、行动起来，靠辛勤劳动改变贫困落后面貌。"[⑤] 2018 年 2 月，在四川成都市主持召开打好精准脱贫攻坚战座谈会时，他进一步强调："改进帮扶方式，提倡多劳多得，营造勤劳致富、光荣脱贫氛围。"[⑥] 由此看来，习近平

---

① 马克思：《1844 年经济学哲学手稿》，人民出版社 2000 年版，第 83 页。

② ［英］亚当·斯密：《国民财富的性质和原因的研究》(下卷)，郭大力、王亚南译，商务印书馆出版社 1974 年版，第 5 页。

③ 《马克思恩格斯全集》第 30 卷，人民出版社 1995 年版，第 45 页。

④ 《习近平谈治国理政》第一卷，外文出版社 2014 年版，第 190 页。

⑤ 习近平：《脱贫攻坚战冲锋号已经吹响，全党全国要定目标苦干实干》，新华网，2015 年 11 月 28 日。

⑥ 习近平：《在成都市召开打好精准脱贫攻坚战座谈会并发表重要讲话》，新华网，2018 年 2 月 14 日。

总书记多次强调贫困群众要辛勤劳动，光荣脱贫，为精准扶贫方略的有效实施提供了强有力的精神支撑。他的勤劳脱贫致富思想不仅在理论上符合马克思主义内外因辩证原理，而且在实践中成为贫困群众在精准帮扶条件下脱贫致富的有效武器。

精准扶贫工作要取得实效离不开贫困群众勤劳致富。习近平总书记关于扶贫工作的重要论述的核心在于精准扶贫，体现在扶贫实践上就是精准引导贫困群众，找准适合自身的劳动方向，促使勤劳能够真正脱贫致富，这是精准扶贫取得实效的重要考量。贫困地区与贫困群众致贫原因不同，精准扶贫方式也有所不同。实践中出现了金融扶贫、电商扶贫、光伏扶贫与林业扶贫等多样化方式，一定程度上都可以帮助贫困群众实现脱贫致富。然而，实践中出现这样一种情况，一些精准扶贫方式实施一段时间后却被迫停止，只能改为其他扶贫方式。当然，出现这种情况的原因是多种多样的。但是，这些精准扶贫方式不能持续实施的根本原因在于扶贫方式不能有效激发贫困群众的内生动力，不能通过贫困群众辛勤劳动致富，仅仅依靠外部帮扶的话，精准扶贫方式的实效性与长效性都会大打折扣。有的贫困群众脱贫致富愿望强烈，但因自身能力素质限制，往往辛勤劳动却未达到致富效果，或者愿意诚实劳动却没有有效方式脱贫致富。因此，在实践中需要挖掘持续、有效的扶贫方式，帮助贫困群众找到能够发挥自身优势、适合自己的勤劳致富途径，保证他们可以通过辛勤劳动真正过上富裕生活，真正摆脱贫困。

扶贫是一项增进财富的活动，贫困者树立勤劳致富观可以有效提升减贫成效。纵观中外历史，贫困的根源之一是有的贫困者对勤劳致富存在偏见，"等、靠、要"思想严重，有的甚至妄想通过赌博一夜暴富或者单纯物质帮扶脱贫致富。巩固脱贫、防止返贫的有效方式之一也是使贫困者树立勤劳致富观，摆脱"等、靠、要"消极思想，使扶贫对象对以正当途径获取财富有正确认知，从"要我脱贫"转变为"我要脱贫"。从这个意义上讲，习近平勤劳脱贫致富思想不仅从理论上彰显了马克思主义反贫困理论，而且党的十八大以来所取得的减贫成效更说明其充分调动了贫困群众勤劳致富的积极性。2015 年，江西省宜黄县梨溪镇里阴村的洪道华成为第一批享受精准扶贫政策的帮扶对象。考虑到他生活困难的基本情况，年龄偏大，家庭负担重，宜黄县采取因户施策，指导他选择养鸭致富。正是凭借自己辛勤劳动，乘着精准扶贫东风，洪道华实现了脱贫致富梦，成为宜黄县勤劳致富的一面旗帜。①实践中，这样的例子不胜枚举。值得一提的是，有些省区市在以精准扶贫政策为总揽的同时，为了教育引导贫困群众勤劳致富，全面营造"扶贫不扶懒"的社会氛围，表彰奖励勤劳脱贫致富户。这一表彰奖励不仅有助于精准扶贫工作的顺利开展，而且更进一步彰显了贫困群众勤劳致富对于打赢脱贫攻坚战的重要意义。

综上，习近平总书记关于扶贫工作的重要论述具有重要的理论和现实意义。在理论上，精准帮扶与内源脱贫相结合，物质扶贫与精神扶贫相结合，不仅拓展与推进了马克思主义反贫困理论，而且开辟了贫困治理的新思路。在实践上，习近平总书记关于扶贫工作的重要论述着眼于劳动是财富的源泉，倡导勤劳致富的观点，为贫困群众脱贫致富提供了强有力的精神支撑。正因为习近平总书记关于扶贫工作的重要论述自身蕴含着历史逻辑、理论逻辑与实践逻辑，从而使其成为当前我国政府扶贫开发工作的根本遵循。

参考文献：

[1] 习近平：《决胜全面建成小康社会　夺取新时代中国特色社会主义伟大胜利——在中国共产党第十九次全国代表大会上的的报告》，《人民日报》2017年10月28日。

[2] 习近平：《习近平谈治国理政》第一卷，外文出版社2014年版。

[3] 习近平：《摆脱贫困》，福建人民出版社1992年版。

[4]《习近平同志系列重要讲话读本》，人民出版社2016年版。

[5] 马克思：《1844年经济学哲学手稿》，人民出版社2000年版。

[6]《马克思恩格斯全集》第22卷，人民出版社1995年版。

[7]《毛泽东文集》，人民出版社1999年版。

---

① 《巧借精准扶贫东风，争做勤劳致富新农民》，江西省扶贫和移民办公室网站，2017年11月24日。

[8]《邓小平文选》，人民出版社 1993 年版。

[9] 郑克强、罗莹、汤乐毅：《论邓小平的消除贫困思想》，《江西社会科学》1996 年第 12 期。

[10] 李含琳：《邓小平的贫困与反贫困思想探讨》，《农业经济问题》1997 年第 4 期。

[11] 曹慧东、程小兵：《论邓小平的反贫困思想》，《邓小平理论研究》2002 年第 7 期。

[12] [英]亚当·斯密：《国民财富的性质和原因的研究》(下卷)，郭大力、王亚南译，商务印书馆 1974 年版。

[13] 吴理财：《反贫困：对人类自身的一场战争》，《社会》2001 年第 3 期。

[14] 张志丹：《马克思财富伦理思想的方法论及其当代性》，《江苏社会科学》2016 年第 3 期。

[15] 唐凯麟：《财富伦理引论——为庆祝〈中国社会科学〉创刊三十周年而作》，《中国社会科学》2010 年第 6 期。

改革开放40年来习近平总书记"三农"思想的演进历程及经验价值

纪志耿　祝林林

（四川大学马克思主义学院，四川 成都，610207）

摘要： 习近平总书记"三农"思想的演进与我国改革开放40年的实践紧密相连，其演进历程是我国农村改革画卷的生动展现。大致经历了萌芽期（1982—1985年）、成长期（1985—2002年）、成型期（2002—2012年）、发展期（2012年至今）四个时期。回顾习近平总书记"三农"思想的形成、发展历程，深入学习和研究习近平总书记关于"三农"工作的系列论述，对于做好新时代的"三农"工作，尤其是实施乡村振兴战略具有十分重要的经验价值。坚持党在"三农"工作中的全方位领导，全面深化农业、农村改革，高度重视市场在农业、农村发展中的资源配置作用，高度重视人才在农业、农村发展中的作用，高度重视科技在农业、农村发展中的作用，高度重视保护农村生态环境。

关键词： 改革开放；习近平；"三农"思想；演进历程；经验价值

在改革开放的驱动下，我国农村基本实现了由站起来向富起来的华丽转变。如今走在由富到强的时代道路上，需要总结40年的实践经验，以便行走的步伐更加强健。习近平总书记"三农"思想的演进正是我国农村改革40年画卷的生动展现，回顾与总结其思想演进历程，对做好新时代的"三农"工作，尤其是实施乡村振兴战略具有十分重要的经验价值。

作者简介：纪志耿，四川大学党委宣传部副部长。

一、习近平总书记"三农"思想的演进历程

习近平总书记"三农"思想是对马克思主义经典作家和中国化马克思主义"三农"思想的继承，更是在 40 年农村改革实践中的创新与发展。40 年的实践中，习近平总书记"三农"思想大致经历了萌芽期（1982—1985 年）、成长期（1985—2002 年）、成型期（2002—2012 年）、发展期（2012 年至今）四个时期。

（一）萌芽期（1982—1985 年）

1982 年至 1985 年，习近平总书记在河北正定任职期间，高度重视农村经济的发展，并开展了一系列"三农"实践。他在正定的"三农"实践是其"三农"思想形成的实践源头。①

习近平总书记高度关注农业的发展、重视农村经济的发展、关心农民的生活，离不开他在陕北梁家河的 7 年知青岁月。7 年的青春奋斗经历，化成了浓浓的"三农"情结。②正如习近平总书记所说："作为一个人民公仆，陕北高原是我的根，因为这里培养出了我不变的信念：要为人民做实事！"③正是由于这种信念，习近平总书记在正定工作期间，多次深入基层实地调研，发现小农经济难以搞活农村经济、难以让农民富裕起来，为此提出"必须走发展商品生产的道路"。④

如何发展农村商品经济，习近平同志在正定围绕这一主题进行了一系列的探索。一是转变思想观念。发展商品经济，他认为需要首先解决思想观念的问题，为此提出深化改革需要在思想上做到"五破五立"。⑤二是抓好基层班子建设。"搞好农村基层班子建设，充分发挥它的职能作用，是搞好农村各项工作的保证。"⑥为此，习近平同志通过搞好"三个对照""三会一课""创先争优""做

---

① 《习近平总书记"三农"思想在正定的形成与实践》，《人民日报》2018 年 1 月 18 日。
② 李明：《习近平新时代中国特色社会主义"三农"思想的形成与特点》，《南京农业大学学报》（社会科学版）2018 年第 2 期，第 12—16 页。
③ 习近平：《我是黄土地的儿子》，《政策》2018 年第 2 期，第 38 页。
④ 习近平：《知之深 爱之切》，河北人民出版社 2015 年版，第 112 页。
⑤ 习近平：《知之深 爱之切》，河北人民出版社 2015 年版，第 175 页。
⑥ 习近平：《知之深 爱之切》，河北人民出版社 2015 年版，第 100 页。

合格党员、合格干部"等教育活动,抓好基层党组织建设。[①] 三是发展"半城郊型"经济。如何实现正定经济"起飞",习近平同志通过外地考察、实地调研以及总结经验,提出走"半城郊型"经济路子。[②] 四是抓好信息工作。"信息是商品生产的耳目"。[③] 习近平同志通过成立专门的信息收集机构和组建专门队伍、多种方式疏通信息渠道、定期召开信息研究会,[④] 实现生产与市场的完美对接。五是念好"人才经"。习近平同志深刻认识到"人才对发展经济的作用不可估量",[⑤] 为此,他在正定工作期间提出了"内用、外招、上请、下挖、近补、远育"[⑥] 等多种渠道开发人才,补齐正定经济发展的人才短板。

(二)成长期(1985—2002 年)

习近平总书记在福建工作的 17 年期间,先后经历了厦门、宁德、福州以及省政府工作地区和岗位的转变,但不变的是他对"三农"的浓厚感情,这 17 年的实践正是习近平总书记"三农"思想的成长期。这一时期,主要围绕摆脱贫困和组织化的农村市场化两大主题展开。

习近平同志在福建工作期间通过实地调研,因地制宜地制定脱贫策略,形成了丰富的关于扶贫工作的重要论述。这一思想主要体现在以下三个层面:一是抓好精神文明建设,摆脱思想上的贫困。习近平同志通过对闽东九县的调查,认为实现闽东这只"弱鸟"先飞和先富,需要摆脱观念上的"贫困",即要树立商品观念、市场观念、竞争观念,发扬"滴水穿石"的精神。习近平同志认为真正意义上的脱贫致富一方面需要让人民过上比较充足的生活,另一方面也需要提高人民的思想道德水平和科学文化水平。[⑦] 二是建好农村党组织,摆脱组织上的贫困。"党对农村的坚强领导,是使贫困的乡村走向富裕道路的重要的保证。"[⑧] 习近平同志针对农村发展

---

① 习近平:《知之深 爱之切》,河北人民出版社 2015 年版,第 83—84 页。
② 习近平:《知之深 爱之切》,河北人民出版社 2015 年版,第 122 页。
③④ 习近平:《知之深 爱之切》,河北人民出版社 2015 年版,第 116 页。
⑤ 习近平:《知之深 爱之切》,河北人民出版社 2015 年版,第 35 页。
⑥ 习近平:《知之深 爱之切》,河北人民出版社 2015 年版,第 156 页。
⑦ 习近平:《摆脱贫困》,福建人民出版社 2016 年版,第 149 页。
⑧ 习近平:《摆脱贫困》,福建人民出版社 2016 年版,第 159 页。

中部分党组织在经济工作和扶贫工作中存在"两张皮"、部分党组织落伍了等现象，提出通过"明确指导思想，摆好位置，纯洁队伍，改进工作方法"，[①] 夯实脱贫第一线的核心力量。三是发展大农业，摆脱物质上的贫困。对如何从根本上脱贫致富，习近平同志认为必须富在"农"上，但"必须走一条发展大农业的路子"。[②] 他认为"大农业是面对市场的有计划的商品经济"，[③] 需要树立"靠山吃山唱山歌，靠海吃海念海经"的理念，实现农、林、牧、副、渔全面发展。

农村市场化是推进农村改革和发展的重要举措。习近平同志在福建工作期间高度重视农村市场化建设。"农村市场化是建立和发展农村社会主义市场经济的必然取向。"[④] 因此，他提出"要走组织化的农村市场化发展路子"。[⑤] 一是推进要素市场化建设。在他的农村市场化理论中，要素市场化居于核心地位。[⑥] 他指出，"农业要素市场的发展对农村市场体系建设和农村经济发展影响极大"，[⑦] 需要在实践中推进农村土地市场、劳动力市场、金融市场等要素市场建设。二是加快建设农村市场体系。"农村市场体系是农村市场化建设的物质基础和运行载体"，[⑧] 需要在实践中建设多层次、多功能以及全方位的农村市场体系。三是建立和完善农村市场运行机制。"农村市场运行机制是农村市场得以正常运转和健康发展不可缺少的'软件'，也是农村市场化建设的关键所在。"[⑨] 需要在农村市场化建设中不断完善农村市场的价格机制、供求机制、竞争机制、流通机制等，从而提高农村市场运行的"中枢神经"。四是提高农村市场建设主体的能力。农民是农村市场化的最终受益者，也是农村市场化建

---

① 习近平:《摆脱贫困》，福建人民出版社 2016 年版，第 160 页。
②③ 习近平:《摆脱贫困》，福建人民出版社 2016 年版，第 178 页。
④ 习近平:《中国农村市场化建设研究》，人民出版社 2001 年版，第 5 页。
⑤ 习近平:《中国农村市场化建设研究》，人民出版社 2001 年版，第 204 页。
⑥ 陈林:《习近平农村市场化与农民组织化理论及其实践——统筹推进农村"三变"和"三位一体"综合合作改革》，《南京农业大学学报》(社会科学版) 2018 年第 2 期，第 2 页。
⑦ 习近平:《中国农村市场化建设研究》，人民出版社 2001 年版，第 209 页。
⑧ 习近平:《中国农村市场化建设研究》，人民出版社 2001 年版，第 207 页。
⑨ 习近平:《中国农村市场化建设研究》，人民出版社 2001 年版，第 248 页。

设的主体。[①] 因此，需要在农村市场化建设的实践中着力提高广大农民的文化素质、科技素质、经营管理素质、思想道德素质等。[②] 与此同时，还应发挥农村集体经济组织和非公有制经济组织在推进农村市场化建设中的重要作用。五是加强政府对农村市场化建设的宏观调控。市场经济并不是完全自由的经济，同时农业产业的特殊性和农村市场经济发展的自身特点，决定了建设农村市场化需要发挥政府的宏观调控。[③]

（三）成型期（2002—2012 年）

习近平总书记"三农"思想经过近 20 年的成长，在这一时期得到了进一步的丰富与实践。通过 10 年的进一步成长，习近平总书记的"三农"思想逐渐成型。这一时期习近平同志更多从战略高度去思考和研究"三农"的发展，具体如下：

一是从战略视角重视农业。习近平同志在这一时期站在全局和战略的高度，按照统筹城乡经济社会发展的战略思想，开展"三农"工作。[④] 提出了"农业兴才能百业兴、农民富才能全省富、农村稳才能全局稳定"[⑤] 的科学论断，2012 年 2 月 16 日，习近平同志在中美农业高层研讨会上的致辞中，指出"中国始终高度重视国家粮食安全，把发展农业、造福农村、富裕农民、稳定解决 13 亿人口的吃饭问题作为治国安邦重中之重的大事"。[⑥] 二是深化农村改革。习近平同志在解决和发展"三农"的实践中紧紧扭住这一"总开关"，着力破除城乡二元体制机制，不断深化"乡镇机构、县乡财政体制、户籍管理、劳动就业、征地制度、农村金融、教育卫生"[⑦] 等方面的改革。三是发展高效生态农业。"高效生态农业是集约化经营与生态化生产有机结合的现代农

---

① 习近平：《中国农村市场化建设研究》，人民出版社 2001 年版，第 365 页。
② 习近平：《中国农村市场化建设研究》，人民出版社 2001 年版，第 367 页。
③ 习近平：《中国农村市场化建设研究》，人民出版社 2001 年版，第 400 页。
④ 《习近平总书记"三农"思想在浙江的形成与实践》，《人民日报》2018 年 1 月 21 日。
⑤ 《习近平总书记"三农"思想在浙江的形成与实践》，《人民日报》2018 年 1 月 21 日。
⑥ 习近平：《谱写中美农业互利合作新篇章》，《人民日报》2012 年 2 月 18 日。
⑦ 习近平：《之江新语》，浙江人民出版社 2016 年版，第 197 页。

业。"① 以绿色消费理念为生产导向，改变农业耕作理念、调整农业结构，实现由石油农业、自然生态农业向高效生态农业的转变。四是改善农村人居环境。农村是人民居住的场所，也是农业发展的载体。习近平同志以"千村示范、万村整治"② 为龙头工程，开展了治理农村环境"脏乱差"，改善农村供电、供水、交通等基础设施等一系列农村人居环境整治工程。五是加强生态保护。习近平同志认为经济发展要实现经济效益与生态效益相统一，即"既要金山银山，又要绿水青山"。③ 为此，习近平同志在实践中通过发展生态农业、生态工业、生态旅游等生态经济实现二者的统一。④ 六是推动农民持续增收。农民增收问题是"三农"问题的重中之重，习近平同志通过发展农村二、三产业，增加农民就业机会；拓宽农民外出务工的渠道；鼓励和支持农民工返乡创业；减轻农民负担；建立科技特派员下乡制度；开展农民培育等举措，千方百计促进农民增收。⑤ 七是扎实推进扶贫工作。习近平同志提出实施"山海协作工程"和"欠发达乡镇奔赴小康工程"，⑥ 积极探索脱贫的新路子，实现了"真扶贫和扶真贫"的目标。八是加强农村基层党组织建设。基层党组织是农村发展的强有力保障，习近平同志提出"四个创新"，⑦ 推进农村基层党组织建设，发挥其在新农村建设中的战斗堡垒作用。

（四）发展期（2012 年至今）

新时代以来，习近平总书记高度重视"三农"问题，围绕实现"农业强、农村美、农民富"的目标，在"三农"领域进行了全方位、深层次、根本性

① 习近平：《干在实处 走在前列——推进浙江新发展的思考与实践》，中共中央党校出版社 2014 年版，第 182 页。
② 习近平：《干在实处 走在前列——推进浙江新发展的思考与实践》，中共中央党校出版社 2014 年版，第 160 页。
③ 习近平：《之江新语》，浙江人民出版社 2016 年版，第 186 页。
④ 习近平：《干在实处 走在前列——推进浙江新发展的思考与实践》，中共中央党校出版社 2014 年版，第 194—195 页。
⑤ 习近平：《干在实处 走在前列——推进浙江新发展的思考与实践》，中共中央党校出版社 2014 年版，第 179—181 页。
⑥ 习近平：《干在实处 走在前列——推进浙江新发展的思考与实践》，中共中央党校出版社 2014 年版，第 207 页。
⑦ 习近平：《干在实处 走在前列——推进浙江新发展的思考与实践》，中共中央党校出版社 2014 年版，第 427—428 页。

的改革，进一步丰富和发展了其 "三农" 思想。具体如下：

一是全面深化农村改革。新时代以来，党和国家作出在坚持社会主义市场经济改革方向的前提下，全面深化农村改革的决定。比如推进农村土地和宅基地 "三权分置" 改革、推进农村金融体制改革、推进农村医疗卫生事业改革等。二是建设美丽宜居乡村。2016 年中央 "一号文件" 提出，建设美丽宜居乡村，① 开展农村人居环境整治行动，完善农村互联网、电力、道路、通信等基础设施，开展农村生态环境治理专项计划等。三是推进农业供给侧结构性改革。经过多年的发展，农业的主要矛盾不是供需的总量不足，而是供需失衡的矛盾，因此需要调整农业种植结构、区域结构，壮大新产业新业态，增加农业科技投入，推动农业由增量向提质增效转变。② 四是培育新型职业农民。农民是农业现代化的主体，是农村建设的主要力量。新时代以来，习近平总书记提出要提升广大农民的文化素质，培育出 "有文化、懂技术、会经营的新型农民"。③ 五是实施精准扶贫方略。"全面建成小康社会，最艰巨最繁重的任务在农村、特别是贫困地区。"④ 为此，习近平总书记经过多次实地调研，提出精准扶贫方略，解决了 "扶持谁、谁来扶、怎么扶" 的问题，有效推进新时代的脱贫攻坚工作。六是实施乡村振兴战略。面对新时代农业、农村、农民发展面临的新问题，习近平总书记在党的十九大报告中提出以 "产业兴旺、生态宜居、乡风文明、治理有效、生活富裕"⑤ 为总要求的乡村振兴战略，并在 2018 年全国 "两会" 期间，到山东代表团参加审议时，提出 "乡村产业振兴、乡村人才振兴、乡村文化振兴、乡村生态振兴、乡村组织振兴" 的科学论断，为实施乡村振兴战略指明了方向。七是加强农村基层党组织建

---

① 《中共中央国务院关于落实新发展理念，加快农业现代化，实现全面小康目标的若干意见》，《人民日报》2016 年 1 月 28 日。
② 《中共中央国务院关于深入推进农业供给侧结构性改革，加快培育农业农村发展新动能的若干意见》，《人民日报》2017 年 2 月 6 日。
③ 中共中央文献研究室：《十八大以来重要文献选编》（上），中央文献出版社 2014 年版，第 679 页。
④ 中共中央文献研究室：《习近平关于社会主义经济建设论述摘编》，中央文献出版社 2017 年版，第 209 页。
⑤ 习近平：《决胜全面建成小康社会　夺取新时代中国特色社会主义伟大胜利》，人民出版社 2017 年版，第 32 页。

设。农村基层党组织是农业变强、农村变美、农民变富的强有力保障。习近平总书记提出"要扩大农村党组织和党的工作覆盖面，加大培养青年党员力度，提高基层党组织为群众服务意识，夯实党在农村的执政基础"。①

二、习近平总书记"三农"思想的演进特点

习近平总书记"三农"思想在改革开放 40 年的实践中，经历了萌芽、成长、成型并丰富发展的过程。其显著特点是：农村经济由计划经济向市场经济转变，农业地位由基础地位向战略地位转变，农村发展由农业现代化向农业、农村、农民协同现代化转变，农业功能由单一功能向多元功能转变，城乡关系由相互支持发展到融合发展转变，农村扶贫由开发式扶贫向精准扶贫转变。

（一）农村经济由计划经济向市场经济转变

改革开放初期，人们对于社会主义国家该不该发展市场经济，存在较大的疑惑，并认为市场经济是资本主义特有的经济形式，计划经济是社会主义的基本特征。对此，邓小平在南方谈话时明确指出："计划多一点还是市场多一点，不是社会主义与资本主义的本质区别。计划经济不等于社会主义，资本主义也有计划，市场经济不等于资本主义，社会主义也有市场。计划和市场都是经济手段。"②邓小平还指出，"把计划经济和市场经济结合起来，就能解放生产力，加速经济发展"。③习近平同志在河北正定任职期间，提出发展农村经济需要大力发展农村商品经济，这一思路，习近平同志在福建以及浙江任职期间都一以贯之。农村经济由计划经济向市场经济转变大致经历了计划经济、有计划的商品经济、商品经济、市场经济等几个阶段。党的十八届三中全会提出"市场在资源配置中起决定性作用"，也标志着农村完全由计划经济向社会主义市场经济的转变。习近平总书记在深化农村改革和发展农村经济的实践中始终强调，我们发展的农村"市场经济"是社会主义市场经济，

---

① 中共中央文献研究室：《十八大以来重要文献选编》（上），中央文献出版社 2014 年版，第 684 页。
② 《邓小平文选》第 3 卷，人民出版社 1993 年版，第 373 页。
③ 《邓小平文选》第 3 卷，人民出版社 1993 年版，第 148—149 页。

是以解放农村生产力、发展农村生产力、实现广大农民共同富裕为最终的出发点和落脚点。

（二）农业地位由基础地位向战略地位转变

马克思高度重视农业的基础地位，并提出农业劳动是其他一切劳动独立存在的基础。新中国成立以后，党继承马克思的农业基础地位理论，在实践中坚持和发展农业基础地位理论，不断推进农业向前发展。党和政府提出，农业是国民经济的基础，农业现代化是国家现代化的基础和支撑，农民是社会主义建设的主体等重要论断。与此同时，通过发展农业科技、健全农业生产设施、改善农村环境、加大对农民的教育等举措，推进我国农业的发展。党的十八大以来，习近平总书记高度重视农业、农村、农民问题，从国家发展大局出发，从国家发展战略的高度审视我国的 "三农" 问题，按照城乡一体化发展战略，提出 "中国要强，农业必须强；中国要美，农村必须美；中国要富，农民必须富" [1] 的战略思想，把 "三农" 的发展放在了建设社会主义现代化强国的进程中来谋篇布局。党的十九大更是高瞻远瞩，提出乡村振兴战略；2018 年的中央 "一号文件" 提出实施乡村振兴战略 "三步走" 的战略安排。[2] 这足以说明习近平总书记把农业从基础地位提升到国家发展的战略地位。

实现农业由基础地位向战略地位的转变，不是等于放弃农业基础地位，或者说农业不是国民经济的基础产业。而是更加说明农业的发展对于国家发展的重要性，农业现代化的实现对实现国家现代化有着不可估量的作用。

（三）农村发展由农业现代化向农业、农村、农民协同现代化转变

在改革开放 40 年的实践中，我国农村发展经历了只重视农业现代化到开始重视农业、农村现代化再到农业、农村、农民三者协同现代化的转变。改革开放初期，针对当时大量的农村存在吃不饱饭的问题，在农业基础地位理论的指导下，党高度重视农业现代化的问题，通过发展农业科技、培育农业人才等举措推动农业快速发展，实现我国粮食产量大幅度增加，解决了吃饭问题。进入 21 世纪以来，由于过于追求粮食产量的增加，大量使用化肥、农

---

① 中共中央文献研究室：《十八大以来重要文献选编》（上），中央文献出版社 2014 年版，第 658 页。
② 《中共中央国务院关于实施乡村振兴战略的意见》，《人民日报》2018 年 2 月 5 日。

药、农膜以及过度开垦森林等不合理的耕作方式，导致了农村生态环境严重破坏。党和国家开始意识到农业发展和现代化离不开农村这个载体，作出建设新农村的重大决定。在新农村建设的指引下，我国农村发生了翻天覆地的变化，农村经济得到了进一步增长、农村生态环境得到了进一步改善、农村基础设施得到了进一步健全、农民的精神面貌得到了进一步提高。进入新时代以来，习近平总书记根据他多年对"三农"问题的思考与研究，从农业、农村、农民这个整体来谋划，并作出了一系列的战略安排，比如为农业插上科技的翅膀、推进农业供给侧结构性改革、推进美丽宜居乡村建设、大力培育新型职业农民、提倡教育扶贫和精神扶贫等举措。这表明我国农村发展由传统的只重视农业现代化到高度重视农业、农村、农民三者协同现代化的转变。

（四）农业功能由单一功能向多元功能转变

农业作为一种古老的产业，本身具有丰富的功能。但是长期以来人们高度重视的主要为农业的食物保障功能和原料供给功能。新中国成立初期，为了解决人们的温饱问题和快速实现国家工业化，党和国家高度重视农业发展，但这种重视多数是为了解决人民的温饱问题和为实现国家工业化提供原料。改革开放初期，为了进一步推进工业化的进程，国家开始高度重视农业现代化，但这种重视还是主要集中在农业的食物保障功能和原料供给功能，比如粮食产量的增加为工业发展提供物质基础、为工业发展提供劳动力等。进入新时代以来，习近平总书记开始意识到农业不仅有食物保障和原料供给功能，还具有其他丰富的功能，提出要深度挖掘农业内部的多种功能，通过整合农业多种功能，实现农业提质增效。在重视农业的食物保障和原料供给的基本功能的基础上，深度挖掘农业多种功能，实现农业功能整合。农业不仅具有食物保障和原料供给两大基本功能，还有吸纳就业功能、生态保育功能、旅游休闲功能、文化传承功能以及育人功能等。进入新时代以来，习近平总书记高度重视挖掘农业内部的其他功能，通过培育新产业新业态、树立"两座山"观念、弘扬农耕文化等举措深度挖掘农业的其他功能。

（五）城乡关系由相互支持发展到融合发展转变

改革开放 40 年以来，我国城乡经历了由相互支持发展向融合发展的转变。改革开放初期，为了推进城市化建设，党和国家沿用了前期的农村支援城市的方针。大量的农村资源单向流入城市，城市就像"抽水机"和"提款机"一样不断从农村抽取资金、原料以及劳动力等资源。这使得我国城市建设取得了巨大成就，但农村发展缓慢。进入21世纪以来，党和国家开始意识到城乡差距的扩大，在2004年党的十六届四中全会第三次全体会议上，胡锦涛同志提出"两个趋向"的重要论断。他指出："综观一些工业化国家发展的历程，在工业化初始阶段，农业支持工业、为工业提供积累是带有普遍性的趋向；但在工业化达到相当程度以后，工业反哺农业、城市支持农村，实现工业与农业、城市与农村协调发展，也是带有普遍性的趋向。"[①]这标志着城市开始从政策上支援农村，但是在实际的发展过程，城乡发展的不平等仍然存在。为了进一步实现城市支持农村的发展，党的十八大提出"推动城乡发展一体化"[②]的举措，这标志着城乡关系的进一步改善。为了实现城乡的平等发展，习近平总书记在党的十九大报告中指出："建立城乡融合发展体制机制和政策体系"，[③]这标志着我国城乡关系进入了新时代，实现了由相互支持发展和不平等发展转向融合发展和平等发展。

（六）农村扶贫由开发式扶贫向精准扶贫转变

改革开放以来，党和国家围绕农村脱贫，进行了一系列的探索，取得了巨大的成就。在40年的扶贫实践中，我国大致经历了改革带动式扶贫阶段（1978—1985年）、规模开发式扶贫阶段（1986—1993年）、重点攻坚式扶贫阶段（1994—2000年）、多元参与式扶贫阶段（2001—2013年）以及精准扶贫阶段（2013年至今）五个阶段。[④]前四个阶段的扶贫其本质都是开发式和输血式的扶贫，难以实现扶贫资源的有效使用。在全面建设小康社会时期，我国的扶贫形态和扶贫战略均发生了显著的变化，脱贫攻坚工作进入了新常态。"贫困结构复杂多维，致贫原因多种多样，扶贫新常态呈现出相对贫困、多维

---

① 中共中央文献研究室：《十六大以来重要文献选编》（中），中央文献出版社2006年版，第311页。

② 中共中央文献研究室：《十八大以来重要文献选编》（上），中央文献出版社2014年版，第18页。

③ 习近平：《决胜全面建成小康社会 夺取新时代中国特色社会主义伟大胜利》，人民出版社2017年版，第32页。

④ 杨道田：《新时期我国精准扶贫机制创新路径》，经济管理出版社2015年版。

贫困、动态贫困、长期贫困等特征。"①这表明我国的扶贫工作进入了攻坚期和深水区，如何在新时代打一场漂亮的脱贫攻坚战，实现贫困地区的贫困人民与全国人民共同迈入全面小康社会，这是其重点和难点任务。进入新时代以来，习近平总书记多次深入扶贫工作的第一线，摸清当前扶贫实践中的问题，提出精准扶贫的脱贫策略，实现了过去开发式的扶贫向精准扶贫的转变，为新时代打赢脱贫攻坚战开出了一道"良方"，从而解决了"扶持谁、谁来扶、怎么扶"等问题，提高了扶贫资源的精准使用度，实现了"扶真贫、真扶贫"的目标。

三、习近平总书记"三农"思想的经验价值

通过对改革开放 40 年以来，习近平总书记"三农"思想演进历程的回顾，重温他在河北正定、福建以及浙江等不同地区对"三农"工作作出的一系列重要论述，总结 40 年的实践探索，对于做好新时代"三农"工作，尤其是实施乡村振兴战略，具有十分重要的经验价值。

（一）坚持党在"三农"工作中的全方位领导

通过对习近平总书记"三农"思想演进历程的回顾，可以发现他十分强调党在农村发展中的领导作用。推进新时代"三农"工作的开展是一项系统复杂的民生工程，需要坚持党的全方位领导，确保党在"三农"工作中总览全局、协调各方。坚持党在"三农"工作中的全方位领导，就是要坚持党在农村政治、经济、文化、社会以及生态发展等方面的领导。"打铁还需自身硬"，坚持党在"三农"工作中的全方位领导，需要不断提高党自身政治掌舵和经济建设等方面的能力。首先，需要党"不忘初心，牢记使命"。②苏联解体的悲惨历史教训告诉我们，党忘记了自己的使命和初心，其自身的领导能力和领导地位将会丧失。其次，需要坚定不移推进全面从严治党。通过加强党的政治建设、思想建设、作风建设、理想信念建设、制度建设等各方面的

---

① 杨道田：《新时期我国精准扶贫机制创新路径》，经济管理出版社 2015 年版，第 1 页。
② 习近平：《决胜全面建成小康社会 夺取新时代中国特色社会主义伟大胜利》，人民出版社 2017 年版，第 1 页。

建设，从而不断提高党的执政能力和领导水平。最后，加强党的理论学习。理论是行动的先导，只有科学和有效的理论，才会提高乡村振兴建设的质量。因此，在实践中，需要建设学习型政党，打造一支理论素养过硬且与时俱进的领导队伍。具体来说，需要全党上下认真学习马克思主义经典著作，尤其要加强对习近平新时代中国特色社会主义思想的全方位、多角度的深入系统学习，从而提高党自身的理论水平。

（二）全面深化、农业农村改革

40 年的经济社会发展实践已经证明改革是推动发展的强大动力。邓小平同志曾说："革命是解放生产力。改革也是解放生产力。"[①] 习近平总书记指出："没有改革开放就没有当代中国的发展进步，改革开放是发展中国、发展社会主义、发展马克思主义的强大动力。"[②] 与此同时，习近平总书记也强调："改革开放只有进行时没有完成时。"[③] 目前农村存在的问题很大部分是在改革开放的实践中形成的，因此解决新时代的农业、农村问题只能借助改革开放的办法来解决。首先，全面深化农村改革。农村蕴藏着丰富的资源，如何让农村资源变成农村的资产，需要借助改革。因此，需要在实践中深化农村农地、宅基地、产权、经济体制等方面的改革，从而为农业、农村发展注入新动力。其次，把握全面深化农村改革的内在规律，坚持正确的改革方法。农村改革已经走过 40 年的历程，如今已经进入改革的深水区和攻坚期，进一步推进其改革需要把握"改革的系统性、整体性、协同性"，[④] 坚持在深化改革的实践中既要整体推进又要重点突破。最后，坚持改革的方向和立场。习近平总书记多次强调："我们的改革开放是有方向、有立场、有原则的。"[⑤] 因此，在深化农村改革的过程中要坚持和完善农村基本经营制度，使农村的改革在中国特

---

① 《邓小平文选》第 3 卷，人民出版社 1993 年版，第 370 页。
② 中共中央文献研究室：《习近平关于全面深化改革论述摘编》，中央文献出版社 2014 年版，第 3 页。
③ 《习近平谈治国理政》第一卷，外文出版社 2014 年版，第 69 页。
④ 中共中央文献研究室：《习近平关于全面深化改革论述摘编》，中央文献出版社 2014 年版，第 30 页。
⑤ 中共中央文献研究室：《习近平关于全面深化改革论述摘编》中央文献出版社 2014 年版，第 14 页。

色社会主义道路上进行，使农村的改革朝着富裕广大农民目标行进。

（三）高度重视市场在农业、农村发展中的资源配置作用

实践和理论都有效证明了市场是实现资源配置的有效方式，推进农业、农村发展需要高度重视市场在其资源配置中的决定性作用。马克思和恩格斯在《共产党宣言》中写道："资产阶级在它的不到一百年的阶级统治中所创造的生产力，比过去一切时代创造的全部生产力还要多，还要大。"[1]这其中的奥秘不乏充分发挥市场对资源的配置作用。习近平同志在河北正定、福建以及浙江等地区任职期间，十分重视市场对资源的配置作用，通过发展农村商品经济、推进农村市场化建设等举措来发展农村经济。党的十八届三中全会作出了"发挥市场在资源配置中起决定性作用"的重大决定，这是我国市场化建设理论的重大进步。因此，在新时代推进农业、农村发展需要总结这些宝贵经验，充分发挥市场在其资源配置中的决定性作用。首先，发挥市场作用需要遵循市场规律。市场对资源的配置有其自身运行的规律，充分发挥其作用需要尊重其内在规律。这需要在实践中，充分发挥自觉能动性去发现市场运行的内在规律、认识其内在规律、利用其内在规律，从而实现农业、农村的资源合理有效配置。其次，发挥市场作用需要完善市场体制机制。市场对资源的配置需要借助一定的载体，发挥市场的资源配置作用，需要完善价格机制、竞争机制以及供求机制。最后，发挥市场作用需要政府的宏观调控。市场的作用并不是万能的，也具有天生的盲目性、滞后性以及自发性等缺陷，为了更好地发挥市场的作用，也需要政府通过经济手段、法律手段、行政手段进行宏观调控。

（四）高度重视人才在农业、农村发展中的作用

习近平总书记高度重视人才在经济发展中的作用。他在河北正定工作期间，就提出了念好"人才经"的口号，并提出"内用、外招、上请、下挖、近补、远育"六个方面招纳人才的方法。进入新时代以来，习近平总书记提

---

① 《马克思恩格斯文集》第二卷，人民出版社 2009 年版，第 36 页。

出："人才资源是第一资源，也是创新活动中最为活跃、最为积极的因素。"①
习近平总书记在 2018 年全网 "两会" 期间参加山东代表团审议时明确提出，
要推动乡村人才振兴，强化乡村振兴人才支撑。推进农业、农村发展需要念
好新时代的 "人才经"，充分发挥人才在农业、农村发展中的作用。一是要培
育和挖掘本土人才。40 年的农村发展实践告诉我们，乡村发展要立足于 "农"
字，因此要充分发挥广大农民在农业、农村发展中的创造性作用。一方面要
健全农村育才体制。通过在广大农村办好基础教育、职业教育以及成人教育，
从而培养一批有知识、有技能、有文化的新型职业农民。另一方面要深入挖
掘乡村的 "土专家"。乡村也存在大量的种植能手和养殖专家以及新型精英，
这需要通过完善相关制度进行挖掘和培育。二是要引进和留住外来人才。一
方面要引进人才。在新时代，面对乡村人才大量流失的状况，需要通过物质
与精神双管齐下的手段，引进大量人才。另一方面要留住人才。留住人才是
乡村面临的重大问题之一，这就需要完善乡村基础设施、改善乡村居住环境
等，从而让引进的人才留得住。

（五）高度重视科技在农业、农村发展中的作用

从世界发展的趋势和我国经济发展的实践来看，科技越来越成为推动经
济社会发展的主要力量。邓小平同志曾说过："农业的发展一靠政策，二靠科
学。科学技术的发展和作用是无穷无尽的。"② 习近平总书记在地方工作期间
就十分重视科技对农村发展的作用。新时代以来，习近平总书记也多次强调
"社会生产力发展和综合国力提高，最终取决于科技创新。"③ 因此，在新时代
需要给农业、农村插上科技的翅膀。发挥科技在农业、农村发展中的推动作
用，需要政府、社会、农民三者协同发力。首先，政府要建立健全相关制度。
长期以来，农村的科技发展十分不充分。这需要政府构建完善的制度体系，
为其提供制度保障。比如人才培养制度、资金投入制度、农业科技转化制度、

---

① 中共中央文献研究室：《习近平关于社会主义经济建设论述摘编》，中央文献出版社 2017 年版，
第 129 页。

② 《邓小平文选》第 3 卷，人民出版社 1993 年版，第 17 页。

③ 中共中央文献研究室：《习近平关于社会主义经济建设论述摘编》，中央文献出版社 2017 年版，
第 126 页。

科技普及制度等。其次，社会要发挥服务引导作用。一方面需要社会为科技在农村的推广提供相关服务，另一方面需要社会引导高校科研院所和科研人员深入农村实地调研，提出切实有效的科技兴农方案。最后，农民要发挥自觉能动性。科技通过主体见之于客体，才会促进生产力的发展。农民是实施乡村振兴战略的主体，科技应用于乡村振兴建设的实践中需要广大农民积极主动学习、掌握和使用科学技术。

（六）高度重视保护农村生态环境

世界经济社会发展和我国经济社会发展实践已经证明，人类只有尊重自然，社会才会持续健康发展。习近平总书记十分重视保护农村的生态，走绿色发展的路子。习近平同志在浙江工作期间就提出大力发展"高效生态农业"。新时代以来，习近平总书记也高度重视绿色发展，在纪念马克思诞辰 200 周年大会上的讲话中指出："自然是生命之母，人与自然是生命共同体，人类必须敬畏自然、尊重自然、顺应自然、保护自然。"[1] 因此，在实施乡村振兴战略的过程中，应树立"绿水青山就是金山银山"的发展理念。首先，树立绿色发展理念。理念是行动的先导，发挥绿色理念在实施乡村振兴战略中的作用，前提是让广大农村建设者、居住者树立绿色生产和绿色生活的理念。比如通过在农村广泛开展绿色生产和绿色消费观念宣传和教育，使绿色理念在农村生根发芽，让绿色发展在广大农村蔚然成风，最终形成良好的生态环境。其次，发展绿色产业。如何让农村绿色生态资源转化为"金山银山"，绿色产业是一个十分重要的载体。因此，在实施乡村振兴战略的实践中，需要大力发展教育农业、旅游休闲农业、民宿经济、信息产业等新兴绿色产业，从而实现"绿水青山"转化为"金山银山"。最后，构建完善的绿色发展制度体系。在农村实现绿色发展需要完善政策支持体系、生态补偿制度、环境监管制度等。[2]

---

[1] 习近平：《在纪念马克思诞辰 200 周年大会上的讲话》，《人民日报》2018 年 5 月 5 日。

[2] 周宏春：《乡村振兴背景下的农业农村绿色发展》，《环境保护》2018 年第 7 期，第 16—20 页。

从"精准扶贫"迈向"共同富裕"的实践与创新

——中国扶贫改革 40 年的经验总结与思考

董国皇　李婷婷

（海口经济学院，海南 海口，571127）

摘要：扶贫改革 40 年以来，我国减贫事业取得了举世瞩目的成就，逐步实现由体制框架内救济式扶贫、区域瞄准开发式扶贫、多维度参与综合扶贫，再到精准扶贫方略的过渡，从这些实践中，积累了丰富的减贫经验，形成了中国特色社会主义扶贫道路，为世界减贫贡献了中国智慧和方案。从党的十一届三中全会提出"共同富裕"宏伟目标到党的十八大提出"精准扶贫"方略，深刻反映了中国共产党对自身历史使命的高度自觉认识和对社会主义"共同富裕"宏伟目标的追求，彰显了中国共产党人在新时代背景下，总揽全局，审时度势，始终把"人民群众对美好生活的向往"作为党的工作的出发点和落脚点，不忘初心、坚定不移地打赢脱贫攻坚战的信心与勇气。本文通过回顾中国 40 年扶贫的实践，归纳总结中国特色社会主义扶贫开发道路的经验，以期为下一阶段扶贫工作提供参考。

关键词：扶贫改革；40 周年；精准扶贫；共同富裕；实践创新

1992 年初，邓小平在南方谈话中全面阐释了社会主义的本质，提出"解放生产力，发展生产力，消灭剥削，消灭两极分化，最终达到共同富裕"的

作者简介：董国皇，海口经济学院教师。李婷婷，海口经济学院助教。

科学论断，强调了"贫困不是社会主义"，回答了"什么是社会主义""怎样建设社会主义"两个关键问题，从生产力和生产关系的结合上赋予"共同富裕"科学内涵。[①] 2013 年 11 月 3—5 日，习近平总书记在湖南省花垣县十八洞村考察时首次提出了"精准扶贫"的战略思想，确立了新时代打赢脱贫攻坚战、全面建成小康社会的指导方针。[②] 通过"精准扶贫"的具体化，开启了中国特色社会主义现代化建设的新征程，逐步实现建成小康社会直至"共同富裕"的宏愿。

经过 40 年扶贫改革的探索与实践，中国在减贫路上积累了丰富的经验，取得了显著成效，不仅为我国下一步扶贫工作奠定了坚实基础，为实现中国特色社会主义"共同富裕"目标、实现中华民族伟大复兴的中国梦提供了有力保障，更为其他国家扶贫开发实践工作提供了中国智慧与方案。

一、中国 40 年扶贫实践之路

毋庸置疑，贫困是一项全球性难题与挑战，如何有效地开展减贫开发工作对于全世界人民来说都是一项系统性、综合性的艰巨工程。中国政府有计划、有组织地向贫困宣战始于 1978 年，直至今日已经走过了 40 个年头。40 年间，在中国特色扶贫政策的支持下，减贫工作取得了举世瞩目的成就，为世界人民反贫困事业作出了重要的贡献，也为世界减贫事业贡献了具有中国自身特色的扶贫智慧与方案。我们认为，中国 40 年的扶贫实践之路，大致可划分为以下四个阶段：

（一）探索阶段（1978—1985 年）：农村经济体制改革扶贫

中国探索扶贫阶段主要在改革开放初期（1978—1985 年）。在这一阶段，通过改革经济体制，提高农产品价格、改善农业交易条件、赋予农民生产自由权，从而推动了中国农村发展和农民家庭减贫进程。具体来看，通过土地制度改革实行家庭联产承包责任制，使广大农民重新获得管理和使用土地的

---

① 《邓小平文选》第 3 卷，人民出版社 1993 年版，第 138—139、195 页。
② 《习近平在湖南考察时强调：深化改革开放推动创新驱动，实现全年经济社会发展目标》，《人民日报》2013 年 11 月 6 日。

权利，为农业生产注入了新的生机与活力，使农村生产力得到解放，从而产生了极大的减贫效应；与此同时，国家允许多种经营手段存在、大力发展乡镇企业，为农业生产提供了必要的生产资料，更为贫困人口的脱贫、可持续发展能力的培育提供了根本保证。在逐步推进农村经济改革、提高贫困户收入的同时，国家针对极端贫困地区成立了专门的反贫困部门、设立专项资金。1980 年，设立 "支持经济不发达地区发展资金"；1982 年，实施 "三西"（甘肃定西、河西，宁夏西海固地区）农业建设计划；1984 年，中共中央、国务院联合发出《关于帮助贫困地区尽快改变面貌的通知》等，开启贫困地区扶贫措施。据统计，在经济体制改革扶贫探索阶段，中国贫困人口从 2.5 亿人下降到 1.25 亿人，农民人均纯收入增长 132%，年均减贫人口 1786 万人，贫困发生率降低到 78.3%。[①] 总而言之，以农村经济体制改革扶贫的探索阶段，极大地推动了中国农业和农村的经济发展，为后来的扶贫实践奠定了坚实基础。

（二）实践阶段（1986—2000 年）：有针对性大规模扶贫

伴随着市场经济体制改革的推进，中国农村贫困问题从普遍性贫困转变为区域性贫困，而单纯依靠农村经济增长为主、政府救济为辅的扶贫措施已很难实现脱贫效果。因此，从 20 世纪 80 年代中期开始，扶贫工作开始进入有组织、有计划、大规模的扶贫实践阶段。

1. 区域瞄准开发式扶贫（1986—1993 年）

1986 年，中央政府决定成立由农业、教育、财政、交通、水电等 14 个相关部门组成的国务院贫困地区经济开发领导小组（1993 年改名为国务院扶贫开发领导小组）及其办公室，开展对重点贫困区域的识别工作，瞄准并划定了国家级贫困县和集中连片贫困地区，设立专门贫困机构和贫困地区发展专项资金等，制定一系列扶贫惠农政策，形成多维度的扶贫战略，旨在改变探索阶段单纯依靠国家体制改革作为推动力的扶贫思路，从根本上加强农户未来生计方式，并保障其寻找可持续发展的有效途径，做到在政策保障的基础上彻底摆脱贫困。

---

① 国家统计局住户调查办公室：《2017 中国农村贫困检测报告》，中国统计出版社 2017 年版，第 306 页。

2. 制度化、专业化扶贫攻坚（1994—2000 年）

20 世纪 90 年代中后期，我国扶贫工作发生了重大的改革，由前期救济式、道义式扶贫方式转向制度化、专业化的扶贫攻坚模式。1994 年，中共中央、国务院通过了《国家"八七"扶贫攻坚计划》，明确提出集中人力、物力、财力，动员全社会各界力量力争通过 7 年时间，即到 2000 年底基本解决8000 万农村贫困人口的温饱问题。"八七"扶贫攻坚计划是我国制定的第一个明确扶贫目标、对象、措施及期限的行动指导纲领和基本方针，表明我国在探索减贫的道路上逐步进入制度化、专业化的轨道。

本阶段，国家有针对性大规模扶贫措施取得了显著成效。据统计，1994—2000 年，国家确定的贫困县中农业增加值年均增加 7.5%，高于全国 7.0% 的年均增长速度；粮食产量年均增长 1.9%，是全国平均增加速度（0.6%）的 3.2 倍，农民人均纯收入从 648 元增加到 1337 元，年均增长12.8%，比全国平均增长速度快 2 个百分点。到 2000 年底，贫困地区通电、通路、通邮、通电话的行政村分别达到 95.5%、89%、69% 和 67.7%。可见，通过国家有针对性大规模扶贫实践，推动了贫困地区经济总体发展，贫困农户也在其中获得了利益，从而促进了中国大规模减贫的进程，同时减缓了区域间贫富差距趋势的进一步扩大。[①]

（三）巩固阶段（2001—2010 年）：**参与式村级扶贫模式**

2000 年，我国基本解决了农村贫困人口温饱问题，完成了有针对性大规模扶贫实践阶段，实现了国家"八七"扶贫攻坚计划目标。但是，新世纪中国扶贫工作面临着诸多新问题、新挑战：由前期普遍性贫困演变为城乡、工农及农村内部分化而产生的贫富差距问题日益扩大，农村多元贫困、阶层性贫困问题不断凸显。[②]因此，中央制定并颁布了《中国农村扶贫开发纲要（2001—2010 年）》，明确提出进一步改善贫困地区生产环境、提高贫困人口

---

① 汪三贵：《在发展中战胜贫困——对中国 30 年大规模减贫经验的总结与评价》，《管理世界》2008年第 11 期，第 78—88 页。
② 凌文豪、刘欣：《中国特色扶贫开发的理念、实践及其世界意义》，《社会主义研究》2016 年第 4期，第 69—75 页。

生活质量、巩固扶贫成果，为全面建设小康社会提供坚实保障。中国的扶贫开发工作重点由贫困县转向贫困村，一方面，在积极推进区域性扶贫瞄准性工作的基础上，国家又确定了 15 万个贫困村，以"点"带"面"整村推进减贫工作，大力促进贫困地区产业发展和引导剩余劳动力的有效转移，积极引导群众参与扶贫工作；另一方面，为了有效实现脱贫的目标，我国政府开始引导社会组织力量积极参与到扶贫工作中来，这既是中国特色扶贫工作的重要组成部分，也是中国扶贫工作获得成效的宝贵经验。

参与式村级扶贫模式是在巩固前期开发式扶贫的基础上，利用参与式自下而上制定、实施扶贫规划，逐步推动形成整个社会参与扶贫工作的大格局，为国民经济的发展和城乡及区域发展差距的缩减贡献了力量。[1]据统计，这一阶段农民人均纯收入增长 1.57 倍，比同期全国平均数高 6.5 个百分点；按照现行扶贫标准，全国农村贫困人口减少了 2.9 亿人，年均减少 2965.7 万人，贫困发生率降低到 17.2%，是 1978 年以来我国减贫速度最快的时期。[2]

（四）创新发展阶段（2011 年至今）：精准扶贫

2011 年后我国农村贫困问题呈现出点状式的插花分布等新特征、新变化，一方面，由于贫困地区交通闭塞、生活条件更为艰苦，脱贫难度更大，导致传统扶贫模式已无法啃掉剩余贫困的"硬骨头"；另一方面，扶贫事业关系到 2020 年是否能实现全面建成小康社会的宏伟目标，关系到在现行标准下农村贫困人口是否"脱真贫""真脱贫"。因此，针对新时代背景下出现的扶贫工作新挑战，需要对传统减贫理念及实践进行调整和完善。

首先，中共中央制定颁布《中国农村扶贫开发纲要（2011—2020 年）》，对新时代背景下的扶贫工作进行了更全面、更系统、更完善的规划与部署。其次，在 2013 年，习近平总书记提出了以"精准扶贫"为核心的关于扶贫工作的重要论述，其核心是要实现"四个精准"，即精准识别、精准施策、精准管理和精准考核。通过精准扶贫的具体化，为我国扶贫工作指明了科学方向。

---

① 邢成举：《中国 40 年减贫之路》，《第一财经日报》2018 年 5 月 29 日。
② 国家统计局住户调查办公室：《2017 中国农村贫困检测报告》，中国统计出版社 2017 年版，第 341 页。

最后，印发《关于创新机制，扎实推进农村扶贫开发工作的意见》《建立精准扶贫工作机制实施方案》《关于打赢脱贫攻坚战的决定》《关于支持深度扶贫地区脱贫攻坚的实施意见》等纲要性指导文件，明确了当前及今后一个时期扶贫工作的目标、任务、扶贫工作的重点及措施，提出到 2020 年实现现行标准下贫困人口的全部脱贫，贫困县全部摘帽，区域性整体贫困问题得到解决。在精准扶贫思想的指导下，我国新时代扶贫实践取得了显著成效，到 2017 年底，新贫困线下中国贫困人口为 3046 万人，2012 年以来年均减少贫困人口超过 1000 万人。[1]

二、精准扶贫思想与共同富裕目标的哲学关系

马克思主义哲学是当代中国共产党人治国理政的"望远镜"与"显微镜"。[2]中国 40 年扶贫实践之路经历了救济式扶贫、农村经济体制改革扶贫探索阶段，到区域瞄准开发式、制度化、专业化等有针对性大规模扶贫实践、参与式村级扶贫模式巩固阶段，再到创新发展扶贫理念的"精准扶贫"，探索出一条中国特色的扶贫开发道路。作为新时代扶贫工作的重要论述，习近平总书记提出的精准扶贫方略继承和发展了马克思主义反贫困思想，是对马克思主义哲学的正确坚持与掌握；而共同富裕高度阐述了生产力与生产关系辩证统一关系，贯穿着马克思主义唯物史观、唯物辩证法。中国共产党人在从精准扶贫迈向共同富裕的减贫实践过程中，始终以科学的辩证唯物主义和历史唯物主义的哲学为基础。

（一）精准扶贫方略继承和发展马克思主义共同富裕理论

消除贫困，改善民生，实现共同富裕，是中国特色社会主义的本质要求，是我们党的重要历史使命，体现中国共产党在新时代的追求价值与目标。在治理贫困的实践中，我们党始终坚持共同富裕是中国特色社会主义的根本原则，特别是党的十八大以来，习近平总书记通过长期躬身实践后从全局出发，深刻揭示扶贫工作的科学规律，创造性地提出了精准扶贫战略思想。精准扶

---

① 邢成举:《中国 40 年减贫之路》,《第一财经日报》2018 年 5 月 29 日。
② 辛鸣:《治国理政的哲学境界》,《哲学研究》2017 年第 10 期，第 3—11 页。

贫思想是立足于新时代生产力发展要求，不断发展和完善中国特色社会主义理论体系，精辟阐述扶贫工作基本战略，是以马克思主义唯物史观作为理论基础，对马克思主义"共同富裕"理论的基本精神内核的继承与发展。

（二）共同富裕内在要求是精准扶贫方略产生的源流

实现共同富裕是社会主义的本质要求，是我们党奋斗的目标与价值取向，也是中国特色社会主义理论体系的重要基石。党的十九大报告指出，中国必须坚持走共同富裕道路，偏离了共同富裕原则导向，中国特色社会主义理论体系的基础就不稳固。习近平总书记指出，在实施扶贫开发工作中，要切实帮助每一个贫困人口找到致贫根源，切实帮助困难群众排忧解难，做到精准识别、精准扶贫，使社会主义改革发展的成果惠及人民群众。"在扶贫机制上，要实现从主要依赖经济增长的'涓滴效应'调整为更加注重'靶向性'对目标人群直接加以扶贫干预。"[①] 说到底，精准扶贫方略的目的就是带领人民群众探索共同富裕的科学之路。因此，"共同富裕"是"精准扶贫"的理论基础，精准扶贫是实现共同富裕的重要举措。

（三）精准扶贫方略深刻体现马克思主义实践观

习近平总书记精准扶贫方略深刻体现马克思主义的实践观。马克思主义哲学认为，社会生活在本质上是实践的，社会问题只能在实践中得以检验其真伪性。正是以马克思主义实践观总揽全局的扶贫工作，才能在新时代的减贫实践中找到具体问题，并在实践过程中按实际情况施以切合实际的措施、方法。但2020年后现有的扶贫标准下贫困人口全部脱贫目标完成也并不意味着贫困地区、贫困人口的终结，而应该是出现新的贫困特征，这就要求我们在实践中坚持唯物辩证法的实践观，有效地解决农村贫困问题。

（四）精准扶贫思想是中国扶贫改革理论产物，是迈向共同富裕的新时代中国化的马克思主义

共同富裕根本原则是"精准扶贫"的理论源流；精准扶贫是新时代马克思主义中国化的减贫理论，是指导全党全国各族人民逐步解放生产力、发展

---

① 左停、杨雨鑫、钟玲：《精准扶贫：技术靶向、理论解析和现实挑战》，《贵州社会科学》2015年第8期，第156—162页。

生产力、最终实现共同富裕的理论成果。共同富裕高度概括了社会主义的本质特征，科学地指明了社会主义国家生产力与生产关系的内在关系问题。从本质上看，精准扶贫思想是马克思主义基本原理同中国扶贫改革相结合的产物，符合马克思关于社会主义的基本论断，是新时代中国化的马克思主义。

精准扶贫方略以马克思主义唯物史观作为理论前提，其根本目的是实现共同富裕，是对共同富裕思想的继承与发展；而共同富裕的前提是在扶贫改革中实施精准扶贫的有力举措，共同富裕是体现中国特色社会主义制度优越性的重要标志，也是从无产阶级的世界观、价值观出发，对中国共产党人提出的更高要求。精准扶贫的理论基础是共同富裕，而共同富裕是精准扶贫最终目标，二者是理论与实践相结合的辩证关系，深刻体现了中国共产党人全心全意为人民谋福祉的信念。

三、从精准扶贫迈向共同富裕的实践

（一）不忘共同富裕初心，践行减贫战略

共同富裕是邓小平思想理论的重要组成部分，是我们党切实坚守执政为民的理想信念。共同富裕思想有着丰富的科学内涵：从本质属性而言，共同富裕是马克思主义中国化的具体体现，是马克思主义的传承与发展，是中国特色社会主义发展的根本落脚点，对于发展科学社会主义理论、完善经济制度、构建和谐社会等有着重要的理论与现实意义；从发展理念上看，共同富裕是一个动态的长期历史过程，共同富裕不是社会主义发展的终极目标，而是发展生产力过程中具有长期性、艰巨性的动态的历史过程。邓小平同志特别强调，社会主义的本质是在解放生产力，发展生产力，消灭剥削，消除两极分化后，才最终达到共同富裕。这说明在实现"共同富裕"的道路上具有阶段性和层次性，需要经历漫长的历史时期，只有经过长期不懈努力，在社会主义生产力高度发达、生产关系高度完善的基础上，方可实现共同富裕的宏伟目标。

共同富裕的思想深刻体现了社会主义的根本属性，是马克思主义的传承与发展的具体体现，反映我们党始终站在时代的前列，高瞻远瞩，准确把握

时代脉搏，全心全意为人民谋幸福的坚定信念。

（二）实施精准扶贫措施，创新减贫理念

1. 科学精准扶贫目标

精准扶贫思想是中国减贫工作实践的理论总结与创新，是新时代全面建成小康社会的科学指导思想。精准扶贫思想的科学内涵具体体现在"六个精准"，即扶贫对象、项目安排、资金使用、措施到户、因村派人、脱贫成效的精准。首先，要做到精准识别，确保扶贫对象的精准性，切实摸清贫困人口的真实数量、贫困程度和导致贫户的具体原因等，"找到'贫根'，对症下药，靶向治疗"。[①] 其次，在精准识别全面捕获贫困户的具体表现特征和致贫的内在因素后就要做到精准帮扶，确保项目落实精准、贫困资金使用精准、扶贫措施到户精准、因村派人精准等科学对策。最后，要确保"精准监管"，以达到精准识别、精准帮扶的成效，实现贫困工作持续、动态监管，特别是脱贫后的可持续发展，避免返贫现象的出现。

2. 完善精准扶贫机制

精准扶贫是习近平总书记在新时代背景下针对全国减贫工作、为实现全面建成小康社会目标而提出的。精准扶贫方略根本原则是强调扶贫政策实施的指向性和针对性、强调政策效果辐射的精准性和有效性，从而不断完善传统减贫政策广度有余而深度不足的短板。[②] 因此，在推进扶贫工作实践过程中，应该不断完善精准扶贫机制。一方面，以构建贫困多维立体的识别制度为前提，增强扶贫工作的科学性和可靠性。明确"六个精准"内在关联是精准扶贫的本质要求，是打赢脱贫攻坚战的关键要素。假如扶贫工作未能充分、精准理解贫困对象生存状态的复杂性，致贫原因多样性，就会偏离精准扶贫的轨道。另一方面，健全精准扶贫监管考核机制，提高扶贫工作的实际效果。精准扶贫理念应该跳出传统区域瞄准、"大水漫灌"扶贫模式，构建针对贫困户长期动态监管机制，做到对扶贫工作效果实时监控，以期挤压"扶富不扶

---

① 习近平：《携手消除贫困，促进共同发展》，《人民日报》2015年10月17日。
② 丁帅：《精准扶贫制度体系设计与实施路径》，《人民论坛·学术前沿》2017年第8期，第102—105页。

穷""假扶贫""被扶贫"和"数字扶贫"等扶贫泡沫现象。

3. 精准扶贫的方法与路径

精准扶贫方略是针对新时代扶贫工作中出现的新问题、新特点而构建的减贫战略，而在实现贫困对象摆脱贫困的问题上，明确扶贫对象、扶贫主体、扶贫具体措施等尤为关键，因此，在未来的减贫实践中必须立足于贫困地区、贫困户致贫根源，将复杂性、多样性的贫困因素考虑在减贫工作之中，不断创新实施路径。在实施精准扶贫过程中，首先要深入理解精准扶贫方略的科学内涵，转变传统扶贫的思维方式，辩证地处理好扶贫工作与"三农"、乡村振兴等问题的内在联系；其次，要提高扶贫的精准识别能力，充分认识脱贫攻坚在新时代的重大意义，加强对贫困户的信息化建设与管理，促进减贫工作顺利进行；最后，要培育贫困户可持续发展的能力，加强扶贫同扶志、扶智相结合，全面调动贫困主体积极性、主动性和创造性。[1]

四、2020 年后扶贫工作的思考

即使到 2020 年完成了在现行贫困标准下全部脱贫的目标，也并不意味着中国农村贫困问题的终结。从表面上看是消除了占据主导地位的原发性绝对贫困问题，实质演变为转型性次生贫困和相对贫困等贫困特性。[2]为此，需要多维度定义新贫困问题，建立综合贫困治理机制和贫困治理结构，积极动员社会组织、社会力量参与扶贫实践工作，培育贫困主体未来可持续性生计，从根本上治理贫困代际传递等贫困问题。

1. 多维度定义贫困，建立综合贫困治理机制和结构

可以预期，2020 年我国现行标准下农村贫困人口将如期实现全面脱贫，贫困县全部摘帽。但是这并不意味着彻底终结贫困问题，而是伴随着贫困本身的客观性仍然长期存在，呈现出更加突出的"新贫困"问题。事实上，在

---

① 刘铮、浦仕勋：《精准扶贫思想的科学内涵及难点突破》，《经济纵横》2018 年第 2 期，第 72—77 页。

② 李小云、许汉译：《2020 年后扶贫工作的若干思考》，《国家行政学院学报》2018 年第 1 期，第 62—66 页。

人民群众日益增长的美好生活需要的新时代，仅依靠收入作为衡量贫困标准已无法真实反映贫困户家庭的真实状态，而从多个维度定义和识别贫困，越来越成为反贫困所必须依据的基础。① 未来农村贫困问题将涉及农户家庭自然资本、物质资本、金融资本、人力资本和社会资本等多维度贫困指标，因此，需要我们重新定义贫困新动态，建立一套更为完整的、科学的综合贫困治理机制和治理结构，有助于客观反映农村贫困新的评价体系。

2. 治理贫困总动员——建立广泛社会力量参与扶贫机制

习近平总书记曾多次强调社会组织、社会力量参与扶贫工作的重要性，指出："'人心齐，泰山移。'脱贫致富不仅仅是贫困地区的事，也是全社会的事"，"扶贫开发是全党全社会的共同责任，要动员和凝聚全社会力量广泛参与。要坚持专项扶贫、行业扶贫、社会扶贫等多方力量、多举措有机结合和互为支撑的'三位一体'大扶贫格局"。② 社会组织及其力量参与扶贫开发工作可以填补政府缺位和效率不足等缺陷，有其不可替代性，尤其是在 2020 年后农村扶贫工作中，不仅限于满足解决贫困户吃、穿等"两不愁、三保障"基本生活需求，更应该重视农村贫困群众医疗、教育、社会保障、公共服务等方面的提升，因此，更加需要建立广泛社会力量参与扶贫工作的新机制。可以说，社会组织及其力量参与扶贫攻坚战，对 2020 年如期实现全部脱贫及未来扶贫工作极其重要。

3. 标本兼治——培育贫困户可持续性生计

扶贫是一项长期性的系统工程，不只是关注贫困户短期的脱贫、暂时实现生活水平的提高，更应该立足于农村贫困户脱贫后生计连续性、动态性变化，培育贫困户未来可持续性生计。作为摆脱贫困实践主体——贫困户的个人可行能力的完善和提高对于未来扶贫开发工作具有不可或缺的建设性作用，只有农村贫困户学会如何摆脱贫困之道、形成家庭生计可持续性"造血"体

---

① 王小林、Sabina Alkire：《中国多维贫困测量：估计和政策含义》，《中国农村经济》2009 年第 12 期，第 4—10 页。

② 《习近平在部分省区市党委主要负责同志座谈会上强调：谋划好"十三五"时期扶贫开发工作，确保农村贫困人口到 2020 年如期脱贫》，《人民日报》2015 年 6 月 20 日。

系，才不会出现返贫现象。因此，在扶贫攻坚阶段尤其是未来的扶贫工作中，既要针对制约贫困问题实施精准扶贫之术，又要挖掘深层次、恶性循环致贫因素，加强贫困户未来可持续性生计培育，实现摆脱贫困的良性循环科学路径，形成标本兼治减贫道路和模式。

4. "授之以鱼，不如授之以渔"——扶贫工作要从重视娃娃教育抓起

解决贫困代际传递问题，是关乎农村贫困家庭是否具有稳定脱贫能力的关键，也是 2020 年后农村贫困工作的重中之重。习近平总书记在中央全面深化改革领导小组第十一次会议中指出，"发展乡村教育，让每个乡村孩子都能接受公平、有质量的教育，阻止贫困现象代际传递，是功在当代、利在千秋的大事"。因此，在未来的扶贫工作中，首先，阻止贫困代际传递要从娃娃抓起，要注重农村的教育特别是基础性教育，加大对基础性教育的投入。农村很多家庭由于父母外出打工，孩子从小就由祖辈抚养长大，而农村的教育资源特别是优质资源又相对匮乏，农村孩子获得知识的途径令人担忧。"孩子是国家的未来，民族的希望，家庭的期盼。"未来的扶贫要从教育扶贫着手，从重视贫困地区娃娃的教育抓起，避免因为农村教育水平落后导致孩子"输在起跑线上"，为从根本上解决农村可持续性脱贫奠定坚实基础。其次，教育扶贫是激发农村贫困户内生动力的源泉，是培育未来贫困地区、贫困人口可持续性脱贫，实现共同富裕无可替代的手段。习近平总书记指出，"脱贫致富终究要靠群众用自己的辛勤劳动来实现"，"注重扶贫同扶志、扶智相结合"。[1]邓小平同志也曾经指出贫困户通过科技致富的重要性，认为"懂得了科学技术能够使生产发展起来，使生活富裕起来"。[2]最后，不可否认，对农村贫困地区的家庭特别是孩子们授予物质之"鱼"所做的善事固然可贵，但是授予孩子未来提升人力资本的文化知识之"渔"，才是真正意义上让贫困家庭彻底摆脱贫困，实现共同富裕的核心要素。

---

① 《习近平在中央扶贫开发工作会议上强调：脱贫攻坚战冲锋号已经吹响，全党全国咬定目标苦干实干》，《人民日报》2015 年 11 月 29 日。

② 《邓小平文选》第 3 卷，人民出版社 1993 年版，第 373 页。

五、结语

中国扶贫改革 40 年来的探索与实践，取得了丰富的成果并形成了独具特色的中国扶贫智慧与方案，但是这并不就意味着我们的减贫工作取得了最后的胜利。在新的历史时代背景下，特别是在距离实现现行标准下全面脱贫只剩两年的这个时间节点，中国扶贫实践仍面临着诸多挑战：随着扶贫工作的不断深入，中国扶贫工作已经进入"深水区""硬骨头"关键阶段；如何有效培育已脱贫的农户拥有可持续性生计，又如何使脱贫户不返贫；即使到 2020 年我们顺利实现了现有标准下贫困人口全部脱贫后，未来的减贫工作如何开展；等等，扶贫工作的艰巨性、长期性、阶段性与复杂性等内在特征，均要求我们在持续的扶贫实践中不断地创新与发展，总结经验与不足，为下一步扶贫工作、未来的减贫实践提供有益的参考。

中国扶贫改革四十年的伟大历史进程

——基于 1979—2018 年中国反贫困政策的量化分析

王　超　刘俊霞

（贵州财经大学，贵州贵阳，550025）

摘要： 文章收集了 1979—2018 年中央政府及相关部委发布的 289 个反贫困政策文件，从政策样本的数量与结构分布、政策类型与参与机构、阶段性任务与内容等方面进行多维度统计分析，深入剖析了改革开放以来我国反贫困发展政策的演化历程。研究发现：（1）不同时期的贫困特征决定了不同阶段反贫困政策的数量、结构；（2）各阶段反贫困政策目标和措施始终与国家经济社会发展的战略目标相一致；（3）反贫困政策演化深刻体现了中国共产党反贫困思想体系的形成和演变；（4）政策制定部门范畴不断扩大，政策合力得到增强，并根据现阶段的贫困特征，对反贫困机制的完善提出了展望。

关键词： 反贫困政策；演进；中国；量化研究

一、引言

久困于穷，冀以小康。贫困无疑是一个由来已久的世界性难题，是经济社会可持续发展最严峻的挑战之一，反贫困也是世界各国人民都不可避免的历史任务。而贫困的成因向来与政治、经济、社会发展都有着密切的关联，因此反贫困更加依赖于各类制度政策的指挥和引导。中国作为人口大国，反

作者简介：王超，贵州财经大学工商学院旅游管理系副主任、教授。刘俊霞，贵州财经大学工商学院旅游管理系硕士研究生。

贫困历史由来已久。在借鉴综合外国反贫困政策的经验的基础之上，中国形成了独特的反贫困模式，也对国际反贫困产生了不可忽视的影响。党的十一届三中全会以后，我国开始了经济体制的改革，扶贫思路也开始发生改变。目前，以习近平同志为核心的党中央带领全国人民向绝对贫困发起了总攻，提出"三位一体"的大扶贫工作格局，提出精准扶贫、乡村振兴等战略，更具体、详细地指导反贫困工作的开展。

在当前扶贫攻坚背景下，回顾我国改革开放以来反贫困发展扶贫政策历程，有助于我们总结过去 40 年的反贫困经验，同时认识当前贫困问题的新挑战，并为今后反贫困政策的制定提供借鉴。

二、文献综述

自从改革开放反贫困工作开展以来，对于过去政策带来的实际效果评价、未来反贫困政策的走向和展望以及相关贫困政策的实证分析和定量检验方面，学者们都做了相应的研究。

一是对于过去政策的效果评价方面的研究。最早开始对我国反贫困政策作出研究的是何承金、杨顺成、赵学董等（1992）分析了 20 世纪 80 年代中国的反贫困政策，通过具体的数据客观评价了当时的反贫困政策带来的效果；[1]魏后凯、邹晓霞等（2009）通过对中国现行的贫困标准和总体贫困状况的考察，初步评价了国家反贫困的政策绩效；[2]罗佳萍（2017）从政治学角度入手，总结评价了新中国成立以来反贫困政策的变迁，进而挖掘中国反贫困政策的政治逻辑。[3]

二是对于未来政策走向和关注点变化方面的研究。国家计委社会发展所李爽（1998）分析了当时中国的城乡贫困现状和特征，预测了未来贫困工作

---

[1] 何承金、杨顺成、赵学董：《80 年代中国的反贫困政策》，《四川大学学报》（哲学社会科学版）1992 年第 3 期，第 10—16 页。

[2] 魏后凯、邹晓霞：《中国的反贫困政策：评价与展望》，《上海行政学院学报》2009 年第 2 期，第 56—68 页。

[3] 罗佳萍：《反贫困的政治学——对新中国反贫困政策变迁的研究》，上海师范大学学位论文，2017 年。

的发展趋势，提出了反贫困战略建议；[1] 李迎生、乜琪等（2009）对照当今国际反贫困社会政策出现的新趋势、新特点，提出了我国反贫困社会政策存在的种种缺陷，并建议借鉴国际经验，来推动未来我国反贫困社会政策的改革与创新[2]；左停、金菁、李卓等（2017）分析了脱贫攻坚战中反贫困治理体系的创新，对反贫困治理体系机制改革未来的创新性发展提出了建议。[3]

三是对于相关反贫困政策的实证分析研究方面。曾志红（2013）以2006—2011 年间国家扶贫重点县的相关数据为样本进行实证检验和理论剖析，对我国农村扶贫资金效率进行了剖析和研究；[4] 张曦（2013）基于 DEA 基本理论与方法，通过贫困的多维度测度指标体系和参与式扶贫绩效评价指标体系，对连片特困地区的反贫困绩效进行了测评；[5] 陈新、沈扬扬等（2014）以天津市农村为案例，通过对农户的贫困规模、深度、强度及变化情况以及政府两次补贴政策的减贫效果进行定量检验，客观评估和验证了政府反贫困政策效果。[6]

综上所述，尽管反贫困政策研究已经形成一定成果，但在研究范畴和量化研究方法方面都还有较大拓展空间。

三、研究方法与数据来源

政策是国家或者政党为了实现一定历史时期的路线和任务而制定的国家机关或者政党组织的行动准则。政策的量化分析一直是个难题。鉴于众多政策文献无法获取，研究无法穷尽所有的反贫困发展政策文件，因此文章主要

---

① 李爽：《中国的贫困化趋势和反贫困战略及政策研究》，《中国贫困地区》1998 年第 10 期，第49—55 页。

② 李迎生、乜琪：《社会政策与反贫困：国际经验与中国实践》，《教学与研究》2009 年第 6 期，第16—21 页。

③ 左停、金菁、李卓：《中国打赢脱贫攻坚战中反贫困治理体系的创新维度》，《河海大学学报》（哲学社会科学版）2017 年第 5 期，第6—12、89 页。

④ 曾志红：《我国农村扶贫资金效率研究》，湖南农业大学学位论文，2013 年。

⑤ 张曦：《连片特困地区参与式扶贫绩效评价》，湘潭大学学位论文，2013 年。

⑥ 陈新、沈扬扬：《新时期中国农村贫困状况与政府反贫困政策效果评估——以天津市农村为案例的分析》，《南开经济研究》2014 年第 3 期，第23—38 页。

选取国务院官方网站和国务院扶贫开发领导小组官方网站上所公示的扶贫政策为样本，时间跨度为1979年到2018年3月初，共获得289个政策文件样本。本文主要借助ROST内容分析软件和EXCEL处理软件，对样本进行数量与结构分布、类型与机构、阶段性任务与内容等方面的统计分析，得出改革开放以来我国反贫困发展政策的演进历程及内在规律。

四、不同时期反贫困发展政策的统计分析

（一）反贫困发展政策的总量与结构

1.反贫困发展政策数量

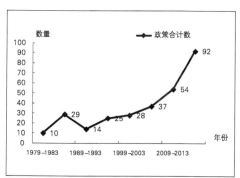

（a）数量

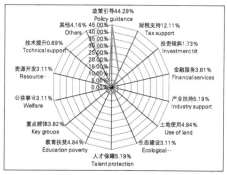

（b）按内容分的结构分布

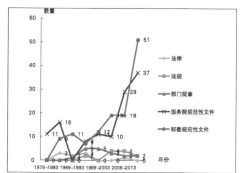

（c）按类型分的政策数量

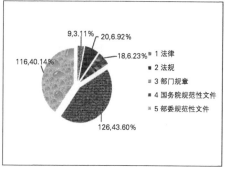

（d）按类型分的政策比例

图1　1979—2018年我国反贫困发展政策数量及结构

（此图由作者根据相关资料绘制）

　　根据样本选取标准，从 1979 年改革开放之初至 2018 年 3 月初，国家层面共发布了 289 个与反贫困发展密切相关的政策文件。由图 1（a）可知，改革开放以来的反贫困政策文件总体呈现逐年稳定增加的态势。改革开放初期反贫困政策很少，尤其是 1989—1993 年间政策量达到低谷。以 1994 年为分界点，之后反贫困发展政策数量逐年递增。1994 年，国务院发布《关于印发国家"八七"扶贫攻坚计划的通知》，开启了重点攻坚式扶贫之路。2001年 5 月，中央召开全国扶贫开发工作会议，颁布了第一个长期规划式扶贫纲要——《中国农村扶贫开发纲要（2001—2010 年）》，系统规划部署了此后 10 年的扶贫开发工作，我国反贫困工作进入飞速发展阶段，10 年间达到74 项，占政策文件总量的 25.6%。2011 年，我国进入同步小康发展扶贫阶段，中共中央和国务院又颁布了第二个长期规划式扶贫纲要——《中国农村扶贫开发纲要（2011—2020 年）》，进一步部署了此后 10 年的扶贫开发工作。2011 年到 2018 年 3 月期间颁布的政策有 128 项，占据了政策文件总量的44.3%，这一期间反贫困政策数量急速上涨，接近总量的一半，足以反映出反贫困工作的严峻性和重要性，反贫困工作已经进入攻坚决胜阶段。

　　2. 反贫困发展的政策结构

　　反贫困政策文件按内容主要分为三类：一是反贫困惠农政策，包括土地使用、投资倾斜、资源开发、技术提升等方面的政策；二是与反贫困活动密切相关的政策，包括财税支持、产业扶持、金融服务、生态建设、人才保障、教育扶贫、重点群体、公益事业等对反贫困工作产生重大影响的政策；三是对反贫困工作起直接规划引导作用的政策。从图 1（b）可以看出，在所有289 个政策样本中，直接引导性政策文件占比为 46.21%；反贫困惠农政策占比为 10.83%；与反贫困活动密切相关的政策占比为 42.97%。这些数据主要体现出两个问题：一是反贫困不是某个行业领域特有的问题，而是涉及各行各业方方面面的难题，需要社会共同参与，因此反贫困相关政策从各方面找寻反贫困工作突破口是国家的施政重点；二是直接性惠农政策文件过少，有结构性失衡之嫌。当然，不同侧重点和关注点的反贫困发展政策的发布与国家在不同时期所处的发展背景和经济社会目标都是密切相关的。

政策影响力的大小受政策类型及其颁布机关的制约。文章按照颁布机关及政策性质的不同对289个反贫困发展的政策文件进行了分类，统计结果如图1（d）和表1。按照政策文件的性质以及颁布的机关来划分，由全国人大及其常委会颁布的法律9部，在总样本中所占比例为3.11%。国务院以决定、办法、细则和暂行办法/条例等形式颁布的行政法规（包括《中华人民共和国立法法》实施前由国务院批准由部委公布的条例和细则）共计20项，在总样本中所占比例为6.9%。国务院各部委和直属机构等以规定、决定、办法、暂行规定等形式发布的部门规章18项，在总样本中所占比例为6.2%。国务院以意见、纲要、通知、通告、批复等形式发布的规范性文件126项，在总样本中所占比例为43.6%。国务院各部委和直属机构等以意见、通知、纲要等形式发布的规范性文件116项，在总样本中所占比例为40.1%。如图1（c）所示，2004—2008年、2014—2018年期间，国务院部门规范性文件最多，1979—1988年期间的政策文件级别总体较高，法律及国务院规范性文件比例大，其余阶段各类规范性文件、规章制度等产量相差不大。总体上，我国反贫困政策以国务院及其部门规范性文件为主，可见整体政策影响力较好。[1]

表1　1979—2018年我国不同类型反贫困政策的数量

一级分类	二级分类	数量	一级分类	二级分类	数量
全国人大政策文件	法律	9		规定	1
国务院政策文件	条例	7		决定	
	决定	8		办法	9
	办法	3	各部委政策文件	暂行规定/办法	8
	细则	1		意见	44
	暂行办法/条例	1		通知	64
	意见	45		纲要	8

① 唐晓云：《中国旅游发展政策的历史演进（1949—2013）——个量化研究的视角》，《旅游学刊》2014年第8期，第15—27页。

续表

一级分类	二级分类	数量	一级分类	二级分类	数量
	会议纪要	5			
	纲要	7			
	工作报告	15			
	通告	22			
	批复	6			
	通知	26			
				合计: 289	

（此表由作者根据相关资料绘制）

（二）反贫困政策的阶段内容分析

文章以各主要领导人在位时期将 1979—2018 年划分为四个阶段：邓小平领导时期、江泽民领导时期、胡锦涛领导时期、习近平领导时期，进而分析各领导人对于反贫困工作关注的侧重点不同之处。文章借助 ROST 软件对反贫困政策进行网络图绘制，根据高频词网络结构的距离，可以将各阶段内容划分三个层次：接近中心的红圈层为核心层，中间圈为次核心层，最外圈为外围层，如图 2 所示。[1]

1. 邓小平领导时期

由图 2（a）可以看出，邓小平领导时期政策制定机关主要是民政部，其政策内容为：一是核心层可以看出这一时期反贫困核心内容是实行区域经济带动战略，提出了通过实现区域经济增长进而带动区域内贫困人口脱贫并提高其主动脱贫能力的反贫困思路；[2] 二是次核心层可以看出反贫困措施侧重点在于科技、资金、技术等方面，并提出"对口帮扶"的口号，号召社会各界积极参与，[3] 共同加快农村贫困地区的发展建设；三是外围层可以看出扶贫工作的重点也发生了转移，开始认识到贫困分布的区域性，反贫困重点区域放到了西北贫困地区，提出以重点贫困区域为扶贫对象的反贫困思路，重点解

---

[1] 李秋云、韩国圣、张爱平、徐虹:《1979—2012 年中国旅游地理学文献计量与内容分析》,《旅游学刊》2014 年第 9 期，第 110—119 页。

[2] 于远亮:《中国政府扶贫政策的演进和优化》,南京师范大学学位论文，2006 年。

[3] 文秋良:《新时期中国农村反贫困问题研究》,华中农业大学学位论文，2006 年。

决大多数集中贫困农户的温饱问题，使贫困地区区域性贫困得以缓解。

2. 江泽民领导时期

由图 2（b）可以看出，江泽民领导时期政策制定机关主要是国务院及其部门，其政策内容为：一是核心层可以看出这一时期反贫困核心内容是通过项目带动、资金扶持等手段实现反贫困，确保扶贫资金和各项扶贫项目等措施真正作用于贫困村、贫困户；二是次核心层可以看出反贫困措施主要集中于银行贷款、财政扶持、社会参与等方面，政府出台一系列政策措施以鼓励、动员各方面的社会力量，加大扶贫投入，并增加扶贫贷款，重点支持效益好、能还贷的种植业、养殖业、林果业等；三是外围层可以看出反贫困工作的重点转向了教育扶贫、财政政策等，重点改善贫困地区的生产生活条件、综合素质、受教育情况等，并提出了通过信贷资金扶持微观扶贫产业的思路，进一步完善了扶贫战略。

3. 胡锦涛领导时期

由图 2（c）可以看出，胡锦涛领导时期政策制定机关主要是国务院及其部门，其政策内容为：一是核心层可以看出这一时期反贫困核心内容是集中力量尽快解决剩余贫困人口的温饱问题，集中财力不断加强贫困农村的基础设施建设，解决地区发展不平衡问题；二是次核心层可以看出反贫困措施主要集中于教育扶贫、财政资金扶持、管理体系升级等方面，提出通过实施中西部地区基本普及九年义务教育和基本扫除青壮年文盲的攻坚计划，实现提高贫困户的基本文化和综合素质的目标，[1]改变贫困地区的落后思想，并且对加强扶贫资金的管理给予了突出强调；三是外围层可以看出反贫困工作的重点为公共事业、资源开发、基础设施、扶贫资金等，强调群众参与，用参与方法自下而上地制定扶贫规划，并提出通过加强基础设施建设、发展科技教育等一系列措施，提升贫困地区的脱贫基础。

---

① 于远亮：《中国政府扶贫政策的演进和优化》，南京师范大学学位论文，2006 年。

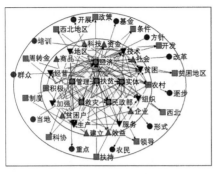

（a）邓小平领导时期　　　　　　　　（b）江泽民领导时期

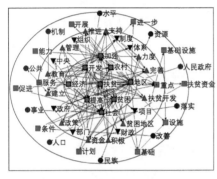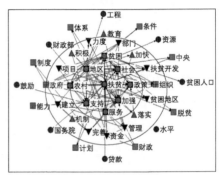

（c）胡锦涛领导时期　　　　　　　　（d）习近平领导时期

图 2　关键词动态变化图

（此图由作者根据相关资料绘制）

4. 习近平领导时期

由图 2（d）可以看出，习近平领导时期政策制定机关主要是国务院及其部门，其政策内容为：一是核心层可以看出这一时期反贫困核心内容是在服务乡村振兴、助力精准扶贫的新思想引领下，全党全国全社会广泛动员，通过高质量服务科普活动将新理念、新思想、新模式、新知识、新技术、新产品带到基层，带到农村，提高农民群众的创业意识和科学素质，改革创新完善脱贫攻坚体系；二是次核心层可以看出反贫困措施主要集中于教育扶贫、扶贫机制创新、扶贫基金管理等方面，不仅要解决劳动者的生活贫困还要注重精神贫困和文化贫困，提出有力有序推进建档立卡、驻村帮扶、扶贫资金管理、考核评估等重点措施，深入推进各项扶贫政策措施精准落实；三是外围层可以看出反贫困工作的重点为提升贫困户脱贫能力、财政资金扶持、发挥贫困地区资源优势等，提出要因地制宜实施反贫困发展政策，不断提高贫困地区的组织化程度，培育能够带动贫困地区脱贫的经济实体，并提出扶贫小额信贷、扶贫再贷款等政策也要突出精准，以达到精准性、实效性的反贫困，坚决制止反贫困工作中的形式主义。

（三）反贫困政策设计的参与部门

反贫困是复杂性极强的工作，需要各方社会力量共同参与。由于各阶段目标任务的不同，因此反贫困工作不同阶段的参与部门的种类和数量也有所不同。从图 3（a）可知，改革开放初期，即反贫困发展的初级阶段，参与反贫困发展政策的部门相对较少，直到 21 世纪初开始参与反贫困政策制定的部门大幅度增加。2014 年后，随着习近平总书记精准扶贫方略的贯彻落实，社会帮扶、共同致富的思想快速传播，鼓励先富帮后富，各行各业、各部门进一步提高对扶贫开发工作的认识，社会各界广泛参与到扶贫开发中来，因此，这一时期的参与反贫困政策制定的部门最多，达到了 37 个。

从政策制发主体看，反贫困政策制定的主导机关是国务院及其下设的议事协调机构国务院扶贫开发领导小组，主要参与部门包括民政部、国家发改委、农业部、国家卫计委、财政部和教育部等，涉及的部门、群众组织等共计超过 50 个 [图 3（d）]。从图 3（b）可知，由一个部门单独制定的反贫困政策文件占总数的 19.72%；由两个部门共同制定的反贫困政策文件占总数的 11.42%；由三个部门联合制定的反贫困政策文件占总数的 7.27%；由三个以上部门联合制定的反贫困政策文件占总数的 61.59%。从图 3（c）可知，制定反贫困政策的主要参与部门是国务院扶贫开发领导小组，其参与但未主导的政策文件 95 项，占总数的 32.87%；国务院扶贫办参与并主导的政策文件为 117 项，占总数的 40.48%；两者合计 212 项，占总数的 73.35%。由此可以看出，反贫困政策不是单一部门的决定，主要是由国务扶贫开发领导小组及其办公室和相关反贫困政策主管方面的部门联合制定和实施，并紧紧围绕七个反贫困细化路径和措施——产业发展脱贫、转移就业脱贫、教育扶贫、健康扶贫、生态保护扶贫、兜底保障、社会扶贫来制定，团结政府各有关部门和社会各方面的力量，共同献策献力，互相配合，为贫困地区开发提供积极有效的帮助。①

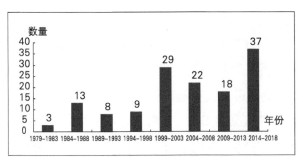

（a）不同阶段的参与部门

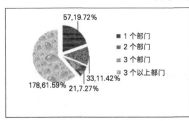

（b）跨部门合作情况

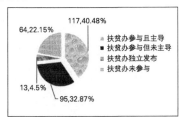

（c）主导和参与的部门

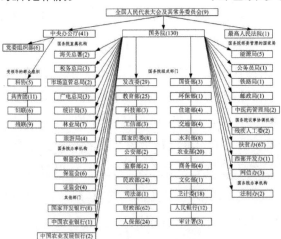

（d）反贫困政策相关部门树图

图3　不同时期反贫困发展政策制定的参与部门

（此图由作者根据相关资料绘制）

---

① 蔡科云：《论政府与社会组织的合作扶贫及法律治理》，《国家行政学院学报》2013 年第 2 期，第 33—37 页。

五、研究结论与展望

（一）研究结论

反贫困工作是一个复杂系统，它从来就不是单一行业或者地区的问题，需要各部门和社会力量的共同参与。通过梳理过去40年的反贫困政策文件可以发现，反贫困政策文件是其承载不同阶段反贫困历史使命的制度安排，正是这些阶段性的制度安排不断引导和推动反贫困工作的持续健康发展。同时，文章对政策样本进行数量与结构分布、类型与机构、阶段性任务与内容等方面的系统梳理和统计分析，得出以下结论：

1. 不同时期的贫困特征决定了不同阶段反贫困政策的数量、结构

事实上，反贫困战略的变化不仅在各阶段反贫困发展政策的数量、结构上得以体现，更体现在各个阶段政策任务目标和内容的差异上。改革开放初期，由于农业经营体制不适是导致大面积贫困的主要原因，制度的变革就成为缓解贫困的主要措施，此时政府也处于反贫困战略的初级探索期，因此，改革开放初期反贫困政策并不多。20世纪80年代中期，中国农村发展不平衡问题不断被凸显出来，为此，中国政府采取了一系列重大措施，进一步加大扶贫力度，中国的扶贫工作进入了一个新的历史时期，反贫困政策数量也随之增加。到20世纪末，贫困人口分布特征呈现出显著的地缘性，[1]我国开启了重点攻坚式扶贫之路。2003年，我国首次出现二次返贫现象，对此，政府采取了一系列重大措施从根本上改善农民思想和生活，[2]以防止二次返贫和虚假脱贫，因此这一时期反贫政策直线上升。近年来，贫困特征不仅表现出物质贫困，而且很大程度体现在精神贫困和文化贫困上，2014年随着"精准扶贫"方略的提出，农村扶贫进入了新阶段，随着对扶贫攻坚重视程度的增加，这一阶段的反贫困政策数达到顶峰。

---

[1] 刘淑波：《建国以来我国农村社会保障制度的回顾与思考》，东北师范大学学位论文，2005年。

[2] 曾志红：《我国农村扶贫资金效率研究》，湖南农业大学学位论文，2013年。

2. 各阶段反贫困政策目标和措施始终与国家经济社会发展的战略目标相一致

我国每个发展阶段所处的经济社会背景不同，导致我国反贫困发展在不同阶段也带有不同使命，而这些不同的使命是形成不同政策目标和措施不同的根本原因。1978 年党的十一届三中全会以后，随着在农村经济体制改革的进行，这一阶段的反贫困措施也集中在体制改革方面。20 世纪 80 年代中期，解决中国农村发展不平衡成为这一时期反贫困任务的主要目标，中央政府决定采取特殊政策和措施对自然条件较差的脱贫困难地区进行综合开发，为贫困地区的全面发展创造条件，[①] 这一时期，中央政府的扶贫政策措施有科技扶贫、机关定点扶贫、横向联合与对口支援、国际合作等。21 世纪初，中西部地区与东部地区的经济发展水平差距逐渐拉大，这一阶段主要实施西部大开发战略，在加强基础设施建设的同时，也重视西部地区的文化、教育、卫生等事业，促进西部贫困地区的协调发展和全面进步。当前，在新的社会矛盾背景下，反贫困也有了新的目标任务，即通过产业扶持、转移就业、易地搬迁、教育支持、医疗救助等一系列细化措施确保到 2020 年实现 2000 多万人通过社保兜底实现脱贫。总之，每个阶段的反贫困政策都很好地配合了国家战略对反贫困的战略需求。可以说，40 年来，反贫困工作服务国家战略的发展方向一直没有改变。

3. 反贫困政策演化深刻体现了中国共产党反贫困思想体系的形成和演变

从上述分析可以看出，各阶段反贫困政策与中国历届领导人的执政思想高度契合。邓小平执政的思想即邓小平理论，提出建设有中国特色社会主义理论。在他的指导下，中国开启了改革开放之路，开始实行经济体制改革，这也成了反贫困初期引领反贫困工作进行的"指挥棒"，推动了农村生产力的解放和农村的经济繁荣。江泽民的执政思想即"三个代表"重要思想，提出牢固树立发展才是硬道理的思想，加快贫困地区的发展；牢固树立贫困地区

① 黄科：《对我国农村扶贫政策的回顾与思考》，《中国经贸导刊》2010 年第 4 期，第 34—35 页。

经济、教育两手抓的思想，不断加强贫困地区的科技文化建设；[①] 必须强化服务意识，改进反贫困工作作风。胡锦涛的执政思想即科学发展观，强调经济社会的协调发展。这一阶段提出要站在科学发展观的高度，提升帮扶工作的新认识，反贫困工作重点放在帮助贫困地区解决温饱问题和改善基础设施建设上，推进帮扶工作平衡发展。习近平的执政思想即新时代中国特色社会主义思想，提出了深化改革，推动国家治理体系和治理能力现代化等新思路，总结了我国人民走出的一条中国特色减贫道路，并对于如何实现精准扶贫、如何实现深度贫困地区脱贫进行了系统阐释和科学部署，为打赢脱贫攻坚战提供了行动指南，同时也为世界减贫事业贡献了中国智慧、中国方案。[②] 这一阶段反贫困主要措施和方向是把发展作为解决贫困的根本途径，既扶贫又扶志，调动扶贫对象的积极性，并坚持政府主导，鼓励社会各方面力量积极参与，形成政府、社会、市场互为支撑的大扶贫格局。

4.政策制定部门范畴不断扩大，政策合力加大

反贫困是一项综合性、复杂性很强的工作，在政策制定过程中涉及的部门也较多。由于反贫困工作在不同时期的目标、方向差异，各阶段参与反贫困发展政策制定的部门也有所不同。反贫困早期未设立专门的反贫困工作主管部门——国务院扶贫开发领导小组办公室时，政策制定机关主要是中共中央和国务院。随着反贫困工作的顺利进行、农村改革的逐渐推进以及国务院扶贫办的设立，主要参与部门是涉农部门，如农业部、国家发改委、水利部、民政部、财政部等。进入21世纪以来，随着反贫困任务艰巨性增加，住建部、工商总局、教育部、科技部、广电总局、工信部、审计署、文化部、人民银行等部门也加入参与制定反贫困发展政策的行列，形成了多部门、多方社会力量合力推动反贫困发展的局面，这是国家层面更加重视反贫困发展的重要体现。

（二）政策展望

总体来看，各个反贫困阶段的各种制度安排有力地推动了反贫困工作的

---

① 赵俊超：《用"三个代表"重要思想统揽扶贫工作全局》，《内部文稿》2001年第20期，第14—16页。

② 《为领导干部荐书》，《领导决策信息》2018年第2期，第14页。

顺利开展，但客观地讲，反贫机制仍需完善。扶贫工作也是一个系统，包括四个主要构成因素：扶贫客体、扶持主体、扶贫措施、扶贫资源。反贫困机制就是使扶贫各要素之间能够形成一个相互依存的良性循环，推动反贫困工作长效发展。因此接下来反贫困政策的重点应放在努力打造互动性、协调性和多功效性的扶贫开发机制。与此相适应，反贫困机制的创新体系也应当受到充分重视，与之密切相关的资金、信息、技术、人才等各种生产要素流动发展的金融、财税等政策应随之不断创新。总之，反贫困工作的可持续发展有赖于社会经济系统的各种制度安排和机制引导，未来的反贫困工作更加艰巨，反贫困政策创新势在必行。

从"内部命运共同体"到"人类命运共同体"

——新时代中国特色减贫道路的新征程

邓淑华　周芸帆

（电子科技大学马克思主义学院，四川 成都，611731）

摘要： 党的十八大以来，以习近平同志为核心的党中央在减贫领域提出了一系列新理念、新思想、新战略，为从发展角度破解中国贫困症结凝聚了无坚不摧的伟大力量，搭建起了中国"内部命运共同体"，体现出了中国作为社会主义国家最为深刻的本质特征，以及人民是国家主人最为崇高的价值旨归。随着全面开放格局的形成，新时代的中国减贫道路如何前进，中国未来如何发展，国际社会如何了解中国角色等问题不仅重要而且迫切。对此，习近平总书记立足国内外新的现实条件，结合当今国际关系发展新的特征和规律，提出构建"人类命运共同体"。从"内部命运共同体"到"人类命运共同体"，不仅深刻诠释了在新时代中国作为一个新兴大国承担使命的方式，而且明确回答了崛起的中国在新时代向何处去、世界向何处去等重大命题，成为中国道路引领时代潮流和人类文明进步方向的鲜明旗帜。

关键字： 减贫；新时代；内部命运共同体；人类命运共同体

　　贫困是阻碍我国经济社会发展的主要难题，在 21 世纪的第二个十年，我国的贫困特点和减贫形势发生了深刻变化，正如《中国农村扶贫开发纲要（2011—2020 年）》指出的那样，"我国扶贫开发已经从以解决温饱问题为主

作者简介：邓淑华，电子科技大学马克思主义学院教授。周芸帆，电子科技大学马克思主义学院博士研究生。

要任务的阶段转入巩固温饱成果、加快脱贫致富、改善生态环境，提高发展能力、缩小发展差距的新阶段"。① 非常之阶段，需要非常之谋划、非常之举措，以 2013 年 11 月习近平总书记提出"精准扶贫"为起点，中国特色减贫道路进入了以"六个精准""五个一批"为重点的精准扶贫、精准脱贫阶段，镌刻出中国反贫困斗争在伟大决战时刻的新时代画卷。

一、新时代中国减贫进程中内部命运共同体的形成

随着中国进入转型新时代，中国特色减贫的各项举措有条不紊地开展，营造了"举全国之力，借全民之智，以民之所望"的减贫大环境，构建起了一个能够回应诉求、实现认同、凝聚共识、共担责任的"内部命运共同体"，完整地体现了中国社会主义制度的优越性，使得中国减贫道路上再难的障碍也能跨越。

（一）诉求回应：打好脱贫攻坚战，持续减少农村贫困人口，全面建成小康社会

久困于穷，让实现小康社会的目标成为中华民族不懈追求的梦想。没有农村贫困地区的小康，是不完整的小康。农村贫困问题是目前我国经济社会发展中的一个突出短板，关系到 2020 年全面小康社会的实现。为了回应广大人民群众的理想诉求，为了兑现党对全国人民的庄严承诺——"全面建成小康社会一个都不能少"，以习近平同志为核心的党中央深刻认识贫困的阶段性特征，准确把握减贫工作形势和规律，提出实施精准扶贫、精准脱贫，以每年减贫 1300 万人以上的成就，打开了新时代中国特色减贫工作的新局面。

（二）身份认同：以人民为中心，突出人民群众社会主体地位，增进全体人民福祉

习近平总书记在党的十九大报告中，把"以人民为中心"作为新时代坚持和发展中国特色社会主义的重要内容。为此，党和国家在开展减贫工作时

---

① 《中国农村扶贫开发纲要（2011—2020 年）》，人民出版社 2011 年版。

也充分贯彻"以人民为中心"的减贫理念：第一，在策划扶贫项目时，坚持群众利益无小事，通过多到贫困地区了解民意，倾听贫困群众心声，真正把贫困地区迫切需要、贫困群众热切期盼的项目纳入扶贫范围。第二，在实施扶贫项目时，始终把人民群众放在第一位，让贫困群众参与其中，让农村贫困群众成为贫困地区发展的动力之源、致富之源。第三，在检验扶贫成效时，变"对上负责"为"对民负责"，以人民群众的满意度为标准，精细化考核扶贫实效。

（三）凝聚共识：缩小贫富差距，维护社会公平正义，实现国家长治久安

贫富差距、城乡差距的不断扩大，实则是社会缺乏公平正义问题的日益凸显，这种现象的扩散将会撕裂整个社会的凝聚力，造成社会发展没有动力，影响全面建成小康社会的"成色"和"底色"。党和国家在中国特色减贫道路上所做的努力不仅在于帮助困难群众摆脱贫困，更是基于对社会不公正现象的一种矫正。各级政府通过把工作重心更多放在减贫领域，把扶贫资源更多向贫困地区倾斜，让社会发展的累累果实更多、更好地公平惠及贫困群众和弱势群体，不仅集中反映了人民的发展共识，让人民的获益度、认同度、参与度提升，还切实减少因为贫富差距和城乡差距过大造成的社会震荡，真正推动整个社会朝着共同富裕的方向稳步前进。

（四）合力建构：精准扶贫战略"大扶贫格局"的形成，凝聚社会发展向心力

在社会主义中国，任何工作的开展从来都不是一个地方、一个部门、一个人的事情，而是全党全社会的共同责任。基于对以往政府作为单一主体参与扶贫工作缺陷的认识，新时代中国特色减贫道路是自上而下战略部署与自下而上发展意愿有机结合，主要表现为扶贫实践主体范围的扩大和扶贫参与形式的多样化：

1. 中央统筹、省负总责、市县抓落实的扶贫工作机制

面对脱贫攻坚时间紧、任务重的情况，党和国家强化了中央统筹、省负总责、市县抓落实的扶贫工作机制，让各级、各层脱贫攻坚"链条"全面转动。

通过一级抓一级，层层压实脱贫攻坚责任，推进以"五个一批""六个精准"为重点的各项政策措施的落地生根的同时，也杜绝了减贫领域的不正之风。

2. 动员和凝聚全社会力量广泛参与减贫事业

为了把中国减贫工作引向深入，2014 年，国务院办公厅印发的《关于进一步动员社会各方面力量参与扶贫开发的意见》指出，要在坚持政府主导的前提下，动员包括企业、社会组织、社会人士等社会力量发挥自身特点，以多形式广泛参与扶贫。近年来，面对艰巨繁重的减贫任务，社会力量参与扶贫的广度和深度也明显提高，对减贫事业作出了积极贡献。

3. 摆脱贫困是农村贫困群众作为社会主体的自觉活动

农村贫困群众不是减贫工作中被动的扶持者，而是积极的行动者。当前我国农村减贫理念、策略和实践模式从过去输血式转变为现阶段开始注重培养个人摆脱贫困的精神和志气，提高个人可行性能力的造血式，特别是通过采用扶贫与扶志、扶智相结合的减贫方式，调动了贫困群众脱贫致富的积极性、创造性，培育和激发贫困地区内生动力，为从根本上拔出穷根，实现有质量的脱贫和农村的可持续发展找到了方法。

二、从"内部命运共同体"到"人类命运共同体"的逻辑理路

当今世界正处在大发展、大变革、大调整时期，人类社会挑战层出不穷、风险日益增长，可是在许多世界性问题面前，不少国家忽视、无视人类主体及其共同利益，总是以本国利益为最高利益甚至唯一利益，一时间，以民族利己主义为特征的"逆全球化"形成了一股浪潮，使得一些棘手的国际问题处于无解的状态。如何处理民族利益和全人类利益之间的关系，国际社会应该何去何从，就成为事关人类社会生存与发展的重大时代命题。

正是在这一大背景下，当今中国共产党人率先形成了中国与世界命运与共的时代意识。习近平总书记指出，"世界好，中国才能好；中国好，世界才更好"。党的十八大以来，习近平总书记在不同场合多次提出构建"人类命运共同体"的倡议。2017 年 2 月，"构建人类命运共同体"理念写入联合国决议。2018 年 2 月 25 日，党中央建议在修改宪法部分内容时，

增加"推动构建人类命运共同体"。"人类命运共同体"作为习近平新时代中国特色社会主义思想的重要组成部分，我们不禁要问，"内部命运共同体"与"人类命运共同体"有着什么样的内在联系？从"内部命运共同体"到"人类命运共同体"对中国和世界的意义是什么？通过梳理出蕴含于其中的逻辑理路，可以更好地预见中国特色减贫道路实现世界转向的美好未来，增强其实践的信心。

（一）认识和处理中国与世界关系的新视角

确定观察和处理对外关系的基本原则和基本立场，是国际关系行为体不能回避的现实问题。早在 2013 年 3 月，习近平总书记在莫斯科国际关系学院发表演讲中，第一次向世界传递了他对人类文明走向的基本判断："这个世界，各国相互联系、相互依存的程度空前加深，人类生活在同一个地球村里，生活在历史和现实交汇的同一个时空里，越来越成为你中有我、我中有你的命运共同体。"① 这也是他首次向世界阐述他的"全球观"。

随着中国与外部世界的互动程度、交流广度、依赖深度和影响力度前所未有加深，习近平总书记聚焦民族复兴这一主题主线，深刻洞察世界发展大势，准确把握时代前进脉搏，科学判断中国同世界关系的"变"与"不变"，积极探索中国与世界相处之道后指出："人类命运共同体，顾名思义，就是每个民族、每个国家的前途命运都紧紧联系在一起。"随着全球性问题的不确定性加剧，各个国家、各个民族归根到底都是一荣俱荣、一损俱损、休戚与共的关系，没有哪一国家能够置身事外、独善其身，"人类命运共同体"将国家与国家之间的关系建立于平行结构的伙伴关系之上，旨在实现各国家基于"利益相通""命运攸关"和"共同发展"的自然聚合，不仅体现出中国对自身与世界关系深刻变化这一宏大主题的深邃而全面的战略思考，也表达出中国致力于把世界各国人民对美好生活的向往变成现实的希冀。

（二）实现国内发展与世界繁荣相兼顾的新要求

"内和乃求外顺，内和必致外和。"长期以来，"中国离不开世界"是我们

① 习近平：《顺应时代前进潮流促进世界和平发展——在莫斯科国际关系学院的演讲》，2013 年 3 月 23 日。

全党全社会的普遍共识。经过改革开放 40 年的高速发展，中国正处于逐步实现民族伟大复兴和建设现代化强国的伟大征途中，国际社会也越来越强烈地感受到，中国的国内发展也带动整个世界联动发展，中国长期保持稳定与繁荣，是当今世界最宝贵的历史现象，与此相适应，"世界离不开中国"成了国际社会的新共识。

基于此，从维护人类根本利益、协调国际社会发展内在冲突、关注现实世界人民生存境遇角度出发的"构建人类命运共同体"的倡议具有普遍性、现实性意义，是在综合考量中国的内在可能与世界的外在需要后作出的必然选择，不仅凝聚了中国的发展愿景，还表达出一种"在追求本国利益时兼顾他国合理关切，在谋求本国发展中促进各国共同发展"的战略含义，明晰了中国在国际社会的行为逻辑不是基于自利、自助、弱肉强食的丛林法则，而是分享、合作、共赢、包容的"人类命运共同体"理念，这无疑是中国对世界未来的信念，也是中国对世界的责任。

（三）外交方式从"韬光养晦"到"有所作为"的新使命

在中国与外部世界的关系不断深化的过程中，中国的发展模式、发展道路在国际交往中产生了比较优势，作为世界第二大经济体、综合国力居于前列的世界上最大的发展中国家，中国必须突破原有的传统外交战略，扩大"内部命运共同体"的辐射场域，给世界上那些既希望加快发展又希望保持自身独立性的国家和民族提供全新选择和有益借鉴。一方面，中国需要大力推进外交理论与实践创新，逐步确立自己的外交战略定位，让我们得以在风云变幻的国际格局中始终保持战略主动，不断为中国特色社会主义伟大事业保驾护航。另一方面，中国也需要在融入国际社会的进程中增加自信有为，主动担当，让中国对外工作呈现更鲜明的中国特色、中国风格、中国气派，彰显中国特色社会主义在新时代的道路自信、理论自信、制度自信、文化自信。

三、从"内部命运共同体"到"人类命运共同体"的实践与建构

自古以来，实现"全球一体""人类一家"的这种美好的愿望可谓多矣，但都因为缺乏现实根据和实现力量而只能停留在"愿望"上，最终无法实现

和达成。作为习近平新时代中国特色社会主义思想的重要组成部分，"构建人类命运共同体"正在加速从理念和倡议转化为实际和行动。

（一）贫困是世界性难题，中国特色减贫道路为国际社会树立了典范

减贫是一个历史性难题，也是一个世界性难题。世界上任何国家，包括发达国家都存在贫困问题，在这场没有战火硝烟却同样艰苦卓绝的减贫战斗中，没有任何一个国家可以置身事外。改革开放以来，中国减贫工作取得了举世瞩目的成就，成为世界上减贫人口最多的国家，也是世界上率先完成联合国千年发展目标的国家，成功走出了一条独具特色的中国减贫道路。党的十八大以来，精准扶贫战略作为我们党新时期的减贫新战略，过去 5 年间创造了中国减贫史上的最好成绩，贫困人口减少 6800 多万，贫困发生率由 10.2% 下降到 3.1%，这在全球贫困斗争史上具有里程碑意义，联合国开发计划署签署长海伦·克拉克也为此表示惊叹："中国最贫困人口的脱贫规模举世瞩目，速度之快绝无仅有。"

由于世界日益成为一个互通互联的整体，通过国际性交往，任何民族国家地区的成功的发展模式、发展道路都会很快传播开来，成为全人类的共同财富，使得其他民族都能够学习使用而不必从头开始摸索。由此可见，中国特色减贫道路上取得的成就，不仅使得国内脱贫攻坚战有了决定性的进展，无疑也给国际社会更好地开展减贫工作带来了启示。

中国作为世界减贫事业的积极倡导者和忠实实践者，2017 年 6 月，在联合国人权理事会第 35 次会议上，中国代表庄严登上发言席，代表全球 140 多个国家，就共同努力消除贫困发表联合声明，表明中国将不懈努力与各国分享中国减贫的重要经验，把中国扶贫模式向全世界推广。随着党的十九大的成功召开，中国特色减贫道路也踏上了新征程，开始谱写新篇章，让"共建没有贫困、共同发展的人类命运共同体"的目标通过扎扎实实的具体行动和实践不断向前推进。

（二）"中国梦"与"世界梦"实现同频共振，中国特色减贫道路携手各国人民共同繁荣

党的十八大以来，"中国梦"迅速深入人心，然而实现中国梦是一条艰巨

漫长的道路，需要每个阶段的目标达成才能最终抵达。当前只有稳定实现扶贫对象的"两不愁、三保障"，确保到 2020 年基本消除绝对贫困现象，全面建成小康社会，实现中华民族伟大复兴之梦才会越来越靠近。

近年来，党和国家以卓越的远见和力度推进中国特色减贫事业，对于中国来说，中国减贫取得的历史性成就，形成了"内部命运共同体"，让越来越多的人走上了致富道路。对于世界而言，中国作为后发国家在减贫事业取得的巨大成功，开辟了一条摆脱贫困、实现富强和民族振兴的全新发展道路，彰显了中国特色减贫道路独一无二的示范效应，为国际社会尤其是广大发展中国家提供了一个民族复兴的成功样板。

中国的发展也是世界的机遇，"中国梦"的实现不是要取代谁，也不是为了领导世界，而是给世界带来更多机遇，是实现和平、发展、共赢的"世界梦"。正如习近平总书记指出的，"我们要实现中国梦，在这个过程中不仅造福中国人民，而且造福各国人民"。

世界格局深刻变化，在逆全球化的迷思中，"共建一个没有贫困的共同体"这一庄严的、高瞻远瞩的国际倡议，无疑让实现"中国梦"的向往与努力越来越展现出世界性品格，成为破解全球发展困境的密钥和引领人类命运的担当。2018 年十三届全国人大一次会议表决通过了中华人民共和国宪法修正案，将"推动构建人类命运共同体"写入了宪法，标志着推动构建人类命运共同体被确立为全国人民的集体意志和奋斗目标。

构建人类命运共同体的核心内容就是将世界打造成一个越发紧密的安全共同体、利益共同体、责任共同体，实现各国政策和发展战略对接，促进各国协调联动发展。如今，为建立"持久和平、普遍安全、共同繁荣、开放包容、清洁美丽"的世界贡献出的中国智慧和中国方案逐渐确立起来。中国通过积极参与建构"金砖国家组织"、亚洲基础设施银行，规划联通世界的"一带一路"建设等种种生动实践表明，从"内部命运共同体"到"人类命运共同体"绝不是中国政府应时的口号，也不仅仅是一种美好的愿望，而是在实现中国梦和实现世界梦这两个目标过程中携手并进的现实，不仅向世界展现了来自中国的理念与倡议，其成效可以惠及世界，也呼应了中国在世界舞台上扮演越来越重要的角色，发挥越来越关键的作用。

（三）开展中国特色大国外交，推动构建新型国际关系，中国特色减贫道路承担新时代大国责任与使命

中国特色减贫道路取得的巨大成果，吸引了世界目光，中国的减贫故事成为中国特色社会主义道路的靓丽名片，中国也有必要通过外交途径将自身的成功经验以及对世界发展的独特思考表达出来并传播出去，获得更广泛的世界认同，为世界贡献中国经验和中国智慧。

基于对外部世界更加客观、全面和理性的认识，习近平总书记旗帜鲜明地提出中国必须要有自己特色的大国外交。党的十九大报告中明确指出，新时代要开展中国特色大国外交，推动建设相互尊重、公平正义、合作共赢的新型国际关系，这也正是构建"人类命运共同体"理念在国际关系层面的具体体现。可以说，读懂了开展中国特色大国外交，推动构建新型国际关系的意图，也就明白了由"内部命运共同体"转向"人类命运共同体"的征程中内蕴的新型权力观、义利观、文明观和交往观，无不彰显了对人类命运的现实关切：一是熔铸了新时代"和平、发展、合作、共赢"的时代主题，在风云激荡的国际变革中，中国一以贯之地走和平发展道路，致力于推动建设持久和平、共同繁荣的和谐世界；二是为新时代我国内政与外交工作指明了前进的方向，体现出党和国家领导人深刻洞悉世界发展总体走向后的治国理政趋势，向全世界昭示了我们党和国家关于人类前途和命运的基本意愿与核心主张；三是打造出了新时代具有鲜明中国特色的对外话语，向世界传达新时代的中国是开放的中国，是能够为人类社会发展作出更大贡献的中国。

四、从"内部命运共同体"到"人类命运共同体"的困境与超越

从"内部命运共同体"到"共建一个没有贫困的人类命运共同体"的理论与实践，得到诸多国家的积极回应和高度评价，但这并不意味着这一过程必然是一帆风顺，而是充满荆棘和挑战。当前，国际社会对构建人类命运共同体提出了一些怀疑，为深入开展和推进人类命运共同体带来一定难度：

一是对"构建人类命运共同体"这一全新主张的未来前景仍缺乏信心。

世界是一个互联互通的整体，各国处于一个共生的体系中，但世界同时也是一个充满各种矛盾和冲突的整体，国际关系中的排他性阵营、强权干涉、文明冲突、不平等政治矛盾等阻碍构建人类命运共同体的因素仍然广泛存在。正因为如此，部分国家提出怀疑，认为在国与国之间利益是永恒的，友好是暂时的，每个国家外交决策和选择都是以国家利益为轴心、为转移的，构建"人类命运共同体"不管从历史还是现实、理论还是实际的角度来看都只能停留在"蓝图"，不可能真正建成和实现。

二是认为"构建人类命运共同体"是中国外交强硬的表现。从全球范围内来看，"构建人类命运共同体"展示了中国解决世界问题的思路与智慧，但不少国家借此误读中国的崛起。一段时间内，国际社会广泛存在着"中国冲击说"的看法，导致一些发展中国家对待"构建人类命运共同体"持有非常敏感或谨慎欢迎的态度，一些发达国家尤其是以美国为首的发达国家则不断宣扬"中国威胁论"，随之而来引发了外部世界诋毁中国并打压中国的发展势头。

中国从形成"内部命运共同体"到构建"人类命运共同体"的新征程，前景是广阔的，道路是曲折的，一定是在不断克服问题和解决难题的过程中逐步实现的。面对国际社会的一些议论和猜疑，我们必须有清醒的认识和必要的准备，全力以赴地引导国际社会与我们相向而行，共同推进这个历史过程：

第一，积极开展减贫合作与交流，携手共同推进全球减贫事业前进。积极开展减贫合作是"构建人类命运共同体"的重要途径之一，对此，中国应当不折不扣地信守执行，继续以"共建一个没有贫困的人类命运共同体"为主要目标，继续加强减贫领域的国际交流合作，并在共谋全球发展之路上实现主体范畴、联合方式、合作性质、责任定位的转变与创新。通过积极打造中外减贫合作平台，与外部世界展开更大范围、更高水平、更深层次的减贫合作，使各个国家能够广泛实现信息共享、资源共享、机会共享，把"共建一个没有贫困的人类命运共同体"落到实处。

第二，讲好中国故事，传播中国声音，彰显中国自信。"构建人类命运共同体"作为新时代中国对外战略中的重要思想和全新话语体系，面对质疑、排斥和抵制造成的中国国际事务中处于十分被动的局面，也暴露出了在国际话语格局中,"中国话语"仍然缺失和"中国声音"仍然受到强烈挤压的情况,因此,在世界范围内传播"人类命运共同体"话语,使之进入世界主流话语体系,进而提升中国的国际话语权,已成为迫切需要。

其一,构建人类命运共同体是习近平总书记通过坚持马克思主义立场、观点、方法,在传承和升华中华优秀传统文化思想精髓的基础上,科学分析人类发展的历史阶段和趋势,科学把握当今世界发展的总体性矛盾和全球性问题的总"病根",深刻揭示当今国际关系发展的特征和规律提出的。中国应该把握中国国际话语权建构战略机遇期,以共识凝结为基础,让国际社会对构建人类命运共同体的内在本质和价值意蕴有更加清晰的认识,让国际社会产生积极的思想共鸣。

其二,党的十九大报告第一次明确指出,我们党既是"为中国人民谋幸福的党,也是为人类进步事业而奋斗的政党,中国共产党始终把为人类作出新的更大的贡献作为自己的使命"。这是对我党立党宗旨和崇高目标所做的最精准的完整表述,也是对我党不变初心与历史使命所做的最富时代感的科学界定。中国应该通过自己对国际责任的勇敢担当、国际道义的持久坚持以及履行国际义务的实际行动来诠释中国融入国际社会的路径、中国倡导构建人类命运共同体的主张,是以变革自身、发展自身为基础,以满足、服务和实现人类对于和谐、美好世界与生活的需求为目标的,借此消除外部世界对中国崛起的误解。

其三,以贫困治理为契机,推进全球治理体系和世界秩序走向公平合理。构建人类命运共同体的目的除了是在世界范围内最大限度消除贫困,更是要让全球发展更加平衡,发展机会更加均等,发展成果造福各国人民。各国不论大小、强弱、贫富,都应作为平等成员参与国际事务,但世界格局仍然充满着复杂的矛盾和斗争,强权政治和霸权主义还在横行。到目前为止,全球社会共有190多个国家、约70亿人口,如何以平等、对话的姿态,本着共生、共荣的宗旨,唇齿相依,友好携手,共同开创、共同拥有一个美好的未来,考量着国际社会的智慧,国际社会迫切需要全球治理体系的进一步变革,以新的全球治理思想来引领、构建更加公正合理的国际治理体系。[①]

纵观国际格局及其发展趋势，国际社会力量对比发生深刻变化，表现为西方国家在国际格局中的主导地位不断削弱，一大批发展中国家快速发展，国际影响力不断增强，这其中又以中国的崛起最为明显。中国正从全球事务和议题的跟随者、附议者逐渐转向世界发展方向的倡议者和引领者，为此，习近平总书记对中国在人类社会未来发展进程中的历史定位做了新的表述，指明中国将"始终做世界和平的建设者、全球发展的贡献者、国际秩序的维护者"。"构建人类命运共同体"已多次被写入联合国及相关国际组织的相关文件和决议中，被认为是为变革中的全球治理模式、构建全球公平正义的新秩序提供了中国方案与中国智慧，中国应当以贫困治理为契机，顺应全球利益相互交融的趋势，促进全球治理改革，为国际秩序和国际关系制定更合理的制度性安排，推动发展中国家和发达国家走向共同、协调、均衡和普惠发展。

---

① 蔡拓：《人类命运共同体视角下的全球治理与国家治理——全球治理与国家治理：当代中国两大战略考量》，《中国社会科学》2016 年第 6 期，第 4—14 页。

中国文化扶贫 40 年：进路、逻辑与趋势

章军杰

（山东大学，山东 济南，250100）

摘要： 改革开放 40 年来，中国文化扶贫的工作重点和方式不断发生变化，既表现出由救济式扶贫向开发式扶贫转变的一般特征，也呈现出不同时期文化扶贫的特殊性。在政策与实践的双重驱动下，文化扶贫由"额外的馈赠"，到经济扶贫的伴生物，再到综合扶贫的重要维度，逐渐成长为国家扶贫的新动能，并凸显由单一价值到复杂价值的价值延伸，由伴生辅助到综合系统的功能拓展，以及由政府导向到内生导向的方式转变，为国家扶贫动能转换提供一种新的可能。

关键词： 改革开放；文化扶贫；脱贫攻坚；精准扶贫；贫困文化

贫困问题是持续困扰并严重制约人类进步的世界性难题，"消除一切形式的贫穷"是联合国 2030 年全球可持续发展议程的首要目标。从马尔萨斯描绘的"贫困性陷阱"到马克思的制度贫困理论，再到纳克斯的"贫困的恶性循环"等，研究者们试图从不同视角理解产生贫困的动因、内在规律和反贫困的可能性，尤以经济学领域发展经济学和福利经济学为主体的反贫困理论最为突出。但经济增长只是消除贫困的必要而非充分条件，[①] 贫困主体在内外部条件上的差异更是增加了反贫困的复杂性。在不断深化反贫困的进程中，研究者们对贫困认知的视野也进一步拓宽，并创立绝对贫困与相对贫困、收入

作者简介：章军杰，山东大学助理研究员。

① ［印］苏布拉塔·贾塔克：《发展经济学》，卢中原等译，商务印书馆 1989 年版，第 18—21 页。

贫困与权利贫困等多维理论方法。特别是 20 世纪 60 年代以来，美国学者刘易斯（O.Lewis）提出"贫困文化"的概念，用贫困阶层社会生活中形成的"贫困文化"以及这种文化的"圈内"交往，揭示贫困的文化属性和遗传特性，[1] 尝试从文化的角度解释贫困；联合国开发计划署、世界银行等国际组织对贫困指数的测度，也增设文化维度的评价指标，并呈权重增加的趋势。"真正理解贫困，需要文化与结构解释的结合"，[2] 贫困的文化解释渐成贫困研究的前沿话题。贺雪峰也提出，"不考虑贫困地区的文化，简单地进行帮扶效果往往适得其反"。[3] 我们不能用一种道德标准或经济定论的思维范式，将贫困地区特殊的文化简单归类为"贫困文化"或曰"落后文化"，但这种"贫困文化论"确为讨论扶贫的脆弱性和脱贫返贫问题提供了新的视角和路径。本文讨论的"文化扶贫"，在很大程度上指向如何将"贫困（地区的）文化"转化为"扶贫的资源"，也可在某种层面上表述为方法论意义上的"贫困文化论"，涵盖公益性的文化扶贫与经营性的文化扶贫。

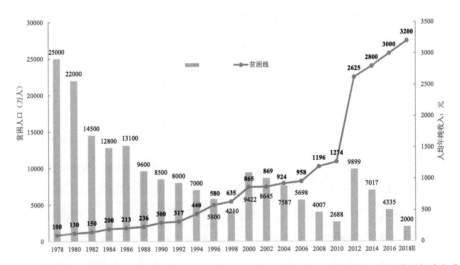

数据来源：根据国家统计局历年《中国农村贫困监测报告》，鲜祖德等《中国农村贫困标准与贫困监测》（《统计研究》2016 年第 9 期）等相关资料整理。

---

① Oscar Lewis. Five Families, *Mexican Case Studies in the Culture of Poverty*, New York: The New American Library, 1965, PP.107—127.
② 周怡：《贫困研究：结构解释与文化解释的对垒》，《社会学研究》2002 年第 3 期。
③ 贺雪峰：《中国农村反贫困问题研究：类型、误区及对策》，《社会科学》2017 年第 4 期。

改革开放 40 年来，中国实现"迄今人类历史上最快速度的大规模减贫"，从世界上绝对贫困人口数量最大的国家，到全球最早实现联合国千年发展减贫目标的发展中国家，创造了世界减贫史上的中国奇迹（见上图）。特别是党的十八大以来，中国 6000 多万贫困人口实现稳定脱贫，贫困发生率由 2012 年底的 10.2% 降至 3.1%，[①] 为全球扶贫提供了备受瞩目的中国方案。中国方案的核心，是以经济扶贫为中心的开发式扶贫，[②] 文化扶贫则一般被视为"额外的馈赠"。进入新时代，我国社会主要矛盾转化为人民日益增长的美好生活需要和不平衡不充分的发展之间的矛盾，物质层面的经济帮扶已基本解决。我国扶贫的目标也由相对单一的经济目标，转变为更复杂的经济与非经济复合目标，并呈现非经济目标超越经济目标的态势，脱贫攻坚进入"啃硬骨头、攻坚拔寨"的新时期。

贫困往往是一种复杂的文化现象。习近平总书记在《摆脱贫困》中提出"扶贫先扶志""扶贫必扶智"等论断，并在精准扶贫、脱贫攻坚战略中进一步明确文化扶贫的定位和作用。文化扶贫作为一种超越传统经济扶贫的扶贫方式，逐渐由一种政府行为成长为社会关切的热点话题，并开始引领中国扶贫脱贫的历史进程。但考绎现有研究，主要集中于对文化扶贫内涵、意义及对策方面的讨论，多涉及公益性的公共文化扶贫（方清云，2012；段小虎等，2016；饶蕊等，2017），也部分涉及经营性的文化扶贫（齐勇锋，2017；范建华，2018），但对中国文化扶贫实践进程和发展趋势的纵向研究则付之阙如，落后于中国贫困表现层次复杂化的新阶段，也不符合中国文化扶贫再出发的实践要求。本文不揣冒昧，尝试梳理总结改革开放以来中国文化扶贫 40 年的历史进路，分析其实践逻辑并研判趋势，探讨中国文化扶贫的新动能。

一、引述：前史与发端

贫困是一种超越时空的存在，只要有贫困就会有扶贫的实践。《周礼·地

---

① 李克强：《2018 年国务院政府工作报告》，中华人民共和国第十三届全国人民代表大会第一次会议，2018 年 3 月 5 日。
② 段应碧：《中国农村扶贫开发：回顾与展望》，《农业经济问题》2009 年第 11 期。

官司徒》载"（大司徒）以保息六养万民"，可能是见诸记载中国最早的国家救济制度。"大同社会""兼爱交利"等主张，蕴含朴素而深厚的救济思想，对后世扶贫帮困影响深远。"君子固穷""安贫乐道"等观念，也凸显古人对非物质层面脱贫的积极探索。历代官方或民间对"贫""穷"的救济理念和实践，为后世扶贫探索提供了必要给养。

近代以来，特别是二十世纪二三十年代，梁漱溟、晏阳初等为改变民愚民贫的社会现实，掀起了一场声势浩大的乡村建设运动，以局部的、渐进的乡村改进探索改造中国的现实路径。救济乡村只是乡村建设的"第一层意义"，"乡村建设除了消极地救济乡村之外，更要紧的还在积极地创造新文化"。① 以救济农村、改造农村为指向，乡村教育成为一种见诸行动的社会思潮。梁漱溟创办山东乡村建设研究院，在邹平、菏泽两个实验县办理乡农学校、乡学村学；晏阳初投身平民教育运动，在河北定县进行平民教育、农业改良等试验，浙江、四川、贵州等地也积极开展乡村教育。他们由教育入手，旨在通过教育农民实现"知识下乡"，试图寻找一条包含政治、经济、文化等多维度、全方位的乡村建设道路。山东邹平的社会风俗改良、河北定县的农村医疗保险、江苏昆山的动植物良种推广等，均是乡村改造 / 改良 / 改进的有机构成。据南京国民政府实业部的统计，当时全国先后有 600 多个团体和机构投入乡村建设，设立各种试验区 1000 多处。② 这场中国农村社会史上"到乡村去""到民间去"的重量级社会运动，东方与西方、传统与现代、民间与官方多维交织碰撞，因日本侵华等原因而中断。后世对其评价争议不休甚至截然两歧，但它确为今日乡村建设与扶贫实践留下丰厚的精神财富。受其影响，有识之士对如何消除贫困、改造乡村、实现民族富强的理论思考和实践探索，从未停歇。

扶贫是中国的一贯政策。③ 新中国成立初期，中国政府就致力于改变积贫积弱的窘迫局面，消除和缓解普遍的贫困状况，并开展了大规模的扫除文盲

---

① 梁漱溟：《乡村建设的意义》，《梁漱溟全集》，山东人民出版社 2005 年版，第 611 页。
② 祝彦：《"救活农村"民国乡村建设运动回眸》，福建人民出版社 2009 年版，第 219 页。
③ 王爱云：《1978—1985 年的农村扶贫开发》，《当代中国史研究》2017 年第 3 期，第 36—50 页。

运动，这一行动本身便包含反贫困的理念和目标，文艺工作也是其中的重要组成部分。1959 年，毛泽东提出"国家在十年内向公社投资几十亿到百多亿元人民币，帮助公社发展工业帮助穷队发展生产"，[①] 或可视为造血式扶贫的起点。据统计，1950—1978 年，国家用于救济农村贫困户的拨款、救灾拨款近 32 亿元；1959—1978 年，中央财政用于扶持穷社、穷队发展农业生产的无偿投资达 125 亿元。[②] 但总体而言，这一时期国家扶贫工作的首要任务，是对农村贫困人口采取救济政策保障其基本生活；扶贫工作的重点，是扶持贫困地区、贫困人口的农业生产与再生产，文化扶贫尚处于萌动期。

二、从不自觉到自觉：中国文化扶贫 40 年实践进程

改革开放以来，因应国家扶贫的实践进程，中国文化扶贫的重点和方式也不断发生变化，并逐渐成为一种自觉的行动。

（一）文化扶贫的早期探索与尝试（1979—1993 年）

改革开放之初，邓小平就提出贫穷不是社会主义，"我们现在就是做一件事情，使占人类四分之一的人口摆脱饥饿和贫困，达到小康状态"。[③] 中央和地方政府有意识地通过向贫困地区调拨粮食、衣物等救济物品及财政补贴，维持贫困地区人民最低程度的生活水准。[④] 20 世纪 80 年代初，国家就确立农村扶贫开发方针，《中华人民共和国国民经济和社会发展第六个五年计划（1981—1985 年）》明确规定："帮助少数民族地区和经济不发达地区发展经济文化事业"，文化事业作为国家扶贫的一种形式首次被正式提出。特别是 1986 年 5 月 16 日，国务院成立贫困地区经济开发领导小组（1993 年 12 月 28 日，更名为国务院扶贫开发领导小组），专门负责扶贫开发的调查研究、政

---

① 毛泽东：《在郑州会议上的话（一九五九年二月二十七日）》，《建国以来毛泽东文稿》第 8 册，中央文献出版社 1993 年版，第 69 页。
② 《当代中国的民政》编辑委员会编：《当代中国的民政》（下），当代中国出版社、香港祖国出版社 2009 年版，第 67—68 页。
③ 冷溶，汪作玲主编：《邓小平年谱（1975—1997 年）》（下），中央文献出版社 2004 年版，第 870 页。
④ 韩嘉玲、孙若梅等：《社会发展视角下的中国农村扶贫政策改革 30 年》，《贵州社会科学》2009 年第 2 期。

和统筹协调。是年，中共中央、国务院印发《关于帮助贫困地区尽快改变面貌的通知》，专列"增加智力投资"条，并要求包括文教在内的国家有关部门指定专人负责。次年，文化部等 18 个部委、团体共同发起具有文化扶贫性质的"全国万里边疆文化长廊建设工程"计划，在广西、云南、西藏等边疆省份开展推动文化建设和群众文化活动的专项工作。同期，社会学家辛秋水通过安徽贫困调查，提出"扶贫扶人，扶智扶文"的文化扶贫，并以大别山腹地岳西县莲云乡蹲点试验文化扶贫，践行由"输血"到"造血"再到"树人"的扶贫新思路，《光明日报》、中央电视台等高端媒体先后进行专题报道。1992 年，安徽省委、省政府在全省 6 个地市选点扩大试验，成为国内最早进行文化扶贫探索试验与推广的省份之一，① 其他省市也开展了类似的文化扶贫探索。

这一时期的文化扶贫工作主要侧重乡村科教、实用技术，强调通过技术教育增强国家扶贫的"造血"功能，对贫困地区人民的精神文化需求关注则比较缺乏，但"扶贫扶人，扶智扶文"已成社会共识。1993 年 12 月，文化部成立文化扶贫委员会，并由中宣部常务副部长徐惟诚任文化扶贫委员会主任，专门负责贫困地区的文化扶贫工作。② 这些都为推动更大规模的全国性文化扶贫行动，做了经验、思想和组织等方面的多重准备。

（二）开发式扶贫中的文化扶贫（1994—2000 年）

进入 20 世纪 90 年代，文化扶贫逐步进入制度化轨道，国家对文化扶贫提出明确要求。1994 年 3 月，国务院公布我国历史上第一个扶贫开发工作的纲领性文件——《国家八七扶贫攻坚计划》，明确提出"改变教育文化卫生的落后状况"的扶贫任务，并对科技部门和教育部门进行具体部署，文化扶贫行动开始常规化。特别是文化扶贫委员会成立后，会同宣传、文化、教育、科技等部门在全国范围内开展万村书库、电视扶贫、送戏下乡、报刊下乡和

---

① 1996 年 11 月 28 日，安徽省社会科学院召开"文化扶贫与农村精神文明建设研讨会"，专题研讨文化扶贫工作。参见辛秋水：《文化扶贫的发展过程和历史价值》，《福建论坛（人文社会科学版）》2010 年第 3 期。

② 程天赐：《文化扶贫：一个全新的社会视角》，载《文化扶贫五年 1993—1998》，北京出版社 1999 年版，第 9—11 页。

城乡小朋友手拉手等文化扶贫工程。1996 年 9 月，中共中央、国务院召开我国历史上第一次高规格的中央扶贫开发工作会议，肯定"希望工程""智力支边""文化扶贫"等送科技、送人才、送文化工作。同年，提出东部发达省市与西部贫困地区结对开展扶贫协作，①文化援疆、文化援藏、文化援蒙等东西部文化扶贫协作有了制度性安排。1999 年 11 月，中央经济工作会议决定实施具有扶贫意义的西部大开发战略，科技、教育、文化等大文化扶贫位列重点工作之一。同期，国际扶贫机构的积极介入，也让参与式扶贫、多部门综合扶贫、社区主导型扶贫等理念进入文化扶贫领域，中国文化扶贫开始与国际接轨。

总的来说，该阶段积极开展针对性的文化扶贫工程或行动，文化扶贫成为国家扶贫的必要组成。可是，这一时期的中国扶贫始终坚持经济本位的视角，文化扶贫脱胎于既往行政主导文化管理体制下的文化福利分配，侧重于贫困地区的公共文化建设，且政府对贫困群体临时性的文化福利供给乃至包办造成供给与需求的错位，贫困群体在文化扶贫实践中基本处于被边缘化的地位。

（三）综合扶贫中的文化扶贫（2001—2010 年）

进入 21 世纪，文化扶贫逐渐成为国家综合扶贫中的一个维度，成为推进贫困地区全面脱贫、走向小康的重要手段。2001 年，国务院印发《中国农村扶贫开发纲要（2001—2010 年）》，明确提出"逐步改变贫困地区经济、社会、文化的落后状况，为达到小康水平创造条件"的奋斗目标，并将提高贫困地区群众的科技文化素质作为增加贫困人口经济收入的重要措施。2006 年，中共中央办公厅、国务院办公厅印发《国家"十一五"时期文化发展规划纲要》，首次提出"坚持城乡、区域文化的协调发展"方针，并继而产生诸如乡镇综合文化站建设规划（2007—2009 年）、农家书屋工程（2007—　）、"三馆一站"免费开放专项资金（2010—　）等一批具有文化扶贫性质的系列成

① 中华人民共和国国务院新闻办公室：《中国农村扶贫开发的新进展》，《人民日报》2011 年 11 月 17 日，第 23 版。

果。[①] 2008 年，中国扶贫开发协会启动包括文化扶贫开发研究、文化产业基地建设、文化技术人才培训等 10 个工程在内的文化扶贫工程，为贫困地区提供信息、教育、文化支持，文化扶贫由临时性的文化福利变为常态化的系统安排。

概言之，该阶段是中国文化扶贫系统化全面展开的 10 年，文化扶贫成为国家扶贫标准的一种，初步实现其由输血式向造血式的转变，并具有了脱贫致富的重要意义。但是，综合扶贫中的文化扶贫基本沿袭传统粗放式的招商引资模式，还是未能超越以经济扶贫为中心的传统做法，仍处于经济扶贫附属品的尴尬地位。贫困与富饶、经济与文化、城市与乡村等纷繁交织的矛盾冲突，未得到根本性改变。

（四）精准扶贫中的文化扶贫（2011—　）

经过前期三个阶段的探索与积累，中国文化扶贫逐渐走向纵深，并上升为国家战略。2011 年，中共中央、国务院印发《中国农村扶贫开发纲要（2011—2020 年）》，我国由以解决温饱问题为主要任务的绝对扶贫，正式转向更高标准的脱贫致富与全面小康。以张北草原音乐节、保定野三坡"景区带村"为代表的文化扶贫实践，让我们看到文化扶贫的精准化和高效化，也增强了我们探寻脱贫攻坚新引擎的信心。2013 年 11 月，习近平总书记正式提出"精准扶贫"理念，"文化精准扶贫"渐成热点并导向文化扶贫新阶段。同年，国务院扶贫开发领导小组调整，文化部副部长项兆伦、新闻出版广电总局副局长聂辰席加入领导小组，[②] 文化部门正式进入国家扶贫决策机构。2014 年 3 月，文化部、财政部联合印发《藏羌彝文化产业走廊总体规划》，规划涉及川、黔、滇、藏、陕、甘、青 7 省区，其核心区域也是国家扶贫的重点区域，凸显以文化扶贫助力国家扶贫的战略意图。2015 年 12 月，文化部等 7 部委颁布《"十三五"时期贫困地区公共文化服务体系建设规划纲要》，中央层面首次对贫困地区公共文化建设作出规划安排。次年 12 月，全国人大常委会

---

① 段小虎、张梅：《"十三五"时期我国文化扶贫研究趋势与重点分析》，《图书馆论坛》2017 年第 5 期。

② 《国务院扶贫开发领导小组组成人员调整》，《人民日报》2013 年 6 月 29 日，第 2 版。

审议并通过《中华人民共和国公共文化服务保障法》，为公共文化扶贫提供了法律保障，政策性规定、规范性文件与法律法规共同构成我国文化扶贫的政策体系。2018 年，文化和旅游部的组建，更让"旅游＋扶贫"精准扶贫模式备受瞩目，也必将推动文化扶贫的文旅融合进入新阶段。

由此可见，全面建成小康社会，开启全面建设社会主义现代化国家新时代，国家将文化扶贫放在贫困地区经济、政治、文化、社会、生态建设"五位一体"的战略高度，深度渗透和关联到贫困地区社会、经济和文化活动之中。文化扶贫作为脱贫攻坚提质增效的新战略，呈现出公共文化扶贫与特色文化产业扶贫并重的新局面。

三、双重驱动：中国文化扶贫的逻辑与趋势

改革开放 40 年来，在政策与实践的双重驱动下，中国文化扶贫由"额外的馈赠"，到经济扶贫的伴生物，再到综合扶贫的重要维度，逐渐成长为国家扶贫的新动能，并凸显新的逻辑与趋势。

（一）价值延伸：由单一价值到复杂价值

扶贫是一个具有高度复杂性和不确定性的综合过程，文化扶贫可有效满足复杂价值并降低这种不确定性。20 世纪 80 年代以来持续高速的经济增长，是中国实现大规模减贫最重要的力量来源。但以经济增长为重心推动国家扶贫的方式，其实并不适应复杂的扶贫形势，经济增长的减贫效应也在减弱。[1]文化扶贫超越传统意义上"额外的馈赠"或经济扶贫伴生物的单一价值，开始走向改造贫困地区的"落后文化"并探索建构适应时代变迁的合理内核，从根本上更新迭代片面化和碎片化的简单扶贫拼贴。更可借由贫困群体的参与式发掘风土人情、传统习俗等异质性资源禀赋，在贫困地区自有的文化圈层中找到一种社会发展新的自我适应，推动贫困地区社会空间与产业结构的双重转型，实现贫困群体历史记忆和文化再造的互动。这种扶贫方式适应我国消费结构向文化消费转变的趋势，既改变了传统扶贫"唯产业性"或"唯

---

[1] 李小云、于乐荣等：《2000—2008 年中国经济增长对贫困减少的作用：一个全国和分区域的实证分析》，《中国农村经济》2010 年第 4 期。

公共性"的两种极端，也释放了贫困地区特色文化资源的扶贫潜能。它有助于贫困地区形成新的文化积累和产业积累，并有助于凸显地域文化和传统文化的张力，形成深层次破解贫困难题的内生动力，真正从实质上解决贫困地区"文化的失落"。[①]

文化是贫困产生、延续进程中的一种独立存在。在没有外力干预或影响的情况下，这种存在往往处于一种相对稳定的"平衡状态"。经历 20 世纪末中国市场经济的自我探索与自我检讨，中国开始回归属于其自身的文化根基，[②] 也开始超越传统的经济学扶贫并转向经济、文化、社会的全方位扶贫。文化扶贫通过加强贫困文化圈内的人对其文化的"自知之明"，促进贫困地区文化转型和再生的自主能力，进而激发贫困群体对原生文化的自信心和自觉性，也为贫困群体寻找精神归属和身份认同的介质提供新的可能，有助于打破贫困代际传递的恶性循环，实现兼具文化、经济、社会等多维的综合扶贫目标。

（二）功能拓展：由伴生辅助到综合系统

传统意义上的文化扶贫，主要侧重教育、科技、场馆等单打独斗式和功能辅助性的文化帮扶，并制订了就学保障、广播电视普及、公共活动场所建设等可量化的脱贫标准。这或是最简单、最直接、最见成效的扶贫方法，但常常忽视文化生产主体的重构问题，难脱改造愚昧、帮扶落后的"施舍"心态。当贫困地区相互依赖、相互构建的社会经济文化发生变迁时，如果各部分变迁存在不平衡或错位，极有可能造成新的社会问题。这种功能辅助性的文化帮扶，易让贫困地区或群体陷入"消费社会"的怪圈，造成对自我文化特性和定位的迷茫与困惑。"它极其强调花销和占有物质，并不断破坏着节约、俭朴、自我约束和谴责冲动的传统价值体系"，[③] 或对贫困地区或群体产生

---

① 塞缪尔·亨廷顿认为，文化与心态是导致国家与社会发展差距的重要因素，贫困地区真正的问题在于"文化的失落"。参见塞缪尔·亨廷顿：《文化的作用》，《文化的重要作用：价值观如何影响人类进步》，新华出版社 2010 年版，第 7—10 页。

② ［英］罗纳德·哈里·科斯：《变革中国：市场经济的中国之路》，徐尧、李哲民译，中信出版社 2013 年版，第 263 页。

③ ［美］丹尼尔·贝尔：《资本主义文化矛盾》，严蓓雯译，人民出版社 2010 年版，第 88 页。

负面的影响，造成经济脱贫后又陷入"文化贫困"的怪圈，最终形成脱贫又返贫的突出问题。数据显示，我国农村返贫率通常在 20% 以上，有些年份甚至达到 60% 以上，其中 2009 年贫困人口中超过 62% 为返贫人口，[①] 这对我国 2020 年打赢脱贫攻坚战构成重大挑战。

文化扶贫不是国家扶贫的附属品或衍生物，而是一个完整的意义系统和价值体系。功能辅助性的文化帮扶只是其中的一个方面，主要侧重公共领域的基本保障；内容层面的文化帮扶则是文化扶贫的内核支撑，它通过对贫困地区自有文化的创意研发，形成具有精神和经济双重价值的社会效益，并倡导贫困群体形成一种具有文化自信与自觉的生产、生活方式；最终，文化扶贫要形成一种物质层面的文化帮扶和内容层面的文化帮扶自循环的生态系统，建构对接贫困地区文化供给与消费的常态化通道，实现贫困地区的内生发展和真正脱贫。直言之，功能辅助性的文化帮扶、内容层面的文化帮扶和文化供给与消费通道的建立，是文化扶贫体系建设的三个维度。文化扶贫需有效释放贫困地区的自我文化生产能力，推动由文化扶贫、教育扶贫、科技扶贫等单一维度向综合大扶贫的转变，形成贫困地区新的文化圈层并与当地社会系统形成良性的共生关系，实现可持续的扶贫效应。

（三）方式转变：由政府导向到内生导向

改革开放 40 年来，中国文化扶贫突破自上而下的"给予"与"接受"，由国家政策推动——地方政策响应——地方扶贫落地，开始走向造血性的内生扶贫行动，国家扶贫的行动逻辑也由合法性走向正当性。从长远来看，贫困地区的农业主导产业属于"弱质产业"或曰"微利行业"，贫困地区长期处于社会经济增长的边缘地带。文化扶贫兼具公共性、文化性与产业性，可改变贫困地区的产业结构，并推动功能性扶贫到结构性扶贫的转变，是撬动贫困地区扶贫走向更高层次的支点。它打破原有扶贫的路径依赖，依托贫困地区异质性的特色文化资源禀赋，连接文化生产与文化消费，实现特色文化要素的市场交换，为贫困群体主动参与扶贫创造条件，

---

① 杨立雄：《高度重视扶贫攻坚中的返贫问题》，《中国民政》2016 年第 5 期。

不仅实现了文化扶贫瞄准对象的具体化和精准化，也为贫困地区社会经济的全方位变革提供新契机。

当然，贫困地区的文化资源并不必然转化为文化扶贫的比较优势，其成长是文化、产业、需求和技术等多种逻辑综合作用的结果。出于历史的原因，贫困地区的特色文化生产，在产业、技术等诸方面均处于不成熟状态，其特色文化经济较之非贫困地区，也必然面临产业基础、市场风险、技术应用等多重挑战。且既往文化扶贫几乎都是在国家和政府层面部署展开的，相对缺乏社会团体、企业以及贫困人口的内生性扶贫。对贫困地区特色文化经济的精准扶贫，不能仅停留在政策、资金等方面的简单支持上，而是要精准引入全要素、开放式的创新创业生态系统，推动形成特色文化经济发展必需的多要素、多服务生态空间，改良或改进贫困地区特色文化经济发展的社会生态，激活贫困地区特色文化经济的发展动力，真正推动贫困地区文化扶贫的内生性发展。

四、结论与讨论

文化扶贫是历史性的文化实践，也是新兴的文化热点，其内涵与外延必将不断深化与拓展。通过对中国文化扶贫 40 年进程的宏观分析，把握文化扶贫的发展趋势，可作出以下基本判断：

其一，文化扶贫是国家扶贫发展到一定阶段的积极探索。按照一般规律，在贫困地区的社会变迁中，物质文化的变迁总是快于非物质文化的变迁，经济扶贫也总是快于文化的扶贫。当国家扶贫发展到一定阶段，传统输血式、填鸭式的文化救济，已无法满足贫困群体不断增长的精神文化需求。贫困文化的象征符号、社会规范和价值观念等具有维持贫困的传统力量，[1]并因"圈内交往"形成一种超稳定的价值系统，出现了脱贫又返贫的新问题。国家扶贫并不存在一个通用的蓝图，其复杂性也自不待言。西江千户苗寨服饰、临沐柳编产业等地方实践，生动呈现文化扶贫的超强能量。可以说，文化扶贫

---

① 贺海波：《贫困文化与精准扶贫的一种实践困境——基于贵州望谟集中连片贫困地区村寨的实证调查》，《社会科学》2018 年第 1 期。

是对国家扶贫新情况与新问题的积极回应，为国家扶贫提供了一种新的进路。

其二，文化扶贫为国家扶贫动能转换提供一种新的可能。改革开放 40 年来，我国政府主导的大规模开发式扶贫在取得阶段性成果之后，必然面临新的更加复杂和严峻的贫困形势。扶贫目标由注重数量和速度转向质量和水平，扶贫标准也由消除绝对贫困转向相对贫困。随着中国经济进入新常态，以经济增长为动力推动国家扶贫的减贫效果在下降，减贫人口下降的速度和幅度也在降低，开发式扶贫的潜能和效力面临新的挑战，国家扶贫亟须找到新的动能。文化扶贫是一种复杂化的社会行为，它既倡导依托贫困地区异质性资源禀赋形成的特色文化经济，又反对唯 GDP 的错误导向；既倡导贫困地区开展公共性的文化帮扶并形成新的文化积累，又反对唯公益性的被动"输血"。这种扶贫方式可以打破原有社会经济文化运行的特定复合机制，激活贫困地区脱贫攻坚的内生动力，为国家扶贫动能转换提供一种新的可能。

其三，文化扶贫或有可能形成贫困地区发展的后发优势。贫困地区往往是特色文化富集的地区，贫困地区与特色文化资源具有一定的空间耦合性。但这些文化资源并不必然带来贫困地区的文化福祉，也有可能造成"富饶的贫困"。它们往往被视为一种与主流文化不相容的亚文化，主流文化以扶贫的名义将这些文化置于扶贫的边缘，甚至在"送文化"与"受文化"的过程中遭遇文化的冲突与撕裂。当主流文化的强势扶贫对贫困群体扶贫遇到瓶颈或收效甚微时，原生于贫困地区的亚文化或可为扶贫提供一种新的可能。特别是西部少数民族地区，它们既是中国脱贫攻坚的难点、焦点、关键点，又是中国特色文化最为富集的区域。[①] 这些文化具有迥异于主流文化的神秘感和差异性，一旦转化并形成文化力和生产力的持续能力，就有可能为我们留下文化记忆中"正在消失的文化"，构建贫困地区发展具有持续效应的核心竞争力。

概而言之，中国文化扶贫的下一个历史阶段，必定建立在文化扶贫 40

---

① 范霁雯、范建华：《特色文化产业——中国西部少数民族地区脱贫的不二选择》，《云南民族大学学报》(哲学社会科学版)，2018 年第 3 期。

年历史进程的基础上。从"扶贫扶人,扶智扶文"的理论创新,到"文化输血""文化造血"再到"文化精准扶贫",文化扶贫正在成长为国家扶贫动能转换中的新引擎。文化扶贫是国家扶贫的一种积极探索,为打赢脱贫攻坚战拓展了新的视野。它超越纯粹的经济解释或文化解释,在两者间形成一种相对平衡的状态,并培育贫困地区新的"文明生长点",加快我国扶贫重心由经济导向通往全面小康,推动我国脱贫攻坚走向新时代。

从"摆脱贫困"到精准扶贫

——改革开放四十年福建扶贫开发的历程与启示

耿 羽

（福建社会科学院，福建 福州，350001）

摘要： 习近平总书记在福建工作期间的扶贫探索与实践，为新时期精准扶贫、精准脱贫基本方略的形成提供了坚实的实践基础和理论基础。习近平总书记在福建工作期间指出，要深刻理解改革开放与扶贫的关系，改革开放与扶贫彼此融合，改革开放与扶贫相互依存互相促进。改革开放以来，福建省根据习近平总书记在闽工作期间总结提炼的"摆脱贫困"的重要论述，坚持精准扶贫、精准脱贫基本方略，塑造了造福工程、山海协作、干部驻村、挂钩帮扶、东西协作等长效机制，全省扶贫开发工作取得了明显成效。

关键词： 摆脱贫困；精准扶贫；扶贫改革；改革开放

改革开放以来，特别是党的十八大以来，福建省深入贯彻习近平新时代中国特色社会主义思想，认真贯彻中央扶贫开发战略部署，根据习近平总书记在闽工作期间总结提炼的"摆脱贫困"的重要论述以及"以改革创新引领扶贫方向、以开放意识推动扶贫工作"的扶贫原则，发扬"弱鸟先飞、滴水穿石、久久为功"精神，聚焦全面小康目标，全面实施精准扶贫、精准脱贫，加大扶贫投入，创新扶贫方式，全省扶贫开发工作取得了明显成效。

作者简介：耿羽，福建社会科学院副研究员。

一、改革开放四十年福建扶贫开发的实践历程

（一）初步实施大规模、有组织的扶贫开发（1978—1990 年）

早在改革开放初期，福建就高度重视发展农村生产和消除农村贫困。项南同志在担任福建省委书记期间，注重帮助老、少、边、穷地区的发展，提出大念"山海经""建设八个基地"，采取多种举措脱贫致富。改革开放初期的扶贫工作主要由民政部门负责，覆盖面较少，且主要是救济性。1984 年，《人民日报》头版刊登反映福建赤溪村下山溪畲族自然村群众贫困状况后，中共中央、国务院由此拉开了全国大规模、有组织扶贫攻坚的帷幕。1986 年 4 月，福建省委、省政府主要领导带领部分部门的领导，深入贫困县乡进行调查研究，当年 5 月，中共福建省委四届三次全委扩大会议专题讨论研究扶贫问题，作出了《关于加强老、少、边、岛贫困地区脱贫致富工作的决定》，扶贫工作过渡到由省委、省政府直接领导，各部门参加，大规模地进行，从主要是救济性转变为主要是经济开发性的扶贫。1987 年，福建核定 17 个重点扶持贫困县，202 个重点扶持贫困乡。1986 年至 1990 年的"七五"期间，全省投入贫困县、贫困乡村的中央和省的扶持资金达 13.6 亿元，全省 90% 的贫困户基本解决了温饱问题。

（二）探索具有福建特色的扶贫工作机制（1990—2013 年）

习近平同志接任宁德地委书记后，出于强烈的使命感、紧迫感和对老少边地区人民的深厚感情，走遍闽东山山水水，细致分析"摆脱贫困"问题，帮助引导畲族山民下山、连家船民上岸，号召群众"靠山吃山唱山歌、靠海吃海念海经"，实实在在地解决了许多困难群众的实际问题。离开宁德后，习近平同志先后担任福州市委书记，福建省委副书记、省长，扶贫开发一直是他主抓的重要工作内容之一。1996 年，时任省委副书记的习近平同志担任福建省农村脱贫致富奔小康工作领导小组组长；同年，习近平同志担任福建省对口帮扶宁夏领导小组组长；1999 年，福建省建立全省山海协作联席会议工作制度，时任代省长的习近平同志为召集人。通过这些工作平台，习近平同志借助早些年在扶贫开发工作方面积累的丰富经验，充分发挥思路优势，

总结吸收其他地区行之有效的好经验、好做法，不断加以提升和完善，进而转化为推行全省的有力工作抓手，逐渐形成造福工程易地扶贫搬迁、山海协作、挂钩帮扶、驻村任职、东西协作等一系列富有福建特色的工作机制。

（三）持续攻坚精准扶贫精准脱贫（2013—　　）

党的十八大以来，以习近平同志为核心的党中央作出了坚决打赢扶贫攻坚战的重大决策，实施精准扶贫精准脱贫基本方略。2014年11月，习近平总书记来福建视察时强调，"加快科学扶贫和精准扶贫""决不能让一个苏区老区掉队"。2015年1月，习近平总书记对福建宁德赤溪村扶贫工作作出重要批示，"全面实现小康，少数民族一个都不能少，一个都不能掉队"。2016年2月，习近平总书记视频连线赤溪村村民时强调，"扶贫工作要因地制宜，精准发力"，"扶贫根本还要靠自力更生，还要靠乡亲们内生动力"。福建省认真学习贯彻习近平总书记关于扶贫工作的重要论述，强调一定要把总书记关于精准扶贫精准脱贫的要求，贯彻到扶贫开发工作的全过程全方面。

2013年福建省委召开九届九次全会专题研究部署扶贫开发工作，出台《关于进一步扶持省级扶贫开发工作重点县加快发展的若干意见》，制定一系列扶持23个省级扶贫开发重点县政策，之后福建每年都召开一至两次全省扶贫开发工作会议，相继出台《深入贯彻落实习近平总书记重要批示精神　加快推进科学扶贫精准扶贫的实施方案》《关于推进精准扶贫打赢脱贫攻坚战的实施意见》《福建省"十三五"扶贫开发专项规划》以及扶贫开发工作成效考核、贫困退出等一系列政策文件，形成扶持贫困户、贫困村、扶贫开发工作重点县的政策支撑体系。2013年以来，全省"造福工程"累计搬迁87.9万人，脱贫110万人，基本完成减贫任务，贫困发生率从3.8%下降到0.02%。实施精准扶贫医疗叠加保险政策，筹集2.4亿元为因病致贫返贫的建档立卡农村贫困人口再增加一道保障，23个省级扶贫开发工作重点县生产总值年均增幅高于全省平均水平，2201个建档立卡贫困村面貌明显改善，原中央苏区、革命老区、少数民族聚居区、海岛等欠发达地区发展步伐加快。

二、改革开放 40 年福建扶贫开发的主要做法

（一）改革创新，不断探索扶贫开发有效机制

1. 率先实施造福工程易地扶贫搬迁。"造福工程"的雏形，起源于习近平同志对闽东山区茅草房改造、连家船民上岸居住和"救灾搬迁"实践的总结。1994 年，福建省委、省政府决定在全省推广闽东做法，实施大规模"造福工程"。截至 2016 年，累计搬迁改造 157.6 万人，整体搬迁 7000 多个自然村。一是易地搬迁与新型城镇化相结合。将扶贫搬迁、基础设施建设、小城镇综合改革、美丽乡村建设、防灾抗灾体系建设等工作整合起来，多位一体全面推进新型城镇化建设。二是易地搬迁与产业发展相结合。号召搬迁群众"靠山吃山唱山歌、靠海吃海念海经"，通过"一乡一品""一村一品"的特色经营，在滩涂养殖、食用菌栽培、茶叶种植方面实现"海经兴业"和"山经富民"。三是易地搬迁与完善公共服务相结合。在易地搬迁过程中，不断丰富群众精神文化生活、提升公共服务均等化水平、改善农村环境及村容村貌，较好解决了群众上学难、就医难等问题。四是易地搬迁与生态修复相结合。在易地搬迁过程中坚持发展与保护并重，修复当地山水生态，推进村庄环境治理，构建绿色经济体系和生态人居体系。霞浦县东山村的茅草房改造、福安市溪邳村的连家船民上岸定居、福鼎市赤溪村和柏洋村的畲民下山定居等易地扶贫搬迁成功实践构建了既挪穷窝又拔穷根的"宁德模式"。

2. 率先实施山海协作。习近平同志一向重视通过山海协作促进山区发展以消除连片贫困，曾亲自促成福州与宁德两市间的对口协作。1998 年，省委作出山海协作全面部署，随即建立全省山海协作联席会议工作制度，习近平同志为联席会议召集人。2001 年初，省委、省政府出台《关于进一步加快山区发展推进山海协作的若干意见》(以下简称《意见》)，该《意见》全面奠定了山海协作的政策基础，也倾注了习近平同志大量心血。在此基础上，福建于 2013 年确定 23 个省级扶贫开发工作重点县进行重点帮扶。一是共建挂钩帮扶机制。每个重点县均由 1—2 名省领导挂钩，5—6 个省直单位和省属企业联系，安排 23 个沿海经济较发达县（市、区）与 23 个重点县建立对口帮

扶关系，每年对口帮扶资金不少于1200万元，省扶贫开发领导小组定期组织重点县与挂钩帮扶的省直部门、沿海发达县（市、区）进行"面对面"会商、"点对点"对接，协调解决发展中的困难问题，不断提高精准服务的针对性和实效性。二是共建山海产业园区。组织引导山区和沿海发挥各自优势互设共建产业园区，在项目招商、技术帮扶、产业链延伸、资金落实和用工帮困方面实现共建。三是共建培育发展支柱产业。2011年起，福建设立了每年3亿元的县域产业发展专项资金，切块下达给23个重点县，重点用于培育特色支柱产业，从2014年开始，每年从地方政府债券中安排重点县每县1亿元，用于支持产业结构调整，由省级财政给予金额贴息。此外，省级财政还安排专项资金，对重点县内的农产品深加工企业新增固定资产投资按投资额的5%给予补助。四是共同开展干部人才交流。定期组织山海干部双向交流，重点县和对口帮扶县（市、区）互派一名县级以上领导、2—3名科级干部开展挂职交流，对口帮扶的县（市、区）每年为被帮扶县培养一批专业技术人才，并推荐安排就业。

3. 扎实推进东西协作。1996年5月，福建、宁夏两省、区根据中央"两个大局"的战略思想和开展东西部扶贫协作的决策部署，决定全面开展闽宁对口扶贫协作，习近平同志担任对口帮扶宁夏领导小组组长。他多次到宁夏实地考察，把在福建成功的扶贫经验应用于闽宁对口扶贫协作，逐渐形成"联席推进，结对帮扶，产业带动，互学互助，社会参与"的对口扶贫协作机制，取得突出成效，探索出东西部扶贫协作的"闽宁模式"。一是强化扶贫协作顶层设计。从1996年开始，两省、区建立了联席会议制度，每年轮流举办一次，党委、政府主要负责同志出席，总结对口协作工作，商定协作帮扶方向、内容和重点。通过坚持联席会议制度，扶贫协作工作始终与两省区的发展大局紧紧相扣，做到"宁夏所需、福建所能"。二是提升产业扶贫协作层次。两省、区坚持完善造血机制，不断提升产业协作层次，闽宁扶贫协作从单向的扶贫解困，发展到经济合作、产业对接、互利共赢的新阶段。双方合作建设了一批闽宁产业园区，签订50多项投资协议，协议金额400多亿元，形成了机械制造、电子信息、纺织轻工、风力发电、食品加工、葡萄酒等一批特色产业项目，有效带动了当地经济发展和农民增收。三是坚持民生优先扶贫协作路径。在对口帮扶中，福建始终把改善贫困地区的基础设施作为重要突破口，针对贫困地区饮水难问题，修建了一大批水利水保、饮水等基础设施。集中力量建设了闽宁镇、石狮镇、惠安村等一大批生态移民示范村，近 50 万贫困群众实现了生产方式和生活方式的改变。

4.率先实施驻村任职。2001 年，时任福建省省长的习近平同志在南平调研时，肯定了下派村支书和科技特派员的制度并在全省推广，实施"部门挂钩、资金捆绑、干部驻村"工作机制，提高贫困村脱贫致富的"造血功能"。通过干部驻村载体，多渠道挂钩帮扶的途径得以建立，扶贫资源连续不断输向偏远村落，有力地改变了贫困村贫穷落后的面貌。一是实施"政策扶持、部门挂钩、资金捆绑、干部驻村"工作机制。福建 10 多年来从省、市、县三级累计选派 1.6 万名优秀年轻干部到 1.1 万多个贫困村和村级组织薄弱村担任党组织"第一书记"，每批任期 3 年，对建档立卡贫困村全覆盖。各级挂钩部门共落实帮扶资金 170 多亿元，扶持贫困村项目 10 万多个，有力地改变了贫困村贫穷落后面貌。二是坚持推行科技特派员制度。通过引导农民干、干给农民看、领着农民赚的方式，以典型示范为依托，点面结合，将农业新品种、新技术、新农药、新肥料、新机具"五新"直接导入农村，提高了农业综合生产能力，加快了农民增收步伐。三是践行群众路线工作机制。福建驻村干部和科技特派员在扶贫开发工作中，与群众同吃、同住、同劳动，给他们送观念、送点子、送资金、送项目，打通联系和服务群众的"最后一公里"，既把党和政府的深切关怀、深厚感情传递给贫困群众，又尊重群众意愿、避免脱离实际，在与贫困群众一块苦、一块过、一块干中不断密切党群干群关系。

（二）精准发力，真正做到真扶贫、扶真贫

1.坚持精准识别，落实有效帮扶措施。习近平同志在担任福建省委副书记、省长时，提出了"真扶贫、扶真贫"的问题。福建省按照精准识别、动态管理、应进则进、应退则退的要求，以省定的扶贫标准为主要依据，综合考虑"两不愁、三保障"，采取进村入户、逐户走访摸底、实地察看核实的办法，重点把农民收入算清楚、算准确，同时通过"五看法"和"六看六比"

等有效方法，深入核查、相互印证、科学识别。在遵循总体原则的前提下，福建各地锐意创新特色工作机制，如宁德"664"模式、三明"348"模式和龙岩"九措到户"模式。

2. 坚持精准施策，着力增强贫困主体的造血功能。福建持续利用贫困地区的自然资源，进行开发性生产建设，把提高贫困地区和贫困户的自我积累和发展能力，增强贫困主体的造血功能，作为脱贫攻坚的关键性举措。一是探索建立生态扶贫机制。福建加大贫困地区、生态敏感区、水土流失地区的生态保护和修复力度，提高生态公益林补偿标准，并优先让有劳动能力的贫困人口就地转为生态保护人员，增加贫困人口保护生态和治理水土流失的劳动报酬。长汀县以习近平总书记对长汀水土流失治理作出的两次重要批示精神为动力，发扬"滴水穿石，人一我十"的精神，数十年如一日地埋头苦干，生态文明建设取得显著成效，形成"长汀经验"。"全国林改第一县"武平县根据时任福建省省长的习近平同志的专程调研指示，持续探索创新"借林"扶贫等一系列综合配套改革，释放出强大的生产力，让荒山育成"青山"，让农民捧上"金山"。二是探索建立金融扶贫机制。福建持续完善重点领域各项金融服务，保障易地扶贫搬迁金融资金供给到位，加大产业扶贫金融支持力度，满足贫困户创业就业和就学金融需求。为解决贫困户贷款难、贷款贵的问题，福建持续开展扶贫小额信贷风险担保试点，做到发展扶贫小额贷款与评定农村新用户、信用村工作同步推进，形成"征信＋贷款"联动模式，大力发展"信用共同体"扶贫融资模式，着力推广农户联保贷款业务、发展贫困户互助担保基金担保贷款以及发展"公司＋贫困户""合作社＋贫困户"等信用共同体贷款业务，形成产业扶贫和扶贫金融创新的良性互动。屏南县积极探索金融扶贫新模式，建立了县乡村三级金融扶贫联动服务平台，开展"信贷＋项目＋技术＋信息"一站式服务，让有劳力和劳力弱的家庭都能享受到金融活水带来的可持续扶贫效益。三是探索建立资产收益扶贫机制。福建安排一定比例的扶贫资金折股量化给村集体经济组织，投资到优势产业、优质项目，所获收益用于帮助贫困户发展生产、增收脱贫。2016 年以来，福建在 52 个建档立卡贫困村开展旅游扶贫试点，组织和引导贫困户盘活宅基地使用权、集体林权、土地承包经营权等自有资产参与试点项目建设。三明市积极探索扶贫资金量化折股增收机制、资产盘活和入股分红增收机制、水电资源扶贫增收机制等，引导贫困户盘活宅基地使用权、集体林权、土地承包经营权等自有资产，将耕地、林地等流转到龙头企业或专业合作社进行规模经营，让"沉睡的资产"活起来。建宁县在黄埠乡 7 个空壳村开展水电资源收益扶贫试点，将乡水电站技改后的新增收益确定给贫困村和贫困户，其中新增收益的 60% 用于村集体收入，40% 用于贫困户分红，实现贫困户和贫困村双增收。

3. 坚持补齐短板，着力提升贫困地区基本公共服务水平。一是探索建立医疗保险精准扶贫机制。福建建档立卡贫困人口参加新型农村合作医疗个人缴费部分（每人 90 元），由城乡医疗救助基金给予全额资助，全面实施基本医疗救助费用"一站式"结算服务，同时积极探索医疗保险精准扶贫机制，通过政府主导、商业运作，制定医疗保险精准扶贫政策，积极解决因病致贫、因病返贫突出问题。南平市积极落实医疗扶贫工作机制，为每个健康扶贫对象发放健康扶贫卡。健康扶贫对象凭健康扶贫卡享受优先优惠，在县域内定点医疗机构住院开通就医绿色通道，进一步优化诊疗流程，缩短等候时间，实行先诊疗后付费，针对大病患者通过医疗联合体进行上下转诊，实行分类救治。二是探索低保与扶贫有效衔接机制。福建对符合农村低保条件的建档立卡贫困人口，按规定程序纳入低保范围，并按家庭人均收入低于当地低保标准的差额或分档补助办法发给低保金；对符合扶贫条件的农村低保对象，按规定程序纳入建档立卡范围，并针对不同致贫原因予以精准帮扶；贫困人口参加农村基本医疗保险的个人缴费部分由财政全额资助，完善基本医保、大病保险、医疗救助等制度的衔接机制，提高整体医疗保障水平，最大限度减轻农村贫困人口医疗费用负担；对农村低保家庭中的老年人、未成年人、重度残疾人、重病患者等重点救助对象，采取多种措施提高救助水平；全面落实困难残疾人生活补贴制度和重度残疾人护理补贴制度。

（三）政府主导，带动社会、市场和群众共同发力

1. 强化党政领导责任。党的十八大以来，福建省委、省政府始终把扶贫

开发放在全省经济社会发展的突出位置，牢固树立科学扶贫、精准扶贫的理念，把脱贫攻坚作为最大的政治任务和第一民生工程来抓。省委、省人大、省政府、省政协领导，分别挂钩帮扶 23 个扶贫开发重点县，帮助把方向、理思路、做决策、定措施，在政策、项目、资金等方面，不断发力给力，在体制机制、扶贫脱贫、方式方法等环节，加强指导引导。全省建立省负总责、市县抓落实的领导体制，推进脱贫攻坚责任链闭环管理、无缝对接，构建横向到边、纵向到底的责任体系，形成省、市、县、乡、村五级书记一起抓扶贫的治理格局。

2. 强化政府资金投入。各级财政每年统筹安排专项资金用于扶持贫困村，其中省财政从 2004 年开始每年统筹安排 4000 多万元资金，对省级扶贫开发重点村给予每村 20 万元扶持。2016 年福建又把年人均可支配收入低于 4500元的 38 个少数民族村全部纳入第四轮扶贫开发整村推进实施范围，每年享受 20 万元的资金支持。"十二五"以来，全省各级财政共筹集 60 多亿元资金用于扶贫。在此基础上，2016 年开始，福建每年按上年度地方一般公共预算收入的 2‰筹集资金专项用于精准扶贫精准脱贫。同时，福建省还积极探索优化财政涉农资金供给结构，整合部门之间功能相似的扶贫资金，增强财政涉农资金的合力和使用效益。2015 年明溪、平和被列为全省两个财政扶贫资金整合优化试点县之一，探索如何在县级层面打破扶贫资金使用的部门界限，整合项目资金使用，让不同渠道的资金"拧成一股绳"。

3. 强化基层党建扶贫。遵循习近平总书记"农村脱贫致富的核心就是农村党组织""加强脱贫第一线的核心力量"的论述，福建在打赢脱贫攻坚战中，始终把加强党的建设与扶贫开发有机结合起来，围绕"党建带扶贫，扶贫促党建"，着力在抓引导、强班子、打基础、优服务、建机制、聚合力上下功夫，使党建优势转化为扶贫优势、党建活力转化为攻坚动力，建设"一支永不走的扶贫工作队"，为推进精准扶贫、精准脱贫提供了有力保障。福鼎市柏洋村党支部坚持"五心"工作机制，带领全村干群实现了从后进贫困村到和谐富裕美丽乡村的成功蜕变。"五心"工作法得到习近平总书记的赞扬与认可。

4. 强化社会合力扶贫。一是注重发挥总工会、共青团、妇联、民主党派自身优势，开展各具特色的扶贫活动。二是注重发挥企业扶贫的重要作用。开展"百龙联百村"活动，鼓励各类企业通过多种形式带动贫困户创业、促进贫困劳动力就业、增加贫困户收入。三是注重发挥民间组织的作用。省扶贫基金会、扶贫开发协会、省老区建设促进会、省计生协会、省慈善总会积极推动全省的扶贫开发事业，发挥独特作用，带动更多的社会组织、企业和仁人志士参与扶贫济困。四是注重发挥个人作用。鼓励和引导广大社会成员、港澳台同胞、海外侨胞捐助款物，开展助教助医助学等扶贫活动。

（四）扶志扶智，提振贫困地区群众的"精气神"

1. 注重思想脱贫。习近平总书记强调，"摆脱贫困首要意义并不是物质上的脱贫，而是在于摆脱意识和思路的贫困"，"扶志"与"扶智"并重。福建是全国著名的革命老区，红色文化资源十分丰富，福建在加大对老区脱贫攻坚政策资金支持的同时，还十分注重用红色文化扶志，用红色文化旅游扶贫，大力弘扬"滴水穿石"的攻坚精神、"弱鸟先飞"的进取意识，号召干部群众主动作为，先想干事、能干事，然后干好事、干成事，坚决破除"穷自在"、"等、靠、要"、怨天尤人等懈怠思想，心往一处想，智往一处谋，劲往一处使，团结一致走向富裕。"中国扶贫第一村"赤溪村干群抛弃"要我脱贫"的被动想法，确立"我要脱贫"的积极观念，十年"输血"就地扶贫、十年"换血"搬迁扶贫、十年"造血""旅游 + 产业"扶贫，因地制宜、精准发力，终于走上了脱贫致富的小康路。赤溪村脱贫经验证明，只要有决心、有办法，再难啃的脱贫"硬骨头"也终将被攻克。

2. 注重教育脱贫。习近平总书记强调"扶贫必扶智"是扶贫开发的重要任务，也是阻断贫困代际传递的重要途径。福建以 23 个省级扶贫开发重点县和建档立卡贫困人口为重点，精确对准教育最薄弱领域和最贫困群体，落实多元扶持与资助政策。对建档立卡的贫困儿童按最高档助学金标准予以资助，对建档立卡贫困学生免除学杂费，寄宿生按最高档营养餐补助标准予以资助。发动私营企业定向、定额、全学制资助贫困大、中学生，并为当地贫困高中学生安排勤工俭学，减轻贫困生家庭经济压力，有效防止因贫辍学。

3. 注重科技脱贫。福建不断加大对贫困群众技能培训的力度，通过采取科技特派员下村、办职业学校、短期培训、建立农业科技服务机构、请大专院校代培人才等多种方式，向贫困群众传授科技知识、生产知识，帮助贫困户掌握一定的实用、管用、有用生产技能，提高他们的自我发展能力，用现代科技致富；持续实施"省级扶贫开发工作重点县人才支持计划科技人员专项计划"，选派优秀科技人员作为省级科技特派员到贫困县开展科技扶贫工作；抓好科技特派员"互联网+"管理工作，把科技特派员纳入"三区"（边远贫困地区、少数民族地区和革命老区）科技人员专项计划综合信息服务平台统一管理。寿宁县下党乡下党村积极推动"互联网+TV"党媒精准扶贫模式，打造扶贫定制品牌"下乡的味道"，为消费者提供全流程可监控无污染的绿色产品，促进农村经济品牌化发展。

三、改革开放 40 年福建扶贫开发的经验启示

（一）扶贫开发必须深入贯彻习近平新时代中国特色社会主义思想

习近平总书记在闽工作期间始终保持着对社会主义本质特征和党的根本宗旨的深刻认识，时刻不忘让群众脱贫致富，改革开放让一部分人和一部分地区先富起来，最终目的是要实现共同富裕，小康社会的发展目标是使全体人民都富起来，不能让有一部分人或一部分地区掉队的情况持续存在，帮助困难群众脱贫致富是党的领导干部不可推卸的神圣职责。习近平总书记在福建工作时期提出的扶贫开发理论是新时代关于扶贫工作的重要论述形成的源头，与习近平新时代中国特色社会主义思想有着一以贯之的马克思主义世界观和方法论，一以贯之的为民情怀，一以贯之的务实作风，是一个一脉相承、相互贯通的整体。福建深入贯彻习近平新时代中国特色社会主义思想，始终把"摆脱贫困"作为工作主线，一张蓝图绘到底，一任接着一任干，倡导"滴水穿石"的攻坚精神、"弱鸟先飞"的进取意识、"四下基层"的工作作风，始终以人民为中心，团结带领广大群众不懈努力、艰苦奋斗，把扶贫开发融入全局工作，在全局中把握、谋划和推动。

（二）扶贫开发必须以改革创新为引领

习近平在闽工作期间指出，要深刻理解改革开放与扶贫的关系，二者

"出发点和归宿都是为了商品经济的发展，所以都应统一于商品经济规律的运动之中"，改革开放与扶贫彼此融合，要提倡"用开放意识来推动扶贫工作和在扶贫工作上运用开放政策"，改革开放与扶贫相互依存，互相促进，"扶贫的成果将是开放的新起点，开放将使扶贫工作迈向新台阶"。福建省的扶贫开发工作，发端于 20 世纪 80 年代，经过长期实践，90 年代中期以后逐渐形成一系列行之有效、富有特色的扶贫开发工作机制和政策体系，实现了扶贫开发工作的常态化和机制化。这一时期，习近平同志在福建先后担任市、省领导，他围绕摆脱贫困走共同富裕之道进行了深入实践和探索，形成了造福工程、山海协作、干部驻村、挂钩帮扶、东西协作等卓有成效的扶贫机制，标志着福建省走出了一条特色鲜明的扶贫开发新路子。新时期福建省精准扶贫、精准脱贫工作，全面延续了长期以来行之有效的各种扶贫工作机制，把消除贫困与生态治理有机结合起来，加大了科技扶贫力度，强化了福建扶贫开发工作的特色，取得了显著成效。

（三）扶贫开发必须因地制宜分类指导

习近平总书记在闽工作期间指出，要扎扎实实走出一条因地制宜脱贫致富的路子，"逐村逐户制订脱贫计划，一个村一个村、一个户一个户地落实下去，把有限的人力、物力、财力集中用到贫困村贫困户的脱贫致富上，真正做到'真扶贫、扶真贫'"。福建认真遵循习近平总书记提出"因地制宜、分类指导、量力而行、尽力而为、注重效益"的关于扶贫工作的重要论述，牢牢围绕"精准"二字，把扶贫对象搞清楚、把致贫原因搞清楚、把扶贫措施搞清楚，把"扶持谁""谁来扶""怎么扶"搞得一清二楚，做到扶真贫、真扶贫、真脱贫，突出问题导向，进一步聚焦工作重点，因地制宜分别施策，从原来撒胡椒面式、输血式的扶贫，转向定制式、有针对性的扶贫，从开"大处方"、大水漫灌、大而化之的扶贫，转向对症下药、精准滴灌、靶向治疗的扶贫。福建立足各地不同的资源禀赋和产业基础，找准工作重点，差异化指导扶贫，引导贫困地区激发内生动力。坚持以脱贫实效为依据，以群众认可为标准，注重脱贫质量，强化动态管理，在把产业扶贫、就业扶贫、金融扶贫、结对帮扶等作为主要抓手的同时，大力实施健康扶贫、教育扶贫、生态扶贫、低保兜底保障扶贫，务求每户都有具体措施、具体项目，着力提高贫困人口自我发展能力，实现扶贫效果从逐步脱贫向稳定脱贫拓展。

（四）扶贫开发必须与扶志扶智相结合

全面建成小康社会需要物质与精神的统一。贫穷不是社会主义，而只有物质的畸形发展同样不是社会主义。习近平总书记指出，真正的社会主义不能仅仅理解为高度发展的生产力，还必须有高度发展的精神文明，"一方面要让人民过上比较富足的生活，另一方面要提高人民的思想道德水平和科学文化水平，这才是真正意义上的脱贫致富"。既要富口袋还要富脑袋，乡风文明是生活富裕持续长久的基础，推进贫困地区物质脱贫致富的同时加强精神文明建设，才能顺利实现"仓廪实""衣食足"与"知礼节""知荣辱"的衔接。人的全面发展需要外因与内因的结合。脱贫致富归根到底是对人的改造和提升。习近平总书记指出，"要坚持以促进人的全面发展的理念指导扶贫开发"，提升贫困群众教育、文化、健康水平和综合素质，振奋贫困地区和贫困群众精神风貌。内因是发展变化的根据，外因是发展变化的条件，外因通过内因起作用。各种扶贫政策是外在的促动因素，只有群众把事事求诸人转为事事求诸己，才能将外力转化为自身追求美好生活的内在动力，扶贫攻坚工作才能实现从"外部输血"向"内生造血"的转变。贫困群众既是脱贫攻坚的对象，更是脱贫致富的主体。激发贫困群众的积极性、主动性、创造性，提高贫困地区群众的自我发展意识和自我发展能力，变"要我脱贫"为"我要脱贫"，摆脱精神贫困才能彻底斩断穷根。

精准扶贫基层绩效实证研究

——以S省W县绩效评估为例

杜 宁

（济宁市扶贫开发领导小组办公室，山东 济宁，272001）

摘要： 纵观世界历史发展脉络，扶贫是一个经久不衰的话题。贫困一直是困扰全球各国经济社会进步的难题，也是全社会密切关注和着力解决的重点问题。党的十八大以来，习近平总书记站在党和国家全局的高度，提出了精准扶贫、精准脱贫重大战略，我国扶贫开发逐渐进入了以"六个精准"和"五个一批"为重点的脱贫攻坚新阶段。近年来，随着综合国力不断提升和全社会共同参与，我国的扶贫工作取得了举世瞩目的成就。但由于我国基本国情所限，贫困人口数量多，分布区域广，深度贫困地区基础条件薄弱，这都给脱贫攻坚带来了极大困难。如何让有限的国家资源取得最大的脱贫效能，最为重要的一个环节就是提高基层党委政府的扶贫开发工作绩效。通过绩效评估来树立导向，督促基层党委政府创新思路、强化措施、完善制度，这是深化脱贫攻坚的有力举措。为提高基层扶贫工作绩效，加快全面建设小康，我们通过设计评估体系、评估指标，对S省W县进行实地调研评估，通过调研评估发现W县尽管在脱贫攻坚中取得了优异成绩，但是也存在以下问题：自我发展能力弱、返贫压力仍然存在、基本设施扶助不足、各项保障仍需提升、结对帮扶力度不强、帮扶措施较为单一、持续增收渠道偏少、特色产业发展缓慢等。针对调研评估发现的突出问题，紧密结合W县实际，我们在健

作者简介：杜宁，济宁市扶贫开发领导小组办公室副组长。

全贫困识别体系，加强动态信息监测；加强扶贫队伍建设，提升扶贫工作成效；增强农村集体的公共性，发展再集体化的经济；扶持区域优势产业，统筹推进脱贫路径；全面对接特惠政策，创新金融扶贫模式；扶志与扶智相结合，激发脱贫内生动力；实现农业产业发展，建立跟踪管理机制等方面提出了切实可行的意见建议。

关键词： 精准扶贫；绩效；实证

一、引言

（一）选题目的

贫困一直是困扰全球各国经济社会进步的难题，也是全社会密切关注和着力解决的重点问题。我国的扶贫开发是 1978 年以来伴随改革开放的进程，逐步明确和强化的一项重大战略决策。党的十八大以来，习近平总书记把脱贫攻坚作为我们党执政的重要使命，先后 30 余次国内考察，20 余次涉及扶贫，在很多重要会议、重要场合反复强调脱贫攻坚，站在党和国家全局的高度，提出了精准扶贫、精准脱贫战略思想，我国扶贫开发逐渐进入了以"六个精准"和"五个一批"为重点的脱贫攻坚新阶段。针对我国的具体国情和扶贫开发工作的具体实践，中共中央、国务院明确提出建立精准扶贫机制，开展贫困识别和建档立卡工作，实行进出有效的动态管理。2015 年 11 月，党的十八届五中全会指出，农村人口脱贫是全面建成小康社会的标志性指标，全会决定在"十三五"实施脱贫攻坚工程，确定 5 年 7000 万贫困人口实现精准脱贫的目标，要求举全党、全国、全社会之力，做到"两不愁三保障""一高于一接近"和"两个确保"。围绕实现这一目标，党中央与脱贫任务较重的中西部 22 个省签订了责任状，出台了考核办法、督查巡查办法和责任落实追究机制，对脱贫攻坚实施最严格的考核评估，坚决打赢脱贫攻坚战。在各级各部门对于精准扶贫都投入大量人力、物力、财力的情况下，要确保脱贫成效经得起历史的检验、群众的认可，坚决杜绝弄虚作假、背离精准扶贫、精准脱贫方略、让老百姓不明就里地数字入贫、数字脱贫。

近年来，随着综合国力不断提升和全社会共同参与，我国的扶贫工作取得了举世瞩目的成就。但由于我国基本国情所限，贫困人口数量多，分布区域广，深度贫困地区基础条件薄弱，这都给脱贫攻坚带来了极大困难。如何让有限的国家资源取得最大的脱贫效能，最为重要的一个环节就是提高基层党委政府的扶贫开发工作绩效。通过绩效评估来树立导向，督促基层党委政府创新思路、强化措施、完善制度，是深化脱贫攻坚的有力举措。

中央对于精准扶贫的战略布局、顶层设计，需要通过地方的分层对接才能实现，需要地方、基层、组织、集体、个人等共同努力才能实现。中央政策在地方落实通不通、好不好，无法通过文件、报告的形式呈现出来，更主要还在于贫困地区整体面貌是否得到提升，贫困户的生活水平是否得到改善，而对这些状况的了解要求深入到基层、深入到百姓生活中，才能有较为真实的感触和体验。因此，本研究将重点围绕国家扶贫政策落实情况、贫困户生活状况、政府提供满足贫困群众基本需求的服务情况、贫困群众对政府期望以及满意度，探讨当前基层精准扶贫工作中存在的困境和问题以及解决的对策措施。这些问题的探讨和有效解决有助于基层政府顺利对接中央的顶层设计。

（二）选题意义

1. 理论意义

"精准扶贫"思想是对中国特色社会主义"共同富裕"原则的具体阐述。同时，赋权提能，是基于阿马蒂亚·森的权利贫困理论，其核心思想是为贫困人口提供公平的机会和平等的权利，激发贫困人口自发脱贫的意识和能力。精准扶贫、精准脱贫战略是对这一理念的延伸和发展，通过发展产业项目、加强基础设施建设、加大资金倾斜力度、强化金融扶贫、开展教育培训等，让贫困地区、贫困人口有更有利的发展空间和能力，增加经济收入，提升社会发展，实现共同富裕。在脱贫攻坚的关键阶段，国内对精准扶贫绩效评估进行了卓有成效的探索研究，取得了一定的成果，但毕竟精准扶贫绩效评估工作相对来说是新生事物，特别是现在这项工作又提升到一个前所未有的新高度，可借鉴、可遵循的经验或做法不算太多，学术界对于精准扶贫绩效评估的研究还有待进一步深化拓展。本研究将从基层实证的角度出发，完善评估体系、指标，通过评估来解决实际问题，完善有关理论。

2. 实践意义

在新的贫困形势和精准扶贫背景下，如何适应现实状况创新和细化扶贫绩效考核评估路径，如何通过建立有效考核评估体系实现绩效评估的精准、并挖掘阻碍绩效提升的深层原因，如何在扶贫绩效评估实践的基础上，进一步完善绩效考核评估体系和解决基层面临的难题，都是亟待研究和解决的问题。而现行的评估体系主要考察是否达到国家或者省定的收入脱贫线，实现"两不愁三保障"和饮水安全，在具体考核评估指标设置上存在口径单一、标准僵化等问题，也未能因地制宜地提出切实可行的工作建议。这些问题导致现行的精准扶贫绩效评估体系不能很好客观评价一个地方扶贫开发工作的实绩，帮助基层党委政府提升精准扶贫工作绩效。

开展绩效考核评估工作一方面是为了检验一个地方工作成效，另一方面是为了通过评估来发挥其导向作用，引导基层党委和政府更好地开展扶贫开发工作。如果考核评估体系存在诸多问题或漏洞，不仅不能客观评判一个地方的扶贫开发工作成效，起不到"指挥棒"作用，甚至会影响基层开展扶贫开发工作的积极性。同样，如果绩效评估体系得不到有效改进，必将影响脱贫攻坚整体工作，因此，通过探索研究形成更合理、更科学、更切合实际的评价体系和解决基层精准扶贫面临的实际问题就具有重要的实践意义。

（三）研究思路与研究内容

1. 研究思路

基于多年市级层面督查考核扶贫绩效的实践和调研，计划以解决基层精准扶贫存在的现实问题为出发点，理论上分析当前国内外精准扶贫绩效评估的研究成果，对现在精准扶贫绩效评估的主要不足进行归纳总结。进而以 S 省 W 县[①]为例，通过完善绩效评估的体系、指标，发现基层精准扶贫工作中面临的困境和问题，提出工作建议，完善相关理论研究。

结合绩效评价相关理论，初步设计精准扶贫绩效评价指标体系，随后对

---

① 因相关数据目前未对外公布，仅限内部掌握，本文中涉及的地名均由字母代替。

其进行内容效度检测，剔除效度低的指标。引入德尔菲法，通过专家打分确定各指标权重，进而确立精准扶贫绩效评价指标体系及测量问卷。

在实证部分拟对 S 省 W 县进行评价，结合贫困人口脱贫指标评价体系内容，通过问卷和访谈两种方式对所需评价信息进行采集，使用信度系数法对问卷数据进行信度检验。拟通过格栅获取法将定性分级指标转换成为定量分值指标，并对问卷得分进行计算，在评价其实施精准扶贫绩效的同时，也对本研究所构建指标体系的实用性进行验证。

为了确保本研究的科学性和严谨性，经过多次论证，制定了较为规范的技术路线。首先通过文献分析和专家座谈开展精准扶贫绩效评估体系研究，建立调查指标，完善评价指标体系，设计调查问卷，开展基本生活救助对象试访，并根据试访情况修改完善调查问卷，确定执行质量控制体系，开展小规模的预调查，总结预调查的问题，及时进行调整，进一步完善调查方案，在此基础上正式开展调查。在评价基层政府精准扶贫绩效的基础上，得出相应的结论、发现存在的突出问题和提出改进工作的建议。精准扶贫作为一项政府主导的重大政治任务，改进并深化精准扶贫绩效考核评估势在必行。在脱贫攻坚的关键时期，按照实效至上兼顾效率的原则，探索如何能更加科学、更加客观、更加精准地开展精准扶贫考核评估工作，真实反映基层党委和政府扶贫开发工作的效果，更好地发挥评估的导向作用，全面提升工作成效，为打赢脱贫攻坚战提供保障。

2. 研究内容

（1）扶贫对象 [①] 退出情况

W 县扶贫对象退出摸底调查指标体系一级指标包括家庭财产状况、生活水平、家庭消费支出、扶贫效果评价四个方面，二级指标包括收入、家庭资产、家庭消费总支出、住房条件、燃料、卫生设施、饮用水、个人生活评价、扶贫政策评价等，二级指标包括了具体考察的各方面。

[①] 即建档立卡贫困户，识别标准以农户年人均纯收入为基本依据（国家农村扶贫标准为 2300 元，2010 年不变价，相当于 2013 年现价 2736 元；省定农村扶贫标准为 3000 元，2010 年不变价，相当于 3322 元），综合考虑住房、教育、健康等情况。

（2）贫困村[①]退出情况

省定扶贫工作重点村退出情况摸底调查指标体系核心依据为重点村是否达到退出标准。根据扶贫工作重点村退出标准，评估重点村村内基础设施、公共服务、产业发展（以基本实现"五通十有"为主要依据）及村集体收入等是否符合退出要求。依据地区现实情况和扶贫政策相关要求设定调查指标体系，一级指标包括贫困村脱贫情况、集体经济收入、基础设施、公共服务、产业发展五个方面，二级指标包括了具体考察的各方面。

（四）研究方法

1. 文献研究法

通过收集和查阅相关的著作、期刊、报告以及报纸杂志，了解关于精准扶贫绩效考核评估的已有研究和最新进展，作为本论文的出发点，为论文写作提供理论支撑。对现有文献及资料进行梳理汇总，重点是跟踪研究脱贫攻坚绩效考核方面相关的研究内容。通过借鉴、梳理、归纳国内外研究成果，构建精准扶贫绩效考核体系的框架模型。

2. 实证研究法

本研究主要采用实证研究方法，综合运用公共管理学、统计学、经济学等多门学科的理论知识，通过相关数据资料收集、统计与分析，采用描述分析、相关分析、回归分析等多种分析方法，以 S 省 W 县为例，通过调研、总结、分析，了解 S 省 W 县在精准扶贫绩效考核评估工作中的现状，存在的问题，为基层党委政府改进精准扶贫工作措施、提升扶贫开发工作成效提供有效建议。

3. 比较研究法

在调研的数据分析阶段，辅助采用对比的方法，根据已经确定的各项指标和调查得到的数据，参照现有的研究和分析，通过对国内部分省市开展精准扶贫绩效考核评估有关制度和具体做法的比较，提出切实可行的绩效考核

---

① 根据国家和省的要求，按照"一高一低一无"的标准识别贫困村，即行政村贫困发生率比全省贫困发生率高一倍以上、行政村 2013 年全村农民人均纯收入低于全省平均水平 60%、行政村无集体经济收入。

评估办法。

4.参与式观察法

参与式观察作为质化研究的重要方法之一，要求研究者融入其研究的社会情境中，研究者实际成为所研究社区或群体中的一名成员，从而试图用当地人的眼光来理解世界。经验世界有着内在的不可确定性，要想真正理解人类经验，就应该努力将自己融入到要解释和理解的现象中去。通过浸入式体验感受贫困户真实的家庭情况，有助于充分挖掘研究的深度。

（五）创新与不足

1. 创新方面

国内对精准扶贫绩效的研究大多数集中在市级及以上层面，对县级层面的精准扶贫绩效研究相对较少。本研究选取了 S 省 W 县作为研究对象，其研究成果直接对接基层，对国内基层党委政府解决精准扶贫绩效评估问题和实际问题具有较强的借鉴作用。另外，本文从实证角度研究管理实践中基层精准扶贫绩效评估，可以有效避免基层党委政府陷入"无的放矢"的困境之中，便于更好地完善服务机制、优化资源配置，进而提高群众体验水平，获得区域发展精准扶贫、精准脱贫的竞争优势。本研究深入探讨如何提高基层精准扶贫绩效、提出相关工作建议时，不拘泥于单一的实务问题，而是站在公共管理的视角，全面衡量，提出创新基层精准扶贫服务模式，多维度提出建议提升工作成效。

2. 不足方面

受到个体差异和主观因素的影响，本报告初步拟定的评价指标体系中还存在需要完善之处。因此，本文在发放调查问卷的过程中，尽可能地扩大受访者范围，细化受访者身份区分，希望能够规避主观性较强等问题。

二、国内外研究综述

（一）国外研究现状

如何消除贫困是世界各国都需要面对的重大课题，也是难题，国外对于贫困问题的研究起步较早，在模式上主要有国家投资以工代赈、福利国家、政府主导公众参与、均衡发展消除贫困和区域发展等。美国、德国、印度、巴西等国家在扶贫开发上都取得了较好的发展成果，给我们提供了很多有益的借鉴。

从政策绩效评估的角度来看，国外政府机构已经有较为成熟的模式。其中，欧洲国家在发展的实践探索中主要是围绕政策这一层面来进行评估论证，重点强调创新政策的预期目标和建构，以此为基点进而评估项目的架构和具体施行过程。评估内容和分析对象由政策内容和行业性质决定。同时，评估问题由股东权利和项目设计决定。美国按照事前、事中和事后的过程顺序评估政策的绩效效能，一般是从项目想要达到的预期目标着手，以预评估为项目具体开展提供技术指导。然后在评估框架之后设置问题，对项目的关键价值收益进行评估，主要包括跟踪项目进程，估算项目成本和效益。世界银行在20世纪90年代提出了贫困评估的支撑基础、评估的主体要求、评估的基本要求。联合国内设国际开发与货币基金机构，对扶贫开发绩效评估相关评估内容、评估对象、评估方式以及评估需要注意的问题和完善扶贫评估的措施等进行了探索实践。

总体上看，国外绩效评估开展较早，从20世纪50年代开始，随着全球经济社会的不断发展，围绕政府政策有效性、可行性、合理性，无论是从评估的主体、评估的对象、评估的规模，还是评估的体系模型，都有了长足的进步。但从对扶贫成效进行考核评估角度来看，由于特殊国情以及机制体制差异等方面原因，在这方面开展的研究较少，可参考的文献资料不多，也不能有效地同我国的精准扶贫绩效评估进行横向比较，仅仅能在扶贫经验范畴内提供有限的参考。

（二）国内研究现状

依据对相关资料进行梳理分析可以看出，与精准扶贫绩效相关的文献资料出现频次，以2013年后为起点呈现突飞猛进的增长态势，特别是2016年和2017年，涌现出了大量的相关研究成果（见图1、图2）。这种发展态势和我国的精准扶贫实践过程相吻合，随着脱贫攻坚的纵深开展，相关的研究也在不断地深入与拓展。

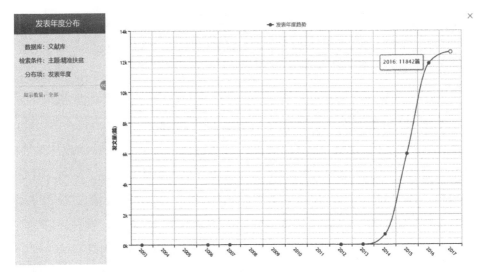

图 1　中国知网"精准扶贫"关键词文献数量变化

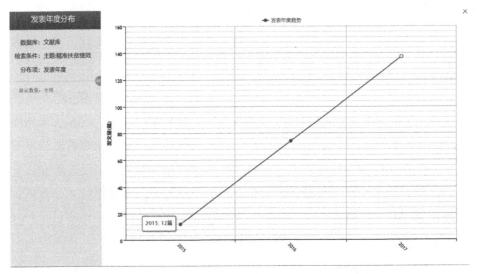

图 2　中国知网"精准扶贫绩效"关键词文献数量变化

　　根据笔者对目前已有文献的研究分析，在 2013 年提出开展精准扶贫时，相关研究主要是在我国开展精准扶贫的现实意义和实际作用方面。随后一个时期则集中在具体精准扶贫实践中的工作成效总结、亟待突破解决的问题、制约扶贫效果的因素等方面。在相关的研究逐渐成熟和脱贫攻坚不断深入后，研究的重点转向了脱贫攻坚的顶层设计、机制建设方面，对于扶贫开发绩效如何进行合理的评估评价成为研究的热点课题。随着脱贫攻坚实践的深入和理论体系的完善，对于绩效考核评估的研究目前主要是从精准扶贫绩效评估的方法和评价原则、精准扶贫绩效的影响因素、精准扶贫绩效评价体系的构建、精准扶贫绩效评价体系的细分领域研究四个方面展开的。确定了因子分析法、回归分析法、数据包络分析法、评估指标体系法等典型方法，参与性、整合性、可计量性和系统性等原则，识别退出、要素支撑、因人施策精准等核心影响因素，细化在金融精准扶贫、教育精准扶贫、旅游精准扶贫、民族地区村级精准扶贫等方面的绩效评价体系。

（1）精准扶贫绩效评估的意义

婧蓝（2016）认为实施绩效评估有助于优化精准扶贫工作，实现精准扶贫的去伪存真，一方面可以防止地方政府弄虚作假，为了完成脱贫攻坚任务目标搞数字脱贫，另一方面可以防止地方政府为了争取更多的政策、资金倾斜，虚报瞒报不脱贫。夏海军、卫夏青、秦国伟（2016）开展扶贫开发绩效评估一方面是因为国家政策的明确要求，另一方面开展绩效评估有利于精准扶贫工作的"程序公正"，通过对扶贫开发工作整个链条的过程控制，可以有效防止地方政府好高骛远、脱离实际，使得脱贫成效大打折扣，贫困群众切身利益受到侵害。祁中山（2017）指出开展精准扶贫绩效评估能够在推动政府提升治理水平、提升扶贫工作群众参与度、为贫困群众合理表达实际需求提供便捷渠道、有利于扶贫政策宣传落地等方面发挥显著作用。

（2）精准扶贫绩效评估的内容

但文红（2017）指出，当前开展精准扶贫绩效评估的主要内容围绕识别退出精准度和帮扶工作群众满意度展开，以此来衡量政府在精准扶贫工作中是否真正做到了"用心用力用情"，是不是取得了实实在在的成效。孟志华、李晓东（2017）认为精准扶贫绩效评估应当包括扶贫特惠政策的实际效能发挥、识别精准度、帮扶措施是否具有针对性、精准扶贫实际效果等。本文实证研究对象 W 县执行的考核办法中，要求精准扶贫绩效应当包括减贫计划精准完成率 [建档立卡贫困人口减贫计划精准完成率（退出准确率）和省定扶贫工作重点村退出精准完成率]、帮扶责任人到位率、扶贫开发工作群众满意度、建档立卡贫困户返贫率和扶贫政策资金项目惠及率。

（3）精准扶贫绩效评估的原则

综合国内学者的相关研究论断，精准扶贫绩效评估的基本原则，可归纳为独立性原则、科学性原则、权威性原则、专业性原则和制度保障原则。如祁中山（2017）指出精准扶贫绩效评估应当具有独立性、专业性、客观性、权威性和公信力。但文红（2017）指出，精准扶贫绩效评估应当坚持独立原则、客观原则、公正原则以及科学原则。

（4）精准扶贫绩效评估存在的问题

赵邦艳、杨幸子、何孟芹、王敏（2017）指出精准扶贫绩效评估主要存在评估主体很难保持独立性、评估指标设计缺乏针对性可行性、评估报告与实际情况关联度较低和评估结果无法得到有效应用等问题。汪三贵、曾小溪、殷浩栋（2016）认为当前的精准扶贫绩效评估存在项目资金依赖影响独立性、绩效评估缺乏法律制度约束、评估专业化水平达不到要求和评估结果无法合理运用等问题。夏海军、卫夏青、秦国伟（2016）认为存在缺乏行业制度规范、程序规范，开展工作对政府依赖性较强、专业水平欠缺、评估人员严重缺乏基层生活经验、评估工作随意性较大等问题。

（三）评述与小结

通过对前期的研究成果进行认真梳理研究发现，随着脱贫攻坚实践的不断深入与拓展，当前对精准扶贫方面的研究取得了很大的进展，收到了良好的成效。但从当前脱贫攻坚艰巨的任务要求来看，还需要进一步深化和延伸，特别是在研究成果直接对接一线、直接见成效上还有欠缺，在研究群体、研究内容、研究方法、研究对象等各个方面，都还有较大提升空间。

第一，当前对精准扶贫绩效考核方面的研究很多还是基于理论层面的探讨，更多的是关注考核评估的机制设置等层面，而面向贫困群众直接入户访谈，通过体验式的研究，发现实际问题，解决问题的运用性研究相对较为缺乏。尽管理论是实践的先导，但理论研究的目的是指导实践，真正地解决实际问题。从已有研究成果上看，存在相当部分文章是从概念到概念，以理论研究理论，不能否认其从学理层面探讨确实有一定意义，但应当更加注重应用性研究。

第二，当前在通过运用思辨方法进行精准扶贫绩效考核理论研究的同时，用社会调查方法开展研究正在逐步深化，但在核心概念的操作化、量表的设计、问卷的发放等各种操作方法方面的研究做得还不够，影响研究结果和结论。对精准扶贫绩效评估的研究、分析必须基于现实基础之上，而对研究来说则是尽可能较为科学准确地收集第一手资料，才能较为真实可靠了解贫困地区的状况、贫困户的实际需要，以便为之后的路径探讨提出切合实际的、科学的方案。

第三，从研究实质内容上看，由于实证调查方面不够深入，当前对精准扶贫绩效评价的研究，不管从政府提供扶贫政策及政策落实上的测量，还是对贫困户状况的实证研究，描述性分析较多，背后的影响因素、变量之间的相互关系如何都有待进一步深入挖掘。因此需要加大对于基层的实证研究力度，真正了解最实际的需求，通过不断研究分析来改进和完善。

三、精准扶贫绩效评估体系设计

（一）设计原则

1.独立性原则

独立性是第三方评估的生命。如果第三方不能独立开展评估，那也就失去了评估的意义，其精准度会大打折扣。尽管包括中央出台的考核办法等相关制度规定，明确要求第三方评估的独立性和规范化，但在具体开展评估过程中或多或少会遇到阻碍独立开展工作的问题。首先第三方机构多为高校或科研机构，而委托方是各级党委或政府，两者之间必定会存在千丝万缕的联系，这使得第三方的评估结论很难保证原汁原味地反映问题，鞭辟入里地指出短板和不足。其次是被评估地方肯定会想方设法地参与进来，甚至会在第三方评估开始前搞突击培训，制造存在隐患的贫困户不在家的假象。原则上第三方评估调查员走村入户不需要任何人陪同，独立自主地进行访谈，收集证据资料，但实际工作中镇村干部会在一旁对贫困户进行提醒或暗示，对有关情况向调查员进行解释，进而影响评估调查员的判断，造成最后评估结果的不真实，评估结论没有针对性。因此，为了保证独立性，一方面第三方机构要和委托方无隶属制约关系，聘请市外或者省外的高校或科研机构，另一方面要严肃纪律要求，对于任何人以任何形式影响评估工作的一律严肃追究责任。

2. 专业性原则

专业性是第三方开展评估的保障。当前脱贫成效第三方评估的主体几乎都是高等院校和科研机构，委托方看中的就是高素质的评估队伍和专业的理论背景。但是扶贫开发工作成效绩效考核是一个综合多个学科的评估项目，因此单一的学术背景、不够全面的知识储备很难胜任这一工作。另外，每个被评估的地方都有自己的历史文化背景，如果评估之前不做深入的学习研究，很难做好结合文章。一个最简单的例子，语言就是很大的障碍，贫困户几乎没有能说好普通话的，如果不进行一定程度的培训，沟通都会出现问题。如果入户调查员是在校的大学生，那就没有社会经验、社会阅历，如何在短时间内与被访谈对象建立信任关系，得到最真实的信息都会受到制约。因此，第三方机构在具备基本学科知识储备、深入研究被评估地方人文历史地理等的同时，一定要对评估队伍进行专业化培训，选取小块区域进行试点评估，发现问题及时研究解决，修正评估方案。

3. 全面性原则

全面性是第三方评估的精髓。重视结果是我国历来的价值取向，但脱贫攻坚是一项复杂系统的工作，其轨迹是循序渐进的，绝不会一蹴而就。实效性固然重要，但是开展第三方评估的目的是通过评估发现问题、总结经验、拿出解决问题的措施和办法。如果单纯地评价是否完成了脱贫任务或者达到标准，就会导致第三方评估形式化。因此开展第三方评估要坚持全面性，对扶贫开发的全过程予以审视，主要应该包括：一是制度机制是否符合基层实际，能不能实现因地制宜、因时制宜；二是扶贫政策有没有按照设计落实落地，政策执行有没有搞变通、打折扣；三是政策制度执行后有没有达到预期的效果，取得实实在在的成绩；四是没有实现预期目标，问题出在哪里；五是针对问题如何论证解决，取得更好的脱贫成效。

（二）调查方法与内容设计

1. 调查方法

为了确保样本代表性和调查数据的准确性，项目组对贫困户和贫困村的调查采用入户问卷调查与实地观察相结合的方式进行。其中，问卷调查可对被调查贫困户的整体生活水平与质量有一个全面的了解，有利于数据统计处理与分析。实地考察能获取第一手资料，保证评估工作具有更高的真实性与准确性，并可作为问卷的相关补充。问卷调查与实地考察相结合，有利于更加全面地收集 W 县贫困户和贫困村的信息。

实际调查中，对贫困户的调查将通过问卷问题询问收集家庭收入、扶贫效果评价等信息，通过实地观察收集家庭住房状况、饮用水来源等客观资料。对贫困村的问卷调查与村委会直接对接获取信息，在调查中，通过问卷问题询问村集体收入、村致富项目、扶贫政策措施与效果评价等信息；通过实地观察收集村办公用房、生态环境、灌溉与排涝设施等客观资料。同时，为形成一个流畅的访问流程，项目组将问卷调查问题与实地观察项目设计在同一份问卷中，确保执行的规范化与可操作化。

实地考察中，按照地点类型统一、考察主体统一、考察方式统一的原则，第三方实地考察测评项目组分别对贫困户和贫困村进行实地考察，通过实地考察结合拍照、录音等方式收集数据。考察结束后，各组成员将考察测评记录及相关影像资料按规范流程上报，最后项目组对考察记录及材料进行整理、汇总、核对、分析，最终得出实地考察成绩。

2. 内容设计

根据《W 县"十三五"脱贫攻坚计划》文件的主要精神，为准确评估 W 县扶贫工作，衡量贫困户与贫困村实际退出现状，项目组根据贫困户与扶贫工作重点村退出标准确定了 W 县扶贫对象与贫困村退出情况调查的内容，从贫困户以及贫困村两方面分别展开调查。

针对扶贫对象的调查内容主要为：首先，考察其年人均纯收入情况，主要以 3509 元的省定贫困线为依据，同时将 3730 元作为脱贫成效是否得到巩固的依据。其次，考察建档立卡贫困户是否实现"两不愁三保障"和饮水安全。最后，考察帮扶工作群众满意度，包括入户核查进退程序是否知晓，退出情况是否知情，扶贫帮扶工作是否满意等。

针对扶贫工作重点村的考察内容主要为：贫困村是否达到退出标准。根据扶贫工作重点村退出标准，评估重点村村内基础设施、公共服务、产业发展（以基本实现"五通十有"为主要依据）及村集体收入等是否符合退出要求，省定贫困标准发生率是否降至 2% 以下等。

（三）具体内容

1. 样本量确定

为了确保调查信度和效度，将按 W 县建档立卡贫困户数量的 20% 抽取，将贫困户问卷调查的整体样本量放大为 3300。

2. 抽样方法

W 县扶贫对象退出情况问卷调查采用多阶段抽样方法，具体抽样工作分为如下四个阶段，具体如下：

第一阶段，在每个乡镇（街道）行政区划范围内，将其下辖的所有的行政村、居委会作为调查对象，并进行编码。

第二阶段，以定义行政村或居委会的行政区域为单位，采用随机抽样方法，分别在每个乡镇（街道）随机抽取若干行政村或居委会。

第三阶段，在抽中行政村或居委会的行政区划范围内，定义领域内的贫困户为抽样单位，采用随机抽样的方法从样本行政村或居委会中抽取若干贫困户。项目组根据要求从 W 县 50 个贫困村中抽取 20%，即 10 个贫困村进行贫困村退出情况调查，并按照贫困村分布比例分配调查样本。

第四阶段，在抽中的行政村或居委会中进行问卷调查，将符合调查要求的扶贫对象作为调查对象。

3. 扶贫对象退出情况调查指标

W 县扶贫对象退出摸底调查指标体系一级指标包括家庭收入状况、基本生活状况、基本保障情况、扶贫效果评价四个方面；二级指标包括收入、吃饭、穿衣、住房条件、义务教育、卫生设施、饮用水、扶贫知晓率、扶贫措施评价、扶贫工作满意度等；三级指标包括家庭每年人均纯收入等具体考察的各方面。具体指标详见表1。

表1　扶贫对象退出情况摸底调查指标体系

一级指标	二级指标	三级指标
家庭收入状况	收入	家庭每年人均纯收入
基本生活状况	吃饭	是否不愁吃
	穿衣	是否不愁穿
基本保障情况	危房改造	住房状况
	医疗保险	是否家庭每个成员都有医疗保险
	义务教育	学龄儿童是否享受义务教育
	饮水安全	饮用水类型
扶贫效果评价	扶贫知晓率	扶贫工作知晓情况
	扶贫措施评价	扶贫措施是否合理
		扶贫措施效果评价
	扶贫工作满意度	扶贫工作整体满意度

4. 贫困村退出情况调查指标

扶贫工作重点村退出情况摸底调查指标体系核心依据为重点村是否达到退出标准。根据扶贫工作重点村退出标准，评估重点村村内基础设施、公共服务、产业发展（以基本实现"五通十有"为主要依据）及村集体收入等是否符合退出要求。依据地区现实情况和扶贫政策相关要求设定调查指标体系，一级指标包括贫困村脱贫情况、集体经济收入、基础设施、公共服务、产业发展五个方面；二、三级指标包括了集体经济收入等具体考察的各方面。具体指标详见表2。

表2 贫困村退出情况摸底调查指标体系

一级指标	二级指标	三级指标
贫困村脱贫情况	贫困发生率在 2% 以下	贫困发生率在 2% 以下
集体经济收入	集体经济收入	集体经济收入
基础设施	交通	村村通道路建设
		公交（客运班车）工程建设
	用电	电网升级改造
		生产用电优惠
		用电问题解决情况
	自来水	饮水安全
	广播电视	广播电视覆盖情况
	信息网络建设	光缆线路建设
		互联网覆盖率
	旱涝保收田	面积
		灌溉设施建设
		排涝设施建设
	住房	危房改造情况
公共服务	办公用房	办公房
	学前教育	学前班或幼儿园
	文化服务	文化活动室
		健身场所
	环境及卫生	卫生保洁制度
		良好生态环境
	就业保障	就业保障措施
	医疗保障	医疗保险覆盖情况
		标准化卫生室建设
产业发展	致富项目	是否有致富项目
		项目是否符合当地实际

（四）指标权重设计

根据地区实际情况，确定各维度指标分数，通过问卷调查和实地考察得出具体分数（详见表3、表4）。

表3　扶贫对象退出情况调查各指标分数

一级指标	二级指标
家庭收入状况（40分）	收入（40分）
基本生活状况（10分）	吃饭（5分）
	穿衣（5分）
基本保障情况（30分）	危房改造（10分）
	医疗保险（10分）
	义务教育（5分）
	饮水安全（5分）
扶贫效果评价（20分）	扶贫知晓率（5分）
	扶贫措施评价（10分）
	扶贫工作满意度（5分）

表4　扶贫村退出情况调查各指标分数

一级指标	二级指标
贫困村脱贫情况（15分）	贫困发生率在2%以下（15分）
集体经济收入（10分）	集体经济收入（10分）
基础设施（35分）	交通（5分）
	用电（5分）
	自来水（5分）
	广播电视（5分）
	信息网络建设（5分）
	旱涝保收田（5分）
	住房（5分）

一级指标	二级指标
公共服务（30 分）	办公用房（5 分）
	学前教育（5 分）
	文化服务（5 分）
	环境及卫生（5 分）
	就业保障（5 分）
	医疗保障（5 分）
产业发展（10 分）	致富项目（10 分）

家庭财产状况、生活水平、家庭消费支出、扶贫效果评价相关分数从调查问卷中得出，并结合实地考察结果，得到一级指标的得分，根据地区所抽取的样本量，从而算出某地总得分。

四、S 省 W 县精准扶贫绩效考核评估的实证分析

W 县共有 15 个镇街，建档立卡贫困户 16915 户，共 40151 人，省定贫困村 50 个。为了确保样本代表性和调查数据的准确性，项目组对贫困户和贫困村的调查采用入户问卷调查与实地观察相结合的方式进行，共计在 W 县完成 3314 份贫困人口调查问卷，有效问卷 3277 份，占建档立卡贫困户的 20%；贫困村调查有效问卷 10 份，占全部贫困村总数的 20%。调查贫困户与贫困村样本总体情况及存在的问题如下。

（一）样本的镇域分布

1. 贫困户样本分布

W 县共计完成 3277 份有效问卷，调查样本涵盖了其所辖的 15 个乡镇（街道），具体分布情况如表 5 所示。

表5　W县各镇贫困户调研抽样调研情况（N=3277）

乡镇名称	频次	百分比	累计百分比
FCJD	104	3.17%	3.17%
GLX	357	10.89%	14.07%
HZZ	132	4.03%	18.10%
HCZ	95	2.90%	20.99%
LCZ	835	25.48%	46.48%
LZZ	175	5.34%	51.82%
LQZ	198	6.04%	57.86%
MPZ	131	4.00%	61.86%
NYZ	519	15.84%	77.69%
WSDZ	216	6.59%	84.28%
XPX	24	0.73%	85.02%
XZJD	302	9.22%	94.23%
ZLZ	22	0.67%	94.90%
ZYJD	142	4.33%	99.24%
ZMX	25	0.76%	100.00%

2. 贫困村样本分布

本次调查样本涵盖了W县4个乡镇（街道）10个贫困村，覆盖4808户家庭，共计18628人，其中贫困户共12户，贫困人口总数为34人，具体分布情况如表6所示。

表6　W县乡镇贫困村样本基本分布情况

街道（乡镇）	贫困村数	调查样本数
LCZ	24	5
GLX	8	1
NYZ	13	3
WSDZ	5	1

（二）贫困户退出指标调查情况

1. 贫困户家庭收入情况

从收入结构总体情况来看，转移性收入仍然是 W 县贫困户收入的主要组成部分，W 县贫困户中低保户占比较多，30.64% 家庭依靠低保托底，低保金户平均值为 3656.28 元。此外，耕地补贴、赡养费、走访慰问金等转移性收入覆盖率也较高，分别为 43.15%、24.11%、11.50%。

其次，工资性收入和经营性收入也对贫困户增收起到了重要的作用。32.68% 的家庭有工资性收入，户人均年收入为 6965.85 元。而经营性收入中，拥有种植业收入的贫困户最多，占比 32.19%，均值为 5586.82 元。

贫困户的财产性收入较少，但仍能够起一定的增收作用。其中，产业项目分红覆盖率较高，达到 15.04%，但分红户平均值相对较低，仅为 1102.20 元。同时，12.63% 的贫困户家庭有土地流转年收入，土地流转年收入户平均值为 1562.54 元。具体情况见表 7。

表 7　W 县贫困户家庭收入结构分布情况（N=3277）

收入项	收入类型	拥有该收入占比	家庭年收入（元）均值
低保金	转移性收入	30.64%	3656.28
五保金		1.31%	4423.91
临时救助		0.52%	1856.82
高龄补贴		11.72%	1198.07
残疾补贴		8.94%	1652.73
计划生育补助		1.62%	832.45
助学补助		1.10%	1570.00
营养餐		1.65%	491.48
耕地补贴		43.15%	349.20
生态补偿		2.78%	1890.08
赡养费		24.11%	3205.65
抚养费		0.12%	5325.00
走访慰问金		11.50%	432.28
捐赠资金		0.27%	5393.33

续表

收入项	收入类型	拥有该收入占比	家庭年收入（元） 均值
土地流转	财产性收入	12.63%	1562.54
房屋租赁		0.15%	3452.00
产业项目分红		15.04%	1102.20
务工工资	工资性收入	32.68%	6965.85
种植业	经营性收入	32.19%	5586.82
养殖业		8.06%	16764.70
个体经营		4.27%	16038.86
其他收入	其他收入	10.65%	6085.72

2. 致贫原因分析

在 W 县调查样本中，致贫原因前三位分别是生病、残疾、缺劳力，合计占比接近 50%，说明需要注意医疗保险的帮扶作用；其中 10.04% 的贫困家庭是因为缺劳力而致贫，这部分人群家庭多因主要劳动力去世，只剩老弱人口持家，需要加强转移支付的帮扶；而缺劳动技术、资金、能力等原因致贫的共计 11.82%，这部分人群家庭需要注意就业帮扶，增强就业培训和金融资金扶持。具体分析结果如图 3 所示。

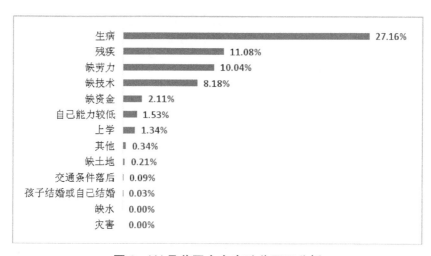

图 3　W 县贫困户家庭致贫原因分析

3. 贫困户脱贫成效分析

贫困户脱贫效果评价主要从收入、家庭资产、家庭消费总支出、住房条件、燃料、卫生设施、饮用水、个人生活评价、扶贫政策评价等几个方面具体展开。

调查结果显示，W 县整体贫困户退出指标平均得分为 99.22 分，从各乡镇贫困户脱贫情况来看，得分最高的前三个乡镇（街道）为 ZLZ（99.95 分）、XPX（99.95 分）、HCZ（99.89 分），ZMX 分数落后较多。W 县贫困户退出情况调查得分如图 4 所示。

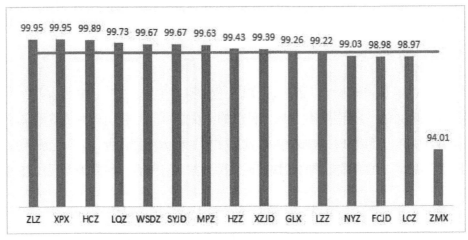

图4　W县各乡镇贫困户脱贫效果得分情况

（1）家庭收入状况良好，脱贫成效显著

收入提高及基本生活状况的改善是评价脱贫效果的首要标准，在这点上 W 县成效显著。在贫困户家庭收入方面，如表 8 所示，所调查的 3277 户家庭中，仅有 3 户家庭人均收入低于 3509 元，W 县实现了 99.91% 的贫困户家庭每年人均纯收入稳定超过 3509 元，99.63% 的贫困户家庭每年人均纯收入超过 3730 元。此外，可以看到 W 县有 21.45% 的贫困户家庭收入达到 10000 元及以上，脱贫效果显著。

表8　W县贫困户家庭收入分布情况（N=3277）

户人均收入	频次	百分比	累计百分比
3509 元以下	3	0.09%	0.09%
3509—3729 元	9	0.27%	0.37%
3730—4999 元	887	27.06%	27.43%
5000—5999 元	586	17.87%	45.30%
6000—6999 元	393	12.00%	57.30%
7000—7999 元	308	9.40%	66.70%
8000—8999 元	246	7.49%	74.19%
9000—9999 元	143	4.36%	78.55%
10000 元及以上	703	21.45%	100.00%

（2）生活状况改善明显，基本保障得到满足

"两不愁"情况：

从调研结果来看，W县贫困户的基本生活状况得到了改善，已经无须愁吃穿。根据实地调研和数据综合考察，所有贫困户都不需要担心吃饭或者担心缺少衣物，扶贫工作成效显著。

"三保障"情况：

W县在全面落实低保、五保、救助、就业、医疗、养老、教育等惠民政策方面效果良好，为贫困户的生活提供了较为全面的保障，基本人人有房住有学上，提升了生活满意度与获得感。

在危房改造方面，所有贫困户都认为自己的住房状况为一般或良好，没有扶贫对象目前居住在政府认定的危房中，贫困户住房得到极大改善和有效保障。

在医疗保险方面，W县将贫困户全部纳入医疗保险覆盖范围，由政府代缴入险费用，降低了贫困户医疗报销起付标准，提高报销比例，并且完善大病保险制度及慢性病鉴定制度。做到了让99.94%的贫困户家庭每个成员都有医疗保险，极大缓解了贫困户看病贵、看病难的问题，减少了因病致贫因病

返贫的现象。

在义务教育方面，W 县贫困户中 99.91% 的学龄儿童享受到了义务教育，2016 年春、秋季两学期，W 县将 2516 名贫困户就学子女全部纳入教育救助，义务教育保障成效良好。

在饮水安全方面，97.94% 的贫困户家中有较为安全的水源，饮用水源主要为经过净化处理的自来水（76.20%）、桶装水（2.36%）、井水和泉水（19.38%）。

（3）群众满意度较高，扶贫工作井然有序

贫困工作除了要改善民众的生活状况帮助他们脱贫之外，也要提升民众的满意度，实现扶贫效率和效果的双兼顾。本次调查对扶贫效果的评价，从扶贫知晓率、扶贫措施评价、扶贫工作满意度三个方面展开。

首先，在扶贫知晓率方面，W 县有较好的动态管理机制，贫困户退出程序较为公开透明，能够让贫困户及时知晓脱贫情况和时间，脱贫工作迅速、有序。

其次，在扶贫措施评价方面，通过询问调研对象对扶贫措施安排的合理度和扶贫对生活状况的改变程度来观测。97.53% 的贫困户认为扶贫措施非常合理和比较合理，对扶贫措施认可度较高（详见图 5）。

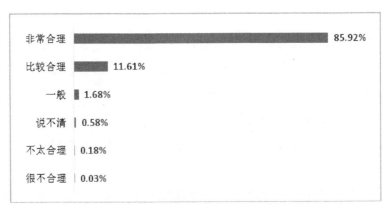

图 5　W 县贫困户对扶贫措施合理程度评价情况

最后，在扶贫工作整体满意度方面，98.56% 的群众对扶贫工作表示满意，充分说明了贫困户对 W 县扶贫工作的认可。扶贫工作在取得良好成效的同时，取得了很好的社会效果，真正做到了让群众满意（详见图 6）。

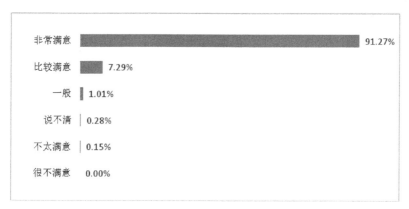

图 6　W 县贫困户扶贫工作整体满意度情况

（三）贫困村退出指标调查情况

1. 贫困村帮扶措施分析

在接受扶贫政策方面，W 县政府注重帮扶措施的多样性，公共服务和社会事业（教育、医疗、低保等）方面的帮扶占比为 55.39%。除此以外，技能培训、发展生产、带动就业等"造血式"扶贫措施分别占 5.55%、5.22%、4.06%，三者累计 14.83%，体现出政府健全扶贫长效机制，推动行业扶贫、产业扶贫的决心。

2. 贫困村脱贫成效分析

本调研从贫困发生率、集体经济收入、基础设施、公共服务、产业发展五个方面对贫困村脱贫效果进行评价。总体来看，W 县基础设施建设持续加强，村民生产生活条件得到了较大改善，产业项目取得一定发展，所有贫困村的贫困发生率都在 2% 以下，集体经济收入 3 万元以上以及"五通十有"等方面均得到实现，做到了基本脱贫。

（1）区域内贫困村全部脱贫，扶贫工作取得实效

S 省要求县区内贫困县的贫困发生率低于 2%，调研发现，W 县实现所有贫困村贫困发生率在 2% 以下，达到全部贫困村脱贫的极佳成效，说明其在基

础设施建设、产业项目发展、凝聚社会合力等方面成效显著，极大提高了贫困户收入，帮助贫困县实现县级脱贫。

（2）扶贫平台开拓渠道，集体经济收入显著提高

调查显示，W 县贫困村集体经济收入共计 192 万 9200 元，村均 19 万 2920 元，调查的 10 个贫困村中有 9 个村的集体经济收入超过 3 万元。W 县各贫困村集体经济收入情况见表 9，W 县所搭建的扶贫平台为集体经济的创收开拓了新的渠道，取得了良好的成效（详见表 9）。

表 9　W 县各贫困村贫困发生率及集体经济收入情况

乡（镇）	行政村	贫困发生率	本村集体经济收入（元）
GLX	GLC	1.09%	36000
LCZ	FBC	0.00%	40000
	LNC	0.00%	72000
	LCQC	0.00%	221000
	HSYC	1.25%	17000
	DDQC	0.00%	1300000
NYZ	DDKC	0.00%	30000
	LNC	0.00%	37200
	LZC	0.00%	56000
WSDZ	LZEC	0.00%	120000

（3）贫困村基本实现"五通十有"

在贫困村实现"五通十有"方面，W 县在通路、通电、通信上，有旱涝保收田、有办公室、有文化活动室、有健身场所、有卫生保洁制度、有卫生室服务、有就业保障措施、有学前教育、有良好生态环境、有致富项目，基本实现了"五通十有"，成效巨大（详见表 10、表 11）。

表10 W县贫困村"五通"情况

乡（镇）	行政村	通路	通电	通信	通自来水	通广播电视
WSDZ	LZEC	是	是	是	主要饮用水为受保护的井水或泉水	全部覆盖
LCZ	FBC	是	是	是	是	全部覆盖
	LNC	是	是	是	是	大部分覆盖
	LCQC	是	是	是	是	大部分覆盖
	HSYC	是	是	是	是	全部覆盖
	DDQC	是	是	是	是	大部分覆盖
NYZ	DDKC	是	是	是	主要饮用水为受保护的井水或泉水	一半覆盖
	LNC	是	是	是	是	全部覆盖
	LZC	是	是	是	是	全部覆盖
GLX	GLC	是	是	是	是	全部覆盖

表11 W县贫困村"十有"情况

乡（镇）	行政村	有旱涝保收田	有办公室	有文化活动室	有健身场所	有卫生保洁制度	有卫生室服务	有就业保障措施	有学前教育	有良好生态环境	有致富项目
WSDZ	LZEC	有	有	有	有	有	有	有	有	良好	有
LCZ	FBC	有	有	有	有	有	有	有	有	良好	有
	LNC	有	有	有	有	有	有	有	有	良好	有
	LCQC	有	有	有	有	有	有	有	有	良好	有
	HSYC	有	有	有	有	有	有	有	有	良好	有
	DDQC	有	有	有	有	有	有	有	有	良好	有
NYZ	DDKC	有	有	有	有	有	有	有	有	有水污染程度一般	有
	LNC	有	有	有	有	有	有	有	有	良好	有
	LZC	有	有	有	有	有	有	有	有	良好	有
GLX	GLC	有	有	有	有	有	有	有	有	良好	有

（4）项目扶贫成效良好，产业势头发展强劲

W 县依托光伏产业、特色种植业等，全面拓展就业扶贫、产业扶贫和创新旅游扶贫并取得了良好的成效，极大地带动了村庄经济的发展。

W 县所调查的 10 个贫困村均发展了致富项目，调查发现，有 9 个贫困村都认为发展的致富项目非常符合当地实际情况，1 个贫困村的评价为比较符合（详见图 7）。

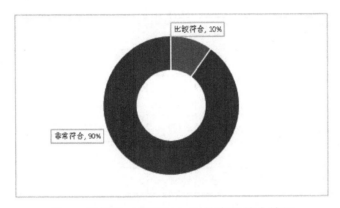

图 7　发展的致富项目与当地实际符合情况

W 县所调查的贫困村发展的致富项目均能起到带动村庄经济发展的作用。调研数据显示，10 个贫困村中有 7 个村表示本村发展的致富项目带动村庄经济发展的作用很大，有 3 个村表示作用比较大。说明当地政府重视"造血式"扶贫，力图推进扶贫项目的长期化、持续化（详见图 8）。

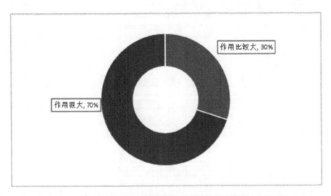

图 8　致富项目对带动村庄经济发展的作用

（四）存在的突出问题

通过调研发现，W县精准扶贫工作在稳步推进的过程中仍存在一些问题，包括精准识别不到位、内生动力不足、特色产业特点不够突出、金融扶贫推动较慢、扶贫宣传不到位等问题。具体来说，表现为以下几个方面：

1. 自我发展能力较弱，返贫压力仍然存在

从W县贫困人口收入结构中可以看出，虽然贫困户工资性收入、经营性收入较高，对贫困户的贡献最大，但是这些收入的可持续性受外部环境的影响较大，当产业发展不济、土地政策改变的时候，这些收入可能会受到冲击。

调查中还发现，W县仍有3户贫困户人均年纯收入低于3509元，共计12户贫困户人均年纯收入低于3730元，这些家庭没有脱贫的最重要原因是因病致贫、因病返贫。疾病使得贫困户劳动能力减弱，抗风险能力差，随着脱贫标准的逐年提升，这部分贫困户即使短期内能够脱贫，也存在较大的返贫风险。虽然W县在医疗保险政策上已经下了很大的力气，但是大病伤残对贫困户影响是巨大的，需要引入多方力量解决这一问题。另外，缺劳动力、缺资金、缺技术也是这些家庭无法脱贫的重要因素，需要加强对这些家庭的就业帮助，从资金、培训、技术等多方面帮助这些家庭提高增收能力，实现脱贫的可持续。

2. 基本设施扶助不足，各项保障仍需提升

贫困人口脱贫情况调查显示，W县在基本保障的几个方面（低保、医疗、教育等）大部分表现良好，基础设施（道路、用电、危房改造等）情况良好，但是在旱涝保收、公交工程建设、广播电视覆盖、互联网覆盖这四项基础设施建设方面亟须加强。

首先，旱涝保收的保障是帮助农户脱贫的重要手段。但是W县仍有46%的土地不是旱涝保收田，灌溉设施建设覆盖率、排涝设施建设覆盖率分别为70%和65%，这虽然与W县艰苦的土地条件有关，但也说明了扶贫工作在农业建设方面还需要下更大的功夫。

其次，在公交工程、广播电视覆盖、互联网覆盖这三个扶贫措施方面，W县工作仍有不足，三者完成率分别为80%、90%和79%，说明在解决了贫困群众的基本生活保障后，在贫困群众生活丰富性、便捷性上仍需提升。

3. 结对帮扶力度不强，帮扶措施较为单一

本次调研发现，W 县有 0.03% 的贫困户表示帮扶责任人没有进行过走访帮扶；3.28% 的贫困户表示帮扶责任人四个月以上来一次（详见图 9）。

另外，还存在帮扶责任人除走访慰问外没有发挥实质性帮扶的问题。在访谈过程中，贫困户明确表示帮扶责任人主要是询问、了解家庭情况或统一发放慰问品，没有其他适合该户实际的具体帮扶建议和措施。多数帮扶责任人没有为贫困户制订有针对性的帮扶计划，帮扶措施与致贫原因、帮扶需求不符。W 县帮扶责任人的工作态度、方式还有待提升。

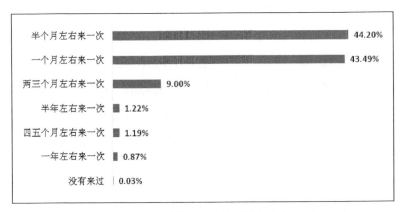

图 9　W 县帮扶责任人到贫困户家的频率

4. 持续增收渠道偏少，特色产业发展缓慢

W 县虽然建成产业扶贫项目较多，但优势特色产业规模小，抵御市场风险的能力不足，这极大地影响了贫困户对产业扶贫的信任程度，许多贫困户会因为对项目成效产生怀疑，无法持续加入到项目当中来，影响项目效益的发挥。因此在持续提升产业扶贫内生动力、扩大特色项目的覆盖面上仍需加强探索。

在金融扶贫方面，按照政策要求，"富民农户贷"的贷款对象是有劳动能力、有致富愿望、有生产经营项目、有信贷需求的建档立卡的农村贫困户。银行需全面考量贫困户的偿贷能力，如果贫困人口年龄超过 65 周岁，没有稳定收入，银行就不会同意放款。由于 W 县大部分贫困户为老弱病残群体，无

劳动能力、无发展项目，符合条件的贫困户很少，真正具有贷款意向的贫困户更少，虽然组织帮扶干部多次入户宣传和动员，但收效甚微。同时，扶贫信贷投放量小，仅投放了少量面向贫困户的"富民农户贷"，投放扶贫生产经营主体的"富民生产贷"进展不理想，"生产贷"获取人群的缩小影响贫困户的可持续增收，因此 W 县在推进企业发展与贫困户脱贫增收互利双赢方面仍需加大力度。

五、提升 S 省 W 县精准扶贫绩效的建议

（一）健全贫困识别体系，加强动态信息监测

本次调研发现 W 县仍存在对扶贫群众的差异化扶贫力度不够的问题，因此建议将扶贫开发系统中的贫困户信息与相关职能部门进行信息共享、信息互补，充实贫困户信息数据库，及时比对，及时清洗，确保信息真实详细全面。

同时，为了增强识别的精准度，在以贫困家庭年人均纯收入为主要参考依据的基础上，还要综合考量"两不愁三保障"情况和重大事故、重大疾病、自然灾害等情况，使贫困户的识别更加精准和公平公正。首先要真正把人数查清楚，看一看有没有遗漏的、有没有返贫的、有没有错纳的，做到应纳尽纳，不留一人；其次要真正把现状查清楚，不管是贫困村、贫困户，还是贫困人口，都要详细登记，全面准确掌握贫困群体的家庭构成、居住条件、就业渠道、收入来源、贫困程度等；最后要真正把原因查清楚，究竟是因灾、因病、因学等客观因素，还是自身能力不够、缺乏致富门路，或者是其他原因，都要原原本本地反映出来。同时，针对贫困人口动态变化，必须及时跟踪、精准管理。要严格按照中央、省对贫困人口定期全面核查的要求，制定严格、规范、透明的进退标准、程序和办法，建立精准动态的扶贫台账，对脱贫对象进行全方位、全过程监测，脱贫的及时销号，返贫的及时挂号。

（二）加强扶贫队伍建设，提升扶贫工作成效

调研中发现，W 县乡村干部的思想认识与脱贫攻坚形势、要求还有一定差距，攻坚克难的思想和决心不够坚定，并且镇村干部对贫困户增收途径和

措施研究不深入、不主动，这些都导致了对贫困户的扶贫力度和频率不统一，因此加强基层扶贫队伍建设非常重要。

在机构设置上，建议 W 县建立健全贫困乡镇扶贫机构，设置政策法规科、综合财务科、项目处理科、行业扶贫科、社会扶贫科、督查考核科，明确各部门职能、权力、职责，避免扶贫管理工作出现权责交叉与管理真空。

在干部管理上，要在脱贫攻坚中考核考验干部，把脱贫攻坚成效作为科学发展综合考核的重要内容，通过考核把导向立起来，把规矩严起来，切实调动各级各部门的主动性。要强化跟踪督查、随机抽查、定期检查，建立年度脱贫攻坚报告、调度通报和督查制度，对工作不力作风不实的干部进行问责处理。要选派政治强、业务强、能力强的干部到扶贫开发一线工作，在脱贫攻坚中识别、检验、使用干部，实行优胜劣汰庸退。要建立脱贫激励机制，对脱贫攻坚中表现优秀、作风扎实、符合条件的干部要提拔重用，有的可就地提级，对组织得力、成效明显、提前减贫脱帽的也要进行奖励，并在干部使用、资金、项目等方面给予倾斜。要将党风廉政建设责任制和践行"三严三实"要求贯穿脱贫攻坚全过程，对挪用、侵占扶贫资金等违法违纪行为要从严查处，对搞"假脱贫""被脱贫""数字脱贫"的要严肃追究责任。督促引导各级干部用心用情用力开展扶贫，要真正把扶贫对象当作亲人，带着感情做工作，了解困难群众所思所盼，切实增强紧迫感、使命感、责任感。

（三）增强农村集体的公共性，发展再集体化的经济

抽查的 W 县 10 个省定扶贫重点村发现，虽然各贫困村现在都已经脱贫，但其中 5 个村的集体经济收入未超过 4 万元，另外还有 40% 的贫困村未实现广播电视全覆盖。这说明村集体经济收入发展基础仍然较为薄弱，仍有一定程度的村集体虚化问题，缺少发展资源与实际权力。如果不能提升农村集体公共性，下一步深化巩固脱贫攻坚成效会带来较大困难。

建议 W 县以再集体化的方式实现农村扶贫治理的革新。首先，要研究制定支持农村集体经济发展的制度规定，为村级集体经济的发展立规矩、定方向、找办法、出思路；其次，可以研究探索适当放宽上级财政资金的用途，在主要发展产业项目的同时，可以适当按照一定比例用于基础设施建设和村

级集体经济发展，提升村级硬实力与发展产业项目双赢的效果；再次，对于村集体发展的产业项目，在政府放管服的基础上，可以适当简化审批程序，提高项目建设的实效性，尽快见到效益；复次，要进一步加大扶持力度，有更多的特惠政策予以倾斜；最后，要做好结合文章，结合乡村振兴战略，寻找新的产业经济增长点，延伸产业链条，强化利益联结，以村集体经济的发展带动贫困户脱贫增收。

（四）扶持区域优势产业，统筹推进脱贫路径

发展产业是精准扶贫的精髓，通过产业带动形成的脱贫效应是其他扶贫举措无法比拟的。W县依托光伏产业、特色种植业全面拓展就业扶贫、产业扶贫、创新旅游扶贫，取得了良好的成效，极大地带动了村庄的发展。W县应充分利用自身优势，发挥产业扶贫倍增效应。贫困地区大都存在两面性，一方面总体发展水平较低，另一方面又有着各具特色的自然资源、历史人文资源，无论是产业开发，还是市场需求，都有巨大潜力和广阔空间。W县的特色旅游、水产养殖、农产品加工等特色产业都是很好的富民产业，非常适合在贫困地区大力发展。要立足贫困人口增收，借力突破美丽乡村建设、农业农村转型升级、特色乡镇建设等重点项目，坚持因地制宜、因时制宜，加快培育发展一批符合当地资源禀赋特点、符合群众意愿，易掌握、见效快、可持续发展的产业项目，增强贫困户取得收益的时效性，增强贫困户的持续"造血"功能，实现就地脱贫。

统筹推进扶贫开发与新型工业化、城镇化，结合新型社区建设，引导有条件、有意愿的贫困群众在中心城镇、工业园区等落户定居，帮助解决就业、住房、社保以及子女教育等实际问题。要统筹推进扶贫开发与改革开放，在新旧动能转换改革中优先考虑扶贫，鼓励基层大胆探索实践，创造更多改革与扶贫相融合的好经验好模式。统筹推进扶贫开发与生态环境保护，树立绿水青山就是金山银山的理念，把保护生态改善环境贯穿到脱贫攻坚的全过程，做到产业发展与环境保护互利双赢、经济效益与生态效益有机统一。统筹推进扶贫开发与县域经济发展，引导各类建设项目向贫困地区倾斜和布局，着力提升县域经济对脱贫致富的支撑能力和拉动作用。

（五）全面对接特惠政策，创新金融扶贫模式

政策是贫困地区加快发展和贫困群众脱贫致富的重要保障。在资金扶持方面，省委、省政府确定新设立特色产业扶贫、小额贷款扶贫担保、公益事业扶贫三只基金；在用地保障方面，中央和省提出新增建设用地计划指标优先保障扶贫开发用地需要；在教育方面，提出教育经费向贫困地区、基础教育、职业教育倾斜，推进从学前教育到研究生教育阶段家庭经济困难学生资助的全覆盖；在就业培训方面，提出了免费培训、增加公益岗位安排就业、定向安排劳务输出等一系列政策。对中央、省、市出台的扶持政策，各级各有关部门要逐项研究好、争取好、对接好、落实好，最大限度地挖掘、整合、运用好各方政策资源，形成推动脱贫攻坚的政策合力。

深化政策改革试点，激发农村金融产品和服务方式新活力。一方面要保障农村生产要素安全，抓住乡村振兴战略的历史机遇，积极稳妥地开展农村"三权"抵押贷款试点工作，成立专门机构深入镇村全面指导开展相关工作。另一方面要加强银行、保险、融资担保机构的业务合作，针对前期合作中总结的经验、发现的问题，统筹谋划，发挥合力，创新金融产品，丰富信贷模式，为农村经济的发展注入新的更大的活力。

（六）扶志与扶智相结合，激发脱贫内生动力

精神贫困往往比物质贫困更可怕。一些贫困户，并不是没有劳动能力，而是没有致富门路，没有干事创业的勇气；还有一部分就是因为懒惰，习惯了贫困的生活，破罐子破摔。国家实施精准扶贫战略以前，有些地方的扶贫就是搞送钱送物送温暖，导致部分贫困户染上了"等、靠、要"的不良习气，不发自内心地想方设法脱贫，而是等救济，达不到目的甚至上访滋事。贫困不可怕，安于贫困甚至"享受"贫困最可怕。因此，必须加强教育引导，采取正面激励和反面教育相结合的办法，增强贫困户自发脱贫的信心和勇气。

治贫先治愚，扶贫先扶智。从当前的贫困现状来看，很多是由于贫困人口缺知识、缺文化、缺技能造成的。从长远来看，要把教育作为阻断贫困代际传递的治本之策，完善教育资源均衡配置机制，落实好各项教育资助帮扶政策，重点解决农村留守儿童和贫困家庭孩子辍学务工等问题，让贫困家庭

子女从幼儿园到高等教育都能享受教育扶贫政策，确保不会出现因贫辍学的现象。从短期来看，各相关职能部门要整合教育培训资源，根据贫困户实际需要和能力标准安排技能培训，同时要做好培训与就业的有效衔接，帮助联系就业单位或者延伸到发展项目、提高生产技能等层面，让培训切实转化为实实在在的脱贫成效。

（七）实现农业产业发展，建立跟踪管理机制

针对 W 县目前已经取得实际效益的专项资金产业项目，严格执行管护机制。一个好的项目从储备到论证到立项到建设再到产生效益，凝聚了多方智慧和付出了大量心血，如果因为管护不力导致项目出现问题着实令人惋惜。因此，要建立跟踪和维护机制。根据属地管理原则，秉持"使用者负责"原理，以乡镇为依托，对精准扶贫产业子项目的管理实行责任分工到人。比如说，成立扶贫部门跟踪支持机制，后续推进工作与乡党政主要负责人的绩效考核挂钩。对于大型扶贫项目，建立技术部门跟踪和指导机制，县财政每年将专项资金专项拨付，后续管理由相关的行业管理部门聘请专职技术人员专门负责。对于公益性较强的一般社会项目或者以赢利为目的的商业项目，行业主管部门应当确认由承包商承担保管责任，并通过社会力量开展跟踪支持。做好人大议案任务分解，明晰责任分工，形成"主要领导亲自抓、分管领导具体抓、承办单位专门抓、人大代表监督办"的上下联动、左右沟通、便捷高效的工作格局。注重总结经验和典型做法，通报和反映相关情况，及时整理报送上级部门。

六、结语

精准扶贫事关民生福祉和国家发展稳定大局，社会关注度高，必须要确保减贫成效经得起历史的检验，获得人民群众的认可。本文从精准扶贫绩效考核评估这一角度，通过认真选题、研究思路，综合分析已有研究成果，完善调查方法、内容设计，利用基层开展第三方评估数据来进行实证研究分析，既肯定基层在扶贫开发中取得的显著成效，又一针见血地指出工作中存在的自我发展能力弱、返贫压力仍然存在、基本设施扶助不足、各项保障仍需提

升、结对帮扶力度不强、帮扶措施较为单一、持续增收渠道偏少、特色产业发展缓慢等突出问题，并根据问题在健全贫困识别体系，加强动态信息监测；加强扶贫队伍建设，提升扶贫工作成效；增强农村集体的公共性，发展再集体化的经济；扶持区域优势产业，统筹推进脱贫路径；全面对接特惠政策，创新金融扶贫模式；扶志与扶智相结合，激发脱贫内生动力；实现农业产业发展，建立跟踪管理机制等方面提出了切实可行的意见建议。希望通过本文所得到的研究成果，能为基层更好地开展精准扶贫精准脱贫提供一定的帮助。

参考文献：

[1] 郑志龙：《政府扶贫开发绩效评估研究》，中国社会科学出版社 2012 年版。

[2] 王必达、刘学敏、张学义等：《发展经济学》，甘肃人民出版社 1994 年版，第 60—62、63—69、70—72 页。

[3] 王学权：《"十三五"时期扶贫新模式：实施精准扶贫》，《经济研究参考》2016 年第 7 期。

[4] 郑瑞强：《精准扶贫政策初探》，《财政研究》2016 年第 2 期。

[5] 昝惠芳：《我国政府扶贫开发绩效评估模型的建构》，《河南大学学报》2007 年第 6 期。

[6] 胡善平、杭琍：《中国特色社会主义精准扶贫绩效考核指标体系构建研究》，《牡丹江师范学院学报》（哲学社会科学版）2017 年第 2 期，第 64—73 页。

[7] 田晋、熊哲欣、向华：《民族地区村级精准扶贫绩效评价指标体系构建研究》，《经济研究导刊》2017 年第 1 期，第 38—40 页。

[8] 陈升、潘虹、陆静：《精准扶贫绩效及其影响因素：基于东中西部的案例研究》，《中国行政管理》2016 年第 9 期，第 88—93 页。

[9] 朱晨源、李淼：《河北省精准扶贫绩效评估探讨》，《合作经济与科技》2017 年第 6 期，第 182—183 页。

[10] 段妍珺：《贵州省精准扶贫绩效研究》，贵州大学学位论文，2016 年。

[11] 杨希：《精准视角下扶贫项目绩效评估研究》，《金融经济》2017 年第 4 期，第 23—25 页。

[12]陈爱雪、刘艳:《层次分析法的我国精准扶贫实施绩效评价研究》,《华侨大学学报》(哲学社会科学版)2017年第1期,第116—129页。

[13]向延平、陈友莲:《教育精准扶贫绩效评价研究:以湖南省为例》,《中州大学学报》2016年第5期,第112—114页。

[14]中国人民银行贵阳中心支行内审处课题组:《金融精准扶贫绩效审计评价指标体系的构建与分析》,《金融会计》2017年第1期,第63—72页。

[15]侯世英、宋良荣:《金融扶贫绩效评价探讨》,《生产力研究》2017年第4期,第14—18页。

[16]孔婕:《欧美国家创新政策绩效评估模型研究及启示》,《技术与创新管理》2010年第3期,第247-248、260页。

[17]汪兰贵:《论中国的精准扶贫》,《贵州社会科学》2015年第5期,第148—149页。

[18]郑瑞强:《精准扶贫政策初探》,《财政研究》2016年第2期,第18页。

[19]鲁春艳:《实施精准扶贫、精准脱贫的难点及对策建议》,《农业经济》2016年第7期,第6页。

[20]王鑫:《精准扶贫:内涵、挑战及其现实路径》,《中南民族大学学报》2016年第5期,第74—75页。

[21]梁士绅:《新常态下的精准扶贫:内涵阐释、现实困境及实现路径》,《长白学刊》2016年第5期,第128—129页。

[22]廖富洲:《着力解决突出问题 深入推进精准扶贫》,《学习论坛》2016年第10期,第35页。

[23]许汉泽:《"精准扶贫"的地方实践困境及乡土逻辑》,《河北学刊》2016年第6期,第184—186页。

[24]邓维杰:《精准扶贫的难点、对策与路径研究》,《农村经济》2014年第6期,第78—80页。

[25]唐丽霞:《精准扶贫机制实施的政策和实践困境》,《贵州社会科学》2015年第5期,第152—156页。

[26]吴雄周:《精准扶贫:单位瞄准向多位瞄准的嬗变》,《湖南社会科学》2016

年第 5 期，第 164—166 页。

[27] 马尚云：《精准扶贫的困境及对策》，《学习学刊》2014 年第 10 期，第 25 页。

[28] 左停、杨雨鑫：《精准扶贫：技术靶向、理论解析和现实挑战》，《贵州社会科学》2015 年第 8 期，第 157—158 页。

[29] 刘辉武：《精准扶贫实施中的问题、经验与策略选择——基于贵州省铜仁市的调查》，《农村经济》2016 年第 5 期，第 116—117 页。

[30] 张笑芸：《创新扶贫方式实现精准扶贫》，《资源开发与市场》2014 年第 9 期，第 11—19 页。

[31] 彭春凝：《当前我国农村精准扶贫的路径选择研究》，《农村经济》2016 年第 5 期，第 93—95 页。

[32] 王忆男：《精准扶贫的实践、困局与路径选择》，《地方财政研究》2016 年第 8 期，第 37—38 页。

[33] 王字：《精准扶贫的理论导向与实践逻辑》，《贵州社会科学》2016 年第 5 期，第 159—161 页。

[34] 汪磊、伍国勇：《精准扶贫视域下我国农村地区贫困人口识别机制研究》，《农村经济》2016 年第 7 期，第 115—117 页。

[35] 翁伯、黄颖：《以科技兴农推动精准扶贫战略实施的对策思考——以福建省建宁县为例》，《中国人口·资源与环境》2015 年第 11 期，第 168—169 页。

[36] 宫留记：《政府主导下市场化扶贫机制的建构与创新模式的研究——基于精准扶贫的视角》，《中国软科学》2016 年第 5 期，第 154—162 页。

[37] 蔡荣鑫：《国外贫困理论发展述评》，《经济学家》2000 年第 2 期，第 11 页。

[38] 张启良：《全面小康背景下的农村贫困定义及脱贫标准》，《统计与咨询》2016 年第 5 期，第 32—34 页。

[39] 尚久：《贫困观的内涵及要素》，《思想理论研究》，2012 年第 60 期。

[40] 陈辉、张全红：《基于多维贫困测度的贫困精准识别及精准扶贫对策——以粤北山区为例》，《广东财经大学学报》2016 年第 3 期。

[41] 于敏：《中国财政扶贫资金绩效考评存在的问题及对策研究》，《新疆农垦经济》2010 年第 4 期，第 63—66 页。

[42] 金旭东：《西北民族地区县域扶贫开发绩效评估》，《兰州大学学报》2015 年第 7 期。

[43] 孙璐：《扶贫项目绩效评估研究》，《中国农业大学》2015 年第 11 期。

[44] 汪三贵、曾小溪、殷浩栋：《中国扶贫开发绩效第三方评估简论——基于中国人民大学反贫困问题研究中心的实践》，《湖南农业大学学报》（社会科学版）2016 年第 3 期，第 1—5 页。

[45] 杨雪：《农村扶贫的核心是产业扶贫——专访中国人民大学反贫困问题研究中心主任汪三贵》，《农经》2016 年第 7 期，第 32—35 页。

从二元治理关系到动态社会网络：扶贫项目治理的多维决策创新 [①]

刘　芳　黄硕明

（山东师范大学公共管理学院，山东 济南，250014）

摘要： 政府部门的总体性支配、社会主体力量的缺失、扶贫项目静态治理以及治理策略的适应性不足，使扶贫项目治理决策陷入结构化困境，这种结构化困境消解了脱贫的实施效果，制约了国家扶贫战略目标的实现。而克服结构化困境并充分发挥各主体的贫困治理能力，需要优化扶贫项目的治理结构，从单一主体总体性支配过渡到动态社会网络思维。将结构因素与主体属性因素纳入动态社会网络分析框架，分析扶贫主体的治理能力、资源禀赋以及扶贫项目治理关系的网络密度、主体中心度、结构洞指标等结构性特征。在扶贫主体多元性、扶贫项目发展多阶段性的基础上，结合多元治理主体的能力特征与资源禀赋，采取适应性的扶贫治理策略。对扶贫项目的治理决策进行松绑，激发社会力量的参与热情并构建贫困群体为主体的动态社会网络治理模式。

关键词： 二元治理；社会网络；精准扶贫；项目治理；多维决策

中国共产党第十九次全国代表大会提出要坚决打赢脱贫攻坚战。中国扶贫已经卓有成效，但仍然任重道远。自新中国成立开始我国就致力于扶贫、

① 基金项目：山东省高校人文社科研究计划资助经费项目（J16YF13）；国家自然科学基金资助项目（71704097）。

作者简介：刘芳，山东师范大学公共管理学院副教授。

减贫工作，相继实施了具有历史性、阶段性意义的扶贫计划（表1）。纵观我国的扶贫历史，当前，扶贫方式正从传统"输血式"扶贫向"造血式"扶贫转变，[①]基本遵循先"解决温饱"后"全面小康"、先"区域整体"后"精准突破"的逻辑思路部署，[②]但要彻底完成转变却十分困难。主要原因在于中国扶贫长期以来所坚持的二元治理模式与20世纪90年代中期出现的"扶贫项目治理"大趋势不能完全匹配。多主体参与、平等、合作、共赢是项目制的内生性特点，伴随扶贫精准化程度的加深，越来越多的扶贫项目涌现出来。但政府完全支配，扶贫对象被动接受的扶贫模式致使项目制的运行出现许多问题，建立与项目制相匹配的动态社会网络治理模式成为当前精准扶贫进一步落实推进的关键。

表1　新中国扶贫政策变迁

时间	扶贫政策	特点
1949—1978 年	新中国的救济扶贫	小规模式救济，注重均等
1979—1985 年	农村制度改革式扶贫	制度变革促动经济发展
1986—1993 年	国家大规模开发式扶贫	注重落后民族区域发展
1994—2000 年	国家八七扶贫攻坚计划	重点地区扶贫，项目治理兴起
2001—2012 年	新世纪扶贫开发	缩小范围，精准到村
2013 年至今	精准扶贫新阶段	精准到户，精准到人

一、传统扶贫项目治理中二元治理关系的困境

传统二元治理关系中扶贫项目决策存在两种困境：一是结构化困境，政府作为单一扶贫主体与扶贫对象构成政府主导自上而下的压力型治理结构，减少了社会力量参与扶贫的机会；二是双重视角的决策困境，侧重于扶贫主体的结构论视角与侧重于扶贫客体的文化论视角存在矛盾，导致决策困境。

---

① 王国勇、邢溦：《我国精准扶贫工作机制问题探析》，《农村经济》2015 年第 9 期，第 46—50 页。
② 王介勇、陈玉福、严茂超：《我国精准扶贫政策及其创新路径研究》，《中国科学院院刊》2016 年第 3 期，第 289—295 页。

（一）结构化困境

二元治理关系下扶贫项目治理的结构化困境主要是指扶贫项目中社会主体力量缺失、政府独大、贫困对象过于消极被动的现实状况。在扶贫项目治理中政府作为主导力量，从决策制定、资金分配到扶贫对象识别确定再到项目选择与实施等所有环节都是由政府负责（图 1）。从政府直接到扶贫对象的简单二元治理体系基本忽视了社会力量，导致社会主体力量无法进入扶贫领域，即使进入，由于地位不平等也无法发挥其应有的效能。社会主体参与的缺失也就使得扶贫机构与扶贫对象之间的"二元"治理成为扶贫项目治理决策的主要治理模式，形成了资源从以政府部门为代表的扶贫机构单一主体流向扶贫对象的静态治理结构，而没有充分考虑社会主体力量的参与，致使扶贫项目治理陷入结构化决策困境。另外，在财政资金集权化的背景下，基层政府基本失去了主观能动性，其政策执行受到多种因素约束，导致原本具有较高独立性的基层政府在扶贫项目中失去了主体性地位成为上级政府的附庸。同时也削弱了二元治理体系另一端扶贫对象的力量，致使扶贫对象主体性意识不强，贫困群体主体性权利虚化，形成"等、靠、要"思维定式等问题。作为非纯粹理性主体的基层组织在执行政策时，由于资源有限、任务多元等原因仍会考虑治理成本，[1]并且基层干部在压力考核下会趋向自保，[2]特别是在我国扶贫项目分级治理的体制下，中央政府的政策目标往往被地方政府在具体实施中悄悄置换，造成扶贫目标的偏离。[3]而破解此种结构化困境的有效方式就是调动多元社会主体的力量参与扶贫项目，优化扶贫结构、激发扶贫主体的潜在治理能力，构建动态社会网络扶贫项目治理模式。

① 李齐、李建呈、李松玉：《网络社会政府治理变革的逻辑结构》，《中国行政管理》2017 年第 7 期，第 49—55 页。

② 雷望红：《论精准扶贫政策的不精准执行》，《西北农林科技大学学报》（社会科学版）2017 年第 1 期，第 1—8 页。

③ 许汉泽、李小云：《精准扶贫视角下扶贫项目的运作困境及其解释——以华北 W 县的竞争性项目为例》，《中国农业大学学报》（社会科学版）2016 年第 4 期，第 49—56 页。

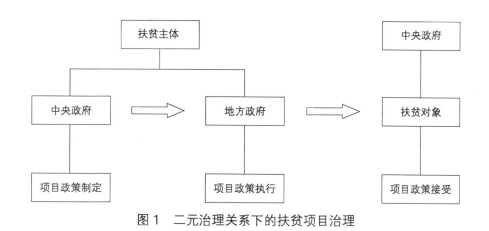

图 1　二元治理关系下的扶贫项目治理

（二）双重归因视角的决策困境

二元治理关系下扶贫决策主要有两种，一种侧重扶贫主体，以政府为主导；另一种侧重扶贫对象，重视贫困主体主观能动性的发挥以及自身发展的可持续性。相应地在理论研究方面也出现了两种研究方向，偏重于扶贫主体的结构论视角和偏重于扶贫对象自身内在能力发挥的文化论视角。两种理论视角具有内在的对立性，致使在现实中进行项目决策时往往陷入双重视角的决策困境，无法兼顾扶贫主体和扶贫对象的利益（图 2）。综合现有的研究成果，可以发现：结构论视角对贫困的研究侧重于物质财富的研究，将致贫因素归结为外在，如由国家、社会造成的制度落后、市场发育不足、基础设施建设差、地理位置偏远、自然灾害等环境因素。[1] 贫困文化论视角更加注重文化因素对贫困的影响，将贫困定义为一种文化贫困，认为贫困群体的内在因素如价值规范、行为特征、态度、主观感受等个人主观因素是致贫原因，这是典型的"个人主义贫困论"，认为个人之所以穷主要是因为穷人自身具有不良品质，诸如懒惰、短视，与社会制度关联度不高。[2] 贫困文化论者指出贫困

① 杨龙、李萌：《贫困地区农户的致贫原因与机理——兼论中国的精准扶贫政策》，《华南师范大学学报》（社会科学版）2017 年第 4 期，第 33—40、189 页。
② Caterina Ruggeri Laderchi, Ruhi Saith, Frances Stewart. "Does it Matter that We do not Agree on the Definition of Poverty？ A Comparison of Four Approaches". *Oxford Development Studies*, 2003, 31 (3):243-274.

是长期文化现象，一旦产生，将会持续性代际传递，因此脱贫存在极大困难。目前我国扶贫项目决策的依据主要依靠结构论视角而忽视文化论视角，扶贫项目决策偏重于政府主导，从而削弱贫困主体的能动性。从本质上说，要想使文化贫困论在项目决策中发挥更大的作用，必须做到两点：第一要相对弱化扶贫项目治理中政府主导的特性；第二要提高贫困主体的地位和主观能动性，转变扶贫对象的被动角色。而要达到这两点就需要建立动态社会网络扶贫项目治理模式，引入更多的利益相关方，通过优化改善扶贫治理的主体间结构和激发扶贫主体自身治理能力来促进我国扶贫工作的进一步推进。

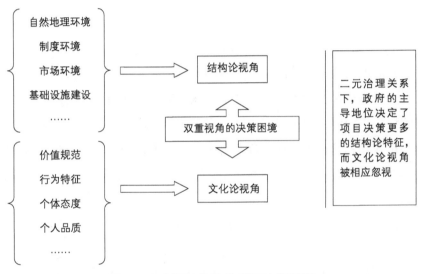

图 2　双重视角的扶贫项目决策困境

二、从二元治理关系到动态社会网络思维的扶贫项目治理决策

结构化困境和双重理论视角的决策困境已经使传统的二元治理关系无法适应当前精准扶贫阶段的现实状况。首先，结构化困境过分强调政府作用，致使二元关系中的主体地位不平等。扶贫对象仅仅是一个目标符号，其能动性并不被重视。其次，贫困群体的内在潜力没有被充分发掘，脱贫可持续性不强。英格尔斯提出，发展的最终目的是人在素质方面的改变，这种改变是

获得更大发展的先决条件和方式。① 忽视扶贫对象的能力发展是当前我国扶贫工作的重要缺陷。最后，二元治理关系下扶贫领域的市场机制不健全，使得贫困治理难以实现长期脱贫。伴随着扶贫工作进一步推进，扶贫难度不断提升，政府单纯依靠自身力量进行精准扶贫，显然已经力不从心，甚至出现政策失灵的现象。

显然，二元治理关系视角下的扶贫项目治理已经无法适应当前的扶贫工作，动态社会网络视角下的项目制扶贫成为更加符合现实扶贫状况的选择。新型的扶贫模式必须调动更多的社会力量主体参与扶贫并能保证各利益相关方具有较平等的地位；必须更加注重贫困个体能力的发展和脱贫成效的可持续性；必须建立扶贫领域的良好市场环境和市场机制，即文章前述部分提到的结构优化与扶贫主体属性的发挥。本文通过对以上问题的分析，尝试建立动态社会网络扶贫项目治理模型。社会网络的发展基本遵循由静态转变为动态的发展趋势，② 当前社会网络学者基本从网络构建、关系维持和资源动员三个向度来理解社会网络的动态过程。要构建扶贫项目治理社会网络，首先需要确定扶贫项目的目标并收集有关信息，然后绘制出社会网络的治理模型。根据动态社会网络的目标导引特点，以最终目标来确定网络系统的影响参数。假定扶贫项目原始社会网络中有 n 个交互影响的利益相关方，那么这些相关方就是网络构建的节点，节点的集合以 $V=\{1,2,\cdots,n\}$，$n \geqslant 3$ 标记，节点形成的关系以 ij，$i, j \in V$ 表示，用 g 表示扶贫项目治理社会网络两节点形成的有向边集合，即 ij，据此构建的有向网络模型是符合现实社会网络特性的。通过调查，能够创建包含各类扶贫项目的利益相关方社会网络模型。网络节点代表扶贫项目利益相关方，而节点之间的连线代表相关方之间的相互交流和资源流动。

---

① ［英］格尔斯：《人的现代化》，殷陆君译，四川人民出版社1985年版。
② Anirban Mitra, Subrata Paul, Santoshini Panda, Prasanta Padhi. "A Study on the Representation of the Various Models for Dynamic Social Networks". *Procedia Computer Science*, 2016, 79:624–631.Mohammad Sattari, Kamran Zamanifar. "A Spreading Activation-Based Label Propagation Algorithm for Overlapping Community Detection in Dynamic Social Networks". *Data & Knowledge Engineering*, 2018, 113:155–170.

　　这些扶贫项目的利益相关方包括政府部门、非营利组织、私营企业、大学和被扶贫百姓等。被调查者解释了他们的组织与合作组织联系的层次与强度,包括正式的和非正式的相互交流以及资源流动。最终建立起一个节点之间具有不同联系的社会网络拓扑结构,以山东水利信息化扶贫项目治理为例(图 3),分析影响各利益相关方决策的指标。

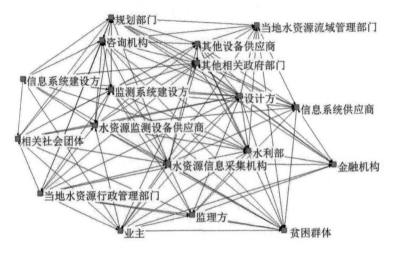

图 3　扶贫项目治理的社会网络拓扑结构

　　主要可采用网络整体密度(Density)、平均路径长度(Average Path Length, APL)、网络整体中心势(Centralization)和各类中心度(Degree)等指标来描述扶贫项目利益相关方扶贫治理关系的社会网络拓扑结构特征,进而为扶贫项目治理的多维决策提供依据。其中,网络整体密度指标反映扶贫项目治理利益相关方之间关系的紧密程度。紧密程度高的相关方社会网络既能够为其中的相关方提供各种社会资源,又会限制其中相关方的行为。网络中心势测度指标指网络中最核心利益相关方的中心度(即社会网络中最大的中心度)和其余利益相关方的中心度指标的差值总和与最大可能的差值总和之比。在考察相关方共同构成的扶贫项目治理社会网络拓扑结构时,通过多个扶贫项目利益相关方之间的距离(即连接两个相关方的最短路径中实际包含的有向边的数量),可以进一步计算出全部社会网络节点距离,从而获得扶贫利益相关方社会网络的整体平均路径长度。中心度包括点度中心度、中介中心度和接近中心度多种类型，并且有时具有方向性。点度中心度指标（Degree centrality）主要用于测量特定利益相关方在网络中的位置是否存有比较密集的社会网络资源交易，即相关方拥有的直接联系数。接近中心度（Closeness centrality）主要用于测量社会网络成员（即各个相关方）在社会网络互动中分享资金、信息、方法和技术等资源的能力水平，即相关方之间距离的远近程度。中介中心度（Betweenness centrality）是测量扶贫项目利益相关方对资金、技术、信息等各项资源掌控能力的指标，它能够解释某个扶贫项目利益相关方能够在多大程度上承担其他利益相关方"中介"的作用。

三、动态社会网络视角下扶贫项目治理决策的多个维度

将动态社会网络引入扶贫项目治理决策中，其含义有三层：一是充分调动社会网络的构成主体——各个项目利益相关方的力量；二是考察社会网络中各个主体之间的项目治理关系——扶贫项目治理策略；三是引入项目发展动态思维——项目生命周期维。

（一）扶贫项目利益相关方维

动态社会网络扶贫项目的利益相关方归纳起来主要有四类：一是扶贫对象。在动态社会网络项目扶贫中，各类利益相关方的资源最终都要汇集到贫困群体从而达到脱贫效果。但在传统扶贫模式中贫困群体通常是被动接受型主体，往往具有素质较低、权利意识模糊、政治参与能力不足等属性特征。从网络整体密度指标可以推测出，尽管贫困群体的网络中心度较大，但易受到与其关系紧密的利益相关方的规制。这就要求在动态社会网络的项目扶贫模式中重视改进贫困群体的相关属性，提升其自身素质、权利意识以及政治参与能力等。二是社会组织。社会组织包含公司、企业等经济组织和非政府组织。动态社会网络中引入市场主体并建立市场运作机制，其中公司、企业和非政府组织就是其中的关键核心。在扶贫项目治理社会网络中，社会组织既是利益相关方主体又是网络中介的主要承担者。作为中介性主体，准确测量其对资金、技术、信息等各项资源的掌控能力和水平等属性因素将有助于

界定其在扶贫项目中的职能与作用。三是政府部门。作为扶贫治理的主要主体在具体的扶贫项目运作过程中，中央政府与地方政府具有不同的中心度，在资金、信息、方法和技术等资源分享方面的能力具有较大差异。四是监理组织。扶贫项目的实施过程需要监督者，除了专门的监理组织，监督主体在社会网络中涉及以上我们所提到的各个利益相关主体，扶贫对象、社会组织、政府都可以发挥监督职能。

（二）扶贫项目治理策略维

自新中国成立后，我国历经了大规模开发式扶贫、八七扶贫攻坚、新世纪扶贫开发再到今天的精准扶贫新阶段，关于扶贫的治理策略可以概括为以不同主体为主的三种类型：行政计划支配、合作经济组织和公私合营。在三种治理策略中，政府、贫困者、企业三大主体的参与程度差异较大。首先，行政计划支配的治理策略是典型的传统贫困治理模式，它以政府为绝对主导，政府在扶贫项目社会网络中介中心度最高，掌控的资源和支配资源的水平最高。而社会组织与贫困群体相对于政府其网络中介中心度较低，因此发挥的作用并不明显。所以政府在这些具有基本公共服务特性的公共服务提供过程中仍然是最有能力和最具效率的主体。其次是合作经济组织，在贫困治理中合作经济组织的运用极大地调动了贫困户的主动性，贫困户的经济合作形式主要是农民专业合作社，大致有三种模式：行政主导模式、农户自治模式和企业推动模式，[①]这三种模式都是以贫困农户为主体，将贫困个体的力量进行整合作为市场主体进入市场运行，从而使贫困户得以实现生产盈利，最终达到脱贫目标。但在扶贫社会网络中，贫困群体组成的合作经济组织的点度中心度较低，与其直接联系的利益相关方主要是所在地的基层政府和相关企业组织，因此较易受到它们的制约。合作经济组织除了合作社之外还有扶贫互助社、乡村经纪人和乡村能人进行领导的合作性自治组织，对于具有产业项目的贫困地区，合作经济组织是一种有效的治理模式。最后是公私合营的治理策略，公私合作模式又称政府与社会资本合作模式，即公共部门与私人部

① 牟永福、刘娟：《贫困农户合作机制研究：合作式贫困治理结构的视角》，《河北师范大学学报》（哲学社会科学版）2013 年第 4 期，第 140—143 页。

门基于良好的合作关系而形成的公共基础设施建设、公共产品供给模式。[①] 在扶贫领域公私合营的应用能够有效调动社会资本进入扶贫项目领域，使专业化程度较低的贫困户自治合作组织获得公共部门和私营部门的双重支持，从而破解扶贫效益边际递减的困境。但需要指出，公私合营虽然重视了社会资本进入扶贫治理领域，但是政府在其中的作用也不可忽视，政府要不断进行扶贫创新，为社会力量的加入创建良好的制度环境和法律保障，切实推动公私合营在扶贫治贫方面的效用。

（三）扶贫项目生命周期维

扶贫项目生命周期主要有四个阶段：启动、计划、实施和收尾。首先，任何扶贫项目的启动都需要政府和相关利益主体进行充分有效的沟通，获取尽可能充分的、全面的有效信息。例如精准扶贫的项目需要判定谁是贫困户，了解贫困户的实际情况，包括致贫原因以及自身发展能力等，对于贫困户所处地区的发展潜力、发展障碍、外部环境也要有充分了解，只有做到信息充足的前提下才能因地制宜，找到真正符合贫困户需求的脱贫项目。在启动阶段，可以说资料信息的收集与分析是核心任务之一，除此之外启动阶段还存在各利益主体的竞争博弈。对于上级政府下包的竞争性项目存在项目分配中的选择性平衡与项目"答辩"中的非公平性竞争，[②] 渠敬东指出项目制作为新的国家治理体制，所体现的不完全是公共利益，也暴露了地方政府为跑项目、争项目背后的政绩工程，[③] 这就体现了中央政府、地方政府、基层政府三者的博弈。[④] 扶贫项目治理在启动阶段必须解决好项目制定与分配的准确性与公平性问题，真正实现扶贫项目应有的效益。项目启动之后就会进入计划阶段，在计划制订过程中，贫困群体的意志和意见应当被重视，政府应

① 陈志敏、张明、司丹：《中国的 PPP 实践：发展、模式、困境与出路》，《国际经济评论》2015 年第 4 期，第 68—84、5 页。
② 李博：《精准扶贫视角下项目制扶贫的运作逻辑与地方性实践——以 A 县竞争性扶贫项目为例》，《北京社会科学》2016 年第 2 期，第 1—7 页。
③ 渠敬东：《项目制：一种新的国家治理体制》，《中国社会科学》2012 年第 5 期，第 113—130、207 页。
④ 折晓叶、陈婴婴：《项目制的分级运作机制和治理逻辑——对"项目进村"案例的社会学分析》，《中国社会科学》2011 年第 4 期，第 126—148、223 页。

大力向贫困户宣传解释扶贫项目计划，让贫困户了解该计划对自身利益的重要性，以及评估自己是否适应该计划。计划制订之后就进入实施阶段。以企业组织为核心的扶贫项目计划要用市场机制激发其潜力和活力，保证贫困户的利益。政府要保证扶贫项目的市场竞争环境，构建规范有序的市场运行机制，并建立专门的监督部门进行项目运行的适时监督与评估，保障项目计划的健康运行。贫困户要主动参与其中，从项目计划中发展自身的优势，并能提高自身可持续发展能力，做到真正脱贫。除此之外，贫困户也是最有力的监督主体，除了政府的监督之外，贫困户可以从自身的获益状况来评价项目计划实施的有效度，但这需要政府为贫困户建立切实有效的反馈机制。总体来说，项目实施阶段，要以企业运行为主体，以贫困户脱贫为目的，以贫困者为重要参与者，由政府作为裁判者建立"政府 + 企业 + 贫困户 + 市场 + 监督机制"的系统性项目实施模式。最后，项目收尾阶段，最重要的就是对项目成效的评估反馈，此阶段是第三方社会组织的重要舞台，政府可以通过雇佣第三方对项目实施的最终效果进行评估，然后政府对达标的贫困户进行脱贫退出。

（四）动态社会网络视角下的扶贫项目治理三维分析框架

为了全面开展动态社会网络视角下的扶贫项目治理多维决策创新研究，本文提出一个多维分析模型来考察动态的扶贫项目治理关系。图 4 中列出了三种维度上有代表性的要素。扶贫项目治理的利益相关方维度包括扶贫对象、社会组织（企业、非政府组织）、政府部门（上级政府、地方政府）和监理组织（官方组织、自治组织）。项目生命周期维度将扶贫项目按实施的不同阶段划分为启动、计划、实施和收尾四个阶段。扶贫治理策略维度将扶贫策略分为三大类：行政计划支配、合作经济组织和公私合营，分别代表了以政府为主导、以扶贫对象为主导和二者共同合作主导的扶贫项目治理策略。

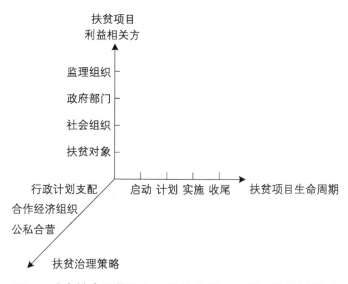

图 4　动态社会网络视角下的扶贫项目治理三维分析模型

四、动态社会网络视角下扶贫项目治理多维决策的实现路径

动态社会网络的扶贫项目治理多维决策需要从三个维度来具体实现，一是需要扶贫项目利益相关方的协同共治，二是扶贫治理策略的适应性选择与实施，三是扶贫生命周期在扶贫项目治理中的有效应用。只有切实实现动态社会网络扶贫项目治理的三个维度才能真正构建起系统性多维决策的现实机制。

（一）扶贫项目利益相关方的协同共治

面对扶贫新阶段的现实挑战，动态社会网络扶贫项目治理可以将政府、社会组织、贫困者纳入扶贫的统一体系，完成多元共治的目标。政府要转变自身的职能定位，从扶贫项目的选择、制定、实施、收尾全程参与转变为大局把控、重点监督的守护者角色，而不是事事躬亲、亲力亲为。引入市场机制，调动社会力量进入扶贫领域，实现国家行政支配驱动到内源性利益驱动的转变，大胆尝试 BOT（建设——经营——转让）模式、PPP（公私合营）模式、工作坊等，提高私营企业的进入率，这些营利性企业组织的进入将有助于贫困地区的基础设施建设。另外将乡村能人、大户与贫困户有效结合起来的"工作坊"模式也充分调动了社会个体进入扶贫领域，贫困个体在乡村精英大户的带领下实现了合作，既增强了贫困个体生产生存能力又增大了大户的产业规模，实现了共赢。2017 年 3 月，兰考县摘掉贫困帽子，成功完成了脱贫。其经验就是在扶贫领域中引入多方利益主体，以政府为主导建立市场运行机制，通过利益诱导解决中小企业融资难、资金不足的问题，通过入股分红方式解决了贫困户资金使用效率不高与无法持续问题，最终实现了"政府 + 企业 + 合作社 + 农户"的利益共享机制。[①] 在扶贫项目监督领域可以引入第三方等非政府组织，对扶贫效果、贫困户权益保护等方面进行监督和评估反馈，保障项目实施有序进行。安徽、山西、陕西、山东等地，在精准扶贫领域都引入了独立的专业性第三方评估机制，以弥补政府监管部门的漏洞。综上所言，要实现动态社会网络扶贫项目有效治理，其前提基础就是让多元利益相关方积极参与到扶贫项目治理中实现协同共治。而在具体实践中要实现利益相关方的有效协同，就要准确测度出扶贫项目社会网络中利益相关主体在网络中的定位。通过网络整体密度来掌握各利益相关方之间的紧密程度，以网络中最大的中心度主体为政策着力点，实现扶贫资源的公平分配和有效使用。

（二）扶贫治理策略的适应性选择与实施

动态社会网络扶贫项目的第二维要求实现扶贫治理策略的适应性选择。当前我国的扶贫项目有多种类型，但并不是所有项目都能尽如人意达到预期效果，主要原因就是项目的选择和实施与贫困地区、贫困个体的具体情况出现匹配偏差与错位，最终导致扶贫项目的益贫性降低。所以，项目选择需要因地制宜，要与当地的发展潜力相适应，要适应扶贫对象的特点和扶贫机构的能力特征与资源禀赋，要适应不同的项目利益相关方，适应不同扶贫项目生命周期阶段（表 2）。对于因病、因残而失去劳动能力的贫困对象就必须考虑其劳动能力丧失的特征，可以通过提高其自身资金的投资率来保证其能够获得一定的收益，或者以最低生活保障制度来保证其最低生活水平，此类贫困群体适合行政计划支配类的项目。而对于有劳动能力但缺乏就业机会的，

---

① 田丰韶：《从体制区隔走向协同治理：兰考精准脱贫的实践与思考》，《中国农业大学学报》(社会科学版) 2017 年第 5 期，第 61—69 页。

可以通过公私合营类的项目引进，为其提供就业岗位。如果贫困群体在其自己的地区具有某种特色产业优势，则可以采取合作自治的形式，建立合作经济组织进行生产脱贫。

表 2　扶贫治理策略适应性

扶贫治理策略	行政计划支配	合作经济组织	公私合营
涉及主体	政府主导	贫困群体合作自治	公共部门与私营部门
适应性项目	基本公共服务提供 基础设施建设 最低生活保障 医疗卫生保障 ……	农业合作社项目 工作坊 特色种植业 经济大户带动型产业 ……	政府外包项目 部分公共服务提供 劳动力密集型产业 ……

对于公共服务的提供要特别说明，具有较高公共服务性质的项目要以政府为项目的主要承担方采用行政计划支配，以弥补社会力量难以应对的扶贫领域，而能够由市场主体来提供并执行的项目政府就要大胆放手，交给企业等社会组织，实行公私合营。扶贫项目还要考虑其生命周期的适应性，分清短期、中期和长期的项目类型。项目制具有一次性特征，往往致力于解决当前问题而忽视全局长远的视角，决定了其不能具有可持续性，这就使其具有天然缺陷，并由此带来一系列问题，如后续资金不足、贫困户过于依赖等。破解此问题的可行路径就是引入市场机制，把项目立项与实施作为市场机制建立的开端，前期在政府主导下，各社会力量参与其中，建立有序的市场化扶贫模式，调动起各利益主体的积极性。政府要起带头作用，加大对项目资金的后续投入，为项目提供技术支持，通过培训提高贫困户的就业能力和技术，稳固扶贫效果，保证扶贫项目的可持续性。实现并确保扶贫项目选择与实施的精准性正是当前精准扶贫新阶段的内生性要求。

（三）扶贫项目生命周期的全路径跟踪与反馈调适

按照扶贫生命周期对扶贫项目进行阶段性、秩序化地跟踪与反馈，能够在一定程度上有效避免扶贫项目的形式化，从而构建起动态社会网络视角下扶贫项目治理决策的三维模式。以山东省 W 市为例，当地政府在精准扶贫项目的后期雇佣了独立的第三方进行效果评估，以此来确定贫困户是否脱贫以及之后的退出事宜，取得了良好效果。但是第三方评估仅仅在后期阶段参与，在前期的评估和中期实施阶段并没有独立的机构进行专门监督。项目生命周期理论在扶贫项目治理中的应用包括前期评价与扶贫对象选择、中期实施扶贫策略、后期扶贫绩效评估与策略更新、收尾期的扶贫力量退出与效果跟踪（图 5）。在实际的扶贫项目生命周期中，核心要务就是对各阶段的跟踪评估，经过反馈后对接下来的项目进度和具体实施策略进行更新调适。首先，在前期评价与扶贫对象选择阶段，要对项目拟实施地区进行实地调研，制定贫困户准入标准，确定项目帮扶对象。中期扶贫策略实施过程中要对资金的投入分配和项目治理方式进行评估分析。资金的使用要符合"公开、公正、公平"的原则，广泛接受社会各界力量的监督，政府相关部门要全程跟进，担负监督职能。建立专门的动态监督评估机构和制度体系，实现常态化监督。在监督过程中要有定时的反馈分析，对于项目实施过程中出现的问题要及时进行研讨，及时解决并对项目决策进行更新改进。项目收尾结项后，各利益相关主体不能就此不顾，特别是相关政府部门，必须担负起项目结项后的效果跟踪监测。

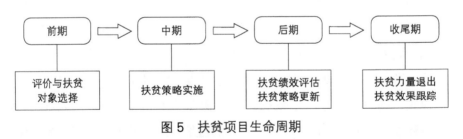

图 5　扶贫项目生命周期

五、结语

动态社会网络扶贫项目治理，通过利益相关方、扶贫治理策略和扶贫项目生命周期三个维度，调动了社会力量参与治理，优化了扶贫项目治理结构，充分改善并发挥了各主体的属性特征，缓解了扶贫资源在社会网络中的配置错位或碎片化问题。通过建立合理的规制关系网络，更加注重贫困群体的需求，提升贫困群体在社会网络中的中心度即网络影响力，以此来提升扶贫的精准性和成效。对于动态社会网络的建立以及运行，需要各主体积极有序参与，贫困群体要有权利意识，既要积极主动又要学会维权与监督。社会力量在与公共部门和贫困个体合作时要多一些社会公益精神，扶贫不是单纯的营利行为，它更多的是一种公共服务，一项社会责任。尽管政府从传统二元治理的支配角色转变为社会网络中的主体之一，但仍具有特殊性。政府要担负起裁判者角色，监督整个动态社会网络的运行，保障健康有效的扶贫项目治理秩序。

从组织赋权与政策支持视角看
合作社参与贫困治理

王春平[1]　张传明[2]

（1.沈阳农业大学经济管理学院，2.中共沈阳市委政策研究室农村处，
辽宁 沈阳，110866）

摘要： 为如期打赢脱贫攻坚战、顺利全面建成小康社会，本文基于权利贫困治理视角，系统分析阐释了合作社所具有的益贫属性及其在扶贫实践中的地位与作用，总结论证了扶贫对象自我组织与外部赋权的理论依据及实践成效，梳理探讨了近年来备受关注的合作社异化问题的制度原因，创新提出了通过政策支持建立面向合作社的外部赋权机制重点领域和发展趋向，对于做好精准扶贫精准脱贫工作具有现实的指导意义。

关键词： 合作社；脱贫攻坚；外部赋权；政府支持

一、引言

到 2020 年实现农村贫困人口全部脱贫，是党中央确定的全面建成小康社会的战略底线，同时也是解决我国"人民日益增长的美好生活需要和不平衡不充分的发展之间的矛盾"的发展基础。改变农村贫困人口的权利贫困状态，则是脱贫攻坚的治本性措施，产业扶贫、易地搬迁脱贫、科技扶持脱贫、发

作者简介：王春平，沈阳农业大学经济管理学院教授。张传明，中共沈阳市委政策研究室农村处处长。

展教育脱贫等措施，都以权利改善为条件，国务院发布的《"十三五"脱贫攻坚规划》(国发〔2016〕64号)明确提出："坚持群众主体地位，保障贫困人口平等参与、平等发展权利，充分调动贫困地区广大干部群众积极性、主动性、创造性。"本文基于权利贫困治理视角，探讨扶贫对象自我赋权与外部赋权的理论依据及实践成效，以沈阳市区域农村合作经济组织显示巨大生命力为例，阐释合作社所具有的益贫属性及其在扶贫实践中的地位与作用，探讨近年来备受关注的合作社异化问题的制度原因，进而分析维护合作社核心价值的发展趋向与政策支持要求。

本文的研究思路，是以对权利贫困是导致生活贫困制度根源的判断和论证作为逻辑起点，阐释合作社作为农户自我赋权组织，引领贫困农户共同脱贫致富的内在机理，以此进一步阐释维护与光大合作社核心价值需要哪些外部赋权。

二、正本溯源：脱贫攻坚呼唤治理权利贫困

贫困治理理论总结了两种贫困治理范式：基于经济学视角的发展型治理和基于权利保护的赋权型治理，并认为两者互为条件。其中后者更多地将贫困归因于权利的贫困，马歇尔(1949)在其《公民身份与社会阶层》一书中，将公民基本权利划分为三个要素：公民的要素、政治的要素、社会的要素，认为贫困群体实际上是基本公民权未给予有效满足；Amartya Sen (1981)认为饥荒与贫困往往并非由食物的短缺和物质财富的匮乏所致，而是产生于不合理的权利关系。其权利状态"取决于一个社会中的法律、政治、经济和社会特征以及人们在社会中所处的位置"。Salmen(1995)指出"在经济上被边缘化的群体往往也容易在社会上被边缘化，所以他们在资源和权力两个方面都处于不利地位"。因此，"有可能通过让穷人在与他们有关的问题上拥有更多的发言权而极大地提高项目和计划实施的效力"(Kaufmann、Kraay和Zoido-Lobaton，1999)。随着制度经济学体系的建立和完善，隐藏在贫困背后的制度根源被逐步揭示，Karl Gunnar Myrdal (1992)系统论述了"制度性落后"和"制度性贫穷"的概念，认为发展中

国家贫困的原因包括有效制度的短缺。

马克思和恩格斯（1974）基于劳动价值理论构建的剩余价值学说体系，深刻揭露资本剥削是"相对贫困"乃至"绝对贫困"的经济根源和制度根源。同时他们创建的科学社会主义学说，提出了通过社会制度变革，实现人类平等与社会公正，彻底消除贫困的崭新思路。

新中国成立以来近 70 年波澜壮阔的社会主义革命和建设，以其丰富多彩的实践，揭示了贫困的社会制度根源，实证了依靠制度变革，推进社会公平正义，是消除农民阶层乃至社会整体贫困的根本出路。"三农"领域的众多正反例证，已经为世人所共知：

新中国成立之初，同时伴随着轰轰烈烈的农村土地改革，亿万农民在政治上翻身解放做主人的同时，实现了"耕者有其田"的千年梦想，社会主义制度为他们开辟了告别贫困、走向富裕的广阔道路；从 1958 年"大跃进"开始长达 20 年的人民公社制度，在"政社合一""一大二公"的体制下，农民的土地权利、经营权利被剥夺，农业和农村经济发展陷入长期停滞；始于 20 世纪 70 年代末期的家庭承包经营重新赋予农民集体土地承包权和自主经营权，极大地激发了广大农民的生产经营积极性，中国农业彻底告别了短缺时代，创造了家庭承包奇迹。历史的经验教训表明，什么时期赋予和维护了农民的权益，农业就顺利发展；反之，什么时期剥夺了农民权利，农业就停滞甚至倒退，"大跃进"和人民公社时期的历史教训就足以说明。

强调权利赋予与农民脱贫致富的内在联系，是因为尽管改革开放已经走过 40 年的历程，但权利贫困问题依然存在：农户集体土地财产权利缺失，彼此孤立碎片化经营，"统"的层次组织缺失，因城乡公共物品供给失衡导致社会平等权利缺失，如此等等，不仅影响贫困农户脱贫致富进程，同时也严重制约"三农"发展。因此，党的十八届三中全会以来，党中央一直强力推进深化改革赋予农民更多有保障的集体财产权利，国家通过修订《农民专业合作社法》支持农民兴办多种类型合作社、联合社，表明党中央通过制度创新治理权利贫困的政策并非单一的扶贫策略，而是着眼于更为宏观层次的乡村振兴的大战略。

三、自我赋权：碎片化的贫困农民需要自主联合

通过扶贫对象主体地位的提升与相关权利的有效保护，扭转权利贫困的局面，源于两个方面的力量：一个是自主联合，抱团取暖，我们称之为自我赋权，合作社就是这种扶贫对象自我赋权的组织；另一个是法律政策赋权，也可以称为外部赋权，指依据法律政策，运用公共财政支持等政策工具赋予扶贫对象及其组织更大的经济社会权利。作为贫困治理的治本之计，农村脱贫攻坚需要综合施策，将发展合作经济实现小农户自我赋权与法律政策赋权有机结合起来，其中前者尤为重要。

（一）合作社参与脱贫攻坚具有天然的益贫性

合作社从其早期理论萌芽，到现代世界范围的实践，始终坚持其劳动控制、成员互助合作的属性，把改良社会制度、治理贫困作为自己的核心使命。近代空想社会主义者圣西门、傅立叶和欧文，都主张通过合作社形式改善贫困劳动者的社会地位，并进行了积极的实践探索（王哲，1988）。马克思和恩格斯充分肯定了合作社在改造资本主义制度、改造小农经济中的重要作用，提出无产阶级在夺取了国家政权以后，应采取自愿、示范和国家帮助的原则帮助小农发展生产合作社（马克思，1974）。实践中，世界上第一家合作社罗虚戴尔公平先锋社，其章程第一句话中即鲜明地树起了益贫旗帜："本社的目标与计划是实现社员的经济利益与改善社员之社会地位和家庭境况。"此后，公平先锋合作社的基本原则被国际合作社联盟吸纳，并在此基础上逐步完善。1995 年国际合作社联盟确立的合作社原则强调合作社实行自愿开放的会员资格、成员民主管理、成员经济参与、合作社的独立性与自主性等原则，指出"合作社是由它们的成员所控制的自主、自助的组织"。合作社体现的"联合弱势群体，实现与其他市场主体的公平竞争"核心价值（任大鹏、李琳琳，2013）被延续至今。《中华人民共和国农民专业合作社法》第 2 条规定："本法所称农民专业合作社，是指在农村家庭承包经营基础上，农产品的生产经营者或者农业生产经营服务的提供者、利用者，自愿联合、民主管理的互助性经济组织。"概而言之，合作社作为社会弱势群体自主联合的组织，其益贫属性不仅早已形成学界的共

同认知，同时在国际规则和国内法律层面也受到一致确认。

（二）合作社参与脱贫攻坚具有独特优势

合作社参与脱贫攻坚，具有其他社会组织无法比拟的三个方面优势。

第一，农民组织化优势。实行以家庭经营为基础、"统分结合"的双层经营体制，是我国农村经营制度的核心，必须坚持长期稳定。但家庭承包 40 年，"分"的层次红红火火，"统"的层面却乏善可陈，亿万农户总体上碎片化的状态，极大地制约农业现代化进程和脱贫攻坚目标的实现，也直接导致农户尤其是贫困户社会经济地位低下。政策上曾寄希望于依靠壮大集体经济发展"统"的层次，从 20 世纪 90 年代开始又尝试依靠"公司＋农户"的农业产业化模式组织农民，都没有达到预期效果。而依托合作社组织农民改变其弱势主体地位，是国际社会的成功经验。新中国的农村合作经济尽管曲曲折折，发展至今的成就仍然令世人瞩目，特别是实施《中华人民共和国农民专业合作社法》11 年来，合作社不仅成为组织带动各类农户融入现代农业、进入国内外大市场不可或缺的通道，也成为广大农户包括贫困户提高生产经营效益实现增收脱贫致富的重要途径。相关数据显示，截止到 2017 年底，全国农民专业合作社总数已近 200 万家，实有入社农民超过 1 亿户，入社农户已占全国农户总数的近 50%。如今合作社作为农民自己的组织，在农业生产、流通、加工全产业链及乡村社会事业发展等诸多领域，正发挥着其他组织形式无法替代的作用。

第二，服务体系化优势。改革开放至今，我国农业社会化服务体系框架仍然没有真正构建起来。一方面政府所属服务机构行政化、部门化倾向严重；另一方面市场化服务机构规模太小，规模有限，致使农产品市场长期处于无序状态，不仅使生产者、消费者深受其害，而且导致农产品质量安全保障缺乏来自农户的内生动力，严重破坏了农业持续发展的条件。而合作经济通过成员之间联合及合作社之间联合，在带来真实市场供求信息的同时，也由于规模扩大促使优质安全农产品获得市场认可，再加上合作社的内部调节与自律机制，较好实现了生产者与消费者双赢。

第三，职能多元化优势。2018 年 10 月 1 日开始生效的《中华人民共和国民法总则》，将合作社列为特别法人，虽然法律没有对特别法人做出专门解释，但仍然可以明确，合作社既有别于作为营利法人的企业，也不同于非营利法人。结合《中华人民共和国农民专业合作社法》的具体规范和合作社的广泛实践，应当能够进一步明确，合作社具有双重组织属性：一方面作为经营主体，是新型农业经营体系的重要组成部分，组织带领成员参与农业领域市场竞争；另一方面从内部看又是互助性组织，合作社不同于第三部门，因为第三部门没有经营性职能。但第三部门具有的组织自治、行业内部谈判、制定行业规则与标准、组织内部人员培训、收集并交流信息、对外发布信息、同其他行业以及与政府部门谈判、行业自律、培育和开发市场等职能合作社都完全具备。不仅如此，合作社作为经营实体，还可以通过提供产前、产中、产后服务或者生产产品加工增值直接参与经营。在日本、韩国等国类似合作社的农协，甚至将服务的触角延伸到了社会服务。

（三）沈阳市区域农村合作经济组织已经显示巨大生命力

近年来，沈阳市高度重视农民合作社在产业扶贫中的作用，出台了一系列扶持农民专业合作社发展的政策措施，取得了显著成效，呈现出以下特点：

第一，发展速度快，带动农户数量稳步增加。《中华人民共和国农民专业合作社法》颁布后，在广大农民中产生积极反响，各级农业主管部门因势利导，支持具备条件的农村合作经济组织和农村"能人"带头领办农民专业合作社。截至 2017 年底，全市农民合作社达到 7980 家，入社成员 11 万人，带动农户 27 万户，约占全市农户总数的三分之一。

第二，行业分布广，已经覆盖农村经济各个领域。在全市 7980 家农民专业合作社中，种植业 4249 家，占 53.3%；畜牧养殖业 1406 家，占 17.6%；林业 322 家，占 4.0%；水产业 295 家，占 3.7%；农机服务业及其他 1708 家，占 21.4%。农民专业合作社已经成为农村经济领域的主要组织形式，一些跨地域、跨行业的农民专业合作社或联合社也开始出现。

第三，能人带头办社，已经成为推动农民专业合作社发展的中坚力量。从目前全市农民专业合作社领办人的情况看，各类农村生产经营者领办的占 54%，村干部和大户领办的占 38%，农事龙头企业领办的占 8%，这其中绝大多数都是农村中有经营头脑、市场经济意识强，懂技术、善经营、会管理的产业带头人，这些人本身具备一定的产业基础，渴望通过合作进一步扩大生产规模，已逐渐成为发展农村主导产业的领军人物。

第四，合作社内部管理逐步规范，已经出现一批典型示范社。在全面贯彻实施《中华人民共和国农民专业合作社法》过程中，沈阳市对农民专业合作社边发展边规范，按照现代农业组织形式的要求，不断完善内部经营机制，形成具有活力的企业运营模式。近年来，有 11 家合作社被评为国家级示范社，126 家合作社被评为省级示范社，331 家被评为"3A"级市级示范社。出现了新民福德蔬菜种植专业合作社、辽中于会怀农机专业合作社、法库大孤家子广盛源肉牛专业合作社、康平县龙旭种植专业合作联社等一批运作比较规范的典型社。

第五，规模化生产，成员收入有所提高。农民加入合作社后，进行规模生产、集约化管理。合作社为农户提供产前、产中、产后统一服务，降低了生产成本。以 2017 年农经统计数据为例，农民合作社成员销售农产品总值 20.6 亿元，实现盈余约 4 亿元，通过盈余向成员返还 2.7 亿元，合作社成员人均可支配收入 16314 元。

第六，积极参与扶贫，成为带动贫困地区精准脱贫的中坚力量。积极创新"合作社＋贫困户""企业＋基地＋合作社＋贫困户""党支部＋合作社＋贫困户"等模式，沈阳市农民专业合作社在带动贫困地区农户脱贫致富上发挥了重要作用。截至 2017 年底，沈阳市通过多方推动合作社参与扶贫，目前已经累计发展高效特色产业寒富苹果、辣椒、豇豆、杂粮等 10 万余亩，养殖猪、牛、羊、禽类 12 万余头（只），已实现 2.1 万贫困人口稳定脱贫。

四、属性回归：合作社坚守成员导向才能参与扶贫

（一）关于合作社三种发展方向的争论。有研究者发现，能人（大户）或企业主导的合作社成为我国合作社的主流形式，小农自然逐渐被排斥。进一步的研究发现这种现象是由中国特有的合作社"成员异质性"带来的，指出由此导致产权结构普遍资本化，控制权由核心成员掌握，可分配盈余中出资

作用相对突出的问题（黄胜忠、徐旭初，2008）。有学者指出，现实的合作社中，大户领办型占主体，大部分合作社合作性质少，存在严重"大农吃小农现象"（仝志辉、楼栋，2010），并由此产生普遍的"精英俘获"现象（梁剑峰、李静，2015）。更有研究者明确指出，出现这种现象的实质是"合作社制度异化"（冯小，2014）。因此有研究者推断，"中国并不存在真正的农民合作社"（邓衡山、王文烂，2014）。

合作社未来的发展道路如何选择？综合学者们的观点，存在以下三种主张。

第一种主张：强调合作社发展必须坚守成员导向。有学者指出，大农吃小农的合作社"并不能解决小农在市场上的弱势地位"，同时也"改变了财政专项扶持资金的公益性质"（仝志辉、温铁军，2009），导致"知假扶假"现象普遍化，合作社制度出现了"名实分离"（熊万胜，2009）；与此同时，"真合作社"在争夺外部扶持资源的过程中被无情挤压（张颖、任大鹏，2010），间接后果逼迫原本真合作社异化成"伪合作社"（邓衡山等，2016）；而且这些合作社形态缺乏"去异化"的内在抑制机制（陈义媛，2017）。主张坚守固有传统合作社原则，改造那些自发的不规范的合作社，合作社的"宗旨不是营利，也不是公益目的，而是满足社员的经济与社会需要，具有'共益性'"（马跃进，2007）。特别是合作社的益贫性是由其性质决定的（孔祥智，2016）。

第二种主张：顺势而为创新合作社制度基本内核。这种观点强调合作社发展应以市场为导向，实现合作共赢。有研究发现，随着合作社的不断实践和发展，其质性规定不可避免地发生着漂移（黄祖辉、邵科，2009）。有研究者分析认为，中国合作社"呈现出鲜明的中国本土特色，并非异化的或伪形的合作社，而是富有中国本土特色的创新形态"（徐旭初、吴彬，2017）。中国合作社的异化是本地化过程中的适应性创新（赵黎，2017）。该观点基本都主张合作社首要的目标是市场竞争下的持续盈利，互助和带动弱势主体可能只是其客观效果或者副产品（徐旭初，2017）。

第三种主张：在认定合作社双重组织属性基础上赋予其双重权能。有研究者认为"合作社是在社会经济领域中与私营部门、公共部门相并列的第三部门"（夏英，2004）；进一步的研究指出，合作社与其他市场主体的本质区别，是其具有典型的经济和社会双重属性（牛若峰，2005）；"合作社是兼具企业部门和社会部门功能的组织"，"它们的社会功能是通过企业经济活动实现的"（唐宗焜，2007）。有学者更指出，营利法人说与非营利法人说都"存在单一目的论的致命缺陷"，"我国合作社的法律目的应定位于公私合作法人而采取双重目的论"（郑景元，2009）；"合作社双重属性的经济与社会价值，是融新型农业经营主体与服务主体于一身"（马惊鸿，2016）。

（二）脱贫攻坚需要合作社突出成员导向同时具备双重属性。合作社发展到底应当向左向右还是其他？这是与合作社命运攸关的重大问题。本文认为，合作社必须坚持益贫性核心价值方向，应当从法律制度层面明确，合作社是同时具有社会部门（公益性）和企业部门（经营性）双重组织属性的特别法人，同时应赋予其相应权能。其主要理由是：一是只有这样合作社发展才能回归其核心价值和职能，从宏观上构建与市场体制相适应的政府、农业私人部门（各类经营主体）、农业第三部门格局；二是只有这样合作社才能真正成为代表和服务全体农户的互助组织、新型农业经营主体和现代农业社会化服务体系、政府联系与服务农民的组织平台，担负起带领贫困农户共同脱贫致富的重大使命；三是只有这样政府才能真正摆脱农民"保姆"身份，明确政府支持农民的渠道、方式与限度，找到政府在产业扶贫中长久稳定的合作伙伴。

五、外部赋权：政府支持合作社参与脱贫攻坚及其边界

合作社具备益贫属性是其参与扶贫的必要条件，但并不是充分条件，益贫属性是一回事，益贫职能发挥则是另一回事，合作社参与扶贫具备相应的经营能力与服务能力。成员规模狭小，实力单薄的小农合作，单单依靠其自身组织机制显然不能支撑持续扶贫的职能，需要与政府的外部赋权支持结合起来。自我赋权与外部赋权相结合，既是政府作为扶贫主体与合作社作为益贫组织的契合点，又是合作社持续发展的重要条件，还是政府支持合作社发

展的正当性依据。从更深层次讨论，外部赋权＋政府干预＋益贫属性，应当是合作社的中国本土化的"特色"，是其发展诸多选项中的最优方向。基于这样的判断，当下最为紧要的是通过制度创新建立面向合作社的外部赋权机制。

第一，在组织赋权方面，推进合作社规模化和体系化建设。组织赋权的本质是支持合作社体系化发展，通过规模扩张和层级建设将众多合作社联成一体，从而做强、做大合作社。2017年修订的《中华人民共和国农民专业合作社法》，一大亮点是设专章对联合社做出规范，为合作社一体化和体系化发展开辟了制度空间。但关于联合社之间是否可以再联合、如何再联合，法律并未进一步规定。囿于农户规模和单个合作社规模的现实状况，联合社同样需要再联合提升主体地位，直至建立覆盖全国的联合社体系。有学者提出，应"以加强国家介入、发展多层次综合合作体系为目标的农民合作化的新道路"（仝志辉、温铁军，2009）；有研究者建议政府更多需要做的是"将政策支持资源更多地用于农户的组织化能力建设上"（邓衡山等，2016）。对于沈阳市区域而言，结合现有条件，可以从两条途径推进合作社规模化和体系化建设：一是按照党中央关于改革发展供销社为农民自己的合作经济组织的精神，依托现有的沈阳市供销联合社的层级组织体系，乡镇级供销社改为完全的专业合作社并作为龙头建立联合社；县市供销联合社将现有的合作社联合会改造为合作社联合社，借鉴国外合作社联合社的组织形式，明确层级组织之间的产权关系与相互权利义务。二是改革专业合作社管理体制，变革目前合作社"九龙治水"的局面，赋权市供销社作为全市合作社及其联合社的业务指导与管理单位，农委等行政部门不再直接管理合作社，而是集中精力管好扶持政策落实并监督供销社联合社的工作。

第二，在职能赋权方面，支持合作社成为扶贫产业经营主体和扶贫公共物品承接主体。一是支持合作社兴办经营实体。建议出台相关政策，鼓励合作社在农业生产资料及农产品流通、农产品深加工、农业产业化经营领域独资或者参股设立经营实体，政府在财政、金融、税收等方面给予更加优惠的支持。二是支持合作社企业参与农村基础建设。村屯环境整治、荒山荒地治理，以及农田水利建设、基本农田建设等基础性公益性建设，既是绿色发展、可持续发展的资源环境条件，也是农业经营的重要领域，一举多得。国务院办公厅发布的《关于政府向社会力量购买服务的指导意见》（国办发〔2013〕96 号），要求"到 2020 年，在全国基本建立比较完善的政府向社会力量购买服务制度，形成与经济社会发展相适应、高效合理的公共服务资源配置体系和供给体系"。建议将政府购买公共服务的做法拓展到农村公益性建设领域，变财政直接支持为政府采购，采取委托、承包、招标等办法，选择建设项目承接的主体，同等条件下合作社企业优先。三是赋予合作社更多公共职能。那些政府需要做但做不了或者做不好的事情，如面向农户的农业信息化服务、农产品质量安全管理、农产品流通市场服务，以及行业自律等，都应当逐步交由合作社来做。四是应明确赋予合作社以农户代表的地位。合作社肩负组织、服务和带领农民共同脱贫致富职能，是政府的合作伙伴和农业经营者的代表，政府部门与合作社之间的沟通交流对于支农政策及落实措施的科学制定与有效实施至关重要，应当要求市县（区）的涉农政府部门与对应的合作社联合社层级组织之间建立沟通协商机制，就政府的各项支农政策措施听取合作社代表的意见建议，并通过合作社反馈实施情况。五是支持金融合作社运行正规化。在实施组织上，可以考虑以各级示范社、集体经济组织领办的土地股份合作社为试点，加大政府产业扶贫资金的倾斜力度，撬动更多社会资本助力扶贫开发。

第三，在经济赋权方面，依托扶贫公共物品支持合作社参与产业扶贫。产业扶贫既是政府扶贫的关键领域，也是合作社参与扶贫的基本形式。政府在经济上支持合作社承担产业扶贫项目的可行路径：一是结合农村集体产权制度改革，支持集体组织兴办土地股份合作社，采取贫困户土地入股、集体经营性资产股权量化入股的办法，依靠股权分红增加财产性收入；二是选择经营稳定、管理规范的土地股份合作社，专业合作社示范社，将财政扶贫资金作为种子资金，量化分配给社内的贫困户，支持贫困户参与合作社民主管理及各项经营活动，在取得合作社分红的同时，增加合作社内部的务工性收入；三是随着合作社承担政府委托公共服务的增加，可以在合作社内设立更多"公益岗位"，优先安排贫困户人员上岗就业，为其稳定脱贫创造条件。

参考文献：

[1] Thomas Humphrey Marshall：《公民身份与社会阶级》，郭中华、刘训练译，江苏人民出版社 2007 年版。

[2] 阿马蒂亚·森：《贫困与饥荒》，王宇、王文玉译，商务印书馆 2009 年版。

[3] ［美］杰拉德·迈耶、斯蒂格利茨：《发展经济学前沿·未来展望》，中国财政经济出版社 2003 年版，第 147 页。

[4] 冈纳·缪尔达尔：《亚洲的戏剧：对一些国家贫困问题的研究》，谭力文、张卫东译，北京经济学院出版社 1992 年版。

[5]《马克思恩格斯全集》，人民出版社 1974 年版。

[6] 王哲：《西方政治法律学说史》，北京大学出版社 1988 年版，第 426—445 页。

[7] 任大鹏、李琳琳：《农民专业合作社核心价值的实现》，《中国农民合作社》2013 年第 1 期，第 43 页。

[8] 黄胜忠、徐旭初：《成员异质性与农民专业合作社的组织结构分析》，《南京农业大学学报》(社会科学版) 2008 年第 9 期，第 1 页。

[9] 仝志辉、楼栋：《农民专业合作社"大农吃小农"逻辑的形成与延续》，《中国合作经济》2010 年第 4 期，第 60 页。

[10] 梁剑峰、李静：《"精英俘获"：农民专业合作社成长之困》，《宏观经济研究》2015 年第 3 期，第 58 页。

[11] 冯小：《农民专业合作社制度异化的乡土逻辑——以"合作社包装下乡资本"为例》，《中国农村观察》2014 年第 2 期，第 2 页。

[12] 邓衡山、王文烂：《合作社的本质规定与现实检视——中国到底有没有真正的农民合作社？》，《中国农村经济》2014 年第 7 期，第 15 页。

[13] 仝志辉、温铁军：《资本和部门下乡与小农的组织化道路——兼对合作社道路提出质疑》，《开放时代》2009 年第 4 期，第 5 页。

[14] 熊万胜：《合作社：作为制度化进程的意外后果》，《社会学研究》2009 年第 5 期，第 83 页。

[15] 苑鹏：《中国农村市场化进程中的农民合作组织研究》，《中国社会科学》

2001 年第 6 期，第 71 页。

[16]张颖、任大鹏：《论农民专业合作社的规范化——从合作社的真伪之辩谈起》，《农业经济问题》2010 年第 4 期，第 41 页。

[17]邓衡山等：《真正的农民专业合作社为何在中国难寻？一个框架性解释与经验事实》，《中国农村观察》2016 年第 4 期，第 72 页。

[18]陈义媛：《大户主导型合作社是合作社发展的初级形态吗？》，《南京农业大学学报》(社会科学版) 2017 年第 2 期，第 30 页。

[19]马跃进：《合作社的法律属性》，《法学研究》2007 年第 6 期，第 32 页。

[20]孔祥智：《合作社的益贫性》，《中国农民合作社》2016 年第 7 期，第 38 页。

[21]黄祖辉、邵科：《合作社的本质规定性及其漂移》，《浙江大学学报》(人文社会科学版) 2009 年第 4 期，第 12 页。

[22]徐旭初、吴彬：《异化抑或创新？——对中国农民合作社特殊性的理论思考》，《中国农村经济》2017 年第 12 期，第 2 页。

[23]徐旭初：《新形势下我国农民合作社的发展趋势》，《农村工作通讯》2017 年第 13 期，第 37 页。

[24]夏英：《政府扶持农民合作社的理论依据与政策要点》，《农村经营管理》2004 年第 6 期，第 5 页。

[25]牛若峰：《关于农民合作经济组织立法若干问题的认识和建议》，《农村经营管理》2005 年第 1 期，第 10 页。

[26]唐宗焜：《合作社功能和社会主义市场经济》，《经济研究》2007 年第 12 期，第 13 页。

[27]郑景元：《合作社法律目的二元论——以双重目的论为依归》，《法学杂志》2009 年第 6 期，第 64 页。

[28]马惊鸿：《农民专业合作社组织属性反思及法律制度创新》，《政府论坛》2016 年第 2 期，第 82 页。

供给侧改革视角下中西部地区
精准扶贫效率研究
——基于咸阳11个县扶贫数据样本

王　蕾　赵春雨　蔡喜洋

（中国银行投资银行与资产管理部，北京 西城，100818）

摘要： 本文以我国中西部地区扶贫效率为研究对象，选取陕西省咸阳市11个县域2015年和2017年扶贫投入、产出相关数据，综合运用DEA方法和因子分析方法，对咸阳市各县域扶贫效率进行了实证研究。结果显示：通过实施精准扶贫战略，大幅提升了中西部地区整体扶贫效率，且呈现不断提升的趋势。从结构上看，不同县域间扶贫效率差异较大，显现出"两高一低"的特点。最后结合上述分析，本文从"实行差异化扶贫政策，充分利用市场化机制，盘活激发全要素生产率"三个层面，就提升扶贫效率提出了针对性的政策建议。

关键词： 供给侧改革；精准扶贫效率；中西部地区；DEA模型；因子分析法

一、引言

供给侧结构性改革是当前我国经济社会改革的重要方向。习近平总书记在2016年中央财经领导小组会议上强调"供给侧结构性改革的根本目的是提高社会生产力水平，从生产领域加强优质供给，减少无效供给，扩大有效

作者简介：王蕾，中国银行投资银行与资产管理部副总经理。

供给，提高供给结构适应性和灵活性，提高全要素生产率，使供给体系更好适应需求结构变化"。在扶贫领域，扶贫的"扶"与"贫"，某种意义上就是"供给"与"需求"的关系；"精准扶贫"正是贫困居民"需"与"求"的最佳契合，是扶贫领域供给侧改革的最好体现。当前，扶贫工作已经进入了"啃硬骨头"的攻坚期，农村扶贫固然有供给总量不足的问题，但供给的结构性问题越来越成为关键。正如经济新常态下大水漫灌的周期性政策很难解决结构性问题一样，粗放的扶贫模式已不再适用脱贫攻坚阶段。

在这一背景下，科学正确评价现有扶贫工作的效率，对于未来实现精准扶贫尤为重要。在扶贫工作投入方面，政府和社会各界在人力、物力、财力等多个领域倾注了大量的资源和精力；在扶贫结果上则体现为农村居民收入水平的提高、绝对贫困人口减少和相对贫困率下降等多个方面。可以说是一个"多投入—多产出"的复杂系统。为了科学评价扶贫效率，国内学者近年来开始采用 DEA 数据包络分析方法（Data Envelopment Analysis）进行研究。该方法是基于多投入指标和多产出指标，利用线性规划的方法，对具有可比性的同类型单位进行相对有效性评价的一种非参数分析方法。在国内现有研究中，李伟、冯泉（2018），中国人民银行衡水市中心支行课题组（2016）基于 DEA 模型，分别对山东省和河北省的金融扶贫效率进行了评价研究，并从加强扶贫贷款支持、优化金融服务、控制金融供给规模等方面对提高金融扶贫效率提出了相关对策；孙春雷，张明善（2018），龙祖坤、杜倩文、周婷（2015）利用 DEA 模型，分别对湖北大别山区和武陵山区的旅游扶贫效率进行了测度，并针对不同类型区域提出旅游扶贫的模式建议；李天琦（2017），郑瑞强、陈燕等（2016）基于 DEA 模型，以财政资金扶贫效率为切入点进行了研究探讨，并从关键影响因素入手，就提高资金扶贫效率提出了针对性的相关建议。综合现有扶贫效率研究成果可以发现，已有研究在金融、旅游、财政资金等多个领域均有涉猎，但仅仅涵盖了扶贫的一个方面，对区域性整体扶贫效率进行全面综合评价的研究相对较少。同时，以供给侧结构性改革为切入点，对区域扶贫效率进行影响因素分析的研究成果也尚不多见。

基于此，本文拟以我国中西部地区扶贫效率为研究对象，选取陕西省咸阳市承担扶贫任务的 11 个县域 2015 年、2017 年的扶贫投入、产出相关数据，综合运用 DEA 方法和因子分析方法，对扶贫效率进行评价；然后以供给侧为改进重点，进一步分析不同投入要素的"规模效率"和"技术效率"，明确不同投入要素的改进方向；最后根据研究结论，就未来如何做好精准扶贫工作提出对策建议。

二、扶贫效率评价模型及投入产出指标选取

（一）扶贫效率评价模型

DEA 方法是一种非参数统计方法。Charnes，Cooper 和 Rhodes（1978）提出了第一个 DEA 模型——CCR 模型。后来 Banker，Charnes 和 Cooper（1984）改变 CCR 模型中规模收益不变的假定，改为规模收益可变，即为 BCC 模型。发展到目前为止，最具代表性的 DEA 模型有 CCR、BCC、FG 和 ST 模型。其中，FG 模型假定规模收益递减，ST 模型假定规模收益递增。

DEA 方法以决策单元（DMU）的各个投入和产出指标的权重为变量进行评价运算，确定有效生产前沿面，并根据各决策单元与有效生产前沿面的距离状况，确定各 DMU 是否 DEA 有效。DEA 最大的优势在于：不需要预先估计参数，可以排除很多主观因素，因而具有很强的客观性；并且能减少误差，特别适用于具有多输入、多输出的复杂系统。在 DEA 模型中，决策单元（DMU）相对效率在（0，1）区间内分布，处于效率前缘的决策单元效率值为 1。不同 DEA 模型均有投入导向（Input-oriented）和产出导向（Output-oriented）两种形式，模型可设定为规模收益不变（CRS）和规模收益可变（VRS）两种模式。

我们采用投入导向型的 DEA 模型，将扶贫各项投入指标和产出指标导入 DEA 规模不变的 CCR 模型和规模可变的 BCC 模型，用于评价咸阳市 11 个县域的扶贫效率，包括综合效率、纯技术效率、规模效率以及规模收益情况。具体的评价模型为：

$$\mathrm{Max}\, Vp = \frac{u^{\mathrm{T}} y_{jo}}{v^{\mathrm{T}} x_{jo}}$$

$$\text{s.t.} \frac{u^T y_j}{v^T x_j} < 1, \ j=1, \ 2\cdots, \ 11$$
$$v >= 0$$
$$u >= 0$$

其中，V_P 为县域扶贫效率值，x_j 和 y_j 分别为 j 县域的扶贫投入指标和产出指标，u^T 和 v^T 分别代表对应的投入、产出指标的权系数。

（二）扶贫效率投入、产出指标体系的构建

为科学评价扶贫效率，需要从多维度、多层面选取扶贫的投入、产出指标，构建科学合理的指标体系。基于可获得的现有数据，参考贫困户"两不愁三保障"的生活保障需求，本文选取以下投入、产出指标：

1. 投入指标

（1）人力资源投入：政府派驻扶贫干部人数；

（2）基础设施保障：自来水受益村数；

（3）住房保障投入：异地搬迁、危房改造户数；

（4）医疗保障投入：各医疗机构床位总数；

（5）教育保障投入：中小学专任教师人数；

（6）财力扶贫支持：财政扶贫资金；

（7）就业扶贫带动：农村从业人数。

2. 产出指标

（1）农村居民生活水平：农村人均可支配收入；

（2）相对贫困水平：贫困发生率。

三、咸阳市各县域扶贫效率实证分析

本文研究选取的投入和产出指标原始数据来源于 2016 年和 2018 年《咸阳市统计年鉴》及咸阳市扶贫办提供的相应数据。模型分析运用软件为 SPSS16.0 和 DEAP2.1。

（一）因子分析结果

DEA 模型要求投入、产出指标之间应尽可能互不相关，以避免评价结果与实际情况间存在差异。同时，DEA 评价方法要求投入、产出指标之和不高于评价对象总数的 2 倍。因此，基于现有数据特点（11 个县域数据，7 个投入指标，2 个产出指标），本文拟采用因子分析法对投入指标提取公因子，同时达到指标降维的目的。首先运用 SPSS16.0 软件，对咸阳市各县域 2015 年 7 个投入指标进行了 KMO 检验和 Bartlett 球形检验。检验结果显示，投入指标的 KMO 检验值为 0.409，Bartlett 检验的卡方检验显著性概率 P=0.000<0.05，表示投入指标之间存在较强的相关性（2017 年投入指标特征相同），因此适合对投入指标进行因子分析。

表 1　2015 年投入指标提取的公因子

序号	公共因子	解释的指标	累积贡献率
1	扶贫干部带动因子	政府派驻扶贫干部人数	
2	基本生活保障因子	自来水受益村数 异地搬迁、危房改造户数	87.13%
3	长远发展支持因子	各医疗机构床位总数 中小学专任教师人数 财政扶贫资金、农村从业人数	

注：2017 年投入数据分析结果与 2015 年相近，因此提取的公因子与 2015 年相同。

在因子分析过程中，本文采取了主成分分析法构造公因子，分别提取了特征值最大且累积贡献率大于 80% 的 3 个投入公因子；然后运用最大方差法对公共因子进行正交旋转，再根据旋转后的因子载荷和解释指标对各公因子进行命名（参见表 1）。由表 1 可以看出，第一个公因子主要反映的是人力资源和组织保障对扶贫工作的支持带动作用，因此命名为"扶贫干部带动因子"。第二个公因子反映的是饮水和住房等基本生活保障方面的投入，所以命名为"基本生活保障因子"。第三个公因子则反映了在满足基本生活需要后，在医疗、教育、就业、产业发展等更高层面的发展需求，因此命名为"长远发展支持因子"。这 3 个公因子对原有 7 个投入指标进行了有效整合，涵盖了扶贫投入的不同方面和不同层次，具有较强的包容性和代表性。

（二）扶贫效率 DEA 评价分析

1. 咸阳市 11 个县域贫困情况

咸阳市地处陕西省关中盆地中部。截至 2017 年末，现有贫困户 42155 户，贫困人口 123379 人，贫困发生率为 5.1%。咸阳市境内有国家级贫困县 4 个，分别为北部的永寿县、长武县、旬邑县、淳化县，另外还有承担扶贫任务的县域 7 个（见表 2）。随着经济的快速发展和精准扶贫工作的深入推进，咸阳市脱贫工作取得了显著成效。2015 年，咸阳市 11 个县域中，贫困发生率在 10% 以上的县域有 6 个，贫困发生率最高的长武县达到了 22.45%。到 2017 年末，咸阳市所有县域的贫困发生率均下降到了 10% 以下，原来贫困发生率最高的长武县下降到了 5.6%，两年内下降 16.85%。贫困发生率下降到 1.5% 以下的县域有 2 个，分别为泾阳县和三原县。咸阳市各县扶贫工作的真实效率如何？本文将运用 DEA 模型进行分析。

表 2　咸阳市 11 个县域经济发展及贫困情况

县域	2015 年		2017 年	
	GDP（亿元）	贫困发生率	GDP（亿元）	贫困发生率
兴平市	191.7	6.39%	241.11	2.28%
三原县	177.63	4.01%	236.09	1.46%
彬州市	170.01	15.07%	213.62	7.28%
乾县	160.23	4.95%	178.94	3.27%
礼泉县	151.83	7.56%	174.17	4.00%
武功县	148.74	7.25%	140.9	3.69%
旬邑县	112.45	12.53%	122.02	5.57%
长武县	104.92	22.45%	95.92	5.60%
泾阳县	68.83	15.42%	75.96	1.15%
淳化县	57.38	16.88%	74.78	9.33%
永寿县	50	18.00%	73.11	8.92%

2. 扶贫综合效率分析

DEA 模型要求投入、产出指标数值均为正。为保证评价结果不产生偏差，本文将前面提取的 3 个投入公因子得分按照公式 $X=0.1+0.9\frac{x-\min}{\max-\min}$ 进行标准化处理。然后将标准化后的投入指标与产出指标代入 DEAP2.1 软件，即可得到 2015 年、2017 年咸阳市 11 个县域扶贫效率具体数据（见表3、表4）。

表3　咸阳市 2015 年 11 县域扶贫效率评价结果

县域	综合效益	纯技术效益	规模效益	规模收益
兴平市	1	1	1	——
彬州市	0.778	1	0.778	递减
三原县	0.716	0.826	0.868	递减
泾阳县	0.547	1	0.547	递减
乾县	0.7	1	0.7	递减
礼泉县	0.684	1	0.684	递减
永寿县	0.692	0.829	0.834	递减
长武县	1	1	1	——
旬邑县	1	1	1	——
淳化县	1	1	1	——
武功县	0.711	0.965	0.737	递减
均值	0.803	0.965	0.832	

对比分析两个表中数据，可以得到以下两方面结论：

一是各县扶贫效率相对较高，且呈现逐步提升的趋势。咸阳市整体扶贫效率处于一个相对较高的水平，2015 年和 2017 年各县域扶贫效率均值都在 0.8 以上，说明扶贫资源的投入产出效益相对较高。而且随着时间的推移，扶贫效率均值也由 2015 年的 0.803 提升到 2017 年的 0.818，扶贫效率呈现逐步提升的趋势，这也是精准扶贫取得显著成效的有力证明。

二是各县域扶贫效率差距较大，呈现"两高一低"的态势。在 2015 年，扶贫效率有效（效率值为 1）的县域为 4 个，占比为 36%；到 2017 年，扶贫效率有效的县域上升为 5 个，占比提升为 45%。在扶贫效率有效和无效的县域中，效率值差距较大，呈现两极化趋势。以 2017 年为例，虽然有五个县域效率值达到 1，但却有 4 个县域的效率值低于 0.65，效率值最低的泾阳县甚至达到了 0.455。具体分析，扶贫效率与经济发展水平和贫困发生率存在较强的相关关系，呈现出"两高一低"的特点。

（1）国家贫困县扶贫效率高。咸阳市境内的长武、旬邑、淳化三个国家级贫困县的扶贫效率在两个年度均为 1，永寿县的扶贫效率也由 2015 年的 0.692 提升到 0.986，扶贫效率接近 1。咸阳北部四县是扶贫效率最高的区域之一，说明国家和省市将国家级贫困县作为扶贫工作的重点和难点，投入大量扶贫资源得到了有效利用，制定的扶贫政策发挥了应有的作用，精准扶贫效果得到了充分体现。

表 4　咸阳市 2017 年 11 县域扶贫效率评价结果

县域	综合效益	纯技术效益	规模效益	规模收益
兴平市	1	1	1	—
彬州市	1	1	1	—
三原县	0.812	1	0.812	递减
泾阳县	0.455	0.838	0.543	递减
乾县	0.619	0.885	0.7	递减
礼泉县	0.552	1	0.552	递减
永寿县	0.986	1	0.986	递增
长武县	1	1	1	—
旬邑县	1	1	1	—
淳化县	1	1	1	—
武功县	0.571	1	0.571	递减
均值	0.818	0.975	0.833	

（2）经济发达县域扶贫效率高。在经济发达县域，人民生活水平相对较高，各类基础设施比较完备，教育、医疗保障更加健全，地方政府可调配和投入的扶贫资源也更多，因此这些区域的扶贫效率相对较高。如 GDP 排名第一的兴平市，两个年度扶贫效率均为1。GDP 排名第二、第三的三原县和彬州市，扶贫效率也在不断提升，正在向扶贫效率前沿面快速靠拢，彬州市2017年的扶贫效率已经达到1。

（3）贫困发生率较低的县域扶贫效率低。如贫困发生率最低的泾阳县，扶贫效率也为所有县域最低的 0.455，且扶贫效率在下降。这些区域往往是重视程度不够的"洼地"，需要重点分析其扶贫效率低下的原因，并采取有效措施着力提升效率。

3. 扶贫纯技术效率和规模效益分析

由于综合效率 = 纯技术效率 × 规模效率，所以导致扶贫效率偏低的原因，有可能是规模效率较低，即扶贫资源的供给结构不合理；也有可能是纯技术效率较低，即扶贫资源的利用效益不佳，导致投入要素未能发挥最大的作用，从而未被有效利用。因此，需要进一步分析导致扶贫效率偏低的具体原因，本文以 2017 年扶贫效率为例。

表5　2017年扶贫无效县域原因分析

效率值	无效原因	数量	县域
纯技术效率值为1 规模效率值不为1	规模无效	4	三原县、礼泉县、武功县、永寿县
纯技术效率值不为1 规模效率值为1	纯技术无效	0	
纯技术效率值不为1 规模效率值不为1	纯技术和规模无效	2	泾阳县、乾县

综合表4和表5的结果可以从两方面进行分析：

在纯技术有效而规模无效的县域中，2017年有4个县，分别为三原县、礼泉县、武功县、永寿县，表明这4个县域扶贫资源利用达到了较高水平，不存在扶贫投入要素未有效使用的问题；导致扶贫效率无效的原因在于扶贫资源的供给结构不合理。具体来看，三原、礼泉、武功县投入要素的规模收益呈现"递减"趋势，表明这些县域扶贫资源投入过大，一定程度上存在冗余和浪费，需要缩减某些投入要素的规模。比如，三个县域的"扶贫干部带动因素"和"长远发展支持因素"的投入量较多，应适当减少这两个因素的投入数量，转而注重提升其质量；而"基本生活保障因素"投入却相对较少，应对一些特困户，投入更多关注，在保障其最基本生活方面投入更多资源，着力解决这些县域脱贫攻坚中的老大难问题。而对于永寿县，其规模收益呈现"递增"趋势，应进一步加大各种扶贫资源要素的投入，特别是在"扶贫干部带动"方面应着力加强，选派更多的优秀干部投入贫困村镇，进一步发挥扶贫干部的带动作用。

在纯技术效益和规模效益均无效的县域中，2017 年有 2 个县，分别为泾阳县和乾县，说明这两个县域扶贫投入不仅资源利用效益不佳，而且资源投入的供给结构也不合理。结合规模收益数据进一步分析，这两个县投入要素的规模收益均为"递减"，说明投入要素规模偏大，需要减少要素投入数量。可以借助投影分析明确泾阳县和乾县投入要素的改进方向。由表 6 泾阳县数据可知，如果想要达到扶贫效率有效，扶贫干部带动因素需要减少 19.27% 的投入，基本生活和长远发展两个因素分别需要减少 50.21% 和 50.83% 的投入。这些扶贫资源不仅存在浪费，而且效益偏低。分析其深层次原因，主要是泾阳县作为咸阳市贫困程度最低的地区，当贫困发生率降低到一定程度时（3% 以下），原有粗放的依靠资源加大投入的模式对于其减贫脱贫效果已微乎其微，现有各种投入资源边际效益不断下降。对于这些区域，"精准扶贫"的政策导向已不够"精准"，需要调整扶贫政策，重点做好投入要素的供给侧改革，将有限的资源用到最需要的地方去。

表6 2017 年泾阳县、乾县投入要素改善结果

县域	扶贫干部带动	基本生活保障	长远发展支持
泾阳县	19.27%	50.21%	50.83%
乾县	13.05%	13.00%	13.04%

四、分析结论及对策建议

（一）习近平总书记关于扶贫工作的重要论述指引脱贫攻坚取得决定性进展

上述统计结果表明，在习近平总书记关于扶贫工作的重要论述的指引下，通过精准扶贫持续推动，我国中西部地区整体扶贫效率相对较高，且呈现不断提升的趋势。习近平总书记提出的精准扶贫方略，抓住了贫困地区发展的时代痛点，对扶贫工作中"扶持谁、谁来扶、怎么扶、如何退"等问题进行了系统全面的顶层设计和制度安排，为解决贫困问题找准了"对症良药"，产生了显著的成效，取得了决定性进展；也为全球减贫事业提供了中国方案，创新了中国模式，贡献了中国力量。

随着扶贫开发步入攻坚阶段，贫困问题更加复杂，贫困户动力和能力的提升任务更为艰巨，需要我们继续坚持以习近平总书记关于扶贫工作的重要论述为引领，进一步学深悟透其内涵实质和思想精髓，发挥优势，弥补短板，因地制宜，分类施策，合理统筹整合扶贫资源，做好扶贫的供给侧改革。

（二）根据不同贫困程度实施差异化扶贫政策

由本文研究结论可知，各地区扶贫效率与贫困发生率密切相关。随着一个地区贫困发生率不断下降，扶贫效率呈现出递减趋势。因此，不能对所有地区实行统一的扶贫政策，要审时度势，结合不同区域的贫困程度，实施差异化政策，保证为贫困群众提供最有效的供给。

对于贫困程度较高的国家级贫困县，由于扶贫效率在这些区域维持在较高水平。因此在脱贫摘帽前，要保持现有扶贫政策的定力。要以脱贫退出为总目标，坚持"四个一批"和"六个精准"工作方法，立足帮助贫困群众改善物质生活和精神生活条件，瞄准"两不愁三保障"基本要求，持续均衡地加大各类资源投入，促进贫困地区农民人均可支配收入稳定增长，切实提高贫困户的生产生活条件。

对于还有扶贫任务的非国定贫困县，当贫困发生率降到 3% 以下后，扶贫效率呈下降趋势。这一阶段扶贫将进入攻坚深水区，要结合不同区域的特点，通过优化投入结构，减少无效供给，增加有效供给，切实改变扶贫资源"供需错位"情况，进一步提高扶贫的针对性，真正把资源用到根上、扶在点上，着力增强贫困村和贫困人口的自我发展能力。比如，对于一些被忽视的特困群体，需要重点予以关注，要在基本生活保障方面投入一定资源，通过兜底保障等方式解决他们基本生活的后顾之忧。再比如，在产业发展方面，既要安排短平快的增收项目，又要瞄准长远，将产业发展与新农村长期规划相结合，着力推进传统产业向现代产业转型，以农村一、二、三产业融合发展拓宽贫困人口增收渠道。

（三）充分利用市场化机制保障扶贫成效可持续性

要素市场化配置是党的十九大确定的深化经济体制改革的两大重点任务之一。在扶贫工作中，市场化手段有利于压缩不必要的流程，有利于实现双赢多赢，有利于长期可持续。例如，很多大中型产业项目，离不开龙头企业的合作和引入。如果从谈判伊始就以扶贫为名义将企业利润率压缩殆尽，最后的结果往往是：竭泽而渔、毁了企业；企业跑路、套取资金；或者名为扶贫，实为转移支付……有任何一方利益受损，项目都将难以为继，更谈不上"效率"。哪怕是小型产业项目，也不可能永远依赖于扶贫资金，必须符合市场的需求、有较好的销路、成本控制得当、有懂经营会管理的带头人，通过土地租金、打工薪金、入股股金等多种方式培育新型农业经营主体和新型职业农民，鼓励和引导重点村围绕市场、围绕效益、围绕订单、围绕发展规划调整产业结构，提高农产品的附加值和竞争力。

通过市场化运作，贯彻、执行、服务国家脱贫攻坚战略，不仅要有企业经理人，还要有产业规划人，用好"市场"这个工具，关注产业链的上、中、下游，完善产业扶贫利益联结机制，发挥龙头企业直接提供就业和间接拉动产业链条的作用，整合区域内的产业资源，延伸产业链条，打造产业优势。这就是"硬骨头"的难啃之处，也是真正提高各项资源利用效率、增强当地"造血"功能和内生动力的必由之路。

（四）盘活激发全要素生产率带动扶贫效率提升

提升扶贫效率要"挖潜"，重点要靠全要素生产率的提升。近年来，随着农村剩余劳动力减少、"两不愁三保障"问题的解决，这一趋势日益显现。

一是盘活激发土地要素效率。当前，土地确权工作推进迟缓是影响土地利用效率提升的重要原因之一。建议加快推进贫困地区农村产权交易平台建设，把放活土地经营权作为农村改革突破口，紧紧抓住确权颁证、平台运行、产权交易三大重点，建立农村产权交易市场。通过健全和完善市场体系，促进各类资源充分流动，推动各类扶贫资源真正聚起来、用起来、活起来。

二是盘活激发资金要素效率。扶贫资金包括两大块：一块是政府和社会各界投入的各类无偿资金；另一块是金融机构提供的贷款、资本金等有偿资金。从有偿资金来看，有一种观点认为金融机构精准扶贫就是要多放贷款。事实上，一方面，贷款是一个市场化行为，既有本身对风险控制的考量，也要在监管机构严格监管下开展业务，不是想贷就贷；另一方面，金融为实体经济服务，只有有了好的企业，才有可贷需求。在贫困地区，需求最迫切的不是打开资金"水龙头"，而是找到接水的"桶"，也就是引入和培育好的企业。在这方面，大型银行可以发挥很好的撮合作用，为当地培育可以高效使用资金的主体。与此同时，还要加大普惠金融支持力度，积极推动建立层次分明、覆盖广泛的高效率农村金融组织体系，增加在贫困地区助农服务点的数量，延伸贫困地区金融服务渠道。就无偿资金而言，要把扶贫资金当作"金蛋"，通过市场化的手段撬动"蛋生鸡、鸡生蛋"的自我循环，在各方多赢、"由穷变富变强"的可持续发展之路上实现资金要素效率的提升。

三是盘活激发人力要素效率。当前剩余的贫困户，不是动力欠缺，就是能力欠缺。针对这些问题，要注重"扶志"和"扶智"并举。增强动力，既要靠思想工作，又要"让现实说话"。做思想工作，要到村到户，采取认亲交友、道德评议、文艺宣传、考核机制等形式，帮助摒弃"等、靠、要"思想，增强"我要脱贫、劳动脱贫、懒惰可耻"的内生动力；让现实说话，要通过产业、就业等多种方式，让已脱贫户过上好日子，让未脱贫户羡慕"眼馋"。增强能力，则要突出对贫困人口的文化教育和技能培训，既要做好贫困家庭子女义务教育阶段控辍保学工作，斩断贫困代际传递链条，更要重视职业技能培训，"授之以渔"，多频次、多形式开展产业技能培训和电商人才培训，并提供可以施展技能的产业平台。

四是盘活激发其他要素效率。全要素生产率的其他要素包括科技、创新、改革等。例如，网络渠道和电商平台可以打破空间和地域的限制，在推动脱贫减贫方面具有不可忽视的作用，需要重点推进其应用和创新。要大力推进电子商务与产业扶贫的深度融合。积极引入和借力京东、阿里等全国知名电商平台，同时创新推出有区域特色的互联网电商品牌；通过多方电商渠道，提高贫困地区特色农产品和手工艺品网上直销的比例，带动贫困地区发挥生态优势，发展"绿色产业链"脱贫致富。

深度贫困地区经济发展与生态
环境保护如何并举？
——来自生态服务型经济的实践

刘明月　冯晓龙　仇焕广　汪三贵

（中国人民大学中国扶贫研究院，北京 海淀，100080）

摘要：如何兼顾解决深度贫困地区的贫困人口脱贫与生态环境保护问题是当前各级政府和学术界共同关注的主题；生态服务型经济为解决这一问题提供了新思路和新方案。本文利用青海省三江源自然保护区试点乡的典型案例调查数据，揭示生态服务型经济的运行机制，并评估生态服务型经济的实施成效。结果表明，生态服务型经济形成了政府、非政府组织、社区和居民、社会企业共同参与生态环境治理与经济发展，具有明显的经济效益和生态效益的新模式。在此基础上，识别制约生态服务型经济发展的因素，并提出完善生态服务型经济运行机制的对策建议，进而推动我国深度贫困地区经济发展与生态环境治理机制的创新与发展。

关键词：深度贫困；生态服务型经济；经济效益；生态效益

一、引言

党的十八大以来，党和政府把贫困人口脱贫作为全面建成小康社会的重要任务，以前所未有的力度推进，取得显著成效（刘菁等，2018；苏国霞，

作者简介：刘明月，中国人民大学中国扶贫研究院博士后。

2018）。但应该看到，随着脱贫攻坚不断深入，集中连片特困地区、民族地区等深度贫困问题凸显，攻坚任务仍然十分艰巨。2017 年，中央政府印发了《关于支持深度贫困地区脱贫攻坚的实施意见》，对深度贫困地区脱贫攻坚工作作出全面部署，由此开启了深度贫困地区脱贫攻坚战。深度贫困地区具有经济基础弱、贫困程度深，且生态比较脆弱等特征（环境保护部，2008；兰岚，2005；牛胜强，2017；刘菁等，2018；王利伟，2018）。正是因为这些特征，使得深度贫困地区的脱贫目标不可避免地与生态环境保护之间产生矛盾。在把握深度贫困的特殊性和规律性基础上，探索如何兼顾解决深度贫困地区的贫困与生态环境保护和治理问题的有效路径是当前各级政府和学术界共同关注的主题。

生态服务型经济为实现经济发展与生态环境保护并举提供了新思路。2011 年以来，一种生态保护与经济发展并举的新模式——生态服务型经济在我国青海、四川等地区开始试点推广。生态服务型经济是以社区为中心，兼顾生态保护与经济发展两大目标的可持续经济发展模式（Flintan and Huges，2001）。已有研究表明，要保护经济落后地区的生态资源环境，社区的参与必不可少，也只有当社区的发展需求得到保障时，才有意愿参与生态保护（Krüger and Verster，2001；Adams et al.，2004）。社区主动参与生态保护能够有效降低政府自上而下的保护管理成本，增强社区凝聚力。社区对生态环境保护和经济发展的参与是通过"保护国际"最早提出的社区协议保护机制来实现的（Wunder，2008）。社区协议保护机制以政府让渡部分生态资源保护权和使用权为基础，社区作为承诺保护方，非政府组织（Non-Governmental Organizations，NGO）作为资助方和监督方，通过各方平等协商形成契约，确定各方生态资源保护的权责利关系的生态保护新模式（黄春蕾，2011）。

生态服务型经济作为一种兼顾生态环境保护与经济发展的新模式，引起了国内外学者和政府部门的关注。从已有文献来看，大多数从生态服务型经济的实施背景、定义、理论依据等方面进行了定性研究（Flintan and Huges，2001；李晟之，2007；黄春蕾，2011）。但基于案例调查数据的实证研究还比较缺乏，得到的研究结论可信度不足。因此，本文从生态服务型经济的内涵出发，阐述生态服务型经济的运行机制，并利用青海省三江源自然保护区的典型案例调查数据，总结生态服务型经济的实践逻辑，评估生态服务型经济的实施成效，识别生态服务型经济运行的现实困境，为进一步完善生态服务型经济的运行机制提供经验借鉴，进而推动我国深度贫困地区经济发展与生态环境保护与治理机制的创新与发展。

二、生态服务型经济的运行机制

（一）生态服务型经济的内涵

生态服务型经济（Ecosystem Service-Based Economy，ESBE），是以保护生态服务功能和社区发展为宗旨，以社区协议保护机制为基础，以生态资源市场化为手段，建立以生态友好型产业、生态服务付费为主的新型可持续经济发展模式。其适用范围是在生态比较脆弱、经济比较贫困的地区，特别是在重要生态功能区域，通过社区经济发展促进生态环境保护。

在社区协议保护机制中，政府赋予社区当地自然环境资源（包括水资源、野生动植物等）的管理权和保护权，要求社区承担特定的保护责任，并为社区履行这些责任创立相应的补偿与激励机制（黄春蕾，2011）。非政府组织在促进政府与社区沟通、协助协议内容的设定之外，通过生态环境资源价值市场化手段，为社区发展替代生计提供必要的技术和能力建设支持（刘伟和张逸君，2011），并对社区生态环境保护成效进行监督和评估。社区既是生态环境保护者，又是经济主体，只有让其成为保护区的真正主人，同时确保社区的利益，才能使其真正参与生态环境保护行动（宋言奇，2009），这是实现生态服务型经济目标的关键。

生态资源价值市场化是向社区提供经济发展可持续支持和参与生态保护动力的有效方式。把社区拥有的丰富自然资源转化为有经济价值、能在市场上交易的生态产品和生态服务，让社区从中获得长期经济效益（Salafsky and Wollenberg，2000；Wunder，2008），从而保证自然资源环境保护的可持续性（葛剑平和孙晓鹏，2012）。生态产品和生态服务在市场上交换离不开社会企业的参与。社会企业作为社区内外产品和信息交换的重要中介组织，不仅为社区提供环境保护和生态服务的资金支持，也为社区提供生态产品和生态服务的市场信息，带动社区的经济发展（赖泽栋和杨建州，2012）。在政府和非政府组织的政策鼓励和技术支持下，社区利用丰富的生态资源和劳动力等生产要素，发展生态友好型替代产业，如生态旅游、利用自然原材料的传统手工业和附加值较高的生态产品生产等（Lele et al.，2010），并通过社会企业向市场提供高质量的生产服务和生态产品，以提高社区居民家庭收入水平，完成脱贫目标；而消费者通过对社区提供的生态服务和生态产品的消费满足生态需求（葛剑平和孙晓鹏，2012）。

（二）不同参与主体特征及其作用

生态服务型经济的参与主体包括政府、非政府组织、社区及社会企业。不同参与主体因参与目的和动机不同，其行为特征表现出差异性，在生态服务型经济中的作用也有所不同，详见图1。

1. 政府。政府既有保护生态环境的职责（黄春蕾，2011），又有发展社区经济的职责。因此，在生态服务型经济中，政府的作用主要包括三个方面，且不同政府的作用有所差异：（1）将生态环境保护权赋予社区。在社区协议保护机制框架下，地方政府将当地生态环境保护权下放到社区，强化社区及其居民的生态环境保护权。（2）为社区经济发展提供政策与资金支持。省政府以转移支付的方式，向社区的居民提供生态补偿资金，激励其保护生态环境，并为改善社区基础设施进行投资建设；地方政府为社区提供资金、政策等支持，帮助社区发展经济，并激励社区开展生态环境保护活动。（3）监督社区的经济发展与生态环境保护成效。在生态服务型经济实施过程中，地方政府定期对社区的经济发展和生态环境保护的效果进行监督管理，确保实现发展与保护双重目标。

2. 非政府组织。非政府组织既是生态服务型经济的资助方和监督方，也是政府与社区之间制定保护协议的协调者，其主要目标是实现生态环境保护兼顾社区发展。在生态治理领域，非政府组织以解决生态环境问题为目的开展各类生态环境的保护活动，不仅能促使政府的生态环境保护职能的实现，也能够带动公众广泛参与生态环境保护（秦昊扬，2009；王晓民和李妙然，

2014）。在生态服务型经济中，非政府组织的作用主要包括四个方面：（1）协调政府与社区的关系。非政府组织作为协调组织，选择合适的社区，促成政府和社区达成协议。（2）帮扶社区发展经济。非政府组织通过技术和能力建设等方式，支持社区发展生态友好型产业，提升社区经济发展内生动力，提高社区经济发展水平与居民家庭收入水平。（3）帮助社区开展生态环境保护活动。根据当地生态环境资源分布情况，制定生态巡护路线，帮助社区建立生态巡护团队，并对巡护团队进行生态环境保护的技术培训，包括巡护设备的使用、数据收集等。（4）监督和评估社区生态环境保护与经济发展的效果。作为监督方，对社区的生态环境保护和经济发展的成效进行监督和评估，重点考察生态环境保护活动对当地水质、生物多样性及其他生态资源质量等方面的影响效果，生态友好型产业对社区居民家庭收入的贡献情况等。

3. 社区。当政府将当地生态环境保护权赋予社区后，社区及居民的参与成为决定生态服务型经济实施效果的关键。社区及居民在生态服务型经济中的作用包括三个方面：（1）开展生态环境保护活动。社区履行生态环境保护权，通过建立社区居民参与的管理机制，开展生态环境巡护活动，提升居民生态环境保护意识，降低居民参与社区生态保护行动的成本，激励居民保护、修复和优化生态系统，并定期记录水质、野生动物数量等生态环境数据。（2）发展生态友好型产业。在政府和非政府组织的政策、技术等支持下，充分利用社区的劳动力资源和生态资源优势，发展生态友好型替代产业（曾贤刚等，2014），比如特色手工艺品、生态旅游等，提高社区经济发展水平，改善当地居民收入，减少居民贫困。（3）接受政府、非政府组织的监督与评估。社区定期接受政府、非政府组织及第三方机构对社区经济发展与生态环境保护实施成效的监管与评估，确保生态服务型经济的可持续发展。

4. 社会企业。生态服务型经济的发展离不开社会企业的广泛参与。社会企业是具有公益性质的新的社会组织，通过营利组织的企业管理方式，致力于达成某种社会目标的公益组织（赖泽栋和杨建州，2012），如致力于生态环境保护的社会企业。社区在生产生态友好型产品、提供生态旅游服务等过程中，需要与外界进行资金、信息、技术等生产要素的有效流通，而生产要素的流通单纯依靠社区居民很难实现，只有依赖社会企业的中介作用。社会企业作为社区与外部市场交换产品和信息的重要中介组织，不仅为社区提供生态服务和生态产品的资金、市场、技术信息支持，也为社区拓宽生态服务和生态产品的市场销售渠道。同时，由于社会企业具有社会公益性质，使得其能够参与保护生态环境，实现生态环境可持续发展的社会目标。

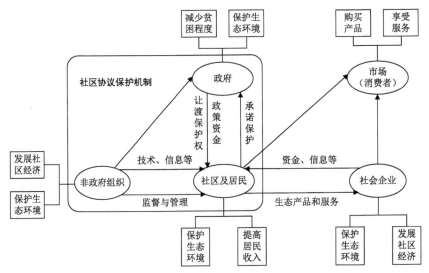

图 1　不同参与主体之间的互动机制

三、研究设计

（一）案例选择

本文选择青海省囊谦县（95°21′58″~97°07′0″E; 31°32′20″~32°43′46″N）毛庄乡生态服务型经济试点社区作为典型案例研究的样本。毛庄乡位于囊谦县东北部 68 公里处，总面积 815.9 平方公里，下辖塞吾、麻永、孜荣、孜麦、孜多 5 个村 23 个社，三座寺院，23 个农民合作社。2016 年全乡共有 1592 户，总人口 8974 人，其中农业人口 427 人，牧业人口 8547 人。2016 年末，全乡共有耕地面积 5316.8 亩，总播种面积 4300 亩，其中粮食耕地面积 3820 亩，养殖牛 30847 头，马 622 匹，羊 26 只。

毛庄乡具有鲜明的特点：一是丰富的生态环境资源。该乡属于澜沧江源头汇水区，是典型的高原森林、湿地和草原生态系统，有着丰富的生物多样性和自然资源，包括珍稀野生动物雪豹、林麝、麋鹿和白唇鹿等；拥有 13 条大小不一的融雪水沟水源，这些融雪溪流汇入杂曲河，是澜沧江重要源头之一。二是经济发展落后，贫困程度较高。2016 年末，该乡贫困人口总数为 695 户 2488 人，占全乡人口总数的 26.7%，其中一般贫困户 326 户 1356 人，一般性低保贫困户 85 户 186 人，兜底性低保户 284 户 946 人。

选择毛庄乡作为典型案例研究的原因是，从 2013 年开始，全球环境研究所（GEI）在该乡进行生态服务型经济的试点工作，经过四年的发展，该模式的特征、运行机制、问题等都很鲜明，为系统探讨生态服务型经济的运行逻辑、实施效果、发展困境及完善建议提供了较完备的素材。

（二）数据来源

本文所用数据主要以结构式访谈和问卷调查的方式获得一手资料。结构式访谈的对象包括乡干部、村干部及合作社负责人等；访谈的内容包括：乡基本信息，合作社发展及政策扶持情况，贫困人口致贫原因及扶贫基本情况，生态环境保护实施情况等。问卷调查包括社区和居民两个层面，其中社区层面的问卷内容包括：（1）社区基本特征，包括社区人口、劳动力、草场面积等；（2）社会经济特征，包括居民牲畜养殖、收入来源、社区基础设施情况等。居民层面的问卷内容包括：（1）户主基本信息（性别、年龄、受教育程度等），家庭成员数量、草场规模、养殖结构、收入来源和水平；（2）参与生态服务型经济的情况（生态巡护、手工艺品制作等）、参与生态服务型经济的经济效益及生态效益。通过实地调查，共获取 10 户参与生态服务型经济的居民（参与居民）和 13 户未参与生态服务型经济的居民（未参与居民）的数据。

（三）样本特征分析

通过调查数据分析，对样本的基本特征描述如下：从户主的个体特征来看，83% 的户主为男性，户主的平均年龄为 48 岁，户主的平均受教育程度为小学，30% 的户主有担任村干部、小组长等的经历。从样本的家庭特征来看，平均每户的家庭人口数量为 5 人，劳动力数量为 2 人，其中女性劳动力为 1 人。

表 1 样本基本特征描述性统计分析

基本特征	含义	平均值
户主性别	1= 男；0= 女	0.83
户主年龄	户主实际年龄（岁）	48.09
户主受教育程度	1= 文盲；2= 小学；3= 初中；4= 高中或中专；5= 大专及以上	1.74
户主是否有村干部经历（村主任、小组长等）	1= 是；0= 否	0.30
家庭人口数量	家庭实际人口数量（人）	5.61
劳动力数量	家庭劳动力数量（人）	2.30
女性劳动力数量	家庭女性劳动力数量（人）	1.09

四、生态服务型经济的实践逻辑及实施效果

（一）生态服务型经济的实践逻辑

1.社区：成立生态巡护团队与农民专业合作社

（1）组建生态巡护队保护生态环境。赛吾社区履行生态环境保护责任，组建生态巡护团队，定期开展环境保护活动，并收集水质、野生动物数量等数据。依托社区的奔康利民合作社与半边天妇女合作社，组建生态巡护团队，于每年的 10 月下旬组织捡垃圾活动 2 次，收集草场、道路等区域的垃圾，并由社区组织垃圾车将垃圾运输到县里垃圾处理厂；利用红外相机、水质检测仪器等设备收集水质、野生动物数量等数据。加入合作社的居民自愿捐赠收入的 5% 组成环保基金，用于资助生态环境保护、公益事业等活动，如垃圾收集、回收废旧电池、关爱孤寡老人等。此外，合作社与当地小学合作，出资 5000 元，设立环保基金，向参与捡垃圾的小朋友授予环保小卫士，从小培养他们的环保意识。

（2）建立手工艺品专业合作社发展社区经济。毛庄乡拥有丰富的藏族传统文化，包括特有民俗和宗教符号等。非政府组织在生态服务型经济框架下，帮助社区成立半边天妇女合作社，并扶持合作社从事传统手工的生产经营活

动。采用本地天然牦牛毛、牦牛绒、羊毛等材料，通过编织、缝纫等方式制作居民生活八件套、羊毡帽、羊毛包等手工艺品，向市场销售以获取利润，拓展居民收入来源渠道，提高自身发展能力。2017年，合作社共有13名妇女参与，每位妇女每年获得6000—8000元收入，收入水平得到改善，自身发展能力得到提升。

2. 政府：下放生态环境保护权并支持社区发展

（1）政府赋予社区当地生态环境的保护权利。地方政府部门将包括水源、野生动植物、草原等生态环境保护权赋予社区，让社区有权利参与当地生态环境保护。（2）政府为社区合作社提供场地支持。当地政府为奔康利民合作社和半边天妇女合作社提供办公和手工艺品生产的场地，为社区合作社自身发展提供便利的环境条件。（3）政府为社区提供资金、政策支持。中央政府通过转移支付将草原生态补助奖励金发放给社区居民，平均每户奖励0.43万元。县政府奖励社区合作社5万元，用于社区合作社日常生产管理；县总工会每年对社区合作社社员进行手工艺品技术培训1次，每次资助2万元经费；中国农业银行向社区合作社提供贴息贷款70万元，支持其发展手工艺品生产。

3. 非政府部门：提升社区发展能力并监督保护效果

（1）通过资金、技术和能力支持与建设等方式，提高社区经济发展能力。非政府组织为手工专业合作社捐赠手工艺品制作机器，为提高合作社的手工品生产效率奠定基础；对合作社社员进行机器使用、手工艺品制作等方面的培训，提高社员手工艺制作技术水平，为改善手工品质量提供技术保障；邀请知名手工艺品设计专家，为合作社设计具有民族特色的手工艺品，帮助合作社提高手工艺品的艺术价值，从而提高产品的市场竞争力；邀请第三方机构对社区经济发展现状及潜力进行评估，以监督社区经济发展进度。

（2）监督与管理社区开展生态环境保护活动。一方面，非政府组织帮助社区建立生态巡护团队，根据当地生态资源分布情况划定生态巡护路线，并对巡护队员进行红外相机、水质监测仪器等设备使用的技术培训，确保队员能准确收集水质、野生动物数量等数据。另一方面，非政府组织定期对社区开展垃圾收集、水源保护等生态环境保护活动的成效实施监测和管理。

（二）生态服务型经济的实施效果

根据生态服务型经济的目标，生态服务型经济的实施效果应当从经济和生态两个方面进行评估。其中，经济效益是指生态服务型经济给社区居民家庭收入带来的变化，主要从家庭经济总收入和收入结构两个方面进行评价；生态效益是指生态服务型经济给当地生态环境和居民生态环境保护活动带来的积极影响，主要从水资源质量、野生动物数量及草场质量和居民生态环境保护活动参与等方面进行评价。

表 2 　2016 年参与居民和未参与居民的收入对比分析

单位：元

收入类型	参与居民	未参与居民
总收入	43928.57	34632.55
畜牧业收入	0	4120.88
药材销售收入	11955.36	21102.34
转移性收入	4187.50	5006.87
其他收入	27785.71	4402.47

数据来源：实地调查

1. 经济效益

从表 2 可以看出，2016 年参与居民的家庭总收入平均为 4.39 万元，高出未参与居民的家庭总收入平均值（3.46 万元）0.93 万元，说明参与居民的家庭总收入增长率高于未参与居民。进一步分析生态服务型经济对家庭各个收入来源[1]的影响发现，参与居民的家庭畜牧业收入为 0 元，低于未参与居民的

---

[1]　按照收入来源，将收入划分为畜牧业收入、药材销售收入（冬虫夏草）、转移性收入，及其他收入，其中畜牧业收入包括牦牛及其副产品（酥油、牦牛奶、酸奶、牦牛毛等）的销售收入，转移性收入包括草原生态补助奖励资金、低保金等，其他收入包括工资性收入、手工艺品收入等。

家庭畜牧业收入（0.41万元）；参与居民的家庭药材销售收入平均为1.20万元，低于未参与居民的家庭药材销售收入（2.11万元）；参与居民的家庭转移性收入平均为0.42万元，和未参与居民的家庭转移性收入（0.50万元）差距较小；参与居民的家庭其他收入平均为2.78万元，远高于未参与居民的家庭其他收入平均值（0.44万元）。

由此可见，生态服务型经济对社区居民家庭总收入和其他收入产生积极影响，具有明显的经济效益，为贫困人口实现脱贫目标奠定了基础。值得注意的是，参与居民的畜牧业收入和药材销售收入均低于未参与居民，这至少反映了社区的居民通过生态服务型经济发展手工艺品来增加家庭收入，也促使居民从单纯依靠传统的畜牧业和药材挖掘转向依靠第二、三产业转变。

2. 生态效益

（1）对生态环境质量的影响

主要从野生动物数量、水质、草场质量三个方面评估生态服务型经济对生态环境质量的影响。由于缺乏野生动物数量、水质及草场质量的科学监测数据，仅能通过居民对生态服务型经济实施后野生动物数量、水质及其草场质量的变化的主观认知来描述，结果见表3。结果表明：在生态服务型经济实施后，100%的居民认为野生动物数量有所增加；93.33%的居民认为当地水质得到改善；100%的居民认为草场质量明显改善。说明生态服务型经济实施后，野生动植物数量、水质及草场质量得到了改善。在此基础上，询问野生动物数量、水质、草场质量等改善的原因时，居民认为生态巡护、垃圾收集是野生动物数量增加的主要原因，其中选择生态巡护的居民占80%；分别有53.33%、46.67%的居民认为垃圾收集、减畜是水质改善的主要原因；93.33%的居民认为垃圾收集是草场质量改善的主要原因，而6.67%的居民认为减畜是影响草场质量的原因。值得注意的是，近一半的居民认为水质改善与减畜密切相关，因为生态服务型经济对传统畜牧业生产的生计方式有所替代，使得居民饲养的牲畜数量有所减少，从而改善生态环境。

表3 居民对生态服务型经济的生态效益评价（%）

项目	选项	野生动物数量	水质	草场质量
影响程度评价	改善	100	93.33	100
	基本没变	0	6.67	0
	恶化	0	0	0
原因	生态巡护	80	0	0
	垃圾收集	20	53.33	93.33
	减畜	0	46.67	6.67

数据来源：实地调查

（2）对居民生态环境保护活动的影响

生态服务型经济对居民生态环境保护行动的影响结果见表4所示。结果显示，参与生态服务型经济的所有居民均参与了生态环境保护活动，而未参与居民参与了生态环境保护活动的只有85%，活动的主要内容是垃圾收集、水资源保护、野生动物保护等。参与居民的家庭平均每次参与生态环境保护活动的人数为1.3人，明显高于未参与居民的家庭平均每次参与人数（0.85人）；参与居民的家庭平均10天参与一次生态环境保护活动，显著高于未参与居民的家庭平均35天参与一次生态环境保护活动；参与居民的家庭平均每次参与生态环境保护活动的时间为1天，明显多于未参与居民平均每次参与生态环境保护活动的天数（0.5天）。由此可见，生态服务型经济能够提高居民的生态环境保护活动的参与程度，为保护当地生态环境奠定基础。

表4 社区居民参与生态环境保护活动情况（%）

项目	参与比例		均值差异	活动内容
	参与居民	未参与居民		
参与生态环境保护的比例 /%	100	85	15	垃圾收集、水资源保护、野生动物保护
每次参加人数 / 人	1.3	0.85	0.45***	

项目	参与比例		均值差异	活动内容
	参与居民	未参与居民		
多久一次／天	10	35.31	−25.31***	垃圾收集、水资源保护、野生动物保护
每次多久／天	1	0.5	0.5***	

注：*** 表示在 1% 统计水平上显著。数据来源：实地调查

五、生态服务型经济发展的制约因素与完善建议

（一）生态服务型经济的制约因素

1. 社区经营管理性人才缺乏，生态友好型产业发展水平有待提高

（1）社区缺乏经营管理和技术人才。合作社是社区发展经济的重要微观组织，其发展能力是决定生态服务型经济实施成效的关键，而人才是决定合作社发展的基础。但调查发现社区合作社的人才缺乏，主要表现在两个方面：一方面，合作社缺乏经营管理人才。合作社的经营管理水平决定了合作社发展的持续性。由于合作社的理事长及其副理事长文化程度较低，且合作社没有规范化的组织机构、管理制度及利益分配机制等，导致合作社日常管理水平低，缺乏长远的发展计划，使得合作社未来发展存在局限性。另一方面，专业技术人才较为缺乏。专业技术人才是合作社发展的基础，是提升合作社竞争力的关键。调查发现，合作社严重缺乏掌握先进技术设备和有营销能力、社务管理、财务管理能力的专业人才。在信息化迅速发展的今天，技术和信息是合作社发展不可或缺的要素，而人才缺乏会带来技术与信息的掌握程度不足，信息服务手段落后，制约合作社的进一步发展。

（2）生态友好型产业发展水平有待提高。就目前而言，虽然生态服务型经济的实施在社区经济发展方面取得了一定成效，但应当看到，生态友好型产业，如生态旅游、利用自然原材料的传统手工业和附加值生态产品生产等的发展仍存在不足。具体表现为：一方面，生态友好型产业形式单一，产业链条短，符合当地生态环境资源禀赋的替代产业发展潜力有待进一步挖掘，

生态产品的组织化与市场化水平有待提高，产业发展水平有待加强。另一方面，受生态友好型产业发展规模较小的制约，大部分有意愿参与的居民被排斥在外，影响产业规模经济的形成，从而影响了其他居民参与生态环境保护和共享发展成果。

（3）社区居民参与生态服务型经济的程度不高。调查发现，受教育水平较低的影响，已参与居民向社区其他人分享利益的意愿较弱，导致未参与居民进入生态服务型经济较难、遭排斥等现象普遍存在，不利于生态友好型产业发展规模的扩大，也难以实现生态服务型经济的规模效益。

2. 政府缺乏生态环境保护补偿激励机制

在生态服务型经济中，政府不仅要为社区经济发展提供政策、资金支持，还应为居民参与生态环境保护活动提供补偿激励。但调研发现，虽然地方政府在社区的合作社发展、居民技术培训等方面提供了政策或资金支持，但缺乏生态环境保护的补偿激励机制，从而抑制了部分居民参与生态环境保护活动的积极性。生态环境保护离不开社区居民的广泛参与，也只有社区居民形成保护生态环境的集体行动，才能实现生态环境保护的目标。然而，居民作为理性人，只有在生态环境保护活动中所获得的利益大于其从事其他工作的机会成本时，才有可能参与生态环境保护。因此，为了保障社区居民参与生态环境保护的利益，地方政府应当建立生态环境保护补偿激励机制，通过为参与其中的居民提供资金、政策等补偿手段激励更多居民参与生态环境保护，才能实现生态环境保护的集体行动。

3. 非政府组织缺乏有效的监督管理机制

在生态服务型经济中，非政府组织作为主要的监督方，需要定期对社区生态环境保护和社区经济发展的成效进行监督和评估，重点考察生态环境保护活动对水质、生物多样性等生态环境质量的影响效果。调查发现，非政府组织对生态环境保护效果的监督和管理较弱，未形成有效的监督管理机制。生态环境保护是生态服务型经济的主要目标，居民的生态环境保护活动对当地生态环境质量的影响效果是实现生态环境保护目标的关键指标。非政府组织对当地居民生态环境保护活动的监督管理及其对当地生态环境质量的影响评估是决定生态环境保护成效的重要基础。但就目前而言,非政府组织并没有形成有效的监督管理机制,对居民生态环境保护活动的影响力不强,很难保证改善生态环境目标的实现。

（二）促进生态服务型经济发展的建议

1. 社区:注重专业技术人才培养,激励居民广泛参与生态环境保护

（1）社区经济发展需要人才保障。专业技术人才是社区发展的动力源泉,社区应当加强专业技术人才的培养,提高人才队伍质量。社区成立的合作社应当注重内部人员的各类管理技能与技术培训,包括理事长、经营管理人员、财会人员、营销人员等,切实提高他们的人力资本水平。同时吸纳农技人员、农村能人、返乡大学生等人才参与进来,为社区提升自我管理水平和内生发展能力提供人才保证。

（2）生态环境的保护离不开社区居民的广泛参与。一方面,完善社区村规民约的内容,将生态环境保护纳入村规民约的范畴,加强村规民约的宣传与传播,利用村规民约的非正式制度影响社区居民的生产生活行为,并激励其参与生态环境保护活动。另一方面,应当发挥已参与生态服务型经济的居民在生态环境保护与经济发展方面的引领和示范作用,吸纳更多社区和居民加入生态环境保护和生态产品生产的队伍,实现改善生态环境和贫困人口脱贫双重目标。

2. 政府:加大政策扶持力度,设立补偿激励机制

（1）加大资金、政策等支持力度。政府部门应当增加社区或农民合作社的发展资金,支持农民合作社开展信息、技术、培训、市场营销、基础设施建设等服务,引导金融机构向合作社提供优惠金融产品,为合作社发展提供资金和政策的支持。同时,引导农民专业合作社要依法建立组织机构,按照法律和章程制订盈余分配方案,建立合作社与社员的利益联结机制,使更多的贫困人口从中受益。

（2）设立生态环境保护的补偿激励机制。为进一步激励社区和居民积极参与生态环境保护行动,政府应当设立相应的补偿激励机制。向在生态环境保护行动中表现较为突出的社区和居民给予一定物质或资金奖励,在勉励他

们的同时，激励其他社区、居民的响应，使更多的社区和居民参与进来，从而形成生态环境保护的集体行动，保证生态环境保护目标的实现。

3. 非政府组织：增强社区内生发展能力，建立生态环境保护监督机制

（1）协助社区强化发展能力的建设。非政府组织应当帮助社区或合作社在产品设计、产品营销等方面进行拓展，尤其是要推进合作社信息化建设，利用物联网等现代信息技术开展生产经营、技术培训等，积极发展电子商务，努力实现产品营销网络化，提高产品的市场竞争力和产业发展水平；引进社会企业参与社区经济发展，促进社区合作社与消费市场的联系，进而增强社区内生发展能力和动力，促进贫困人口脱贫，并为开展生态环境保护活动奠定经济基础。

（2）建立完善的生态环境保护监督机制。非政府组织应当根据社区发展的阶段性特征建立生态环境保护监督机制，对社区居民的生态环境保护行为进行监督和引导，确保社区居民能够履行生态环境保护的职责，并定期对社区和居民的生态环境保护成效进行评估；同时应建立相应的激励机制，引导更多的社区和居民加入生态环境保护队伍，为实现生态环境保护目标奠定客观基础。

参考文献：

[1] 曾贤刚、虞慧怡、谢芳：《生态产品的概念、分类及其市场化供给机制》，《中国人口·资源与环境》2014 年第 7 期。

[2] 葛剑平、孙晓鹏：《生态服务型经济的理论与实践》，《新疆师范大学学报（哲学社会科学版）》2012 年第 4 期。

[3] 环境保护部：《全国生态脆弱区保护规划纲要》，http://www.zhb.gov.cn/gkml/hbb/bwj/200910/t20091022_174613.htm。

[4] 黄春蕾：《我国生态环境合作治理路径探析——三江源措池村"协议保护"的经验与启示》，《地方财政研究》2011 年第 10 期。

[5] 赖泽栋、杨建州：《非物质文化遗产保护与开发的行为主体创新研究——基于社会企业角度》，《学术论坛》2012 年第 4 期。

[6] 兰岚：《中国西部生态脆弱区的空间格局及其现状研究》，四川大学硕士学位论文，2005 年。

[7] 李晟之：《论生态补偿背景下的协议保护》，《农村经济》2007 年第 8 期。

[8] 刘菁、李伟、郭滇华、祝谦、郑书雄：《深度贫困地区高质量可持续绿色脱贫路径——山西吕梁集中连片特困山区攻坚深度贫困调研》，《中国党政干部论坛》2018 年第 1 期。

[9] 刘伟、张逸君：《社区环保项目路径探析——中国"协议保护"项目的示范意义》，《林业经济》2011 年第 2 期。

[10] 牛胜强：《多维视角下深度贫困地区脱贫攻坚困境及战略路径选择》，《理论月刊》2017 年第 12 期。

[11] 秦昊扬：《生态治理中的非政府组织功能分析》，《理论月刊》2009 年第 4 期。

[12] 宋言奇：《国外生态环境保护中社区"自组织"的发展态势》，《国外社会科学》2009 年第 4 期。

[13] 苏国霞：《认真学习贯彻党的十九大精神 坚决打赢脱贫攻坚战》，《社会治理》2018 年第 1 期。

[14] 王利伟：《深度贫困地区脱贫攻坚需破解五大难题》，http://www.amr.gov.cn/ghbg/xsfx/201803/t20180323_69216.html，2018 年 2 月 29 日。

[15] 王晓民、李妙然：《生态经济视角下的环境保护非政府组织功能探究》，《生态经济》2014 年第 1 期。

[16] Adams, W. M., R. Aveling, and D. Brockington, 2004, "Biodiversity conservation and the eradication of poverty", *Science*, 306(5699): 1146-1149.

[17] Flintan, F., and R. Hughes, 2001, "*Integrating conservation and development experience: A review and bibliography of the ICDP literature*", London: International Institute for Environment and Development.

[18] Krüger, S., and R. Verster, 2001, "An appraisal of the Vulamehlo Handcraft Project", *Development Southern Africa*, 18(2): 239-252.

[19] Lele, S., P. Wilshusen, B. Dan, R. Seidler, and K. Bawa, 2010, "Beyond exclusion: alternative approaches to biodiversity conservation in the developing

tropics", *Current Opinion in Environmental Sustainability*, 2(1): 94-100.

[20] Salafsky, N., and E. Wollenberg, 2000, "Linking livelihoods and conservation: a conceptual framework and scale for assessing the integration of human needs and biodiversity", *World Development*, 28(8): 1421-1438.

[21] Wunder, S., B. Campbell, P. G. Frost, and J. A. Sayer, 2008, "When donors get cold feet: the community conservation concession in Setulang (Kalimantan, Indonesia) that Never Happened", *Ecology & Society*, 13(1): 439-461.

改革赋权、资源盘活与生态增益：兴林扶贫复合效益的实现逻辑

——兼论林业扶贫的"武平经验"

王 璞 邱怡慧 郑逸芳 陈建平

（福建农林大学公共管理学院，福建 福州，350002）

摘要： 我国贫困地区大多位于与林业重点工程区重叠的山区林区，实施兴林扶贫对促进贫困地区人民收入提升，保障和改善民生，巩固生态环境保护成效具有重要的现实意义。林业扶贫模式有效落实了党中央的因地制宜的特色扶贫发展要求，通过林权制度改革，对林农进行发展改革赋权，盘活了林业资源、拓展了生态产业经济链等，从而帮助农民脱贫致富。2001 年以来，武平县创新性开展和推动林业扶贫，在充分借力集体林权制度改革落实群众权利的基础上，努力发挥林业兼顾生态环境建设与产业经济发展的关键优势，深化拓展了精准扶贫方略，探索出了林业扶贫试点的有益经验。这些经验为林业扶贫提供了实践经验，又为因地制宜实施精准扶贫提供了范例。

关键词： 精准扶贫；兴林扶贫；武平经验

一、引言

党的十八大以来，我国以前所未有的力度推进贫困治理。随着精准扶贫、精准脱贫理念深入人心，我们国家的脱贫攻坚取得了显著成效。5 年多来，年

作者简介：王璞，福建农林大学公共管理学院。

均减贫 1300 多万人，国家确定的贫困县总量首次实现减少，井冈山、兰考等地率先脱贫摘帽。随着 2020 年全面建成小康社会任务的临近，脱贫攻坚就是硬仗中的硬仗，未来的三年里，脱贫攻坚任务十分艰巨，尤其是中央确定的深度贫困地区。这些地区本身就是生态比较脆弱的地区，因此如何实现生态与扶贫事业的双赢，将"绿水青山就是金山银山"的发展理念，贯彻落实到扶贫攻坚工作之中就显得十分重要。[①]武平县作为全国"林改第一县"，积极贯彻实践生态文明战略，将"两山"理论作为指导思想，因地制宜地发展可持续绿色经济，综合性运用林业扶贫手段，实现了地区经济可持续发展，成功脱掉贫困县的"帽子"，创新探索出了兴林扶贫试点的经验。

二、林业在精准扶贫中的现实作用与战略意义

林业是贫困地区扶贫攻坚的重要手段。脱贫致富是林业"十三五"乃至全面建成小康社会之前一段时期内的重要目标之一；助推生态文明建设、实现经济可持续发展是新时期林业发展的新要求。[②]我国深度贫困的地区与林业重点工程区地理位置重叠，政府因地制宜推行的林业扶贫举措提升了林区贫困户的收入水平，解决了贫困地区闲置劳动力的就业问题，有效地调整了贫困地区产业经济结构和完善了贫困地区社会保障体系，破解因资源匮乏、权利缺失、能力不足所导致的贫困难题，有助于实现全面建成小康社会的历史目标。[③]

（一）林业产业是提高群众收入水平和改善民生的重要载体

我国现有国家级重点贫困县 592 个，其中 496 个分布在山区，贫困山区人口数量占全国贫困总人口的 55.7%，这些贫困山区大多经济发展水平较低，闲置劳动力较多，民生问题攻坚难度较大。有 85% 以上的后备土地资源适于

---

① 李苗、崔军：《中央财政专项扶贫资金绩效评价指标体系构建》，《行政管理改革》2017 年第 10 期，第 65—71 页。

② 赵荣、杨旭东、陈绍志、赵晓迪：《林业扶贫模式研究》，《林业经济》2014 年第 8 期，第 98—102 页。

③ 郭飞、夏建军、韩振芳：《提高贫困地区农村劳动力就业能力的研究》，《农业经济》2015 年第 11 期，第 78—79 页。

发展林业。林业通过自身的建设发展可以为贫困地区的人们带来预期可观的收入和相应的就业岗位和机会，因此实现贫困山区的可持续发展必须将林业作为脱贫攻坚战中的重要一环，以林业为基础因地制宜地发展经济。[①] 世界银行扶贫机构经过调研分析得出：林业产业规模大，产业经济涵盖范围较广，林业发展模式多样；在有效解决农村剩余劳动力的就业问题，维护贫困农民的生存权利，增强农民的持续增收能力方面发挥着突出的作用。因此，立足于地区实际，因地制宜地进行林业特色、绿色产业项目建设，建立健全林业扶贫长效机制，不仅有利于充分发挥林业在扶贫方面的制导和引领作用，更有助于保障和改善民生，拓展和优化农户的生计环境。

（二）林业林区是实践生态扶贫和绿色发展的重要场域

一方面，由于我国绝大多数贫困地区所处的地理位置是生态环境较为脆弱的河流中上游、库区上游、农牧交错的山区和林区。特殊的区位条件直接关系到我国国土空间的生态安全。加大林业生态建设不仅是改善我国边远林区、山区农户的生存环境的现实需要，也是构建国家全面协调可持续发展的重要基础。另一方面，要实现我国的攻坚脱贫任务，应顺势而为，着力于采取科学合理的综合性环保措施与手段，在保证人与自然和谐相处的基础上努力推进与落实扶贫的各项工作。因此，贫困地区的优势林木资源便成了助推国家绿色经济发展的重要物质前提。通过退耕还林、加大植被的恢复力度能够推动贫困山区积极响应科学发展、绿色发展的需要，促使其大力转变经济发展方式，发挥资源可利用潜能，从而真正兼顾生态环境与经济的可持续发展。[②]

（三）林业扶贫是提升贫困户可持续生计能力的重要方式

林业扶贫能够将地区的资源优势转化为经济可持续发展的动力，帮助贫困地区闲置劳动力实现充分就业，进而实现贫困户可持续生计能力综合提升。一方面，在经济新常态背景下，林业作为贫困地区规模与潜力最大的经济体，不仅成了绿色发展的重要支撑，更是贫困农户创业就业、破解生计难题的最

① 贺东航、朱冬亮：《关于集体林权制度改革若干重大问题的思考》，《经济社会体制比较》2009 年第 2 期，第 21—28 页。
② 陶表红、焦庚英：《江西生态经济体系的构建分析》，《求实》2010 年第 1 期，第 56—59 页。

佳选择。兴林扶贫的实施带动了林下经济与绿色化产业的协同创新发展，促进了林副产品的流通、人力资本的流动以及生态环境的优化，更新了贫困地区农户的传统林业产业经营方式和理念。另一方面，集体林权制度改革的持续深化为兴林扶贫、提升农户生计的可持续性提供了扎实的制度基础。在改革背景之下，新型林业经营主体的培育与壮大，林业专项合作组织与林业社会化服务平台的规范与健全以及集体经营形式的创新与推广，有效增强了贫困农户的林业经营技能和经营管理的能力；同时，林权抵押制度与林权金融支持体系的构建，也极大地拓宽了贫困农户的资金获取渠道，消除了农户从事林业生产经营的后顾之忧，保障了农户生计来源的稳定性。[①]

三、"改革赋权 + 资源盘活 + 生态增益"：兴林扶贫复合效益的实现逻辑

（一）集体林权制度改革实现权利"三定"

西方社会学中的权利贫困理论指出，贫困地区居民贫困产生的最主要原因不是由于自然资源的限制、各种生存物资的匮乏以及气候条件的恶劣，而是缘于其权利的获得缺乏现实制度和法规基础，权利的救济缺乏重要的保障路径。因此，扶贫的关键在于通过必要的政策落实与倾斜来保障贫困地区居民的各项权利，特别是能够促使当地居民协同参与，在必要时刻积极维护自身合法权益不受侵犯，并在此基础上能够通过权利的明晰而实现脱贫致富。该理论所隐含的内在前提是，造成贫困地区居民贫困的根源在于其"权利"的被制约或是被排斥，各项"权利"的难以落实不仅妨碍了居民对社会经济生活的参与，限制了居民的发展空间，甚至是完全掠夺了居民的生存机会。为此，居民要走出"权利贫困"，就必须采取适当的方式全面解除"权利"禁制，让广大贫困地区的居民平等享有当地的优势资源与切身利益。用权利贫困理论来对照中国贫困地区的实际情况，确有一定程度上的适用之处。这种吻合尤其体现到我国的集体林权制度改革在实现"权利"脱贫的成效上。

---

① 李凯英：《林权抵押贷款：现状、问题、对策——辽宁省丹东市的实证分析》，《农村经济》2009年第 11 期，第 80—81 页。

改革开放后，我国集体林业工作取得了长足进步，为国家经济的发展起到支柱性的作用。但是集体林产权界定不清晰、权责主体模糊不清以及相关收益分配有失公平等权利划分等问题仍相对突出，这些问题不仅制约了贫困山区农户生活质量和收入水平的进一步提高，更是影响了国家林业经济的可持续发展。为深度释放改革红利、发挥集体林业在盘活经济创收增效中的重要作用。我国于 2003 年正式启动了新一轮集体林权制度改革，[①] 此次改革以"确立并放活经营权、落实处置权、保障收益权"为核心与重点，以确保贫困山区农户平等享有知情权、参与权、监督权与决策权为重要原则，通过严格的产权运作与落实，以构建集体林业的创新发展机制，建立了"产权归属清晰、经营主体到位、责权划分明确、利益保障严格"的现代林业产权制度，进而为消除"权利贫困"的困境、顺利实现农民脱贫致富奠定了坚实的政策基础。[②]

（二）林业产业的发展催生资源盘活动力

习近平总书记在阐述我国农村地区扶贫开发工作中指出，实现贫困地区的长远发展必须充分发挥内生动力的作用，进而实现"内外结合"协同发展。为此，实现贫困地区有效脱贫致富的关键在于使该地区具备自我发展的内生动力，以实现地区民众生计与经济增长的可持续性。

内源式扶贫理念也因此应运而生。内源式扶贫与发展这一理念的提出，可以追溯到 20 世纪 70 年代，对政府控制下的技术—现代化发展干预而出现"现代化断层"和"有增长无发展"状况的省思。这种省思指出，在城乡结构中，伴随着资本全球化的背景以及快速城市化与工业化的进程，乡村建设一度陷入了停滞发展甚至衰退的状态。而传统的外源式发展手段，如通过加大地方财政的补贴力度、以优惠措施鼓励和吸引外部企业进驻、依靠技术的引进与普及实现农业生产率的有效提高等措施，虽然在一定程度上推动了乡村

---

① 孔凡斌、杜丽：《新时期集体林权制度改革政策进程与综合绩效评价——基于福建、江西、浙江和辽宁四省的改革实践》，《农业技术经济》2009 年第 6 期，第 96—105 页。
② 王瑞、刘彦：《集体林权制度改革中的法律问题》，《北方工业大学学报》2012 年第 4 期，第 21—27 页。

经济增长能力的提升，但是往往忽视了因地制宜、公平公正等重要的理念，在此环境下逐步演化出乡村主体经济与文化独立的缺失，以及生态环境质量下降与能源短缺等问题，最终加剧了广大农村地区的边缘化与贫困程度。内源式扶贫是在我国长期的扶贫开发实践工作中所形成的一种适应于我国国情的扶贫理念与模式。其基本特征是强调通过本土产业的发展，推动当地优势资源条件高效开发及强化与发展效益的本土获得。由此可见，内源式理念与推动我国贫困山区实现脱贫致富也具有重要的契合之处，林业扶贫大有可为。我国广大贫困山区、林区一般都是拥有丰富自然资源的地区，这些地区既是发展林业的重点地区，也是脱贫攻坚的主要阵地。

因此，首先要严格制定兴林扶贫方针的具体可行细则，明确林业可持续发展具体的权责任务、建设路径以及攻坚核心，及时跟进项目实施，确保各项措施落实到位。其次，应立足于贫困林区、地区的资源优势等实际情况，因地制宜，发挥政府的引导和带动作用，实施与片区自身特点相适应的林业产业项目，坚持产业经济可持续发展的生态化与环保化，发挥重点工程的载体作用，以农村新型合作组织为依托，有效增强资源适时转化和精加工能力，积极推动林业规模化与产业化经营发展。最后，贫困山区与林区应在努力盘活当地优势资源的基础上采取综合性的创新性与市场化运作措施，积极拓宽市场销售渠道，不断扩大再生产的机制与模式，以新的经营机制塑造地区的内生发展活力。

（三）林业成为生态扶贫的攻坚主力

"两山"理论的提出为生态保护与脱贫攻坚的辩证统一提供了扎实的理论根基，而要补齐实现全面小康社会建设的"生态短板"，发挥林业的生态扶贫作用必不可少。对于绝大多数贫困的山区、林区而言，资金来源、基础设施建设以及产业的选择与建设都是必须面对的问题，但更为重要的是，在生态弱势的前提之下，如何找到一条既能兼顾环境保护又能摆脱贫困的双赢道路。林业生态扶贫就是我国面对现实资源约束、生态危机以及我国贫困实际而作出的理性判断与选择。其具体而言，就是将林业所具备的生态优势科学合理地转化为地区的发展优势，在取得脱贫成效的同时也不会弱化生态资源功能的发挥。事实上，依据系统论可知，生态环境系统与其余的系统密不可分，生态系统与经济、政治以及文化等各部分系统应该呈现出相互耦合、相辅相成的状态，并通过这种系统间的协调与共生实现物质与能量交换的良性运作与循环。否则，就会导致生态环境系统的紊乱，最终丧失脱贫的物质条件。即使通过牺牲环境取得了短期的脱贫效果，将来也必然会重返贫困。

我国大部分贫困地区大多都是生态环境脆弱、敏感和重点保护的地区，那里的生态环境承载力普遍较低，发展条件与潜力严重受限。而要应对这些地区的贫困问题，不能只重视经济效益的提升，而罔顾生态环境威胁，使环境质量处于急剧下降的态势中。重视林业的生态价值与功能，进一步凸显林业在生态扶贫中的作用就是要强化生态保护与绿色发展理念，将"绿水青山"转化为"金山银山"，最终实现生态环境与经济社会的全面协同可持续发展。目前，一些贫困的山区和林区已经充分借助自身的林业资源禀赋，通过环境改良、环保技术支持等改进的措施与手段，将原本尚未充分实现自身价值的林业资源转化为兼具经济效益与生态效益的林业生态、绿色产业，使贫困农民切实得到了脱贫的利益与实惠，广大山区、林区也因此得到了有效保护。因地制宜地开展林业生态扶贫，形成可复制、可推广的绿色扶贫模式，应该成为今后扶贫工作的一项重点工作。

综上所述，兴林扶贫复合效益实现的理论作用路径，就是通过集体林权等一系列制度改革实现权利明晰，盘活地区林业资源优势并实现林业产业化和规模化发展，以及利用林业发挥生态扶贫效益等。

四、林业精准扶贫的武平实践与成效

（一）武平县实施兴林扶贫的背景

据相关统计信息显示，2011 年武平县农村人口最低生活保障标准线是 1400 元，远远低于福建省同年划定的扶贫标准线 3000 元。依照福建省当年的扶贫标准，武平县处于贫困边缘甚至深度贫困的人口大约有 5 万人，相对贫困率达到 13.5%，且武平县 2011 年农民人均年收入只有 3000 元，居民储蓄存款余额这一排名更是处于省内县市末端。受所处地区的资源禀赋较差、基础设施建设滞后、劳动力素质低等不利因素的限制，武平县一直以来都是国定贫困县，属于福建地区贫困面较大、扶贫攻坚难度较大的县区。但武平县森林资源优势较为明显，森林面积达 324.7 万亩，占县域土地面积的 12% 以上；森林覆盖面积达 79.7%，是全国南方集体林区和福建省重点林区县之一。因而武平县要摘掉"贫困的帽子"，完成扶贫攻坚任务，必须推行林业扶贫的方式，以林业为发展基础来带动经济的可持续发展。发挥林业造血扶贫作用必须深化林权改革，提升生态环境质量、因地制宜发展林业经济以及拓展林业产业经济链。

（二）武平县兴林扶贫的主要举措

1.改革赋权破解"权利贫困"之题

阿马蒂亚·森权利贫困理论指出，贫困存在的重要原因不是由于资源禀赋等的不足，而是由于贫困人民权利的获得和实现缺乏现实的法制基础与路径所导致的可行性能力贫困造成的。因此，精准扶贫的核心内源驱动力应在于通过改革调整不符合现实发展的制度，进而保障农户权利的实现，从而推进贫困地区的可持续发展。

林改之前林地产权是属于集体的，林农只是负责承担经营管护责任，由于林地产权不明晰，因而在林业发展之中面临着"乱砍滥伐难制止、林火扑救难动员、造林育林难投入、林业产业难发展、林农收益难保障"等实际问题，[①]当地农民权利的实现缺乏确权保障，这也正是导致武平地区长期以来扶贫脱贫较难实现的主要原因。武平县依据实际情况提出"明晰产权、放活经营权、落实处置权、保障收益权"，[②] 在全国范围内率先进行集体林权制度改革，创新探索林改模式，在林权制度改革实践之中探索出县级政府直接领导、乡镇组织实施、村级具体操作、部门协调服务的运作模式。同时，武平县致力通过林地经营体制改革的配套措施积极引导金融资本"上山入林"，以破解当地长期深度贫困的难题。2004 年 6 月，武平县在全国率先开展"林权抵押贷款"试点工作，之后 2013 年武平县又在全省率先开展林权抵押贷款村级担保合作社。2015年武平县成立园丁村级担保合作社。截至 2017 年底园丁村级担保合作社筹集

---

① 郑景顺：《福建林改 活山富民美生态》，《农村工作通讯》2017 年第 12 期，第 54—58 页。
② 韦贵红：《集体林权制度改革中有关法律问题研究》，《北京林业大学学报》(社会科学版) 2008 年第 1 期，第 59—64 页。

担保基金 600 万元，为 282 户林农办理贷款 3856 万元；2017 年武平县在全国率先推出"惠林卡"金融新产品，授信额度最高可达 30 余万元。据统计"惠林卡"金融产品已经授信 52 户放款达 520 万元；与此同时，武平县财政投入林权抵押贷款收储担保金 2000 万元，累计办理贷款 3.1 亿元，其中面向广大林农的小额林权直接抵押贷款累计 533 户 6136 万元，贷款余额 2.01 亿元。这些举措大大提升了林业产业经济发展的续航能力，同时也为贫困地区的人民转变经营方式、拓展产业经营链条提供了前提条件，为提升贫困地区人民生计水平、实现精准脱贫打下了基础。武平县采取集体林权制度改革的综合方式来释放核心内源减贫驱动力，破解因权利导致的贫困问题，努力实现经济的可持续发展。

2. 经济发展走出物质贫困之境

多维贫困理论视角下消费水平、收入水平、资产水平是作为衡量个人或家庭物质生活或经济状况贫困的主要因素。因此为实现扶贫攻坚、持续释放改革红利的任务，必须通过经济的可持续发展来破解物质贫困难题，改善贫困人口消费、收入和资产状况。

武平地区贫困人口较多、劳动力综合素质相对较低，综合考虑本地资源情况，深化林业复合产业链条，拓宽林业经营方式是契合武平的精准扶贫之路。武平县立足于国家林业扶贫方针，以"国家林下经济示范基地"作为平台，安排专项扶贫资金，帮扶贫困户结合当地实际资源情况发展林药、林花、林菌、林蜂等林下经济，采用"合作社＋林场＋林农"的生产模式和"公司＋基地＋出口＋互联网"的销售模式，促进与市场终端的连接，拓展林业经济链；同时推动林业产业单一的林木生产加工向木材深加工、林产品深加工、森林旅游综合发展转变，进而破解物质贫困难题，实现生态效益和经济效益的双赢。

3. 生态建设破解生态贫困之维

党的十八大把生态文明建设列入中国特色社会主义事业"五位一体"的总体布局，[①]进一步凸显了它在经济社会发展整体进程中所处的重要地位，"两山"理论的提出更是阐述了生态环境生产力对于优化产业体系、发展可持续

---

① 方世南：《深刻认识生态文明建设在五位一体总体布局中的重要地位》，《学习论坛》2013 年第 1 期，第 47—50 页。

经济具有深远意义。为贯彻"坚持绿水青山就是金山银山，全面推进生态文明建设"思想理念，武平县根据自身情况探索"生态立县绿色扶贫"的科学发展道路，切实提升生态可持续发展能力，努力把生态优势转化为经济红利，转化为经济发展优势，让金山银山和绿水青山并存发展。首先，武平县坚持将产业结构调整作为生态文明建设的核心，注重生产过程"去产能"和经济发展的"绿色可持续化"，着重提升非资源型绿色环保产业的发展。其次，武平县加大对生态环境的建设力度，2009 年率先在全国开展重点生态区位商品林赎买工作，根据实际情况探索建立重点林区商品林赎买机制，实现了生态区位商品林保护与林农利益"双赢"。最后，武平县积极探索建设综合性生态项目，到 2017 年底规划或建成了面积达数万公顷的梁野山国家级自然保护区和中山河国家湿地公园，大大提升了当地生态环境可持续发展能力。生态环境的不断改善助推武平当地特色农业和观光体验旅游业、"绿色"工业的协同发展，拓宽了经济的复合门路，进而实现武平地区产业结构调整、当地人民的经济来源扩增，给武平地区精准脱贫攻坚夯实了基础。

4. 主体能力培育化解"能力贫困"之忧

阿马蒂亚·森的"能力贫困"观指出虽然收入水平低下是导致贫困的一个重要原因，但是贫困的认定不能只考虑收入水平，贫困的实质不是收入低下，而是可行能力的不足。[①] 相对于增加贫困群体的收入，增强这一群体的就业能力与主体能力才是使其更能够有效摆脱贫困困境的重要举措。

武平县致力培育贫困户可持续发展能力，加强当地贫困居民可行性主体能力建设，来推动扶贫攻坚任务的达成。武平县采取专项资金支持和相关政策倾斜等方式来助力发展林业合作社等组织，提升贫困居民参与意识和能力。武平县发挥科技项目的示范作用来加强贫困户主体生产经营能力，大力引入适宜当地发展的林业技术项目，提供项目跟踪技术指导，并配套相关的经营补贴，带动当地贫困户参与到林业科技项目中来。同时，加大农村地区职业技术教育的推广力度、创新农户可持续生计经营管理能力培训模式，对贫困人群采取"入

---

① 宋宪萍、张剑军：《基于能力贫困理论的反贫困对策构建》，《海南大学学报》（人文社会科学版）2010 年第 1 期，第 69—73 页。

村落户"的方式展开专业知识和技术培训，帮助贫困居民有针对性地选择适宜的经营管理方式，进而提升自身可行能力，实现脱贫致富。

（三）武平兴林扶贫成效

1.县域经济和人均收入持续增长奠定"脱贫帽"的物质基础

武平县立足于自身情况进行集体林权改革，同时进一步采取林业产业和生态保护等方面的一系列组合扶贫手段，实现了经济的突破性的发展，去掉了"贫困的帽子"。据统计截至 2017 年，武平县拥有一批特色绿色企业，其中包括一家国家林业重点龙头企业、两家省级林产品龙头企业、数十个省级绿色品牌企业。武平县林业发展迅速，2017 年底林业产业覆盖率达到了 77.88%。林业的发展带动了当地 23.1 万农村人口就业。林业的发展有效地提升了地区财政收入和生产总值（见图 1），2017 年武平县实现林业总产值从"十一五"末的 18.4 亿元提升到 60 亿元，平均每年涨幅达 33%；兴林扶贫政策的施行也提升了当地农村居民收入水平（见图 2），2017 年农户人均林业纯收入 3560 元，同比增长 10.2%，比林改前提升了 80% 左右；林业收入在农民可支配收入中的比重从 2001 年的 16.6% 提高到 2017 年的 26%。武平县通过发挥林业的综合效益既提升了生态环境效益又进一步提升了经济发展速度，使人民享受到更多的生态福祉和经济红利，实现县域经济和人均收入的增长，奠定了扶贫攻坚的物质基础。

图 1　武平县财政收入和生产总值对比图

图 2 武平县农村居民收入和消费对比图

2. 群众能力提升激活扶贫主体的核心动能

精准扶贫过程中的政策实施与制度改革是实现脱贫的外部因素，但是贫困群众能力的提升却是保证其不再返贫的内在核心动能。武平县通过集体林权制度改革，有效实现了扶贫攻坚过程中的"内外兼修"，充分激活了扶贫的主体动力。首先，集体林权制度改革实现了林地的三权分置，充分保障和落实了农民的财产权与收益权，有效提升了林地的经济价值和农户从事林业生产的积极性。[①] 林下经济的蓬勃发展与林地流转规模的扩大极大地提高了集体林业的经营水平，强化了扶贫实践群众的生产生活能力。其次，武平县充分借助改革契机，积极创新集体林业经营模式，努力推进"公司＋合作组织＋农户""公司＋农户股份制"等新型的经营方式，保障了农户对集体林业资产股份的合法权利，也赋予了农民更多的财产权，进而提升了农户的自主经营能力。再次，武平县立足于困难群众缺乏技术支持的实际需求，加强林业技术普及人才的培养和引进，并与企业建立起了合作关系，切实提升了农民对于林业的规范化经营与管理的能力。最后，武平县在充分发挥林业合作示范社的引领和典型作用的基础上加强全县范围内的林业合作组织建设，创新林

① 陈珂、周荣伟、王春平、王嘉：《集体林权制度改革后的农户林地流转意愿影响因素分析》，《林业经济问题》2009 年第 6 期，第 493—498 页。

业合作组织的运作模式和职能内容，进而逐步提升了扶贫实践群众的林业经营组织化程度与能力。

3. 生态环境质量改善提升绿色扶贫的后劲

武平县将加强生态环境可持续发展能力作为兴林扶贫的基础性手段，提升生态环境综合整治能力，生态优势成为武平地区最大的优势和扶贫攻坚的动力之源。根据武平县统计部门相关调查数据可知，2002 年到 2017 年底共完成植树造林 71.5 万亩，超过之前 25 年造林面积的总和；武平地区森林覆盖率不断提高，2017 年武平县森林覆盖率由 2001 年的 72.8% 提升到 79.7%。另外林木蓄积量由 2001 年的 910 万平方米提升到 2179 万平方米、增幅达 1.39 倍。武平也因此获得全国环境综合整治先进城市、全国绿化模范县、全国环境优美县城等称号。当地绿化面积和绿化率逐年攀升（见图 3），2017 年武平地区空气质量优良天数达 99.4%，环境空气质量位居全省前三名。当地生态环境质量的持续性提升，为经济发展奠定了基础，为实现扶贫攻坚提供了先决条件。

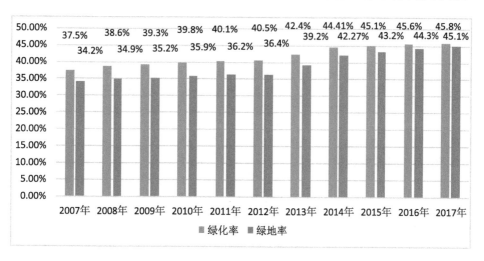

图 3　武平县绿化率和绿地率变化图

4. 林下经济"点绿成金"创新了产业扶贫的路径

武平县通过立足本地实际情况推行兴林扶贫政策，实现地区精准脱贫、人民生计可持续发展。兴林扶贫政策的施行推动了武平县林下经济的飞速发展，2017 年全县成立林业经济合作社 92 个，经营面积 76 万亩，创新林下经济和生态农业、观光旅游业耦合协调发展模式，提升了经济可持续发展能力。2016 年武平县林业综合总产值达到 54.7 亿元，相对于林业扶贫政策落实前的林业综合总产值增长了 16 倍之多，林下经济综合总产值 24.22 亿元，是 2001 年林下经济综合总产值的 21 倍。武平县坚持以提高发展质量和效益为中心，以扶贫攻坚为主要目标，注重科学发展和生态保护，致力于"绿色崛起"，林业产值呈逐年平稳上升之势（见图 4），创新了产业脱贫致富的可持续发展路径。

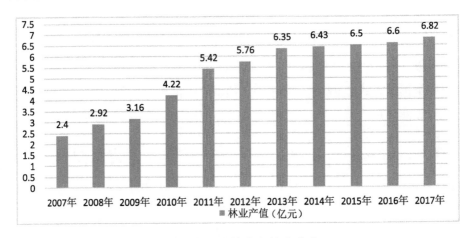

图 4   武平县林业产值变化表

五、总结与讨论

当前，我国国家级重点贫困县大多位于集中连片的贫困山区，林业重点工程实施区和我国集中连片特殊贫困区高度重合，且这些地区的后备土地资源较适于发展林业。这些贫困地区精准脱贫，必须有效发挥林业在扶贫中的中流砥柱作用。林业与扶贫历来存在密切联系，林业的发展带动了贫困地区居民收入水平的提升，解决了贫困地区人民的就业问题，保障和改善了民生，促进了区域能源结构变化与地区社会保障体系的建设，加速了农村产业结构调整。武平县这个曾经的国家级贫困县，坚持以兴林扶贫作为扶贫攻坚的重要组成部分，通过集体林权制度改革释放核心内源减贫动力，拉伸林业立体复合产业链，加强林业生态建设，发展循环经济，拓宽林业服务体系等方式，促进了经济和生态协同发展，提升了脱贫致富的能力。因此深度贫困的山区和林区可借鉴武平兴林扶贫的逻辑经验，通过深化制度改革等一系列顶层设计来实现权利明晰，激发盘活贫困地区资源优势，实现经济可持续发展，拓宽产业经济之路，因地制宜地推行精准扶贫，破解贫困难题。

三江源藏区振兴与民生保障状况调查报告

张兴年

（青海民族大学，青海 西宁，810007）

摘要： 新中国历届政府都高度重视对三江源生态保护和当地藏族民生保障和改善工作。自 2005 年生态保护区项目实施以来，三江源藏区先后落实"退牧还草""三江源生态保护综合试验区""中国三江源国家公园"等重大项目工程，生态和居民生产生活环境得到明显改善。但在前期生态保护区建设过程中，由于保护区受自然条件、资金保障及政策法规等因素影响，有重生态保护、轻民生保障的倾向。本文在对其生存权、受教育权、劳动权、健康权、住房权及出行权的保障及改善举措进行调查的基础上，对其成效、问题与前景进行分析并作一扼要展望。

关键词： 三江源；藏区振兴；民生权利保障

"民生"即人民的生计问题。狭义的民生指人民的衣、食、住、行等基本生活事项。广义的民生则指民众的基本生存和生活状态，以及民众的基本发展机会、基本发展能力和基本权益保护等。民生问题专家郑功成认为"民生是一个动态的、持续发展的概念，解决好民生问题始终是政府的核心任务，在经历了一个满足人民低层次温饱需求的阶段后，现阶段的民生问题已不再是简单的衣食之忧，而是包括教育、就业、收入分配、社会保障、医疗卫生

作者简介：张兴年，青海民族大学副教授。

乃至公平正义、民主法制等，从而是全方位的、高层次的民生问题"。[①]显然，
"民生"从概念到内涵具有时代性，即会随时代的变化而变化，发展而发展。
经济社会越是发展，民生问题的内涵就越扩展。因此，我们对于地处偏远、
高寒缺氧、经济落后的三江源藏区民生内涵的理解也必须随着时代的变化而
变化。跟计划经济时代相比，当前三江源藏区除已日益显露出其重要性的教
育、就业、收入分配及社会保障等民生基础之外，还有生态保护与民生保障，
从现代化世俗生活到藏传佛教信众的精神生活，从三江源区域发展不平衡、
不充分到过上与城里人一样体面与尊严的生活，已成为藏区全面建成小康社
会所必须考虑的重大民生问题。

一、调查背景及方法

"三江源"藏区位于青藏高原南部，平均海拔 3600—4800 米，是长江、
黄河和澜沧江—湄公河的源头汇水区，是我国乃至亚洲重要的生态屏障和水
源涵养区，也是世界高海拔地区生物多样性最集中、生态最敏感、最脆弱地
区。其生态环境具有能深刻影响全球自然环境变化的巨大生态效应，并由此
而广泛影响到人类的生存与发展。同时，即三江源藏区也是我国重点扶贫地
区之一。行政区域包括玉树、果洛、海南、黄南四个藏族自治州的 16 个县
和格尔木市的唐古拉乡，总面积为 30.25 万平方千米，约占青海省总面积的
43%，占 16 县 1 乡总面积的 97%。现有人口 55.6 万人，其中藏族人口占 90%
以上。中国历届政府都高度重视对三江源乃至整个青藏高原生态保护和当地
藏族民生保障和改善工作。自 2005 年以来，"三江源生态移民"离开了原来
熟悉的粗放式的游牧生产、生活方式，自身又缺乏赖以发展的职业技能，移
民搬迁后传统游牧社会的生产生活方式发生剧烈变迁，面临的实际困难仍然
很多。

2015 年 12 月 10 日，习近平总书记在主持召开的中央全面深化改革领
导小组第 19 次会议审议通过了《三江源国家公园体制试点方案》，会议指

---

① 2007 年 3 月 1 日 "两会" 召开之际，南方周末记者专访全国人大常委会委员、全国人大内务司
法委员、中国人民大学教授郑功成时所言。

出，"在青海三江源地区选择典型和代表区域开展国家公园体制试点，实现三江源地区重要自然资源国家所有、全民共享、世代传承，促进自然资源的持久保育和永续利用。中央从顶层设计和战略部署上所做的这种重大调整高瞻远瞩，前所未有。将三江源生态保护与民生保障放到全国乃至亚洲视域来谋划，提出："青海最大的价值在生态、最大的责任在生态、最大的潜力也在生态，必须把生态文明建设放在突出位置来抓"，[①] 对于之后三江源地区的生态保护和民生保障具有十分重要的意义。2016 年 8 月 22—24 日，习近平总书记专程来青海调研，深入牧区，就贯彻落实"十三五"规划、加强生态环境保护、做好经济社会发展工作考察调研。在考察期间的座谈会上，习近平总书记围绕青海工作提出"四个扎扎实实"：扎扎实实推进经济持续健康发展，扎扎实实推进生态环境保护，扎扎实实保障和改善民生，扎扎实实加强规范党内政治生活。

2016 年 1 月 25 日，"中央 1 号文件"精神明确了农牧区生态脱贫将加大供给侧结构性改革力度的新发展要求。针对三江源藏区的生态扶贫工作，先后批准首个国家公园、4 个沙漠公园。中央首次在原"青海省三江源自然资源保护区"之前冠之以"中国"二字，意味着"三江源自然保护区"已被纳入国家战略层面；可见，三江源已不仅仅是青海的事，而是关系到我国乃至亚洲生态安全、经济循环及民生保障等国计民生的大事。可以预见，在未来的时期里，国家将在第一个国家体制试点公园建设上，激活和释放三江源生态移民脱贫奔小康的内在活力，定向施策，精准发力，带动藏区社会走向康庄大道。

截至 2017 年底，"中国三江源国家公园"、三江源相关州县"精准扶贫"等工作已经进行了两年。但随着物价和移民点人口的逐年增长，国家发放的补贴仅仅能够勉强解决温饱问题，生态移民定居点新增人口家庭因为没有增加补贴，生活出现困难。因此，要使三江源移民"移得出，稳得住，能致富，不反弹"，需要研究并切实解决移民的后续产业发展问题。目前三江源生态面

---

① 2016 年 8 月 22—24 日，习近平专程前来青海考察时发表的讲话。

临的最大问题就是民生和社会保障方面。尤其自2015年以来，藏区在第一、第二产业遭遇政策性限制，第三产业因环境、社会、资金及个人等因素先天不足，三江源地区经济社会发展缺乏应有支点和活力，基本公共服务体系建设存在不充分、不平衡及不均等问题。项目区移民"等、靠、要"思想严重，"造血"式生态补偿机制亟待建立。而三江源国家公园建设政策于此时出笼，适逢其时。正如青海省委书记骆惠宁所指出的："三江源国家公园"的获批，将通过建立起三江源地区牧民群众发挥生态保护主体作用并获得稳定收益的机制，不断激发当地群众和社会力量参与生态保护的内生动力，实现生态保护与民生改善，国家和区域发展的共赢。"[①]中国三江源国家公园的建立，通过实现国家对三江源地区统一行使重要自然资源资产管理与国土空间用途管制，将在我国首次构建"归属清晰、权责明确、监管有效"的生态保护管理体制，为我国生态文明建设和项目区民生改善探索出一条新路径。

总之，三江源以"母亲河"的博大胸怀为人类提供了无价的生态产品的同时，这一地区的藏族同胞也为此放弃了许多发展机会，如禁牧、禁采、禁挖、禁渔、禁猎、退牧还草、易地搬迁等，做出了巨大牺牲。至今，三江源经济社会发展仍相对滞后，相当一部分生态移民还生活在贫困线以下。学政两界应该未雨绸缪，为"凝聚人心、富民兴藏"的治藏方略，为国家不断保障并改善这一地区民生权利，为保证至2020年三江源藏区与全国人民一道实现小康社会提供智力支持。

有鉴于此，本调查组自2016年1月起至今，先后12次赶赴三江源玉树州囊谦、治多、称多、曲麻莱、玉树4县1市，果洛州玛沁、玛多及久治3县，海南州同德、贵德2县，黄南州同仁、泽库及尖扎3县，共计20多个乡镇，发放"三江源地区精准扶贫问卷"450份，回收416份，回收率92.4%。发放"三江源藏区基本公共服务体系建设问卷"700份，回收689份，回收率98.4%。（见图1）利用宣讲"中央1号文件"精神，我院思政专业学生"藏区顶岗支教"及"本科生暑期社会认知实践"的机会，采用人类学田野点参与

---

① 2015年12月11日，青海省委书记骆惠宁主持召开省委常委会议，部署中国三江源国家公园体制试点启动工作时的讲话。

观察、定居点深度访谈等参与式方法（PRA，PTD）进行访谈。本文主要从狭义角度就三江源藏区民生权利保障现状、问题及前景在长时段、大范围深入三江源核心区调查的基础上，通过 SPSS 统计工具进行相关分析，以期得到客观、科学的结论。

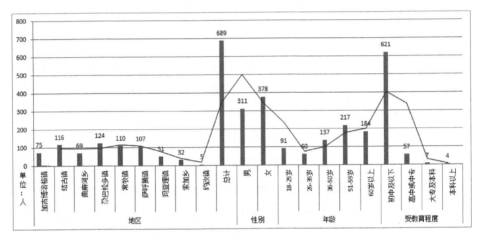

数据来源："三江源藏区基本公共服务体系建设调查问卷"

图1 "三江源藏区基本公共服务体系建设问卷调查"受访人员基本信息

二、基本情况及特点

三江源地区在经历十多年的生态保护与民生改善所取得的成效举世瞩目。其主要民生指标在国家各级各类扶贫政策、援建项目的帮扶兜底下，较之以往，所取得的成效是根本性和历史性的。藏区广大民众对此心怀感念，同时又对新生活充满期待。如问卷（图2）中是受访者对人际关系，本地文体设施，水、电、燃气、供暖设施，居住安全感，公共场所设施以及行政事务办理人员服务态度而作的调查。人际状况方面表示好的有 280 人，占受访总人数的 40.6%；并有 72 人认为非常好；感到差和非常差的仅 4 人。对于本地文化体育设施的评价中有 161 人认为较好，占受访总人数的 23.3%；130 人认为差，占受访总人数的 18.8%。对本地水、电、燃气、供暖设施的评价中 132 人表示较好，占受访总人数的 19%；并有 65 人感到非常好；122 人表示差，占受访总人数的 17.7%。就居住安全感而言，高达 477 人表示安全，占受访总人数的 69.2%；478 人认为公共场所设施较好，占受访总人数的 69.3%。对于行政事务办理人员服务态度，有 184 人认为较好，占受访总人数的 26.7%；150人认为态度差，占受访总人数的 21.7%。

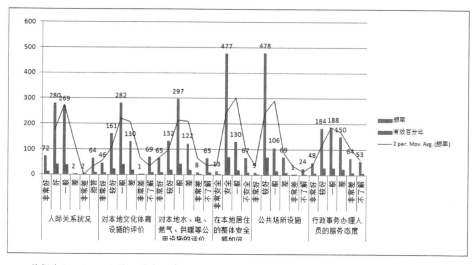

数据来源："三江源藏区基本公共服务体系建设调查问卷"

图 2　受访者对其他方面的评价

但在这个基本面之下，仍有诸多民生之困亟待破解。正如有学者所指出的："当前藏区形势出现各种问题的深层次原因是根植于其传统社会遭遇现代化进程强烈冲击所产生的心理不适感和相对剥夺感、其固有的社会规制和发展模式渐趋消退及地区间新的发展不平衡问题所致。从现实利益层面出发，急速的现代化进程并没有给底层藏族群众带来更大的发展好处，反而面临着一个日益边缘化的境地。"（方堃，2008）一些地方的历史遗留问题、盲目开发所导致的民生欠账、区域发展的不充分、不平衡和不均等相互叠加，使很多利好政策被打了折扣。目前就三江源地区而言，其民生状况呈现如下特征：

第一，地广人稀、居地分散、条件恶劣是三江源民生之困的天然因素。三江源地区地处青藏高原腹地，海拔高、气候寒冷干燥、缺氧，自然条件极其严酷，加之人口分布较为分散，这就导致公共服务半径大，无法实现全覆盖和规模效应，进而使得农牧民无法得到及时的医疗救助，就近购买生活必需品也成为难题，同时当地居民子女的上学问题面临着不能就近解决而只能选择去有办学条件的县城上寄宿制学校。这些因地理因素产生的现状如果处置不当就会产生一系列的社会问题。例如，因路程太远而运输成本提高导致物价的增高；因藏区农牧民无法得到及时的医疗救助而使生命安全缺乏有效保障。此外，这些地区的交通网络覆盖成本高、效益差，因而抑制了金融、电力等行业的投放意愿，加之地方财力捉襟见肘、无力投入，致使基础设施建设十分落后，三江源地区群众难以平等地享有基本公共服务。因此，继续推进集中连片，整合分散乡镇，可以降低基础设施与公共服务成本，是形成规模效应的根本之道。

第二，经济落后，发展缓慢是迟滞民生改善的经济因素。三江源藏区群众由于地理环境的因素，收入来源稀少，就业渠道窄，大部分地区农牧民的经济来源依靠国家各种扶贫项目的经费。在其他有草山的地区，当地居民的主要经济收入来源是虫草收入，然而，藏区的虫草市场和居民收入之间呈现"小富掩大贫"的现象。藏区虫草市场具有地区性和季节性，即依靠虫草致富的群众多半原本就生活在虫草密集生长区域，虫草的采收集中于每年积雪溶化的农历四月至五月间，以虫草为生者不得不在其余时间从事其他工作以维持生计。同时现阶段对于虫草的药用价值存在相关疑点，如果虫草的药用价值在未来的科研阶段被证实没有神奇的疗效，当地农牧民失去虫草收入后将何去何从？此外，虽然虫草给当地居民带来丰厚的报酬，繁荣了草原经济，但是也给草原生态带来巨大压力和可持续性问题，同时由于虫草产量不足，越来越多的采挖者进入藏族"神山"进行采挖，导致在虫草采挖过程中的矛盾与冲突，这也是影响当地稳定和谐的一个因素。这些因素也会被藏独势力利用来扰乱当地的民心，破坏当地的稳定。值得一提的是，现阶段藏区农牧民收入结构单一，承担风险能力弱，突发重大灾害或者疾病就会严重影响农牧民的生产生活，如果没有国家政策为农牧民收入兜底保证，就会存在严重的返贫问题。

第三，基础设施薄弱，公共服务水平落后加剧区域差距。受三江源藏区地理环境的限制，地广人稀，人口分散，公共服务的辐射半径太大，无法形成规模化，在人员分散的地方要保证当地农牧民享受到成熟完善的公共服务是不现实的，在实际的投入方面也无法落实，所以就导致三江源农牧民难以平等地享受到基本的公共服务。同时公共服务存在"投非所用，供非所需"的情况。例如，投入资金修建便民图书馆，在实际的走访过程当中发现并没有真正意义上地投入使用，长期关闭无人维护，馆内的书籍不考虑实际情况，投放的大部分都是汉文书籍，当地藏族群众看不懂，或者后续没有跟进完善，这些投入非所用的情况都使公共资源产生浪费，并没有发挥出其应有的价值与作用。

第四，生态保护和民生保障之间缺乏协调统筹和法律保障。由于三江源生态地位的特殊性，以往的政策出现了重生态、轻民生的情况。一味地为了生态保护的政策导向而忽视了民生问题，同时因为生态环境保护也纳入了干部绩效考核当中，这一问题也难以根治，而导致了民生问题与生态保护问题之间产生了矛盾。需要当地政府统筹规划，合理制定相关的政策与规定，既要绿水青山，也要金山银山。既让农牧民的生产生活得到保障，也能够保护当地的生态环境，并受到相关法律的保障。

第五，三江源区域内发展亦不平衡、不充分和不均等。从横向的角度来看，三江源地区在地理空间上占地广袤，相关的政策也需要因地制宜，不能一概而论，又因各个地区之间在地理环境、气候条件、矿产资源分布方面都存在差异性，需要格外重视区域间发展的差异。草山、虫草等自然禀赋较好地区数量和带动力有限，存在"小富掩大贫"现象。又例如受政策倾斜程度和知名度的不同，三江源地区的玉树州，各方面的发展会比其他如果洛州、海南州、黄南州相对要好一些，同时大部分的虫草也分布在玉树州地界，当地的农牧民的生活水平就相对其他各州县要优越一些。但是各个州县发展的不平衡也需要引起足够的重视。制定相关政策也需要考虑各个州县之间的差异和特有的自然禀赋。如在果洛州玛多县，地处黄河源头，是格萨尔文化的重要发源地之一，有扎陵湖、鄂陵湖、星星海等自然景观，其文化和自然资源独特可发展旅游业和相关旅游文化产业。

第六，扶贫政策和项目工程缺乏前瞻性和连续性。面对三江源地区独特的地理位置和生态地位，政府在制定相关的政策方面需要保证前瞻性和连续性，这样才能保障当地农牧民的民生问题。刚刚投入使用的项目没有运行几年又要拆掉改建其他项目，或者由于资金和地方财政短缺，项目实施到一半就不能再继续施行。这样劳民又伤财的政策走向，一方面不利于当地的民生和经济建设，另一方面也不利于政府的公信力建设。

"善治病者，必医其受病之处；善救弊者，必塞其起弊之源。"藏区诸多问题归根结底在于地区间发展不充分不平衡上。而三江源生态保护与民生保障的有力抓手即在国家公园建设与管护中实现牧民身份的就地转换，让当地群众充分参与其中，提高其获得感和幸福指数，使基本公共服务体系建设与完善成为化解藏区诸多社会矛盾的减压阀。

三、主要做法及成效

2011 年，国务院审议并通过了《青海三江源国家生态保护综合试验区总体方案》，提出建立青海三江源国家生态保护综合试验区。试验区建立后，三江源地区在生态环境和民生保障两方面得到大幅度改善。2016 年中央层面在顶层设计上明确了三江源藏区的发展战略，提出青海省的发展应"扎扎实实推进经济持续健康发展，扎扎实实推进生态环境保护，扎扎实实保障和改善民生"。[①]并将之前的"三江源自然保护区"升格为"中国三江源国家公园"，成为中国首个国家体制公园试点地区。中央和青海省各级政府在三江源地区生态保护和民生改善方面达成共识，即三江源生态移民就地转化，身份由原先的"游牧人"转变为国家公园的"管护员"，在生态保护的同时要使广大牧民投入国家

[①] "四个扎扎实实"是 2016 年 8 月 22—24 日，习近平专程前来青海格尔木"长江源村"（为保护三江源生态，也为保障和改善民生，2004 年该村村民从海拔 4700 米的可可西里整体搬迁到此，是一典型的藏族生态移民村）时对青海省所提出的重大工作要求。为保护三江源生态、改善藏区民生，贯彻落实习近平上述重大要求，2016 年 12 月 28 日，青海省第十二届委员会第十三次全体会议上提出"四个转变"（即"努力实现从经济小省向生态大省、生态强省的转变，从人口小省向民族团结进步大省的转变，从研究地方发展战略向融入国家战略的转变，从农牧民单一的种植、养殖、生态看护向生态生产生活良性循环的转变"）为青海省"十三五"各项工作的总体指导原则。

公园的建设、经营和管护当中去；建立稳定增收机制，加大藏区群众的大众参与感、获得感，摸索三江源生态脱贫路径、激活藏区社会内在活力并以此推动藏区协调发展，从源头上预防和减少生态破坏及地区社会矛盾的发生，保障和维护好藏区社会稳定与和谐。三江源国家生态保护综合试验区建设两年来，有力推动了三江源地区的可持续发展，在生态保护、区域发展的同时，民生权利的保障与改善也有了新的突破。主要做法与成效如下：

（一）自然环境与生存条件大幅改善

三江源藏区民生问题的核心是"人与自然和谐"永续发展。这是政府服务人民的最高价值取向，就是在建设"青藏高原生态屏障"的同时，统筹谋划，解决当地群众的衣、食、住、用、行等基本民生问题。三江源地区生态环境条件和民生条件的改善和可持续发展不仅关系到当地人与自然的和谐永续发展，而且还对亚洲乃至世界人与自然可持续发展具有重要的战略意义。保护了三江源地区的生态环境，也就等于保护了人类文明可持续发展的生态屏障与人类生存环境。如果三江源藏区的生态环境都得不到保护，其他权益也无从谈起。正是由于三江源地区特殊的地理环境，青海省政府坚持生态保护与制度建设同抓、工程治理与自然修复并重，驰而不息地推进生态文明建设。仅 2017 年一年，青海省先后投资 10 亿元专项资金，重点实施18 个保护监测设施项目、5 个科普教育服务设施项目、12 个门禁系统项目、13 个森林公安派出所项目。截至目前，已完成投资 7.5 亿元，占总投资的 75%。同时将生态保护落实到乡镇一级，精准到管护员个人。应该说扎实推动了三江源二期工程、湿地保护、生物多样性保护等项目有效实施。2017 年，在国家公园范围内组织实施三江源生态保护和建设二期工程，5 大类共计 8 个项目，总投资 4535 万元。如在三江源三个核心区通过项目化建设，治理黑土滩项目1 个，草原有害生物防控项目 2 个，沙化土地防治 3 个，目前项目已基本完成。[①]经青海省各级环境检测部门与中国科学院专家 10 年的检测结果表明：三江源地区生态系统退化趋势得到初步遏制，重点生态建设工程区生态状况

---

① 中共青海省委、青海省人民政府：《青海省精准扶贫工作汇报》2017 年 5 月 20 日。

好转；草地和湿地面积增加，荒漠化趋势出现初步逆转；草地退化趋势得到初步遏制，草畜矛盾有所减轻；水源涵养功能提高，水资源总量增加；生态系统土壤保持服务功能提高。随着生态移民、退牧还草、人工增雨、鼠害防治、水土保持等一系列生态保护和建设工程的持续推进，水体与湿地面积扩大，生态系统结构和质量改善，三江源地区野生动物生存和栖息环境逐渐恢复。同时，由于人类活动对生态系统干扰强度减少，三江源自然保护区野生动物种群数量明显增加，生态环境和人居环境均呈明显改善和良性发展态势。

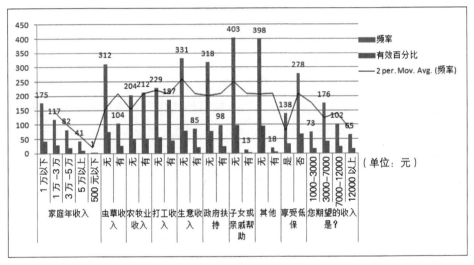

数据来源："三江源藏区基本公共服务体系建设调查问卷"

图 3 "三江源藏区精准扶贫问卷调查"受访者收入来源及预期

根据《三江源国家公园体制试点规划》，青海省各级政府将通过产业扶贫、资产收益、设置生态公益性管护岗位等方式为基础，深层次地解决藏区群众的民生问题。生态环境得到有效保护后，原先在三江源藏区普遍存在的贫困问题在党中央、国务院、全国政协和国务院扶贫办的组织实施下，通过项目化运作，稳步推进。藏区腹地村级道路畅通和安全饮水工程，电网改造、光伏扶贫、美丽乡村建设及藏区基础设施和生产生活条件得到明显改善，为区域经济发展奠定了良好基础，居民收入水平也不断提高。问卷（见图 3）中显示：受访的 416 人中家庭年收入 1 万元以下者有 175 人，占受访总人数的 42%；年收入 1 万—3 万元者 117 人，占受访总人数的 28%；3 万—5 万元者 82 人，占受访总人数的 19.7%；5 万元以上者 41 人，占受访总人数的 9.8%。在对其预期收入调查中得知：73 人希望他们的月收入稳定在 1000—3000 元，占受访总人数的 17.5%；176 人希望是 3000—7000 元，占受访总人数的 42%；102 人希望是 7000—12000 元，占受访总人数的 24.5%；12000 元以上者 65 人，占受访总人数的 15.6%。他们的收入来源以虫草收入为主的有 104 人，占受访总人数的 25%；212 人从事农牧业，占受访总人数 50.9%；以打工为生者 187 人，占受访总人数的 44.9%；经商者 85 人，占受访总人数的 20%；98 人依靠政府帮扶，占受访总人数的 23.5%；13 人依靠子女或亲戚帮扶。他们中有 138 人享受政府低保，占受访总人数的 33.1%。三江源藏区农牧民人均可支配收入已从 2010 年的 4122 元增长至 2016 年的 8519 元，6 年增长 1.07 倍，年均增长达 12.86%。同时，城镇常住居民的人均可支配收入也从 2010 年的 1.5 万元增长至 2016 年的 2.7 万元，年均增长 10.78%，实现 6 年稳定增长。① 以果洛州玛多县② 为例，二十世纪七八十年代，人口不到万人的玛多县，提出"突破百万牲畜"的发展目标。繁荣的背后，生态灾难悄然逼近。到 20 世纪 90 年代末，全县七成草场退化，牛羊无草、牧民减收，变成了"贫困县"。尝过苦头的牧民群众更深刻理解了国家的生态环保政策与牧民生活改善之间的利害关系，更加坚定自觉地加入三江源生态环境的管护队伍。而今，昔日黄河源头千湖美景再现玛多。

（二）教育与职业培训长足发展

三江源藏区的教育和文化水平相对落后，但自 2005 年以来，国家和政府通过有效调控，区外优秀教育师资力量不断被吸纳进来。藏区适龄儿童、青少年不仅享受到学校免费的义务教育，各州县还新办了一些职业学校。纵向来看，三江源地区的教育事业都取得了长足发展，文盲率明显下降，牧民群众的科学文化水平、法律意识、公民意识等人口素质不断提高。三江源藏区所有学生 15 年免费教育全面落实，各建成 1 所中等职业学校。实施了学前教育双语幼儿园、教育基础薄弱县普通高中、中等职业教育、教师周转宿舍等

① 数据来源：国家统计局青海调查总队居民收支调查处（2010—2016 年）。
② "玛多"藏语意为"黄河源头"。

64 个项目建设。[1] 如黄南州把发展教育事业作为地区自我发展新突破，开办天津重点中学"黄南班"，总数达 7 个，招生 315 名；招生中职班学生 190 人。还通过"3+2"方式，开办中藏医药剂、药品检测专业，招生 50 人。组织四县农牧民子女三好学生 9 批次 400 多人到天津市、北京市访学，还培训各级党政干部及教育、卫生、科技、农牧等各类专业技术人员 74 期 4460（人）次；[2] 海西州安排教育资金 22970 万元，建成了海西教师培训中心。给 10096 名贫困学生发放职业教育资助金、三江源补助资金和其他补助资金 962.07 万元；[3] 果洛州对全州所有家庭全程免除学杂费、教材费并补助生活费。认真落实从学前教育到小学、中学、大学"一条龙"帮扶机制，加强中等职业教育工作，让未升入普通高中的初中毕业生都接受中等职业教育；加强贫困地区教师队伍建设，不断提升师资队伍教学能力；利用上海对口援青的智力优势，积极推进异地办学，扩大办学规模。[4] 在西宁市、海东市建有"三江源民族中学"等，成效显著。本次问卷（见图 4）问题"对本地区义务教育的总体感受"中，表示非常满意者 75 人，占受访总人数的 10.9%；183 人认为满意，占受访总人数的 26.6%；267 人表示一般，占受访总人数的 38.8%；95 人不满意，占受访总人数的 13.8%；1 人感到非常不满意，占受访总人数的 0.1%。此外，有 68 人表示对义务教育并不了解，占受访总人数的 9.8%。在问题"是否保障就近入学"中，45 人感到非常有保障，占受访总人数的 6.5%；139 人认为有保障，占受访总人数的 20.1%；感到保障就近入学一般者高达 318 人，占受访总人数的 46.2%；认为没有保障者 128 人，占受访总人数的 18.6%；还有 59 人表示不了解，占受访总人数的 8.6%。关于"教育乱收费"问题，135 人认为不存在该现象，占受访总人数的 19.5%；99 人认为乱收费现象偶尔存在，占受访总人数的 14.3%；285 人对此持有一般态度，占受访总人数的 41.3%；90 人认为该现象严重，占受访总人数的 13.4%；有 1 人认为非常严重，占受

---

[1] 数据来源：青海省人民政府网站 http://www.qh.gov.cn/。
[2] 数据来源：黄南州人民政府《黄南州精准扶贫工作汇报》2017 年 5 月 19 日（内部资料）。
[3] 数据来源：海西州人民政府《海西州脱贫攻坚工作情况汇报》2017 年 5 月 19 日（内部资料）。
[4] 数据来源：果洛州人民政府《果洛州脱贫攻坚工作情况汇报》2017 年 5 月 16 日（内部资料）。

访总人数 0.1%；还有 79 人表示对此不了解，占受访总人数的 11.4%。在问询到"学生课业负担"中，71 人认为没有负担，占受访总人数的 10.3%；157 人感到有负担但并不是很重，占受访总人数的 22.8%；254 人认为负担一般，占受访总人数的 36.9%；122 人表示课业负担重，占受访总人数的 17.7%，其中 1 人认为非常重，占受访总人数的 0.1%；并有 84 人表示不了解该情况，占受访总人数的 12.2%。

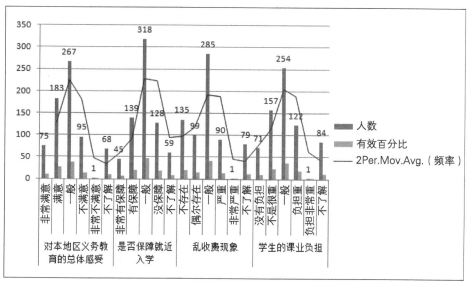

数据来源："三江源藏区基本公共服务体系建设调查问卷"

图4　三江源藏区受访者对当地义务教育的评价

（三）生态保护与就业"双赢"稳步推进

三江源地区的生态环境有着重要的战略地位，藏区居民的就业问题始终要走有利于改善生态与改善民生的"双赢"之路，避免重蹈追求经济利益而导致超载过牧、乱采滥挖，以致生态退化、经济衰退等恶性循环的覆辙。黄南、玉树及果洛各州县多措并举，出台优惠政策，大力发展当地特色产业；各县设立生态管护公益性岗位、培训国家公园管护员、解说员等，极大地调动了农牧民保护草原生态的积极性，为今后建立草原保护和合理利用长效机制奠定了基础。各级政府并村"两委"，因地制宜，大力扶持发展生态畜牧业、畜牧业合作社，强化生态移民的技能培训，加大对特色种养业畜产品加工、生态旅游业的扶持力度，积极帮助生态移民发展二、三产业，以此确保生态居民有稳定的收入来源，有效巩固生态保护及其建设的成果。如贵南县实施"青春创业扶贫行动"计划，积极引导扶持大学生创业创新，为家乡培育人才。力争实现更多居民就业增收，利用互联网时代深入结合供销联社电商网络发展契机，通过招商引资，整合项目等手段，搭建覆盖全县 6 乡镇 30个村的电商网络服务平台，打造物流园区，建立农牧区产品集散基地，推进电商线上线下渠道同步建设。又如果洛州充分利用三江源核心功能区各项优惠政策，依托科技、农牧、人社、扶贫等各类培训资源，结合县域产业发展，围绕各乡村产业发展需要，进行肉乳制品加工、藏茶蔬菜种植加工、汽车修理、民族手工艺品加工和商贸餐饮旅游服务等技能培训；与当地龙头企业、专业合作社、外地企业协调，定向输出劳务，力促劳动力就业增收；黄南州实施了生态保护与就业计划，在省级安排 5978 个生态公益性管护岗位的基础上，自主开发公益性岗位 360 个，全部安排给建档立卡贫困户从事生态公益性管护工作，人均月工资达 1800 元。

（四）医疗卫生条件改善，群众满意度较高

三江源地区平均海拔 3500 米以上，高寒、干旱、缺氧，自然条件艰苦等特殊生存环境使得居民看病难、就医难，医疗负担也很沉重。在这些地区医疗保障被作为民生大事，与当地人民群众的生活息息相关。政府对此实施了基层医疗卫生服务体系、儿童医疗服务体系、重大疾病防控体系、妇幼健康和计划生育服务体系及地市级医院等 22 个项目建设。在各地区的齐心协力下，藏区居民的医疗救助得到了很大的改善和提升。贵南县新型农村合作医疗体系不断完善，医疗装备水平不断提高，医疗保险大病救助实现年报销2872 人次，医疗救助金年报销额超过 370 万元，建档立卡贫困人口就医同步享受医保、大病保险和医疗救助政策；果洛州以现有的基本医疗保险为基础、大病医疗保险为补充，实行基本医疗和大病保险制度全覆盖，降低大病保险和医疗救助的起付线。对贫困人口参加城乡居民基本医疗保险个人缴费部分，在争取国家补助资金的基础上，由州、县财政按比例分级承担，给予全额资助，2016 年，全州开展临时性医疗救助 4199 人次，累计发放救助金 1067.8 万元；玉树州健康工程，州县两级财政筹措资金 2.1 亿元用于各类地方病的医疗普查、重大疾病防控等公共卫生工作。问卷（见图 5）中就问题"对本地医疗卫生保障的总体感受是"，213 人表示对此满意，占受访总人数的 30.9%，并有 4 人认为非常满意；233 人觉得一般，占受访总人数的 33.8%；122 人感到不满意，占受访总人数的 17.7%；114 人认为非常不满意，占受访总人数的 20.8%。关于"获得需要的医疗服务是否方便"，有 232 人认为方便，占受访总人数的 33.6%，还有 8 人感到非常方便；认为一般者 195 人，占受访总人数的 28%；127 人表示不方便，占受访总人数的 18%；122 人认为非常不方便，占受访总人数的 17.7%。关于"医疗保险是否方便"，有 196 人认为方便，占受访总人数的 28.4%，并有 5 人表示非常方便；212 人觉得一般，占受访总人数的 30.7%；认为不方便者有 127 人，占受访总人数的 18%；还有 87 人表示非常不方便，占受访总人数的 12.6%；对医疗保险不了解者有 60 人。在问及"本地看病的医药费负担"时，表示便宜者有 185 人，占受访总人数的 26.8%；239 人认为一般，占受访总人数的 34.6%；不便宜者 120 人，占受访总人数的 17%；还有 135 人感到非常贵，占受访总人数的 19.5%。对于"本地食品安全状况"高达 486 人认为安全，占受访总人数的 81%，并有 17 人对此表示非常安全；131 人认为一般；表示不安全者仅 50 人。

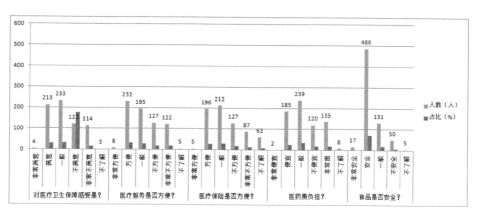

数据来源："三江源藏区基本公共服务体系建设调查问卷"

图 5　受访者对当地医疗卫生服务的评价

（五）异地搬迁形式灵活，效果明显

三江源地区以藏区游牧民族为主，牧民时常居无定所，就医难、子女上学难、行路难、吃水难和用电难等问题相伴而生。因此，游牧定居工程的实施改善了牧民的住房条件。生态移民和小城镇建设等项目的实施，使生态移民社区的水、电、路，文、教、卫等基础设施得到进一步改善，搬迁牧民的生产生活条件发生明显变化，上述提及的问题也得到有效解决。为确保生态移民"搬得出、稳得住、能致富"，青海省财政为此共投入 3 亿元改善了三江源区 23 个小城镇的基础设施条件。[1] 其中海南州 2014 年投入资金 2200 万元，用于兴海县南部三乡 643 户牧民住房建设；2015 年和 2016 年投入资金 5162 万元，用于全州 5162 户牧民建房补助，户均补助 1 万元。在充分尊重群众意愿的基础上，积极整合行业部门住房建设资金，采取就近集中安置、插花安置、自主安置等模式，共完成投资 2.92 亿元，搬迁安置涉及 5 县 18 个乡镇 90 个村群众 2444 户 8636 人，其中建档立卡户 1996 户 6799 人。[2] 玉树州的安居工程旨在争取棚户改造 3687 户，开工建设 2558 户；危房改造 5300 户，建设完工 3614 户，取得了显著的效果；贵南县投入 1.02 亿元实施扶贫易地搬迁、农牧区危房改造及零自筹建房项目，有效改善了农牧民住房条件。[3] 问卷（图 6）对"当地居住条件和生态环境的评价"调查中，受访者对"理想住所"的期望分别有 106 人希望在城市中拥有配套完善的住房，占受访总人数的 25.4%；70 人希望在城市的住房中邻里都是熟人，占受访总人数的 16.8%；95 人希望在州县拥有配套完善的住房，占受访总人数的 22.8%；83 人希望住所能够远离喧嚣的城市而住在宁静的县城，占受访总人数的 19.9%。对于"过去与现在生态环境的变化"问题中，认为有很大好转者 79 人，占受访总人数的 18.9%；241 人表示有所改善，占受访总人数的 57.9%；35 人认为没有变化；61 人感到有所恶化，占受访总人数的 14.6%。在问及"生态环境建设的主要依靠"时，262 人认为应该依靠政府，占受访总人数的 62.9%；114 人认为要靠群众自身，占受访总人数的 27.4%；36 人提出要依靠社会组织，仅有 4 人认为要依靠企业。

---

[1] 数据来源：中共青海省委 青海省人民政府《青海省精准扶贫工作汇报》2017 年 5 月 20 日。

[2] 数据来源：海南州人民政府《海西州脱贫攻坚工作情况汇报》2017 年 5 月 19 日（内部资料）。

[3] 数据来源：玉树州人民政府《海西州脱贫攻坚工作情况汇报》2017 年 5 月 19 日（内部资料）。

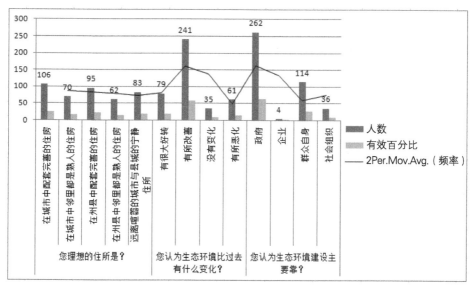

数据来源："三江源藏区基本公共服务体系建设调查问卷"

图 6　受访者对当地居住条件和生态环境的评价

（六）交通出行条件极大改善

随着青海省"十二五"期间"一主六辅"民用机场格局和"十三五"规划中"一主八辅"民用机场格局的基本形成。不仅为当地居民的日常出行提供了极大的便利，更是深化三江源藏区与省内外地区全方位、多层次、宽领域交流合作，形成统筹协调、务实高效、互利共赢的长效机制。

公路建设方面。公路是经济发展的动脉，对于促进三江源区域经济发展，提高藏区人民生活水平有着十分重要的战略意义，是造福群众的基础设施。随着对三江源地区道路交通的优化措施，解决了这些地区人们出行和物资运输困难的问题，改善了各种生产要素流动条件，促进藏区人民思想的转变，增长其收入水平。具体措施如黄南州河南县总投资 3.5 亿元，其中牧区乡村道路投资 1.1 亿元，落实 16 个贫困村通畅工程 16 项，总里程 390 公里。为牧区长远发展注入了活力，大大改善了群众的生产生活条件、拓宽了群众增收的渠道，共享发展成果更加明显，提升了群众全面建成小康社会的信心。果洛州玛多县交通便利，214 国道和花吉公路横贯县境，玛多县成为进藏入疆出川的重要交通枢纽；黄南州在全州范围总投资 7036 万元，建成了两乡两镇 9 个扶贫村 8 条道路，总长 351 公里，城镇道路建设 2184 万元。值得一提的是全长 634.8 公里的共玉高速公路是我国首条穿越青藏高原多年冻土区的高速公路、通往玉树地区的"生命线"公路通道，2017 年 8 月 1 日通车运营。

机场建设方面。随着实施三江源国家公园试点建设，玉树州积极探索开辟转型发展的新路子，玉树航空市场始终紧随玉树经济社会转型升级，坚定不移地服务和支撑玉树发展。玉树机场已有 4 家航空公司运营，达到了 6 个通航点，7 条航线，联通省会、辐射周边的航空网络布局逐步构建。今年，玉树州委州政府先后与首都航空公司、西藏航空公司等签订《共同推进玉树航空运输发展战略合作（框架）协议》，并先后 16 次走访航空公司和相关行业与政府，建立航线专项补贴预算机制，关心支持玉树机场发展，有力保证了机场的稳定运营；果洛机场位于大武镇境内，机场海拔 3787 米，是我国第六、世界第八高海拔机场。机场自 2016 年 7 月 1 日正式通航以来，实行"通廉航空"发展模式，现开通航线为果洛—西宁—西安，每天一班，在果洛—西宁航段引入"通廉模式"运行，经济舱通廉票价为 200 元，为果洛州全体民众提供了周到的服务，成为果洛州民生建设的重要举措。2017 年，果洛机场为促进果洛地方经济社会发展发挥了重要作用。果洛机场稳定运营扭转了果洛单一的出行方式，增强了交通出行的安全性，增强了地区产业发展的优势。而低廉的价格、周到的服务受到了广大群众青睐，航班平均客座率达到 91.5%，高峰期航班更是出现一票难求的景象。果洛机场公司负责人表示，将继续依托西部机场集团和青海机场公司优势，走出一条符合省情实际的航空发展新路，为果洛州地方经济社会发展贡献力量。

汽车客运方面。三江源藏区于 2016 年已先后开通网上售票渠道，省内外旅客可以通过登录官方网站、使用官方 App、使用官方微信、使用移动 Web 这四种方式查询购买汽车票，极大地便利了当地人的出行。此外，本着"以人为本"的民生服务目标，青海省运管局对三江源藏区汽车客运站卫生间设施不完善、管理不到位和脏乱差等问题实施全面维修改造。图 7 问卷数据表明，针对"本地公共交通出行状况总体评价"中：163 人对此表示满意，占受访人数的 24%，并有 42 人认为非常满意，占受访总人数的 6%；310 人感到一般，占受访总人数的

45%；173 人表示不满意，占受访总人数的 25%。关于"现有公共交通出行是否便利"的问题中表示便利者有 155 人，占受访总人数的 22.5%，并有 63 人表示非常便利，占受访总人数的 9.1%；351 人感到一般，占受访总人数的 50.9%；118 人认为不便利，占受访总人数的 17.1%。对于"乘坐公共交通的拥挤程度"的调查中，认为宽敞的有 129 人，占受访总人数的 18.7%；312 人对此表示一般，占受访总人数的 45.3%；7 人认为非常宽敞，占受访总人数的 1%；228 人认为拥挤，占受访总人数的 33%，并有 13 人认为非常拥挤，占受访总人数的 2%。询问"公共交通的票价能否承受"时，表示能承受者 201 人，占受访总人数的 29.2%，并有 37 人表示很容易承受，占受访总人数的 5.4%；277 人认为票价一般，占受访总人数的 40.2%；还有 174 人表示难以承受，占受访总人数的 25.3%。对"本地市政道路的评价"中，感到满意的有 170 人，占受访总人数的 24.7%，并有 60 人认为非常满意，占受访总人数的 8.7%；266 人对此表示一般，占受访总人数的 38.6%；128 人感到不满意，占受访总人数的 18.6%；还有 63 人对于市政道路的情况并不了解，占受访总人数的 9.1%；非常不满意的有 2 人，占受访总人数的 0.3%。

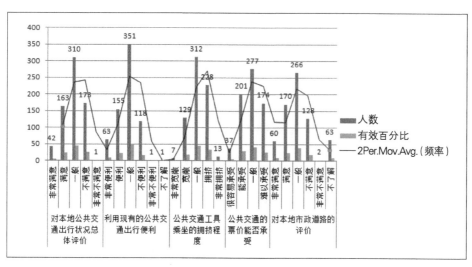

数据来源："三江源藏区基本公共服务体系建设调查问卷"

图 7 受访者对当地交通出行的评价

需要说明的是，就整体而言，三江源地区交通出行条件的改善是历史性的。然而，由于该区域幅员辽阔，牧民居住分散，尤其冬夏草山距离定居点动辄数十甚至上百公里远，成为问卷中部分群众评价一般的根本原因。

四、突出问题及原因

2017 年，经过国家和青海省政府持续不断的努力，三江源藏区民生权利保障成效显著，藏区群众的各项权益都得到明显改善。农牧民生活水平迅速提升；全省在教育方面的投入逐年提高并在三江源藏区全面实现 15 年义务教育；三江源国家公园体制试点的展开，提供生态管护员等岗位逐步实现一户一岗，切实解决了藏区农牧民的就业问题；针对藏区各种举措的实施，对三江源藏区的民生权利保障与改善都起到了显著的作用。然而，在多次调查走访中发现，囿于三江源特殊的地理环境和农牧民的传统观念，该地区在民生权利保障过程中依然存在一些相应的问题，在分析问卷过程发现三江源藏区居民对当地基础建设、公共交通和村容环境的满意度较低，并且对养老服务、医疗卫生、乡镇安全保障方面的诉求很强烈，这也正是三江源藏区民生工作面临的突出问题及症结所在（见图 8）。

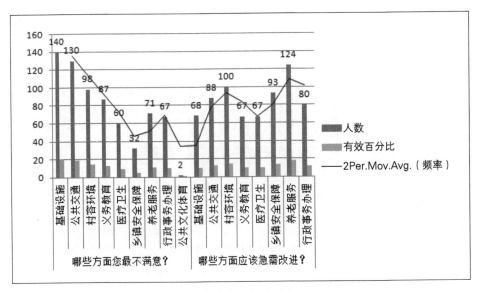

数据来源："三江源藏区基本公共服务体系建设调查问卷"

图 8　受访者对当地基本公共服务的评价

（一）纾困民生喜中有忧

藏区社会历经 10 多年的快速发展期，广大牧民群众的基本生活困难得到极大纾解。但三江源藏区 98% 的地区属于全国集中连片特殊困难地区，集中了西部地区、民族地区、高海拔地区、贫困地区的所有特征。具体体现在：一是贫困发生率高。全省贫困发生率为 10.3%，远高于全国平均水平。二是贫困程度深。贫困人口居住在浅脑山地区和高寒牧区，社会发育程度低，经济结构单一，增收难度大，扶贫战线长，行业短板多，脱贫成本高。三是致贫原因复杂。贫困人口致贫因素复杂多样且交织叠加，在主要致贫因素中，因病、因残、缺劳力、缺技能的占 55.4%。同时，由于受传统习俗影响，因婚、因丧致贫问题也比较突出。四是返贫压力大。农村牧区人口收入结构呈"橄榄型"，大多数处于中间位置，贫困界限不明显，存在相当一部分贫困边缘户，加之贫困地区资源禀赋差，扶贫产业同质化现象突出，抵御自然和市场风险能力弱，贫困群众持续稳定脱贫难度和返贫压力大。五是观念落后。大多数贫困地区交通、信息比较闭塞，"等、靠、要"的思想比较严重。如图 9 显示三江源地区农牧民安土轻迁思想严重，大部分不愿意远离家乡就业，这就导致了当地的就业受限，对生产生活造成阻碍。受自然条件和气候差异影响，一些工程建设施工期短、见效慢，工作推进不平稳，使得藏区农牧民不能及时保质保量地享受各项目或工程带来的好处；惠民工程由于质量监管、后续维修和配套设施不能及时跟进难以发挥应有效益。六是易地搬迁政策。该政策在一定程度上对三江源地区的农牧民产生了极大的方便，也保障了当地农牧民的住房安全和生产生活，但是在政策执行过程中，部分州县的移民安置点设置不合理，选址距离医院和市场等公共场所太远，对生活造成了极大的不便。因种种原因，牧主丧失牛羊肉上的定价权，导致牧民吃肉贵吃肉难的情况出现，群众对此颇有怨言。同时，公共交通也在移民点未普及到位，对移民点的农牧民的就业和出行造成了不便。移民政策因后续就业培训、基础设施和基本公共服务跟不上而打了折扣，造成搬迁后的农牧民对新环境的不适应和不满意。

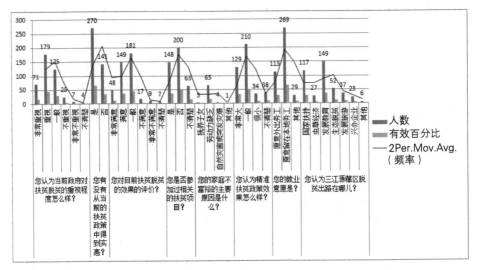

数据来源："三江源藏区基本公共服务体系建设调查问卷"

图 9　受访者对扶贫政策的评价及对脱贫问题的认知情况

（二）更新观念要教育先行

纵向来看，三江源地区教育事业取得了长足发展，人口素质不断提高。藏区全部学生全面享受 15 年免费教育政策。但横向来看，该区教育和文化水平相对比较落后，导致思想封闭、观念陈旧、技能欠缺。目前三江源地区的教育政策，在一定程度上帮助因贫不能受到教育的孩子能够完成学业，如"雨露计划"。但是这些教育优惠政策在实际的施行过程当中，仍在普及的广度和深度上存在一定的问题。在下放的问卷当中，有较多的农牧民不了解或者不知道有这样的便民政策存在。加之受藏传佛教的影响，当地农牧民会选择让家里的孩子去当地寺院学经，一定程度上影响了适龄儿童的受教育权。一个地区群众的教育观念和思想开放度的差别，是造成贫富差距的根本原因，要缩小这种差距，除了被动的引导，由外而内逐步改变外，更要让藏区的孩子有学上，甚至接受优质教育；加大教育走出去的力度，让走出牧区的学生长见识、扩视野、变观念，让他们用自己的话语、自己的故事、自己的方式来影响牧区群众。以他们自身的改变让群众看到差距，同时也是为藏区培养优秀的双语教育人才，只有通过教育，让旧的观念逐步淡化，从而由内而外地主动改变教育观念，增强教育意识，主动适应社会。从根本上斩断贫困的代际传递，为藏区可持续发展培养高素质人才。

（三）因势利导拓宽就业渠道

在藏区的劳动就业方面，近年来虽取得了长足的进步。尤其体现在藏区建设扶贫产业示范园，在贫困村实施旅游扶贫项目，带动了当地群众就业。三江源国家公园体制试点的推进，设置了公益性生态管护员岗位，一户设一岗，切实解决了藏区群众的就业问题。但是对于藏区农牧民来说，岗位仍旧有限，依然会有很多农牧民没有就业的机会，同时藏传佛教不杀生的观念让畜牧业的发展受限，藏族经商的传统观念淡薄，也阻碍了自身的发展；部分农牧民甚至干部还是习惯了以前"输血式"的扶贫方式，"等、靠、要"的现象依然存在。州县各级政府每年组织的劳务输出，因语言、生活习惯和职业技能等原因，赴内地务工藏族青壮年普遍感到不适应而返乡现象比较突出。当地相关部门为了让当地农牧民有一技之长，时常举办相关的就业培训，如驾照的培训。因此，在保障藏区农牧民劳动权益时，应着力探索从外源性的就业转变为内源性的就业的有效途径，让藏区群众的就业取向朝稳定，可持续方向良性发展。如在三江源国家公园建设中，牧民就地转换身份，做讲解员、生态管护员等。

（四）疾病灾害形势严峻

2017年全面落实医疗救助政策，"健康保"保险救助、医疗服务"一免七减""十覆盖"等政策措施持续加力，保障了三江源藏区农牧民的健康问题。受藏族传统饮食习惯和风俗的影响，喜食风干的牛羊肉，极易受到包虫病的影响。包虫病严重危害着藏区群众身体健康和生命安全，也是影响藏区经济发展和社会稳定的重要因素。近年来，政府高度重视藏区包虫病的防控，每年中央和省里都分别拨巨资用来防治包虫病并在政策上给予倾斜和优惠。在青海省卫计委的指导下，在地市州及县乡各级政府部门及医疗工作者和专家的共同努力下，藏区包虫病的发病率较前有所下降，包虫病的蔓延在一定程度上有所控制。但目前包虫病的防治工作形势依然严峻。在治疗疾病的同时，也需要加大宣传力度，转变食物加工方式，加快加工技术革新，防治结合，才能从根本上解决藏区包虫病的蔓延，不让藏区群众受疾病的困扰。藏区农牧民致贫原因中，疾病占据了很大一部分。对于藏区农牧民健康权的保障，同时也避免了农牧民因病返贫的情况。此外，三江源地区的水源地保护和水质污染问题、鼠害虫害问题、部分草原荒漠化、冰雹雪冻及地震等自然灾害也不时困扰着该地区，成为藏区民生痛点。

（五）移民点新老问题叠加

易地扶贫搬迁政策为三江源藏区农牧民提供了住房保障，坚持群众自愿、积极稳妥的方针，搬迁与脱贫同步，安居与乐业并重，通过财政资金补助、融资平台配套、贫困户少量自筹方式，对居住在"一方水土养不起一方人"地区的农牧民实施易地搬迁，项目开工率和工程进度均位居全国前列。受藏族传统游牧的习惯，藏族人民逐水草而居的传统仍旧根深蒂固。易地搬迁政策在实施过程中解决了群众的住房问题，使居住条件得到了极大的改善。但是囿于游牧传统和观念，集中居住的农牧民在生活方式上出现了巨大的转变，难以适应新的生活方式，对搬迁工作存在抵触心理。同时，部分州县的移民安置点设置不合理，部分地区搬迁选址距离县城较远，选址距离医院、市场等公共场所太远，配套设施建设不完善，对生活造成了极大的不便。同时，公共交通也在移民点未普及，对移民点的农牧民的就业和出行造成了阻碍；搬迁政策之后的后续就业培训及宣传工作的深度未能达成，造成搬迁后的农牧民对新环境的不适应。只有安居，才能乐业。如何让农牧民适应新的生活方式，需要解决好三江源藏区农牧民的住房问题，真正保障农牧民的住房权，才能打好生活的基础。

（六）便捷平安出行任重道远

2017 年青海省会同周边省份，统筹铁路、公路、民航协调发展，进一步完善了区域内综合交通基础网络。加强出省通道建设，提高通畅水平和通畅深度，构建现代综合交通运输体系，铁路和公路建设都取得了明显的成绩。构建起与周边省区的快速连接，全省高速公路全覆盖也在如火如荼地进行，丝绸之路经济带沿线干线网建设通达。由于农牧民游牧习惯和三江源藏区山大沟深，地域辽阔，一户一地分散居住的情况普遍存在，偏远地区山大沟深，路况极差，一遇恶劣天气，恶性交通事故难以避免。所以交通建设的现实因素和农牧民的出行要求存在对接困难。同时三江源国家公园体制试点的开展，加大了项目区的基础建设实施难度。当地农牧民便捷、平安与文明出行任重道远。

2016 年三江源国家公园体制试点工作开展后，出台了许多生态环境保护政策，按目前这些政策要求，三江源地区很多位于国家公园园区内的产业项目因受到严格控制，实施起来难度较大。如：2017 年省交通部门下达给玛多县的乡村公路项目，因项目位于国家公园园区内，有破坏生态环境的风险，省环保部门未下达环评批复，导致项目无法正常开工，影响了整体脱贫步伐。这些问题需要各个部门之间做到联动配合，切实解决好经济发展与生态保护的矛盾问题。

贫困家庭收入特征、增收困境与
可持续减贫策略研究

刘飞翔　　吴奶金

（福建农林大学经济学院，福建 福州，350002）

摘要： 分析贫困家庭收入特征是审视精准扶贫成效与不足的新视角，优化收入结构是收入增长持续性的重要保障。研究发现：贫困家庭收入结构与普通农户收入结构存在较大反差；经营性收入比重较低，内生性发展动力不足；工资性收入增长快，财产性收入分配悬殊。进一步运用 Probit 模型分析发现：收入指标显著性水平高脱贫带动作用强；提高内生性收入比例有利于摆脱"返贫"困境；过度强调政府帮扶主体性易陷入"救济陷阱"；收入可持续增长受家庭异质性因素影响。据此，文章提出挖掘当地特色产业，增强收入脱贫带动功能；发挥市场扶贫攻坚作用，增加贫困群众工资性收入；允许扶贫资金的整合与投资，设立村级贫困基金会；优化财政扶贫支出结构，健全监督管理机制等对策建议。

关键词： 贫困家庭；收入特征；增收困境；可持续减贫

一、引言

2020 年要实现全面建成小康社会的宏伟目标，其中短板在农村，而关键在贫困人口。福建省作为沿海省份，具有良好的经济基础，在精准扶贫工作

作者简介：刘飞翔，福建农林大学经济学院。

向纵深推进的同时，贫困分布呈现明显的山海特性，贫困人口多集中于山区，以点状、块状分布；山海区域差距较大、部分扶贫制度设计存在缺陷、部分产业扶贫项目偏重短效，集中力量和资金解决深层次贫困问题的合力不够，脱贫与返贫现象同时存在等深层次难题。如何把"一次性"扶贫方式变成"细水长流"的长效机制，走出一条政府扶贫转移支出合理、贫困人口切实受益、扶贫效果可持续的扶贫道路，已成为研究者的当务之急。本文基于贫困家庭收入特征分析，总结贫困家庭增收困境，提出优化贫困家庭收入的对策建议，致力于提高扶贫开发效率，增强贫困家庭自我发展能力。完善贫困家庭收入增长方式，避免贫困家庭落入"福利陷阱""救济陷阱"，引领各类扶贫资源优化配置，增强精准扶贫的生命力，缓和现阶段扶贫开发中的矛盾，推进脱贫长效机制体系建设。

二、贫困家庭收入特征分析

（一）数据来源

本文调查采取多阶段分层随机抽样方法，结合经济发展水平与贫困家庭总户数等指标，样本覆盖宁德市 9 个县（市），以同样原则随机抽取 9 个乡镇，27 个村共 500 户贫困家庭与脱贫户，其中有效样本 433 户，有效率为86.60%。此外，引用 2011—2016 年福建省统计年鉴、宁德市统计年鉴、2017年福建省人民政府工作报告、2013—2016 年宁德市农业局（扶贫办）统计公报等相关数据。

（二）基尼系数分解与结果

贫困户与脱贫户的收入结构是由多个部分组成的，运用收入来源分析基尼系数，能够观察收入来源类别与变动对于收入不平等等特征的影响程度，同时计算各项收入来源的集中率与贡献率能够清晰分辨收入结构变动与形成收入差距的影响因素。[1] 公式如下：

---

[1] 李炯、张鹰：《中国个人收入差距合理性区间研究》，《中共浙江省委党校学报》2007 年第 4 期，第 89—94 页。

$$G=\sum_{i=1}^{m} U_i \cdot C_i$$

其中，G 表示总收入的基尼系数，U_i 是第 i 项收入在总收入中的比例，C_i 是第 i 项收入的集中率。由此可得，第 i 项收入对总收入分配的不平等程度的贡献率可用 E_i 表示，$E_i=U_i \cdot C_i/G$。根据测算结果如表 1 所示：

表1　样本贫困家庭收入来源集中率与贡献率

收入及其构成	贫困户			脱贫户		
	C_i	U_i	E_i	C_i	U_i	E_i
经营性收入	0.57175	0.14419909	0.263445634	0.404113	0.23249	0.286672
工资性收入	0.345688	0.448915115	0.495873435	0.311295	0.517247	0.491301
财产性收入	0.695472	0.022593645	0.050209774	0.694676	0.020209	0.042837
转移性收入	0.155112	0.384292149	0.190471157	0.255275	0.230053	0.17919

1. 贫困家庭与普通农户收入结构存在较大差别

改革开放以来，我国农村家庭的收入结构发生重大变化，以家庭经营性收入为主导的农村家庭收入结构转变为以工资性收入为主导的收入结构。通过微观面板数据发现，引起农村家庭收入结构发生变化的主因并非资金、土地等物质要素，而是人力资本，关键在于教育与职业技能培训。[1]贫困家庭的工资性收入、转移性收入、财产性收入的比重均高于一般农户，在收入构成上存在明显差异。通过调研分析，文章提出家庭收入来源是反映收入稳定性、持续性的重要参照，贫困家庭收入构成与普通农民收入构成存在反差（见图 1）。

---

[1] 高梦滔、姚洋：《农户收入差距的微观基础：物质资本还是人力资本？》，《经济研究》2006 年第 12 期，第 71—80 页。

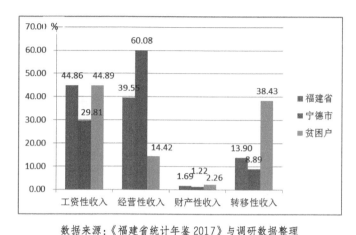

数据来源：《福建省统计年鉴 2017》与调研数据整理

图 1　2016 年样本贫困户与普通农户收入结构比重对比

2. 经营性收入比重较低，内生发展动力不足

贫困户经营性收入的集中率为 0.5717，脱贫户经营性收入的集中率为 0.4041，两者相差 0.1676，对于家庭总收入的贡献分别为 0.1441 和 0.2324。研究发现，贫困家庭劳动力的缺乏是导致家庭经营性收入无法有效提升的主要因素。随着宁德市前四轮的扶贫帮扶，家中有剩余劳动力的均在一定程度上实现脱贫，且脱贫户内部间的收入分配差距相对较小。农村贫困人口缺少必要的农业生产资料，导致贫困家庭无法有效提升家庭经营性收入，导致家庭经营性收入难有提升。

3. 转移性收入显著提升，普惠性特征明显

基于调研数据显示贫困家庭转移性收入从 2013 年的 1875 元增长到 2016 年的 4231 元，贫困户与脱贫户转移性收入的集中率分别为 0.1551、0.2552，是四项收入中分配最平均的收入来源，同时对总收入的贡献率仅次于工资性收入；表 2 也反映转移性收入的中位数与平均值相对平衡。从理论视角分析，转移性收入是实现脱贫最有效率且最公平的方式。提高转移性收入在农村居民收入中的比重，有利于农村居民形成对未来的积极预期。但以转移性收入为主要支撑的贫困家庭收入结构缺乏内生性，若脱贫后未能及时稳定就业，又缺乏产业支撑，返贫风险较高。

4. 工资性收入增长快，财产性收入悬殊

从宁德市扶贫办现有的材料分析，贫困家庭户的工资性收入从 2013 年的 3564 元增长到 2016 年的 6212 元，增长 74.29%。从调研情况分析，工资性收入增长速度远高于其他的收入来源。从测算数据中看出，贫困户与脱贫户收入来源中对收入不平等程度贡献最高的均为工资性收入，分别为 0.4958、0.4913。工资性收入在贫困户与脱贫户总收入中的比重均为最高，农村居民兼业化现象已十分普遍，务工性收入增加。从表 2 可看出，贫困户的工资性收入远低于脱贫户的工资性收入，是造成两者差异性的主要因素。从表 1 和表 2 中均可看出，贫困户与脱贫户集中率 C_i 最高的均为财产性收入，且离散程度大。数据表明，在以上 4 项收入来源汇总，财产性收入在贫困户与脱贫户中的分配最不平均，贫困户与脱贫户的财产性收入主要来源土地流转与入股分红（政府行为）。随着促进土地流转政策的实施，部分少劳力的贫困户与脱贫户将耕作基础好的农田流转出去，获得相应的土地租金。

表2 2016 年样本贫困家庭收入构成表

指标	平均值		标准差		中位数	
	贫困户	脱贫户	贫困户	脱贫户	贫困户	脱贫户
经营性收入	1720.17	3817.48	8365.88	7987.07	2500	3000
工资性收入	5355.17	8493.19	4327.73	11571.05	800	7700
财产性收入	269.52	331.83	1238.84	1096.70	0	0
转移性收入	4584.27	3777.47	6043.69	7633.87	5240	4300

数据来源：根据调研数据整理

三、基于 Probit 的贫困家庭增收困境实证分析

（一）模型选择与变量说明

1. 模型选择

为分析影响脱贫的主要因素，揭示收入增长的深层次机理，破解贫困家

庭增收缓慢难题，在前文对收入特征和增长方式初步分析的基础上，通过研究是否增收脱贫，佐证收入的影响作用，同时分析脱贫的制约因素与增收困境。[①] 本研究采用 Probit 模型，分析贫困家庭的收入增长制约因素及脱贫影响因素。Probit 模型在被解释变量 Y 是 0 或 1 的变量，事件发生的概率依赖于解释变量，可以很好地解释自变量对于因变量的作用和影响。从而判断贫困家庭增收脱贫的影响因素，间接考查收入的稳定性和可持续性，同时论证是否陷入"增收陷阱"。

当 Y=1 时，表示因变量的作用对样本的作用明显，即样本户受到自变量的影响大，实现增收脱贫；当 Y=0 时表示因变量的作用对样本的影响弱，在计量统计上表明对样本户的增收脱贫产生影响不明显。因此可表示为：

$$Y\star=\beta+\beta x+u \tag{1}$$

其中 Y 为因变量，表示样本量是否因帮扶政策和收入的变化而实现脱贫，X 表示影响样本贫困程度的自变量，u 独立于 X 且服从标准正态分布。因此模型可表示为：

$$Z(Y=1 \mid X=x)=Z(Y\star>0 \mid X=x)$$
$$=Z(\beta_0+\beta x +u)$$
$$=Z[u>-(\beta_0+\beta x)]$$
$$=\Phi(\beta_0+\beta x) \tag{2}$$

结合相关学者的前期研究，本文将采用极大似然估计法、最小二乘估计法对（2）式进行参数估计。

2. 变量选择与说明

（1）因变量。脱贫的主要依据是收入的增加，而增收受多方面因素影响，如果摆脱贫困表明增收的存在，而未脱贫则表明增收情况与其他保障性因素不理想。为了研究脱贫攻坚帮扶措施是否发挥精准脱贫的作用，也分析收入的稳定性和影响因素，文章将真实脱贫率（是否增收脱贫）作为研究的因变量，既能分析收入对于脱贫的作用，又能分析影响脱贫和增收的影响因子。

[①] 李华、陈迪：《疾病风险全保障程度与筹资水平测算——以中国中等发达地区某省 N 市为例》，《社会科学辑刊》2016 年第 1 期，第 89—98 页。

将影响脱贫户与贫困户的因素进行比较，趋于增收脱贫则记因变量 Y=1，若相关变量未得到明显改善，则记因变量 Y=0。

（2）自变量。贫困家庭收入受到多方面因素的影响，各种内生性与外生性因素对于脱贫效果的影响程度不同。为深入了解帮扶群众是否在各项帮扶下实现增收脱贫，本文主要选取个体差异、家庭特征、家庭经济状况、社会保障体系完善度、生产要素禀赋 5 方面，设计 18 个指标（见表 3），希望借助计量模型客观反映出贫困群众脱贫能力与脱贫动力的真实性，了解和分析这些内外变量对于脱贫效果的影响程度。

表3 变量定义与描述统计结果

变量名称	变量描述	均值		
		所有样本量	山区样本	沿海样本
调查农户年龄（x_1）	受访家庭户主年龄（年）	55.57	56.43	54.88
受教育程度（x_2）	受教育程度变量：小学及以下 =0，初中 =1，高中 =2，职校、中专 =3，本科（大专）及以上 =4	1.18	1.19	1.17
家庭人口数（x_3）	贫困家庭人口数（人）	3.17	3.14	3.20
是否有大病家属或残疾人（x_4）	大病家属或残疾人变量：否 =0，是 =1	0.78	0.71	0.83
是否有在学子女或高龄老人（x_5）	在学子女或高龄老人变量：否 =0，是 =1	0.86	0.83	0.88
经营性收入（x_6）	贫困家庭经营性收入（元）	4586.32	3073.74	6098.90
工资性收入（x_7）	贫困家庭工资性收入（元）	5106.68	4876.44	5336.92
财产性收入（x_8）	贫困家庭财产性收入（元）	300.66	297.27	304.05
转移性收入（x_9）	贫困家庭转移性收入（元）	4180.87	3689.65	4672.09
是否有新农保（x_{10}）	参加新农保变量：否 =0，是 =1	0.81	0.80	0.82
是否有低保（x_{11}）	参加低保变量：否 =0，是 =1	0.26	0.23	0.29
是否享有信贷（x_{12}）	获得信贷支持变量：否 =0，是 =1	0.20	0.23	0.18

变量名称	变量描述	均值		
		所有样本量	山区样本	沿海样本
是否获得危房改造（x_{13}）	危房改造变量：否 =0，是 =1	0.24	0.29	0.20
是否有子女助学补贴（x_{14}）	子女助学补助变量：否 =0，是 =1	0.24	0.22	0.25
是否医疗救助（x_{15}）	大病医疗救助变量：否 =0，是 =1	0.33	0.39	0.29
是否劳动力技能培训（x_{16}）	劳动力技能培训变量：否 =0，是 =1	0.25	0.30	0.21
是否造福工程（x_{17}）	造福工程变量：否 =0，是 =1	0.08	0.12	0.02
是否发展特色产业（x_{18}）	发展特色产业变量：否 =0，是 =1	0.31	0.19	0.40

（二）实证结果分析

本研究实证分析通过调研所得的第一手数据运用 Stata12.0 软件，对因变量与自变量运用 Probit 模型进行参数估计，模型估计结果如表 4 所示：

表4　样本贫困家庭增收脱贫影响因素实证结果

变量	系数	标准误	P>|z|
调查农户年龄（x1）	−0.0043323	0.006357	0.496
受教育程度（x2）	−0.0799678	0.1655013	0.629
家庭人口数（x3）	−0.0408573	0.0571067	0.474
是否有大病家属或残疾人（x4）	−0.4757722	0.1971496	0.016**
是否有在学子女或高龄老人（x5）	−1.052737	0.1831965	0.003***
经营性收入（x6）	0 .000081	0.0000134	0.005***
工资性收入（x7）	0.0000347	0.0203231	0.001***
财产性收入（x8）	0.0001191	0.0000582	0.039**

续表

变量	系数	标准误	P>|z|
转移性收入（x9）	0.0000473	0.0000134	0.000***
是否有新农保（x10）	0.5022428	0.2194415	0.022**
是否有低保（x11）	−1.129491	0.1934824	0.000***
是否获得危房改造（x12）	0.6534925	0.1912742	0.001***
是否有子女助学补贴（x13）	−0.11392	0.1207999	0.346
是否医疗救助（x14）	−0.0459283	0.1709946	0.788
是否享有信贷（x15）	−0.8144436	0.2029299	0.003***
是否劳动力技能培训（x16）	−0.4817108	0.1903885	0.011**
是否易地扶贫、造福工程、移民搬迁（x17）	0.1908033	0.3375981	0.572
是否发展特色产业（x18）	−0.3617467	0.177095	0.041**

注：表中 *，**，*** 表示 90%，95%，99% 水平下显著（下同）

根据表 4 显示，贫困家庭户主的个体特征未通过显著性检验，即在现有扶贫模式下，贫困家庭户主年龄、受教育程度对于增收脱贫影响不大；家庭特征中的人口数未通过显著性检验，而是否有大病家属和在学子女分别通过 5% 和 1% 的显著性检验；家庭经济状况 4 项收入来源状况均通过有效性检验；社会保障体系完善度中的低保、农保和危房改造通过显著性检验；生产要素禀赋中的信贷、技能培训、特色产业通过显著性检验。通过对于实证结果进行分析并结合调研数据得出以下结论：

1. 收入指标显著性水平高，脱贫带动作用强

扶贫归根结底是实现贫困家庭收入的稳定与可持续增长，达到普通农民的人均收入水平，实现具有内生性的自我发展能力。[1]收入标准作为当前我国衡量绝对贫困的核心指标，汇集各类优势资源提升收入水平的同时，也产生

[1] 汪三贵、殷浩栋、王瑜：《中国扶贫开发的实践、挑战与政策展望》，《华南师范大学学报》(社会科学版) 2017 年第 4 期，第 18—25、189 页。

溢出效应，对于贫困家庭的脱贫是利好举措，也是当前扶贫开发的主要途径。

上述结果显示收入变量中经营性收入、工资性收入、财产性收入、转移性收入的系数均为正数，显著性水平均在99%以上。表明收入变量对于贫困家庭是否脱贫具有重要的正向作用。其中家庭经营性收入、工资性收入对于收入水平的提升作用明显，占贫困家庭收入的70.69%。这两个变量是贫困家庭自我发展能力的体现，表明经营性收入与工资性收入的增长是当前脱贫帮扶的主要形式。转移性收入的大幅度提升占贫困家庭收入的28.67%，体现现有帮扶政策体系下，贫困家庭获得真正实惠。

2. 适度规模的内生性产业具有溢出效应

对家庭经营性与工资性收入进行标准化处理，将这两项收入超过3497元的设为1，低于此标准的为0，重新构建一个分析结构，结果如表5。结果表明实施造血式帮扶工程体现在为贫困家庭提供信贷资金用于发展生产，对有劳动力的贫困家庭提供劳动技能培训，同时指导贫困家庭因地制宜发展特色产业。从实证分析结果来看，此3项结果均为有效值，分别通过1%和5%的显著性检验（见表5），对稳定脱贫起到关键作用。但该系数也反映出另一个问题，过多的进行生产禀赋的供给将不利于贫困家庭的收入增长。参加合作社、承包农田是进一步稳定内生性收入的关键，与收入的增长呈现正相关。基于现实角度分析，贫困家庭成员处于相对弱势地位，若给予其自身无法承受的信贷和产业规模，必将产生相应的负担，从而陷入增长不增收或是"顾此失彼"的增长困境。此外通过扶持内生性产业的发展，不仅是带动贫困家庭增收实现脱贫，而且带动所在乡镇、相关产业同步发展，对于改变乡村面貌，振兴乡村具有积极的效果和作用。

表5　样本贫困家庭内生性收入影响因子表

变量	系数	标准误	P>|z|
是否参加合作社（x1）	1.3425675	0.6528273	0.021**
是否劳动力技能培训（x2）	−0.6232546	0.2414464	0.033**
是否发展特色产业（x3）	−0.2567853	0.3215644	0.042**

续表

变量	系数	标准误	P>|z|
是否参与村庄基础设施建设从而获得相关收入（x4）	0.3527079	0.3412046	0.301
承包农田（x5）	-0.3654210	0.1423542	0.035**
是否享有信贷（x6）	-0.6134234	0.19243219	0.017**

3. 过度依赖政府帮扶易陷入"救济陷阱"

过多地强调帮扶对象的瞄准，忽视激发贫困群众的内生发展动力，导致贫困家庭自身的参与性与主动性不足。[①]引发帮扶措施的效果不佳、资源浪费等，实证结果分析表明，子女助学、医疗补助、搬迁等措施的效果不佳，脱贫进程显著性不强，均为通过显著性检验（见表4）。转移性收入的贡献率和集中率分别为 0.2301 和 0.1905，远远高于普通农户。反而助长了贫困群众"等、靠、要"的思想，将脱贫理解为政府行为，政府陷入"帮扶陷阱"，贫困家庭陷入"救济陷阱"的双重失灵状态。

政府是扶贫的主体力量，是 2020 年消除绝对贫困的核心。在此情况下，各级党政部门研究落实中央政策，探索和总结出了诸多模式，如"小额信贷""宁德模式""党建扶贫"等，但也产生一些消极影响。政府主体责任的落实更多体现在材料的优劣，影响帮扶干部的扶贫积极性，表现为将增加转移性收入作为主要帮扶内容，忽视合理性与引导性。

4. 收入可持续增长受家庭异质性因素影响

帮扶政策往往缺乏分类识别的体系，在工作中实行"一刀切"的简单操作，忽视各项收入的合理构成，以贫困家庭收入总量的增加为目标，极易导致扶贫资源的无效利用。实证分析结果显示，户主个体差异与家庭特征对于脱贫效果均不显著（见表4）。且不同贫困家庭对于不同政策的敏感度不相同，在是否参与政府提供帮扶的问题上存在分歧，政府政策的实际效用也有待于

---

① 李小云：《我国农村扶贫战略实施的治理问题》，《贵州社会科学》2013 年第 7 期，第 101—106 页。

进一步研究（见表 5）。一般意义上认为，户主作为家庭社会经济决策的核心，对扶贫措施的敏感度要高，户主的受教育水平将在一定程度上决定帮扶的实施。家庭特征中人口数应当是脱贫的重要影响因素，而实证结果均不显著。

权利贫困理论认为每个个体具有差异性，对于所缺权利的需求是不相同的。从调研情况分析，帮扶干部并未能真正做到因户施策、一户一册。从访谈中了解到，帮扶干部多是从各部门抽调而来，对于扶贫工作的性质、任务与具体措施没有充分掌握，在实践中出现众多问题。只能根据扶贫部门出台的相关文件进行落实，缺乏自主创新，没有考虑贫困家庭的异质性，落实现有政策，却无法解决关键性问题，影响帮扶措施的精准度和实际效果。

（三）小结

本部分基于个体差异、家庭特征、家庭经济状况、社会保障体系完善度、生产要素禀赋 5 方面对贫困家庭脱贫进程的影响因子进行了分析，Probit 实证分析表明，贫困家庭收入构成与各类影响因素类型对于收入的稳定性与脱贫成效存在影响。

（1）各类主要收入构成要素对于贫困家庭的脱贫均为正相关，显著性水平均达到 99% 以上，与假设基本一致。表明在当前的扶贫帮扶中，以增加贫困家庭收入为重点的帮扶策略得到很好贯彻，也发挥了重要作用。

（2）信贷能力、劳动技能培训与发展特色产业结果均为显著，但与脱贫存在负向作用，与假设不一致。

深入分析发现，贫困家庭作为相对弱势群体，并非给予越多越好。打破原有的扶贫认识，侧面反映出适度规模的生产资料帮扶才能减轻贫困家庭的负担，但超过一定程度则会加重贫困群体的负担。

四、基于收入视角的可持续减贫对策建议

（一）挖掘在地特色产业，增强收入脱贫带动功能

积极引导帮扶部门落实各项"造血"扶贫政策，增强贫困群众自我发展能力。产业帮扶政策与"一村一品"紧密结合，立足乡镇资源禀赋，挖掘优势资

源。①协同乡镇村各级帮扶干部结合区域内的农业发展实际，抓好产业扶贫专项资金的使用与管理，找准产业扶贫项目建设发展的突破点，增强贫困群众自身脱贫造血功能，形成以村为单位，以乡镇为依托，围绕县市农业、医药等企业生产原材料。福鼎市贯岭镇组织贫困户利用闲置的山地、荒废的农田种植黄栀子，积极盘活贫困户土地、劳动力等要素，促进"农民变股东"；同时，开展"村企共建，强企扶户"帮扶活动，将收集的黄栀子出售给位于福鼎市区的福建恒康生态农业发展有限公司，利用这一区位优势和黄栀子深加工品广阔的市场需求，帮助贫困群众解决种植技术难题，避开市场销售问题，减少物流成本，实现效益最大化。深入挖掘在地化特色产业，探索可持续、便民利民的发展方式，从而增加贫困群众的经营性收入，提高收入增长的可持续性。

（二）发挥市场扶贫攻坚作用，增加贫困群众工资性收入

发挥市场在资源配置中的决定性作用，实现贫困家庭小而散的生产方式与市场相对接，通过市场主体将贫困家庭纳入市场体系，获得更多的发展机会。贫困家庭通过市场主体同大市场连接起来，增强造血功能，可实现稳定发展、持续发展。通过市场主体参与精准扶贫实现多赢，探索市场参与方的可持续回润模式。一方面，市场主体能够实现资源的最优化配置，有助于精准扶贫到户到人；另一方面，有利于市场主体做大做强。市场主体参与精准扶贫，既是企业的社会责任体现，也能够为农户作为市场主体发展提供土地、劳动力等生产要素，政府在资金、项目、政策环境等各方面提供支持。同时，利用国家成立专业精准扶贫基金的政策机遇，积极探索农村股权投资试点，为市场主体发展提供及时、便捷的资金支持，为市场主体发展提供宽松的融资环境和风险补偿，助推市场主体发展壮大，从而巩固和壮大市场扶贫力量，为提高贫困群众的工资性收入奠定基础。

（三）允许扶贫资金的整合与投资，设立村级贫困基金会

首先，各种扶贫资金经上级政府和贫困群众同意后设立扶贫基金会，但不改变资金扶贫性质，运用资金规模优势投入养殖、水电、乡村旅游。将扶贫

---

① 汪三贵、梁晓敏：《我国资产收益扶贫的实践与机制创新》，《农业经济问题》2017 年第 9 期，第 28—37、110 页。

资金股份量化后，合理划分比例给贫困户和村集体，一般贫困户的比例不低于50%。资产可由村集体或聘用经理经营，从而解决扶贫资金分散，扶贫效果差的缺点，提高贫困户和村集体的资产性收益。其次，允许扶贫资金的整合与投资，提供便利的投资渠道。第一，出台政策。允许各项扶贫资金的整合与投资，使贫困户与村集体放心参与；第二，提供便利的投资渠道。政府应有效引导和搭建通道，通过特许经营、政府购买服务等多种方式，允许农村扶贫基金会投资入股到城乡基础设施建设、运营等部分营利性的项目中。最后，支持贫困农村开展抵押和贴息贷款。在控制风险的前提下，鼓励和支持金融机构开展农村土地承包经营权、农民住房等的抵押贷款。选择有信用的贫困群众为贷款对象，增加信用担保总量；将经营资产收益扶贫项目的经济组织纳入扶贫贴息贷款的发放对象，在安全基础上放宽融资条件，增加资金供给。

（四）优化财政扶贫支出结构，健全监督管理机制

一方面，随着逐年增多的扶贫专项资金，"平均分配"思维和资金条块划拨方式影响着各地扶贫资金的使用。因此要积极优化财政扶贫资金支出结构和使用机制。第一，优化扶贫资金的投放方式。对于贫困程度、致贫原因等不同原因实施定制化的扶贫资金投放路径，因地制宜、实事求是制定资金投放方式，实现扶贫资金使用更精准、更合理。第二，健全扶贫资金的监管机制。监督管理应当以扶贫资金用于贫困群众脱贫致富为原则，弱化"专项资金"概念，严格资金申请机制，简化资金使用监管，强化贫困群众获得感的监管结果，从而推动构建统一申请、统一组织、统一实施、统一结算、统一验收的扶贫资金使用监管机制。

另一方面，建立正向激励机制，激发贫困群众内生动力。将"自我脱贫"与"利他行为"转变为社会规范，以民主评议的形式在邻里压力下转变观念，由此催生脱贫攻坚的动力。可以通过通报表扬、选取优秀脱贫示范户等方式，提高贫困户参与合作项目的社会满足感。产业扶持资金除了帮助生产以外，还可以作为一种激励的形式，为贫困群众的合作养殖设立阶段性目标和总目标，分阶段给予奖励和帮助，而非一次性给予奖励，更好地激发贫困群众的生产热情和积极性。

帮扶措施、生计负担与帮扶效果研究[①]

——基于贵州省样本的数据分析

邓大松　杨　晶

（武汉大学社会保障研究中心，湖北武汉，430072）

摘要： 基于 2017 年贵州省 16 个行政村 469 个精准扶贫调查数据，运用二元 logistic 模型实证检验帮扶措施、生计负担与帮扶效果的关系。调查结果显示：大部分贫困户帮扶后对扶贫政策的认知较好，相对于接受帮扶前的生计状况而言，被帮扶后大部分贫困家庭的生活状况得到明显改善。不同帮扶措施对精准扶贫状况的改善效果的影响存在差异。帮扶干部经常联系被帮扶人，其帮扶效果则更好；贫困户被帮扶的年限越长，家庭生活状况改善越明显；对扶贫政策越不了解的家庭，其帮扶效果更可能越差。此外，本文还发现，生计负担因素对被帮扶贫困户的帮扶效果产生了重要的影响。具体而言，医疗负担、养老负担越重的家庭，其帮扶效果越可能弱化。

关键词： 精准扶贫；帮扶措施；生计负担；帮扶效果

一、引言

保障扶贫资源供给的精准性和有效性，到 2020 年全面实现消除贫困的目标是国家扶贫战略实施的重要政策目标。改革开放至今，我国先后在 20 世纪

---

① 基金来源：教育部人文社会科学研究重大项目"中国扶贫战略研究"（16JJD840007）、国家自然科学基金项目"新型城镇化背景下进城农民工家庭生计转型：基于可持续生计框架的分析"（NSFC71673303）和"城镇化路径选择对农村贫困影响的效应与机制研究——来自西南山区的证据"（NSFC71573277）。

作者简介：邓大松，武汉大学社会保障研究中心主任、教授、博导。杨晶，武汉大学社会保障研究中心助理研究员，博士研究生。

80 年代选定国定贫困县，再到确定集中连片特困区，以及实施贫困户建档立卡和精准扶贫、精准脱贫，农村扶贫开发战略从漫灌到滴灌、从零散到系统、从"输血式扶贫"到"造血式扶贫"转变，全面彰显了党和政府打赢脱贫攻坚战的坚定决心。农村贫困人口从 1978 年的 7.7 亿人减少到 2016 年的 4335 万人，实现了"迄今人类历史上最快速度的大规模减贫"。当前，贵州省精准扶贫正处于啃"硬骨头"、攻坚拔寨的冲刺期。贵州省喀斯特岩溶地貌分布广泛，土地零散、贫瘠、破碎，耕种条件差，且区域贫困、深度贫困及民族地区贫困多重矛盾叠加，也是全国贫困人口最多、贫困面最大的省份。近年来，为了让建档立卡贫困户能如期脱贫，各地区针对不同贫困区域环境、不同贫困农户状况，采用科学有效的程序对扶贫对象实施精确识别、精确帮扶、精确管理的治贫方式。但回顾过去扶贫开发工作发现，扶贫开发政策偏离目标问题始终存在，漏掉了部分真正需要帮助的贫困户，呈现出了不同程度的贫困瞄准错误、漏出问题 [1][2]。因此，通过精准扶贫政策评价，保障精准扶贫政策的实施效果，契合新时代精准扶贫战略的大形势，是精准扶贫、精准脱贫的重要方面，是确保全面建成小康社会的关键和我们党实现第一个百年奋斗目标的重点工作。

二、相关文献评述及研究假设

（一）相关文献评述

贫困是发展经济学研究的中心议题，国内外已有的研究在概念和分析框架引进、相关政策及其效果评估等方面进行了有益尝试 [3]。有学者认为，当家庭收入或消费低过某一标准时为贫困 [4]。但是，大量的贫困研究表明，收入贫困标准的数据收集成本大并且容易导致测算和识别偏差，我国贫困瞄准在一些地方存在漏瞄和溢出现象。例如，汪三贵等对村级尺度瞄准效果的研究认为，中国农村扶贫计划中村级瞄准的不准确性相当高，瞄准缺口和失误非常大 [5]。并且，在另一项研究中，汪三贵等认为总体上扶贫项目到户率不高，各项目到户率存在较大差异，扶贫项目没有明显的"益贫"特征 [6]。李小云等得到了类似的结论：由于指标式的贫困村确定方法从制度上排挤了一些真正的贫困村进入瞄准范围 [7]。当下，在中国的扶贫实践中，政府向贫困村派驻干部和专家，采取资金引进、技术支持、参与或主导贫困村的发展规划和产业布局等多种方式，安排驻村帮扶单位的工作人员对该村贫困户进行"结对帮扶"，帮助贫困村实现脱贫 [8]。帮扶主体层级高低、帮扶措施是否具有可持续性对帮扶效果具有重要影响作用 [9]。但是，以往研究只是强调政府在推动扶贫、减贫方面付出的实践，如何从帮扶效果及其驱动因素角度去认识农村帮扶效果问题，以往的研究则较少涉及；更缺乏多维度分析帮扶措施对贫困户整个家庭的经济生活状况造成的影响。对相关的政策实施效果评估的文献总体较为缺乏。

农村贫困是一个经济学问题，也是一个社会学问题，尤其在发展中国家更是如此。英国国际发展署提出的"可持续生计"分析框架（Sustainable Livelihoods Framework）被广泛应用于农户生计和贫困问题分析。在可持续生计框架下，与非贫困人口相比，收入极其有限的贫困家庭更容易遭受脆弱性背景、生计风险和外在政策干预的影响。理论上而言，贫困家庭所面临的风险不仅直接会影响其福利状况，还会影响其家庭的整体决策行为，并进而影响其长期发展 [10][11]。就我国而言，在精准扶贫背景下，贫困人口的生计保障和福利增进已经成为影响中国经济社会转型期国计民生的重要问题。扶贫相关的帮扶政策干预会通过影响贫困人口家庭禀赋（Family Endowment）和生计决策，进而影响其家庭经济水平和生计能力，最终产生政策干预后的生计结果。

综上所述，国际上对于贫困瞄准效果的研究已经形成了较为成熟的分析框架，在我国精准扶贫实践中也得到了应用。已有研究在概念和分析框架引进、相关政策和制度设计的思路等方面进行了有益尝试，这些研究为更进一步探讨贵州省"精准扶贫实施效果"问题奠定了基础。但是，在已有的研究中，深入细化的经验研究尤其是基于微观非实验数据的研究较为少见。并且，对省域内精准扶贫项目效果偏差及作用机制等问题的研究还需要进一步深化。因此，本文基于大规模调研系统性归纳、总结实践经验，借助贵州省农户调查数据，尝试运用计量经济学模型，用回归结果预测各因素对帮扶效果的影响。通过考察回归中估计的参数，就可以得到扶贫开发政策实施的影响效应。从微观层面刻画精准扶贫政策效应，为制定贫困户稳定脱贫的政策设计提供微观经验证据。拓展了过去对精准帮扶效果评估研究的思路，是对已有研究的有益补充。

（二）研究假设

在我国，针对贫困家庭的政府干预是广泛而普遍存在的。精准帮扶贯穿于家庭内资源分配以及生计决策制定和生计结果呈现的全过程。理论上而言，扶贫干预效果会受到家庭人口结构、决策过程、资源分配、收入产生及家庭劳动力的性别、居住环境和人力资本等诸多家庭禀赋及制度因素的影响，故而不同类型政策措施对不同类型贫困家庭的生活状况改善效果是存在差异的。结合以往学者的研究，本文试图将"家庭禀赋→中国扶贫、减贫的政策冲击→生计策略→生计行为→生计结果"纳入帮扶效果分析的框架。在本文研究中，在抽样调查的基础上，样本农户均为建档立卡贫困户。在帮扶效果标准和指标的选择上，首先，根据不同帮扶政策对贫困人口家庭生活状况的改善效果，归到不同的类别；其次，基于对帮扶效果类型的区分，进而运用统计分析方法检验不同特征贫困人口的帮扶效果差异。

事实上，发展援助已经成为农村扶贫中援助的源头和主要内容。早在 20 世纪，联合国 189 个国家签署的《联合国千年宣言》就承诺"给予更慷慨的发展援助，特别是援助那些真正努力将其资源用于减贫的国家"。与发展援助相比，精准帮扶通过扶贫资源引进、帮扶项目到户成为发展援助的升级版和拓展版，其效果一直以来受到了人们的关注。

基于此，本文提出假设 1：帮扶措施的实施差异对帮扶效果的影响存在异质性。

家庭禀赋差异是影响和约束贫困户家庭收益的重要因素。由于贫困户面临的风险、家庭禀赋和自身偏好等多方面的差异，即使贫困户获得了帮扶，例如参加精准扶贫的制度安排等，其在资产、收入和财富等方面的差异均会导致农村扶贫状况的差异，即帮扶措施并不能满足贫困户复杂差异化的扶持需求，帮扶相关的项目可能会因对不同类型贫困家庭生活状况的影响效果强弱有别。获得帮扶后，部分贫困户家庭生活水平得到了改善，而也有部分贫困家庭的生活状况并未得到明显的改善，这就意味着帮扶效果发生了分化。故而，相关家庭特征，如养老负担或医疗负担等是家庭禀赋的基本要素。因此，家庭是否还有能力承担老年人的养老，家庭中的成员（包括贫困对象自己）是否经常发生较大医疗开支，一定程度上体现了生计负担和承载力大小。① 因此，生计负担可能是影响帮扶效果的重要因素。

基于上述分析，本文提出假设 2：生计负担是被帮扶家庭帮扶效果分化的重要原因。

三、数据、模型与统计型描述

（一）数据

本文数据来源教育部人文社科研究重大项目武汉大学"中国扶贫战略研究"（16JJD840007）。课题组于 2017 年 7 月对贵州省 4 市 4 县 9 乡 16 个行政村的实地调查，选取贵州省内具有代表性的 4 个市，在各个市内抽取辖内的 4 个贫困县，再在每个贫困县分别抽取贫困发生率比较高的 1—2 个贫困乡，在每个贫困乡抽取 3—5 个行政村，选取对样本村内"未脱贫户"开展 2017 年问卷调查。问卷内容涉及贫困户的人口特征等基本信息，以及致贫原因、受帮扶情况、脱贫意愿及困难与需求等信息。课题组发放调查问卷 484 份，经过剔除和筛选，共获得有效问卷 469 份，有效率为 96.9%。②

从被调查农户基本特征来看，农村人口以中老年人为主，家庭人口规模为 2 人以上的比重超过 80% 以上，大多数家庭的未成年成员个数为 2 人及以下，户主为小学及以下文化水平的贫困户超过 70%，55.86% 的农户为一般贫

---

① 在传统农村，家庭以亲缘和血缘为联系纽带，在家庭生命周期转变和家庭成员流动、分居等变动下仍能发挥作用。赡养是其中重要的一项。一般而言，家庭赡养负担可能对贫困户接受帮扶后家庭生活状况的改善效应产生负面影响。

② 本文所使用的样本分布如下：贵州省安顺市普定县 76 份，其中补郎乡本杰村 15 份，补郎乡穿洞街道 61 份；毕节市大方县共计 188 份，其中小屯乡珠场村 44 份、滑石村 23 份，安乐镇白宫村 22 份，凤山乡店子村 58 份、谢都村 41 份；遵义市湄潭县共计 74 份，其中天城镇 36 份、复兴镇 38 份；铜仁市思南县共计 131 份，其中大河坝镇泥溪村 16 份、马河坝村 28 份、桃子桠村 27 份，凉水井镇茶山村 26 份、冉家峋村 34 份。

困户，44.78%的样本家庭为因病、因残贫困户，24.52%的样本家庭因缺劳动力致贫，有13.02%的贫困户的家庭年人均支出低于国家贫困标准，48.40%的农户参加过产业扶贫项目，18.76%的农户参加过信贷扶贫项目。以上人口和社会学特征说明，被调查样本既具备了中国农村居民的基本特征，也比较适合开展贫困相关的微观研究。

（二）模型构建与变量设置

度量特定样本扶贫政策的影响效应，关键在于扶贫政策干预效果的科学衡量。[①]根据前文的理论分析得知，帮扶效果的测量是一个多维度的概念，包括经济、社会和风险等多个层面。但是如何反映帮扶效果呢？文章假定，贫困家庭基于个体条件和所处环境，受到政策冲击后，基于自身家庭禀赋做出生计决策和生计行为，从而产生相关政策实施前后生计结果，其对家庭生活状态变化的理性判断能够比较科学地反映帮扶效果的强弱差别。根据这一逻辑，在问卷设计时，问题设置为"接受扶贫项目之后，家庭生活状况与以前相比是否得到改善?"该问题的答案包含了4个选项，在数据处理时，本文将"更困难"和"没有变化"合并为"没有效果"，其余两项中"稍有改善"和"明显改善"合并为"有效果"。[②]文章将被解释变量设为"帮扶效果"指标进行分析，能够很好地反映政策实施前后建档立卡贫困户生活水平的改善状况。故而，因变量"帮扶效果"的赋值可以表示为：1= 有效果；0= 没有效果，因此本文使用二元 logistic 回归模型对数据进行分析。基本回归方程设定如下：

$$y = a + \beta \mathrm{x}_i + \varepsilon_i \qquad (1)$$

其中，α 为常数项，X_i 为一组核心变量，包含帮扶措施、生计负担两个方面的变量，β 是各解释变量的偏回归系数，反映帮扶措施及其他观察到的

---

① 结合既有研究和中国扶贫开发的实际，本文认为，最直接的方法是指标方法，通过特定的指标对比样本参加政策前后的变化，考察扶贫项目对家庭生活水平的改善程度。因此，对于"扶贫效果"指标的设定，接受扶贫项目后是一个时间概念，主要是基于扶贫政策对贫困人口生活状况的改善效果的角度，该指标客观地代表了现有扶贫机制下相关项目的影响效果。

② 在调查中的问题答案分别设置为"A= 更困难，B= 没有变化，C= 稍有改善，D= 明显改善"。严格来说，将"A= 更困难"合并到"0= 没有效果"会造成部分信息丢失。本文对该结果这样处理，主要是因为选择"更困难"的被调查对象所占比例较小。

相关家庭特征等不同层面解释变量 X_i 对帮扶效果 logistic（p_i）的影响方向及程度，其值为正且具有显著性，说明在控制其他解释变量的情况下，logistic（p_i）随对应自变量的增加而增加。由于 β_i 不能直接用于解释分类变量的概率，因此，采用风险比（odds ratio）的形式进行估计和解释。

假设 P_i 表示接受扶贫项目之后，贫困户的帮扶效果类型为"有效果"的发生概率，（$1-P_i$）为贫困户的帮扶效果类型为"没有效果"的发生概率。那么，以"没有效果"为参照组构建的模型如下：

$$P_i = \frac{\exp(\beta_0 + \sum_{i=0}^{m} \beta_i x_i + \varepsilon_i)}{1 + \exp(\beta_0 + \sum_{i=0}^{m} \beta_i x_i + \varepsilon_i)} \qquad (2)$$

将以上 logistic 回归模型进一步线性变换后为：

$$logit(p_i) = \ln(\frac{P_i}{1-P_i}) = \beta_0 + \sum_{i=0}^{m} \beta_i x_i + \varepsilon_i \qquad (3)$$

为具体考察政策实施前后各变量对样本贫困人口家庭生活状况的改善效应，在分析过程中，帮扶措施的代表性变量为被帮扶人是否参加产业扶贫项目、帮扶干部是否经常联系被帮扶对象和帮扶后贫困户对扶贫政策的认知，并选取养老负担、子女负担和医疗负担作为控制变量。各变量的解释和说明详见表 1。

表 1　各变量定义及其统计描述（N=469）

变量		赋值	均值	标准差	最小值	最大值
帮扶效果		有效果 =1；没有效果 =0	0.87	0.32	0	1
帮扶措施	被帮扶人是否参加产业扶贫项目	是 =1，否 =0	0.48	0.50	0	1
	帮扶干部是否经常联系被帮扶对象	是 =1，否 =0	0.78	0.41	0	1
	帮扶后贫困户对扶贫政策的认知	非常了解 =1，比较了解 =2，不太了解 =3，完全不了解 =4	2.36	0.82	1	4

	变量	赋值	均值	标准差	最小值	最大值
生计 负担	养老负担	养老负担，连续型变量（人）	0.46	0.49	0	1
	子女负担	未成年子女数量，连续型变量（人）	2.05	1.21	1	7
	医疗负担	是否有日常医疗开支较大者，有 =1，无 =0	0.66	0.47	0	1

（三）现状描述

从统计结果来看，目前大部分贫困家庭对帮扶效果类型持肯定态度，所占比例达到 87.63%，而对帮扶效果持否定态度的贫困家庭只占 12% 左右。表 2 汇报了精准帮扶各因素与帮扶效果的交互分析结果。通过对比可以看出：第一，大部分（201 户）参加了产业扶贫项目的贫困家庭，其帮扶效果类型为"有效果"，还有部分没有参加产业扶贫项目的贫困户（210 户）也认为接受扶贫项目之后，帮扶效果类型为"有效果"，而所有样本中认为"没有效果"的农户（合计 58 户）仅占比 12.36%。第二，大部分贫困户认为帮扶人经常联系被帮扶人，对其家庭生活状况变化"有效果"。其中，有 293 户（约占所有样本 62.47%）认为接受扶贫项目之后，帮扶效果类型为"有效果"，但也有少部分家庭（3.84%）认为尽管帮扶人经常联系被帮扶人，对其家庭生活状况的改变不大。第三，超过 50%（256 户）的贫困户对当地扶贫政策是相对比较了解的，但也有 34% 以上的贫困户对当地扶贫政策不太了解。第四，帮扶效果类型为"没有效果"的贫困家庭中，对当地扶贫政策不了解或完全不了解的农户占比 74.14%。此外，卡方检验的结果表明，是否经常联系被帮扶对象，其贫困户对帮扶效果的评价存在差异。以上结果表明，帮扶措施差异会影响帮扶效果。对当地扶贫政策的了解程度的不同，其帮扶效果也存在显著性的内部差异。

表2 帮扶措施与帮扶效果的交互分析

变量有效果		帮扶效果（户数／占比）		差异性检验
		没有效果		
被帮扶人是否参加产业扶贫项目	是	201（42.86）	26（5.54）	不显著
	否	210（44.78）	32（6.82）	
帮扶干部是否经常联系被帮扶对象	是	293（62.47）	18（3.84）	显著 ***
	否	118（25.16）	40（8.53）	
帮扶后贫困户对扶贫政策的认知	非常了解	66（14.07）	1（0.21）	显著 ***
	比较了解	190（40.51）	14（2.99）	
	不太了解	137（29.21）	23（4.90）	
	完全不了解	18（3.84）	20（4.26）	

进一步对主要致贫原因与帮扶效果偏差的交互分析发现，贵州省贫困户的致贫因素是多方面、多维度、相互交织的，缺劳动力、因病、自身发展动力不足、因学及缺乏技术和资金是导致贫困户陷入贫困的最重要因素。[①]并且，研究发现，帮扶措施实施效果对不同致贫原因、不同贫困户类型的家庭生活状况改善效果存在一定差异，按贫困户对政策实施效果偏差从大到小排序，相当一部分认为"没有效果"的农户"因病"和"缺劳动力"。[②]

表3数据显示：针对一般贫困户而言，重大疾病导致生理上的弱势而陷入贫困的比例为31.80%，缺乏劳动力导致脱贫能力受阻而致贫的比例为18.77%，子女上学导致家庭开支增加而致贫的比例为49%。此外，缺技术等导致发展后劲不足而陷入贫困的比例为14.56%。进一步分析"低保户"的

---

① 贫困户致贫原因也存在差异，普定县几个村的地理位置均处于山区，自然资源匮乏，一些贫困村由于道路不通畅造成的交通不便严重限制了地区的经济发展水平；大方县贫困人口中，51% 因病致贫，23% 因灾致贫，21% 因地理环境致贫；湄潭县主要贫困原因是基础设施落后，贫困户观念落后也是致贫的重要原因。

② 本次调查将致贫原因分为主要及其他致贫原因两大类，其中各包含9小类，分别为因病、因残、因学、因灾、缺土地、缺水、缺劳动力、缺技术、缺资金、交通条件落后及自身发展动力不足，力图全面涵盖被调查对象的潜在致贫因素。

主要致贫原因发现，因病致贫仍占据了较大比重，其次是缺劳动力，共占比29.59%。也有21.43%的低保户遭受自然灾害的影响而陷入贫困。同时，无论是一般贫困户还是低保户，大部分"因病"致贫的贫困户中认为精准帮扶政策实施"有效果"，但也有农户认为"没有效果"。一般贫困户认为精准帮扶"没有效果"的农户比重要高于低保家庭，并且，"因病""缺劳动力"户对精准扶贫政策实施效果持否定态度的比重非常高，这既说明精准扶贫政策对不同致贫原因、不同类型贫困户的效果存在明显差异，也解释了有些持续贫困因素与精准帮扶没有建立起有机的联系，进而增加了"漏扶""错扶"问题，影响扶贫项目实施成效。这也证实了精准扶贫政策实施对不同贫困户类型帮扶效果存在不同程度偏差，并且，因病支出型贫困是农村贫困的核心内容，直接影响着扶贫政策的实施效果。

表3 主要致贫原因与帮扶效果的交互分析（N=469）

类型	主要致贫原因（户数/比重）		没有效果户数/比重	有效果户数/比重
一般贫困户	因病	83（31.80）	22（26.51）	61（73.49）
	因学	49（18.77）	4（8.16）	45（91.84）
	缺劳动力	49（18.77）	10（20.41）	39（79.59）
	缺技术	38（14.56）	3（7.89）	35（92.11）
	其他	117（44.83）	10（23.81）	32（76.19）
	合计	261（100.00）	49（18.77）	212（81.23）
低保户	因病	92（46.94）	4（4.35）	88（95.65）
	缺劳动力	58（29.59）	2（3.45）	56（96.55）
	因灾	42（21.43）	3（7.14）	39（92.86）
	其他	4（2.04）	—	4（100.00）
	合计	196（100.00）	9（4.59）	187（95.41）

注：剔除了五保户样本。

基于上述理论和研究假设，本文接下来将检验帮扶措施、生计负担对帮扶效果的影响。基于稳健标准差的回归估计结果以风险比（odds ratio）的形式呈现。具体分析步骤如下：第一，引入生计负担层面的变量为解释变量，并加入被帮扶人是否参加产业扶贫项目，得到模型一；第二，在控制生计负担特征的情况下，引入帮扶干部是否经常联系被帮扶人这一变量，得到模型二；第三，在控制生计负担特征的情况下，引入帮扶后贫困户对扶贫政策的认知这一变量，得到模型三；第四，在控制生计负担层面的变量前提下，引入所有帮扶措施因素，得到模型四。实证检验结果表明，以 Log likelihood 为模型对所用数据的拟合优度检验，其值较大，说明拟合优度较好。并且，所有模型回归结果基本一致，总体显著水平均为 0.0000，也证明了模型的合理性。

四、实证结果分析

第一，就帮扶措施而言，帮扶人是否经常联系对帮扶效果有正向影响（OR 值 =2.5770），且通过 1% 显著性检验。与对照组相比，扶贫帮扶人经常联系的农户，其家庭生活状况更有可能获得改善。可能的解释是，精准帮扶通过生产发展方面的帮助，对贫困家庭的生活状况改善有正向的促进作用。这为本文的研究假设 1 提供了证据支撑，这一点也许是具有全国普适性的。

第二，贫困户对当地扶贫政策的认知对帮扶效果存在显著的负向影响（OR 值 =0.4583），且通过 1% 显著性检验。具体而言，与对照组相比，对当地扶贫政策"不太了解"和"完全不了解"的贫困家庭，其帮扶效果类型为"有效果"的概率分别为"非常了解"样本的 0.17 倍（OR 值 =0.1725）和 0.04 倍（OR 值 =0.0407）。这意味着贫困户政策认知对扶贫工作及其实施效果具有重要的影响，应当予以重视。

第三，参加了产业扶贫的贫困户家庭得到改善的效果并不显著。可能的现象解释是，样本地区贫困农户通过入股、务工等形式参加精准扶贫产业的政策效果并不好。在调查过程中我们发现，由于扶贫产业基础薄弱，加之受市场、资金、技术、人才的多重影响，产业要做大做强还比较困难，因此带动性不强。并且，短期内很难形成完整的产业链，对贫困群众增收的促进影响不稳定，增收产业在短期内难以见效。因为时间太短，一些措施短期不可能产生效益，而长期可能会产生效益。

第四，养老负担重，对帮扶效果产生了显著的抑制效应，未成年子女负担也对帮扶效果产生了显著的负向关系。具体而言，在其他条件不变的情况下，接受扶贫项目后，家庭赡养负担越重的贫困家庭，生活水平改善程度可能越差，扶贫政策效果可能偏弱。以上结果验证了本文假设2，贫困负担对帮扶效果产生了重要影响，例如某些贫困家庭的养老负担越大，抚养子女开支大等。这提醒我们，帮扶政策是因人而异的，有些贫困因素能够帮扶，而有些贫困家庭无法通过政策帮扶使其走出贫困。此外，有医疗负担的家庭接受帮扶后生活状况发生了改善，但是这种影响并不显著，可能的解释是，现行的新农合为核心的多重医疗保障体制基本覆盖了全体农村居民，所以与没有医疗负担的家庭相比，有医疗负担的家庭接受扶贫后，家庭生活改善效果差别并不明显。鉴于该变量没有通过显著性检验，因此还需要进一步进行实证检验。

表4　帮扶措施、生计负担对帮扶效果影响的实证结果

	模型一	模型二	模型三	模型四
	OR 值	OR 值	OR 值	OR 值
被帮扶人是否参加产业扶贫（对照组＝否）	1.1585（0.3381）			0.9998（0.3189）
帮扶干部是否经常联系被帮扶对象（对照组＝否）		4.8194***（1.5183）		2.5770**（0.9055）
被帮扶人对扶贫项目的了解程度（对照组＝非常了解）				
比较了解			0.2474（0.2601）	0.3089（0.3266）
不太了解			0.1091**（0.1137）	0.1725**（0.1826）
完全不了解			0.0202***（0.0216）	0.0407**（0.0446）

续表

	模型一	模型二	模型三	模型四
	OR 值	OR 值	OR 值	OR 值
养老负担（对照组＝无）	0.5488*** （0.0931）	0.6374** （0.1134）	0.6134** （0.1129）	0.6455** （0.1201）
子女负担（对照组＝无）	0.6879*** （0.0753）	0.7204** （0.0837）	0.7369** （0.0882）	0.7633** （0.0934）
医疗负担（对照组＝无）	0.7006 （0.2323）	0.6041 （0.2083）	0.7213 （0.2599）	0.6640 （0.2417）
常数项	58.1359*** （30.8913）	21.0346*** （11.4166）	324.7441*** （361.6293）	121.9865*** （142.1632）
N	467	467	467	467
Prob>chi2	0.0000	0.0000	0.0000	0.0000
PseudoR2	0.0736	0.1493	0.1951	0.2162
Log likelihood	−162.3193	−149.0647	−141.0393	−137.3423

注：显著性水平 *P<0.1，**P<0.05，***P<0.01。

五、研究结论及政策启示

本文基于贵州省 469 个贫困户的农户调查数据，运用二元 logistic 回归模型重点考察了帮扶措施和生计负担各因素对帮扶效果的影响。研究结果发现，从总体上看，大部分贫困家庭对帮扶效果持肯定态度，而对帮扶效果持否定态度的贫困家庭只占 12% 左右。与对照组相比，驻村干部经常联系被帮扶对象、贫困户参加了"最低生活保障"项目、获得救助帮扶的年限越长，对帮扶效果有正向的促进作用；贫困户对当地扶贫政策的不了解、养老负担和未成年子女负担，对建档立卡贫困户的帮扶效果存在明显的抑制性作用。这些研究发现验证了家庭禀赋差异对贫困家庭生活水平改善效果的影响异质性，有助于更深入、更精确地从微观层面认识精准帮扶效果评估，进一步为政府部门制定精准脱贫和生计发展的政策提供了微观证据。

本文的政策含义在于：第一，贵州深度贫困地区大多处于深山区、石漠区、高寒地区，特色扶贫产业普遍"小、散、弱"，尚未形成市场竞争优势，如果忽视经济地理和区位禀赋条件，盲目鼓励贫困群众参加扶贫产业，可能会导致"产业扶贫政策失灵"。因此，本文建议，应当科学治贫、综合施策，通过增强贫困者的主体性和生计发展能力，帮助他们摆脱贫困。产业精准扶贫作用机制是通过利益相关方共同对土地、资本和劳动力等生产要素进行匹配的过程，以特色产业为主导建立产业精准扶贫长效机制，加强防范产业扶贫风险。第二，在推行"公司+农户"、大户带动贫困户等产业扶贫模式的同时，必须明确提出贫困户的盈利模式，不能把贫困户沦为简单的原材料提供者，应该进一步确保农业效益回归于农民，防止帮扶企业退出后再返贫。第三，应当针对贫困户的具体情况，比如有没有劳动力、土地等，因不同情况实施不同扶贫措施。在扶贫开发时应真正做到因人因地施策、因贫困原因施策、因贫困类型施策。只有在政策上针对不同状态的作用对象制定出不同类型的扶贫开发政策，才能真正做到精准扶贫、精准脱贫，使更多的真正贫困人口从帮扶项目中受益。第四，增强贫困户对当地扶贫政策的了解程度，化解贫困群众被动参与扶贫项目状态和一些贫困户总是不能脱贫的问题。未来的政策设计，要着力加大贫困群众的教育扶贫力度，精准识别贫困类型，扶贫与扶志、扶智结合。从深度贫困地区教育发展落后、素质型贫困问题突出的实际出发，发展教育，加强宣传，扭转贫困户认知误区。着力加大贫困群众的教育扶贫力度，提高贫困群众的脱贫摘帽意识，激发和维护贫困户本身的主观能动性和话语权，加深其对各项政策的了解程度。通过扶贫与扶志、扶智相结合，提高当地人口素质，从根本上斩断穷根。第五，应当进一步设计精准扶贫激励机制，鼓励驻村帮扶干部与贫困家庭联系，提高贫困户脱贫认知，并创新扶贫的体制机制，完善对口帮扶和定点帮扶长效机制，建立更加密切的纽带关系。

参考文献：

[1]汪三贵、郭子豪：《论中国的精准扶贫》，《贵州社会科学》2015年第5期，第147—150页。

[2] 辜胜阻、李睿、杨艺贤、庄芹芹：《推进"十三五"脱贫攻坚的对策思考》，《财政研究》2016年第2期，第7—16页。

[3] Ravallion M. "Can high—inequality developing countries escape absolute poverty？". *Economics Letters* , 1997, 56(1):51—57.

[4] Desiere S., Vellema W., D' Haese M. *A validity assessment of the Progress out of Poverty Index (PPI)*[TM]. Evaluation & Program Planning, 2015.

[5] 汪三贵、Albert Park：《中国农村贫困人口的估计与瞄准问题》，《贵州社会科学》2010年第2期，第68—72页。

[6] 汪三贵、张雁、杨龙、梁晓敏：《连片特困地区扶贫项目到户问题研究——基于乌蒙山片区三省六县的调研》，《中州学刊》2015年第3期，第68—72页。

[7] 李小云、唐丽霞、许汉泽：《论我国的扶贫治理：基于扶贫资源瞄准和传递的分析》，《吉林大学社会科学学报》2015年第4期，第90—98页。

[8] 王晓毅：《精准扶贫与驻村帮扶》，《国家行政学院学报》2016年第3期，第56—62页。

[9] 陈志、丁士军、吴海涛：《帮扶主体、帮扶措施与帮扶效果研究——基于华中L县精准扶贫实绩核查数据的实证分析》，《财政研究》2017年第10期，第103—112页。

[10] 王增文、邓大松：《农村家庭风险测度及风险抵御和防范机制研究——兼论农村社会保障制度抵御风险的有效性》，《中国软科学》2015年第7期，第182—192页。

[11] 丁士军、杨晶、陈玉萍：《基于流动性视角的失地农户收入变化分析——来自襄阳和昆明的证据》，《中国农村观察》2017年第1期，第29—40页。

我国扶贫资金投入与减贫效果实证研究

杨光凯

（贵州省财政科学研究所，贵州 贵阳，550004）

摘要：我国要在 2020 年告别贫困，脱贫攻坚工作已进入啃"硬骨头"、攻坚拔寨的决胜阶段。贵州省是我国脱贫攻坚的主战场，贵州的贫困问题不仅是一项经济社会课题，更是一项事关全国同步小康的政治课题。本文在分析全国财政扶贫资金投入的基础上，以贵州省的数据为例，构建 VAR 模型及脉冲响应函数，分析了公共财政资金投入对贵州农村地区的减贫作用。结果表明：扶贫资金的投入方式中，中央财政扶贫发展资金、以工代赈资金、贴息贷款资金均对降低贫困发生率具有正向的促进作用；贫困发生率的减少主要源于政府财政支出的贡献，而金融信贷对减贫的贡献程度较小，需进一步引导金融市场参与扶贫，加大中央财政资金投入有利于提高农村居民人均纯收入。今后扶贫工作中，更加注重精准扶贫和最贫困人口状况是提高扶贫资金减贫效果的关键所在。

关键词：财政投入；VAR 模型；减贫效果

一、我国扶贫资金投入的来源

我国扶贫资金的来源主要有几个方面：中央财政、地方财政、银行贴息贷款、国际金融组织和社会资金等。

作者简介：杨光凯，贵州省财政科学研究所。

表 1　国家贫困地区主要年份扶贫资金投入情况

单位：亿元

年份	扶贫资金合计	中央扶贫贴息贷款	发展资金	以工代赈	省级财政扶贫资金	中央退耕还林还草补助	国际资金	其他资金
2002	250.2	250.3	35.8	39.9	9.9	22.6	17.6	22
2010	606.2	515	119.9	40.4	25.4	52.1	20.1	141
2015	1897.1	290.1	440.4	39.0	171.3	102.3	2.1	551.5
2016	2958.6	556.7	627.7	45.2	259.7	107.9	3.2	1025.4

数据来源：根据 2002—2017 年《中国农村贫困监测报告》整理

　　据中国农村贫困监测报告显示（见表 1），在我国确定的国家级贫困县份地区，截至 2016 年得到的扶贫资金为 2958.6 亿元，与 2015 年相比，扶贫资金总额增加了 1169.5 亿元，增长了 65%。无论从资金规模还是增长速度，均创造了历史最高水平。其中 2016 年中央扶贫贴息贷款额为 556.7 亿元，比 2010 年翻了一倍；发展资金为 627.7 亿元，比 2002 年增加了 591.9 亿元，比 2015 年增加了 187.3 亿元，增长了 42.53%。以工代赈资金 45.2 亿元，发放专项退耕还林还草工程补助 107.9 亿元，省级财政扶贫配套资金 259.7 亿元，国际扶贫资金 3.2 亿元，各项扶贫资金的投入均不同程度地实现了增长。

二、我国扶贫资金的主要投向

表 2　2015—2016 年我国扶贫资金主要投向分布

单位：亿元

扶贫资金投向	2015	2016	增长率
1. 农业	172.3	263	52.64
2. 林业	101.7	112.6	10.72
3. 畜牧业	101.9	178.3	74.98
4. 农产品加工业	26.8	22.3	−16.79
5. 农村饮水安全工程	51.6	59.9	16.09
6. 小型农田水利及农村水电	50.0	66.5	33.00

扶贫资金投向	2015	2016	增长率
7. 病险水库除险加固	15.6	16.2	3.85
8. 村通公路（通畅、通达工程等）	277.5	303.5	9.37
9. 农网完善及无电地区电力设施建设	64.6	81.7	26.47
10. 村村通电话、互联网覆盖等农村信息化建设	34.1	35.8	4.99
11. 农村沼气等清洁能源建设	5.6	7.6	35.71
12. 农村危房改造	145.0	191.3	31.93
13. 乡卫生院、村卫生站（室）建设及设施	20.9	24.6	17.70
14. 卫生技术人员培训	1.5	2.2	46.67
15. 劳动力职业技能培训	11.0	13.8	25.45
16. 易地扶贫搬迁	87.1	507.3	482.43
17. 农村中小学建设	189.4	216.8	14.47
18. 农村中小学营养餐计划	84.8	103.4	21.93
19. 其他	458.9	751.9	63.85
合计	1897.1	2958.6	55.95
平均值	100.2	155.72	50.29
最大值	458.9	751.9	482.43
最小值	1.5	2.2	-16.79

数据来源：《中国农村贫困监测报告2017》

表2中列出了2015—2016年扶贫资金主要投向的数据，2016年我国用于农村贫困地区使贫困农民直接受益的综合扶贫投入2958.6亿元，比上年增长50.29%。从资金的投向来看，主要用于农业、林业、农村饮水安全工程、村通公路、异地搬迁、乡村卫生院建设、农村危房改造、劳动力培训等主要的19个领域的投入。从投入金额来看，2015年每个领域平均可用扶贫资金突破100亿元；村通公路资金使用了277.5亿元，占到当年全部扶贫资金1897.1亿元的14.63%。要致富先修路，我国政府在乡村交通设施改善方面做出了巨大

努力。与之相比，卫生技术人员的培训只有 1.5 亿元。2016 年扶贫资金总额为 2958.6 亿元，其中投入最大的是异地扶贫搬迁，投入资金 507.3 亿元，比 2015 年增长了 482.43%。在农产品加工业方面，2016 年扶贫资金比 2015 年有所下降，从 26.8 亿元调整为 22.3 亿元，同比下降了 16.79%。

三、我国扶贫资金投入实证检验

（一）财政扶贫资金投入与农民贫困水平相关性回归分析

为了分析我国对贫困地区的扶贫投入资金的使用效率，利用双对数 OLS 线性回归模型对国家财政扶贫资金、国家财政支农资金与农村居民贫困程度的相关性进行分析。数据选取 1986—2016 年全国贫困地区农民人均纯收入（income）作为被解释变量，反映贫困地区农民的贫困水平，将中央财政扶贫投入扶贫资金（finance）、财政支农资金（agriculture）作为解释变量，将模型设定为：

$$income = C_1 + C_2 \star finance + C_3 \star agriculture + \varepsilon_t$$

通过 Eviews 软件回归得到结果见表 3：

表 3　财政扶贫资金投入与农村居民贫困水平相关性回归结果

Variable	Coefficient	Std. Error	t-Statistic	Prob.
C	668.0374	200.2473	3.336062	0.0024
FINANCE	15.95852	3.543154	4.504043	0.0001
AGRICULTURE	0.128683	0.092305	1.394115	0.1742
R-squared	0.969955	Mean dependent var		3597.029
Adjusted R-squared	0.967808	S.D. dependent var		3351.268
S.E. of regression	601.2843	Akaike info criterion		15.72778
Sum squared resid	10123199	Schwarz criterion		15.86655
Log likelihood	−240.7806	Hannan-Quinn criter.		15.77302
F-statistic	451.9612	Durbin-Watson stat		0.917609
Prob（F-statistic）	0.000000			

故方程写为：

$$income = 668.04 + 15.96 \star finance + 0.13 \star agriculture$$

从表 3 中的回归结果可以看出，可决系数 R2 为 0.9699，表明模型拟合效果非常好，在假定其他变量不变的前提下，财政扶贫资金对农民人均纯收入具有显著的影响，财政扶贫资金每增长 1 亿元，整体而言贫困地区农民年人均纯收入水平将增加 15.96 元。而模型中，财政支农资金对直接提高农民人均纯收入的影响效果不显著。由此可见，在扶贫资金使用过程中，应继续直接性地加大财政扶贫专项资金的投放力度，对增加贫困区农民人均收入具有很好的效果。

（二）我国扶贫资金投入来源实证检验

1. 数据来源

随着我国扶贫攻坚战不断深入实施，农村地区连片的贫困地区范围逐渐缩小，贫困地区的集中性不断减弱，贫困地区的分散性特征日益凸显，呈现出"大分散、小集中"的基本格局，这对于政府来说扶贫对象的瞄准更加困难。因为呈现出分散性的特点，使得获得农村贫困地区的数据增加了难度。基于数据的可获得性，本节主要以国家扶贫重点县为分析对象，数据主要源于历年《中国农村贫困检测报告》。数据区间为 2000—2016 年，由于样本比较小，因此可能会有一定的偏差。由于贫困发生率的统计数据的口径不一样，本部分中国家扶贫重点县的贫困发生率采用的是 2010 年国家贫困标准线的数据。政府财政扶贫专项资金按照来源将其分为发展资金、以工代赈资金和扶贫贴息贷款 3 个主要来源。本部分主要从资金来源分析资金的投入对扶贫重点县贫困发生率的影响。

2. 变量平稳性检验

为了能够利用回归分析方法分析我国扶贫资金投入结构的减贫效果，消除时间序列中的异方差现象，避免出现伪回归现象，使各个时间序列更具线性化，且要保持时间序列的平稳性，将中央财政扶贫发展资金（fzzj）、以工代赈资金（ygdz）、扶贫贴息贷款（txdk）和贫困发生率（h）各自取自然对数。取自然对数后的变量分别表示为：lnfzzj、lnygdz、lntxdk、lnh。下面分别对这 4 个时间序列进行单位根检验。检验结果如表 4：

表4　各个变量平稳性检验结果

变量	ADF 统计量	ADF 检验临界值	检验结果
Lnfzzj	−2.6701	−2.8847	不平稳
Lnygdz	−2.3308	−2.8847	不平稳
Lntxdk	−1.8973	−2.8857	不平稳
Lnh	−1.5686	−2.8863	不平稳
Δ lnfzzj	−11.5682	−2.8849	平稳
Δ lnygdz	−9.5292	−2.8849	平稳
Δ lntxdk	−5.6961	−2.8857	平稳
Δ lnh	−6.5165	−2.8870	平稳

注："Δ"表示一阶差分。

从上表中单位根检验结果可以看到，lnfzzj、lnygdz、lntxdk、lnh 四个变量的 ADF 值均大于其 1% 的临界值水平，不能拒绝原假设，即系列是非平稳的，无法进行协整检验。在对原数列进行一阶差分后，所有变量的 ADF 统计量均小于 1% 显著水平上的临界值，不存在单位根，各变量均为一阶单整序列，基本可以判定发展资金、以工代赈资金和扶贫贴息贷款和贫困发生率存在长期稳定的影响关系，可以进行下一步的实证分析。

3. 协整方程设定

根据上述扶贫投入结构和贫困发生率都是一阶单整序列，它们之间可能存在长期稳定的协整关系，故设定回归方程为：

$$\text{lnh} = C_1 + C_2 \star \text{lntxdk} + C_3 \star \text{lnfzzj} + C_4 \star \text{lnygdz} + \varepsilon_t$$

用 E–G 两步法来验证两个变量是否具有长期稳定的关系。先用最小二乘法进行回归得出以下结果：

表5　OLS回归结果

Variable	Coefficient	Std. Error	t-Statistic	Prob.
C	8.852626	3.700958	2.391982	0.0326
LNTXDK	−0.303942	0.302897	−1.003453	0.3340
LNFZZJ	−0.652478	0.089476	−7.292219	0.0000
LNYGDZ	−0.297749	0.975526	−0.305219	0.7650
R-squared	0.901922	Mean dependent var		2.896390
Adjusted R-squared	0.879289	S.D. dependent var		0.744165
S.E. of regression	0.258549	Akaike info criterion		0.334861
Sum squared resid	0.869019	Schwarz criterion		0.530912
Log likelihood	1.153679	Hannan-Quinn criter.		0.354349
F-statistic	39.84928	Durbin-Watson stat		0.909986
Prob（F-statistic）	0.000001			

根据回归结果将方程写为：

$$lnh = 8.8526 - 0.3039 * lntxdk - 0.6525 * lnfzzj - 0.2977 * lnygdz$$

再根据回归方程所得的结果生成新的残差序列，残差系列RESID02如图1所示：

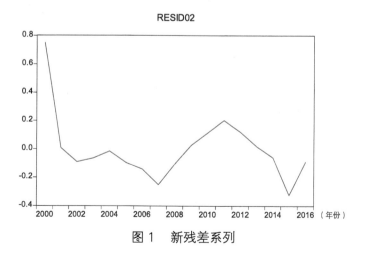

图1　新残差系列

并对残差进行 ADF 的单位根检验。检验结果如下：

Null Hypothesis：RESID02 has a unit root
Exogenous：Constant
Lag Length：0（Automatic – based on SIC，maxlag=3）

		t–Statistic	Prob.*
Augmented Dickey–Fuller test statistic		–5.670130	0.0004
Test critical values：	1% level	–3.920350	
	5% level	–3.065585	
	10% level	–2.673459	

上表中结果表明残差序列 RESID02 是平稳的，说明我国扶贫资金的投入结构与贫困发生率之间存在着长期协整关系。

4. 检验结果分析

从上述协整方程的分析可以看出，在扶贫资金的投入中，无论是以发展资金形式投入、以工代赈形式投入还是以贴息贷款方式投入扶贫攻坚事业中，这些投入方式都与我国贫困发生率呈负向相关关系，这与现实是吻合的。具体来说，发展资金的投入每增加 1% 可以降低我国 0.65% 的贫困发生率；中央贴息贷款资金的投入每增加 1% 可以降低我国 0.30% 的贫困发生率；以工代赈资金的支出每增加 1% 可以降低我国 0.297% 的贫困发生率。整体而言，扶贫发展资金的直接性投入产生的减贫效果要大于以工代赈资金和贴息贷款资金的投入。

四、基于贵州省财政金融资金投入与减贫效果的 VAR 模型检验

贵州脱贫攻坚的主战场，是我国脱贫攻坚战中的"硬骨头"，是全国贫困人口最多、贫困面最大、贫困程度最深的省份之一。改革开放以来，贵州贫困人口在逐年减少。但是，贫困人口多、贫困程度深仍然是长期困扰贵州经济社会快速发展的最大障碍。长期以来，贵州大部分农村地区一直是国家治理贫困的重点区域，全省 88 个县中就有 50 个县是国家扶贫开发的重点县。

在贵州农村地区，贫困人口规模一直居高不下，在 2016 年全省总人口 3555 万，其中农村人口 1985.47 万，贫困人口就达 377.76 万，贫困人口分别占全省总人口的 10.63% 和农村总人口的 19.03%。

表6　贵州省 2008—2017 年中央和省财政专项扶贫资金投入情况表

单位：亿元

年份	小计	中央投入	省级投入
2008	16.67	12.71	3.96
2009	19.50	15.17	4.33
2010	22.42	17.68	4.74
2011	31.75	25.06	6.69
2012	48.47	34.36	14.11
2013	58.19	36.77	21.42
2014	77.01	49.99	27.01
2015	88.06	58.62	29.44
2016	125.47	80.64	44.83
2017	184.89	121.19	63.70
合计	672.42	452.19	220.23

注：含易地扶贫搬迁资金。

长期以来"贫困"是制约贵州发展的一大顽疾，而财政扶贫资金的有效使用则是解决该地区贫困问题的关键所在，就贵州财政扶贫专项资金投入来看（表6），10 年累计投入财政扶贫资金 672.42 亿元，全省财政扶贫资金投入从 2008 年的 16.67 亿元增加到了 2017 年的 184.89 亿元，年均投入增长 10% 以上，贵州贫困问题一定程度上得到了缓解，但是扶贫任务依旧任重道远。因此，以贫困深度最深的贵州省为例，系统地分析农村贫困状况，分析财政金融资金的投入对减少贫困人口的产生的影响，对切实有效解决农村贫困问题具有重要的现实意义和理论意义。

（一）变量选取及数据来源

考虑数据的连续性和可获得性，本节以贵州省历年主要科目的财政支出及金融机构信贷余额作为替代变量，分析财政金融资金投入对贵州省减贫效果的影响，变量选择所使用的是年度数据，数据区间为 1978—2016 年。研究对象为贵州省财政金融资金投入对减贫效果的影响，数据来源为历年贵州省统计年鉴、中国人民银行贵阳中心支行和财政部门公开的数据。

（二）变量解释

借鉴和吸收相关学者的研究基础上，可以发现单一的指标不能全面客观地衡量财政资金投入综合水平和减贫效果综合水平，考虑到数据的可得性和真实性，构建财政金融资金投入指标系列和贫困水平指标系列如表 7：

表 7　财政金融资金投入系列和贫困水平衡量指标系列

变量类别		变量表示	指标方向	原始单位
解释变量	财政金融资金投入	X_{loan} 金融机构贷款余额	正向指标	亿元
		X_{edu} 教育支出	正向指标	亿元
		$X_{agriculture}$ 农林水事务支出	正向指标	亿元
		$X_{traffic}$ 交通基本建设支出	正向指标	亿元
		X_{social} 社会保障就业支出	正向指标	亿元
		X_{health} 医疗卫生支出	正向指标	亿元
被解释变量		Y_h 贫困发生率	逆向指标	%
		Y_e 农村居民恩格尔系数	逆向指标	%

1. 金融机构各项贷款余额

金融机构各项贷款余额是反映当地市场资金投放流量的指标之一。一般来说，金融机构各项贷款余额越高，则表明该地区市场金融资金投入规模越高，对经济发展的贡献率越高。本文假设金融机构各项贷款余额对减贫效果具有正向的影响，即增加银行贷款可以减少贫困。

2. 教育支出

百年大计教育为本。扶贫先扶智，让贫困地区的孩子们接受良好教育是扶贫开发的重要任务，也是阻断贫困代际传递的重要途径。"治愚"和"扶智"，其根本就是发展教育。教育支出包括：教育的基本建设投资、教育的经常费用支出等。由于预算统计口径的改变，1978—1994 年的"文教科卫事业费"包括"教育支出""科学支出""文体广播事业费"和"医疗卫生支出"的支出，1994 年以后列为教育支出。对教育支出的投入是衡量地区教育水平高低的重要指标。

3. 农林水事务支出

通过加大农林水事务财政支出，开发建设集休闲旅游为一体的现代化农业对缓解贫困问题、增加农民收入、减少贫困人口具有重要的意义。本文中的农林水事务支出数据中 1978—1994 年的"农业支出"和"林业支出"在 1995—2002 年分别为"农业综合开发支出"和"农村水利气象等部门的事业费"，2003—2006 年又变更为"农业支出"和"林业支出"两项，2007 年以后变更为农林水事务支出。

4. 交通及基本建设支出

常言道，要致富先修路，显然交通环境的改善对解决贫困问题至关重要。2015 年底，贵州省全省实现了县县通高速，是西部地区第一个县县通高速的省份，极大地改善了贫困地区交通环境。本文中所选的交通基本建设支出分为两个部分：1978—2006 年的"交通基本建设支出"为基本建设支出，2007 年后为交通运输支出。

5. 社会保障及就业支出

社会保障制度是确保全社会成员不陷入贫困境地的最后防线。截至 2016 年底贵州省社会保障及就业支出达到 370.16 亿元。本文中的数据 1991—1994 年的"社会保障支出"为抚恤和社会福利支出，1995—2006 年为社保就业支出和福利支出之和，2007 年后为社保及就业支出。

6. 医疗卫生支出

当前，"因病致贫""因病返贫"已成为贵州省农村贫困地区突出的社会问题。疾病导致贫穷，贫穷加剧疾病，如此形成疾病和贫穷的恶性循环，严重影响着农民脱贫自立和农村经济发展。因此，加大财政对医疗卫生领域的支出是解决"因病致贫""因病返贫"问题，进行精准扶贫的关键之一。贵州省医疗卫生经费支出从 2001 年的 13.55 亿元增加到 2017 年的 390.85 亿元，增长了近 30 倍。

7. 贫困发生率

通常情况下，FGT 指数可从贫困广度、贫困深度、贫困强度多个维度进行测算，能较为全面反映贫困状况。但考虑到数据的可获得性，恩格尔系数与贫困发生率同为逆向指标，数据属性具有一致性，故做实证分析时只选择贫困发生率进行分析，且 FGT 贫困指标只选取贫困发生率（H）来衡量贫困水平，即贵州省贫困人口占全省全部人口的比例。

（三）实证分析过程

1. 序列平稳性检验

上文对变量进行了解释阐述，现建立 VAR 模型来分析财政金融资金投入对减贫效果的影响。为使模型的设定能够解决数据存在异方差问题，分别对选取的所有变量取自然对数，将对数化后的金融机构各项贷款余额、教育支出、农林水事务支出、交通基本建设支出、社会保障就业支出、医疗卫生支出、贫困发生率分别记为：LNX_{loan}，LNX_{edu}，$LNX_{agriculture}$，$LNX_{traffic}$，LNX_{social}，LNX_{health}，LNY_{h}。所有数据处理和实证分析都在 EVIEWS7.2 中完成。

本文使用的是时间序列数据建立的 VAR 模型，通常情况下，时间序列经济变量具有一定的趋势特征，因此在模型建立之前需保证所有变量是平稳序列，本文的检验方法是用 ADF 指标进行检验，检验结果如表 8 所示：

表8 各个变量平稳性检验结果

变量	ADF 统计量	ADF 检验临界值	检验结果
LNX_{loan}	0.5489	−3.7424 ＊	不平稳
LNX_{edu}	−0.1294	−3.7241 ＊	不平稳
$LNX_{agriculture}$	0.7143	−3.7241*	不平稳
$LNX_{traffic}$	−0.5627	−3.7241*	不平稳
LNX_{health}	0.5668	−3.7207*	不平稳
LNY_{h}	−1.9888	−3.7201*	不平稳
$\Delta LNX_{finance}$	−3.3691	−2.9919**	平稳
ΔLNX_{edu}	−5.4976	−3.7529*	平稳
$\Delta LNX_{agriculture}$	−5.3056	−3.7379*	平稳
$\Delta LNX_{traffic}$	−5.2188	−3.7379*	平稳
ΔLNX_{health}	−10.9967	−3.7379*	平稳
ΔLNY_{h}	−5.2263	−3.7379*	平稳

注："*"表示在1%显著性水平下显著，"**"表示在5%显著性水平下显著，"Δ"表示一阶差分。

从表8中可以看出，所有变量序列在1%的显著水平上，ADF统计量均大于相应的临界值水平，序列存在单位根，都是不平稳的，通过进行一阶差分后各个变量ADF统计量均小于1%显著水平上的临界值，不存在单位根，所有变量均为一阶单整序列，序列是平稳的。可以进行下一步的实证分析。

2. VAR 模型设定

VAR向量自回归模型是一种非结构化的模型，VAR模型将系统中将每个内生变量都表示成系统中所有内生变量的滞后项的函数进行模型建立。用矩阵表示为：

$$Y_t = A_1 Y_{t-1} + A_2 Y_{t-2} + \ldots + A_p Y_{t-p} + B_0 + \ldots + B_r X_{t-r} + C + \varepsilon_t \quad t=1,2,\ldots n$$

其中，Y_t 为 K 维内生变量向量，Y_{t-i}（i=1，2…p）为滞后内生变量向量，X_{t-i}（i=1，2，…r）是 d 维外生变量或滞后外生变量向量，p、r 分别为内生变量和外生变量的滞后阶数。A_p 为 k×k 维系数矩阵，B_r 为 k×d 维系数矩阵，均表示有待估计参数矩阵，C 为截距项，ε_t 为由 k 维随机误差构成的向量。为了研究贵州省财政金融资金对贫困发生率的影响因素，本文将对数化后的 LNX_{loan}，LNX_{edu}，$LNX_{agriculture}$，$LNX_{traffic}$，LNX_{social}，LNX_{health}，LNY_h 作为内生变量，引入 VAR 模型，模型表示如下：

3. VAR 模型阶数的确定及稳定性检验

$$
\begin{bmatrix} \ln LOAN \\ \ln EDU \\ \ln AGRICULTURE \\ \ln TRAFFIC \\ \ln SOCIAL \\ \ln HEALTH \\ \ln H \end{bmatrix}_t = A_1 \begin{bmatrix} \ln LOAN \\ \ln EDU \\ \ln AGRICULTURE \\ \ln TRAFFIC \\ \ln SOCIAL \\ \ln HEALTH \\ \ln H \end{bmatrix}_{t-1} + A_2 \begin{bmatrix} \ln LOAN \\ \ln EDU \\ \ln AGRICULTURE \\ \ln TRAFFIC \\ \ln SOCIAL \\ \ln HEALTH \\ \ln H \end{bmatrix}_{t-2} + \cdots + A_p \begin{bmatrix} \ln LOAN \\ \ln EDU \\ \ln AGRICULTURE \\ \ln TRAFFIC \\ \ln SOCIAL \\ \ln HEALTH \\ \ln H \end{bmatrix}_{t-p}
$$
$$+ B + \varepsilon_t \quad t = 1, 2, \cdots, n$$

VAR 模型的关键在于确定模型的滞后期，滞后期太大会影响模型的自由度，进而影响参数估计的有效性，若过小则容易导致误差项自相关。通常情况下一般选择使用赤池信息量（AIC）和施瓦茨信息准则（SC）的最小值判断 VAR 模型的最优滞后期的。本文现要确定 VAR 模型的滞后阶数，在 EVIEWS 中确定最优滞后阶数，判决结果如表 9：

表9　VAR 模型滞后阶数判断结果

Lag	LogL	LR	FPE	AIC	SC	HQ
0	151.7966	NA	7.57e−13	−8.044256	−7.736350*	−7.936789*
1	206.1792	84.59519*	5.92e−13*	−8.343291*	−5.880039	−7.483550
2	246.4468	46.97879	1.33e−12	−7.858154	−3.239557	−6.246140

注：* 表示最优阶数选择。

表 9 中给出了 LR，FPE，AIC，SC，HQ 五种最优选择标准，"*" 标识了对应判决准则下所选出的最佳滞后阶数。有三种判别准则支持建立一阶

VAR 模型。为了检验 VAR1 模型的构建是否合理，还要必先对其进行稳定性检验。稳定性检验结果如图 2 所示：

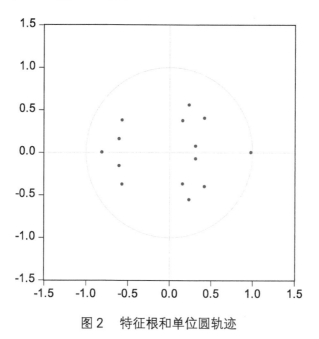

图 2　特征根和单位圆轨迹

通过稳定性检验发现所有的点，上图中所有 AR 特征多项式根的倒数均小于 1，刚好全部在单位圆以内，表明不存在单位根，该 VAR 模型是平稳的，可进行下一步的分析。

4. 脉冲响应分析

脉冲响应函数描述的是一个内生变量对误差冲击的反应。具体而言，它描述的是在随机误差项上施加一个标准差的冲击后，对内生变量的当期值和未来值所产生的变化程度。上文中已经建立了 VAR 模型，并通过了稳定性检验，可用脉冲响应对该模型进行进一步分析。脉冲响应分析结果如下：

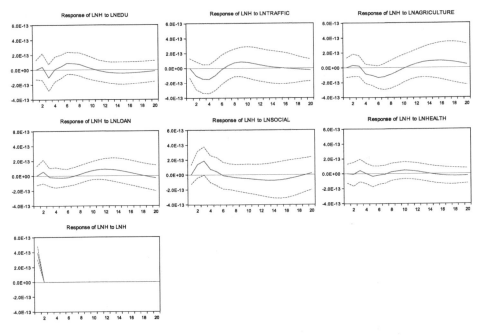

图 3　VAR 模型中贫困发生率对财政金融资金投入冲击的响应

　　如图 3 所示为各个变量对贫困发生率的 IRF 脉冲响应图，图中实线表示脉冲响应曲线，围绕着实线的上下两条虚线表示两倍标准误差的响应曲线，纵轴为被解释变量对解释变量的响应程度，而横轴则代表追溯期数。从图中看出，本期给金融机构各项贷款余额、教育支出、农林水事务支出、交通基本建设支出、社会保障就业支出、医疗卫生支出一个标准差的正向冲击后，当期贫困发生率对教育支出、社会保障就业支出、医疗卫生支出的响应值小于 0，同期内对贫困发生率产生负向的作用，表明教育、医疗和社保支出对降低贫困发生率具有直接的效果，即增加教育、医疗及社保支出可以降低贫困发生率；金融机构各项贷款余额、农林水事务支出、交通基本建设支出同期内对贫困发生率的冲击为正，随后在不同的周期才开始由正转向负，表明银行贷款、农林水事务及交通建设的支出对降低贫困发生率并非立竿见影的作用，而是具有时滞性的影响。

　　（1）教育支出对贫困发生率的冲击得到了农村贫困发生率正的响应，贫困发生率在第 2 期达到一个正的峰值，随后立即由正转为负，并在第 3 期后达到谷值，随后缓慢提升，在第 11 期转为负的响应，并在第 20 期作用趋于稳态。表明教育支出对降低贫困发生率的周期至少在 11—20 年后才会产生实质性的效果。

（2）交通及基本建设的支出对当期贫困发生率的冲击为 0，随后产生负向的影响，并在第 3—8 期达到谷值，表明增加交通基本建设支出有益于降低贫困发生率，但资金的投入效应同样具有滞后性特点。

（3）农林水事务支出对贫困发生率的冲击相对平缓，在第 3 期后开始对贫困发生率产生负向的影响，随后转为正向的影响且逐步增强最终趋于稳态。

（4）金融机构贷款对贫困发生率的冲击当期的响应值为 0，贫困发生率在第 2 期达到一个正的峰值，随后立即由正转为负，并在第 3—7 期产生平稳的负向效应。表明短期对增加银行贷款可以降低贫困发生率，长期来看，持续性的贷款投入对减少贫困问题的作用不显著。

（5）社会保障支出对贫困发生率的冲击在第 3 期达到峰值，随后在第 5—19 期对贫困发生率产生负的响应，并在第 20 期趋于 0。表明持续性的社会保障支出有利于降低贫困发生率，提高贫困人口的生活水平。

（6）医疗卫生支出对贫困发生率的冲击产生波动性的影响较为明显，既有正向的响应也有负向的响应，这侧面反映出了居民的重大疾病风险具有很大的不确定性，且很可能会导致"因病返贫"，生病次数越多特别是重大疾病会直接导致贫困。

5. 方差分解

脉冲响应函数能解释不同的短期扰动对其他内生变量所带来的短期和长期影响，但是无法对比分析不同冲击对某个特定变量的影响强度。通过计算各种结构性冲击对内生变量预测误差方差的贡献程度，将系统的均方误差分解为各个变量冲击所带来的贡献程度。从而更好地评价各种结构性冲击的重要程度。VAR 模型的方差分解如表 10：

表10 方差分解结果

Period	S.E.	LNEDU	LNTRAFFIC	LNAGRICULTURE	LNLOAN	LNSOCIAL	LNHEALTH	LNH
1	0.065485	4.02E−05	1.72E−06	2.99E−07	5.41E−05	3.01E−06	3.04E−05	99.99987
2	0.084315	0.788424	5.627979	0.544154	1.543087	10.31796	0.037209	81.14119
3	0.099080	4.897023	12.25910	0.584435	1.299985	20.95145	0.696382	59.31163
4	0.112880	4.325615	18.38348	2.844467	1.385237	20.26495	0.612692	52.18356
5	0.125791	4.536876	19.82228	5.930963	1.546702	19.15733	0.983875	48.02197
6	0.137719	6.455944	18.42655	10.36068	1.622074	17.75429	1.023019	44.35744
7	0.148337	7.933823	17.56772	13.61599	1.531305	16.83540	0.978737	41.53702
8	0.157890	8.853140	17.90024	15.02265	1.549794	16.35961	1.044380	39.27018
9	0.166997	8.900824	18.82778	15.07418	2.027428	16.26045	1.283668	37.62567
10	0.175737	8.610207	19.49085	14.53787	3.075512	16.38473	1.694757	36.20607
11	0.184270	8.312300	19.56998	14.12075	4.506220	16.71988	1.968746	34.80213
12	0.192437	8.160980	19.12929	14.16639	5.955704	17.18369	2.066722	33.33722
13	0.200178	8.157117	18.41842	14.70988	7.117196	17.72301	2.012747	31.86163
14	0.207428	8.233119	17.66569	15.59842	7.847838	18.22485	1.927174	30.50292
15	0.214220	8.341076	17.00250	16.65487	8.172806	18.58309	1.892190	29.35346
16	0.220627	8.451618	16.48948	17.71838	8.209095	18.73323	1.933899	28.46430
17	0.226752	8.550573	16.13606	18.66553	8.099730	18.68076	2.039747	27.82759
18	0.232691	8.623195	15.92659	19.39960	7.975037	18.49949	2.178346	27.39774
19	0.238520	8.654852	15.82963	19.85729	7.934088	18.30182	2.319263	27.10305
20	0.244288	8.635089	15.80475	20.02224	8.035964	18.20030	2.437235	26.86443

通过表 10 中方差分析结果发现，贵州省财政金融资金投入对减贫效果的主要力量，来自交通基本建设支出、社会保障就业支出、农林水事务支出以及教育支出的贡献。特别是交通基本建设支出的贡献率平均约占到 18%，短期内交通基本建设支出的减贫效果并非立竿见影，而是随着时间的推移减贫效果愈加显著，从第 12 期以后交通基本建设支出对减少贫困的效果逐渐减弱。充分证实了"要致富先修路"的道理是具有可行依据的。因此，短期内增加交通等基本建设支出，完善交通网络建设对解决贫困问题具有重要的推动作用。社会保障资金支出规模的贡献率达 17%，随着时间的推移，社保资金的投入规模对减贫效果的贡献程度将越来越大；农林水事务支出基本稳定在 14% 左右；教育支出的贡献率约为 8%，其产生的减贫效果周期较长；银行贷款和医疗卫生事业投入对减贫效果的作用略小于其他投入。整体而言，所有因素的投入都不同程度地对降低贫困发生率产生了促进作用。

五、研究结论及建议

本文分别以全国的数据和贵州省的数据为例分析了财政金融投入与减贫效果之间的关系，运用回归分析、协整检验、VAR 模型等实证方法进行了分析测算，得出以下结论供参考。

（一）扶贫资金的投入对降低贫困发生率的促进作用

就投入方式所带来的效果而言，中央扶贫财政专项资金的直接性减贫效果要大于以工代赈资金和贴息贷款资金的减贫效果。具体地说，发展资金的投入每增加 1% 可以降低我国 0.65% 的贫困发生率；中央贴息贷款资金的投入每增加 1% 可以降低我国 0.30% 的贫困发生率；以工代赈资金的支出每增加 1% 可以降低我国 0.297% 的贫困发生率。这 3 种不同投入的方式带来的效果相近但也略有区别，财政发展资金直接投入贫困地区的生产发展或者补助给贫困农民，这种减贫的效果要明显好于后两种方式；以工代赈和贴息贷款资金在投入的过程中不同程度地产生了一定的人力成本、融资成本等因素，使其带来的效果稍显逊色。总体来讲，扶贫资金还是以政府资金为主导，市场资金因资本逐利涉足扶贫事业的很少，应拓宽资金来源渠道，创新资金运作模式，推动扶贫攻坚战略。同时，财政专项扶贫资金的使用方向要进一步明确。类似以工代赈、整村推进、连片开发、互助资金、科技扶贫等不宜财政专项扶贫资金投入。而应在易地扶贫搬迁、产业扶贫等方面加大投入的比例。设立新的符合对扶贫对象扶持的资金使用方向，如对划入贫困户的扶贫对象在脱贫前的新型农村合作医疗、城乡居民养老保险个人部分给予全额补贴等，以满足扶贫对象的基本需要，切实提高贫困户的发展能力和收入水平。

（二）贫困发生率的减少主要源于政府财政支出的贡献

实证结果表明，社会保障支出、交通基本建设支出对减贫的贡献度约为17%—18%。远远比其他方式的支出带来的减贫效果明显；金融信贷对减贫的贡献程度较小，减贫效果略显逊色。尽管如此，金融领域扶贫投入应该继续加大，承担更多的扶贫攻坚任务，扩大金融扶贫的覆盖率；应拓宽资金来源，调动贫困农民自主脱贫的积极性，构建以"政府引导、金融机构参与、农民自主脱贫"的扶贫长效机制。同时应该继续增加一般性财政转移支付或者创设贫困地区特别国债，补助用于交通事业及社会保障事业，积极引导社会、企业及个人共同参与扶贫事业。

（三）加大中央财政资金投入有利于提高农村居民人均纯收入

整体而言，财政扶贫资金每增长 1 亿元，贫困地区农民年人均纯收入水平将增加 15.96 元。在全国的贫困地区分布中，西部地区占据了主要部分，且西部地区的贫困人口是最多的。因此，建议中央财政在分配扶贫资金时，考虑中西部地区自身资源禀赋限制的客观实际，加大对中西部地区的资金投放力度，以缓解中西部地方政府的财政压力，让其有信心有能力在 2020 年前打赢脱贫攻坚战，帮助贫困地区和贫困户开发资源、发展生产、提供教育培训、修建基础设施等，使其从根本上摆脱贫困，最终实现与全国同步小康。

参考文献：

[1] 庄天慧：《西南少数民族贫困县反贫困综合绩效模糊评价——以 10 个国家扶贫重点县为例》，《西北人口》2012 年第 3 期，第 333 页。

[2] 赖明、成天柱:《财政扶贫的效率损失——基于财政激励视角的县级面板数据分析》,《经济问题》2014 年第 5 期,第 33—37 页。

[3] 张全红:《中国农村扶贫资金投入与贫困减少的经验分析》,《经济评论》2010 年第 2 期,第 42—51 页。

[4] 李盛基、吕康银:《中国扶贫资金支出结构的动态减贫效果研究》,《技术经济与管理研究》2014 年第 8 期,第 117—120 页。

[5]《财政转向资金管理办法》(财农字〔2011〕412 号)。

[6] 李小云:《我国农村扶贫战略实施的治理问题》,《贵州社会科学》2013 年第 7 期,第 105 页。

保险扶贫：内在机理、工具构成及价值属性

马振涛

（和泰人寿保险股份有限公司战略企划部，北京 海淀，100036）

摘要： 在总结国内外保险扶贫实践与研究基础上，本文分析了保险扶贫的内在机理、工具构成及价值属性，提出以下论点：第一，保险扶贫具有较强的正外部性，需要多种政策支持，以实现外部性内部化；第二，保险在助力扶贫方面或能够产生显著作用；但长期看，应把着力点定位于避免"二次返贫"或非贫困户致贫上，构建"社会保障＋商业保险"双保险体系；第三，贫穷集中表现为信息闭塞、选择短视以及预期不足，保险应当在提升贫困者心智方面发挥一定作用，改变贫困代际传递根源；第四，大数据、人工智能、区块链等技术，能够在降低保险扶贫成本、实现精准、高效扶贫方面发挥重要作用，应积极鼓励创新应用，加快新技术推广。基于此，本文提出5条对策建议。

关键词： 保险扶贫；内在机理；工具构成；价值属性

从救济式扶贫到开发式扶贫，再到精准扶贫，中国的扶贫事业在不断与时俱进中取得显著成效。整体贫困发生率从 1989 年的 75.46% 下降至 2017 年末的 3.1%；[①] 并呈现出参与主体更加多元、扶贫方式更加多样、聚焦人群更为精准等特点。按照党的十九大报告中提出的"确保到 2020 年我国现行标准下

作者简介：马振涛，和泰人寿保险股份有限公司战略企划部。

① 陈志刚：《中国五年累计减贫 6853 万人 贫困发生率累计降低 7.1 个百分点》，http:// finance.people.com.cn/n1/2018/0523/c1004-30008023.html，2018 年 06 月 20 日。

农村贫困人口实现脱贫"目标，中国的扶贫攻坚已到了啃"硬骨头"、攻坚拔寨的关键期。这其中，金融作为现代经济的核心，在助力脱贫方面的作用早已被国内外实践证实；[①] 实现金融精准扶贫，也写入国内众多政策文件。[②] 保险业是金融业态的重要组成部分，具有扶危济困、互助共济的天然属性，与扶贫的本质要求是内在统一的。2016 年 5 月，原中国保监会、国务院扶贫办联合发布《关于做好保险业助推脱贫攻坚工作的意见》(保监发〔2016〕44 号)，明确了保险扶贫的行动纲领，指明了保险扶贫的工作方向。可以说，无论政策层面，还是实践领域，对保险扶贫的认识都有了长足进步；但在理论层面目前研究尚不系统，对保险扶贫的内在机理、工具构成以及价值属性的研究还存在"模糊地带"。本研究旨在厘清这些问题，以期拓展保险扶贫理论并为保险扶贫工作部署提供借鉴。

一、实践及研究述评

根据世界银行的定义，贫困是指福利的被剥夺状态，不仅指物质的匮乏，也包括低水平的教育和健康；贫困还包括风险和面临风险时的脆弱性，以及不能表达自身的需求和缺乏参与机会 (World Bank，2000)。[③] 与之对应的保险作为一个从事风险管理的行业，其与生俱来的责任共担、风险转移机制，本质上是为分摊灾害、事故而存在的。解决贫困问题，也是增强穷人抵御风险能力、明确未来预期的过程，这与保险作为社会"稳定器"和"安全阀"的作用具有内在一致性。

实践表明，保险尤其是商业保险，在助力脱贫过程中能够发挥重要作用。例如，现代社会保障制度源于 1883—1889 年俾斯麦执政时德国政府颁布的

---

① 典型的如格莱珉银行模式，是由穆罕曼德·尤努斯 1972 年在孟加拉国创立的一家借贷给无抵押担保穷人的乡村银行。格莱珉银行颠覆传统银行业模式，为那些想做些事的穷人们提供少许的种子式的资金，去实现自我雇用，并能够盈利，实现可持续发展。凭借此模式，尤努斯被称为"穷人的银行家"，并获得 2006 年获得诺贝尔和平奖。

② 如《中国农村扶贫开发纲要（2011—2020 年）》（中发〔2011〕10 号），《中共中央、国务院关于打赢脱贫攻坚战的决定》（中发〔2015〕34 号），《中华人民共和国国民经济和社会发展第十三个五年规划纲要》等。

③ 张克中：《贫困理论研究综述》，《减贫与发展研究》2014 年第 4 期。

《疾病保险法》《工伤事故保险法》《养老和残疾社会保障法》，这里的保险以社会保险形式存在，主要目的是解决工业化、城市化快速推进中出现的大量社会底层多子女家庭贫困；突发疾病、工伤事故、丧失工作能力、失业无收入及家庭主要劳动力去世等引发的贫困问题，是一种普惠形式的保险形态。再者，发端美国的农业保险，作为防范化解农户贫困的有效工具，已广泛普及国际范围。为解决从事农业生产、抵御灾害能力弱的农村地区的贫困多发状况，美国 1938 年出台《联邦农作物保险法》，正式推出农业保险险种；此外，小额借贷保险、大病附加医疗等健康险以及巨灾保险等与扶贫关联性强的险种，也在众多国家推广并为助力"脱贫"发挥了实质性作用。

借鉴国外经验，国内的保险扶贫实践也日渐成熟。在解决因灾、因病致贫或返贫占比较高难题，阻断脱贫后返贫诱因过程中，产生了一系列精准对接脱贫攻坚的产品，典型的如扶贫农业保险产品，意外、健康等扶贫小额人身险产品，精准对接产品脱贫，教育脱贫的产品等；并涌现出河南兰考"保险 + 扶贫"精准扶贫模式、河北阜平"政府 + 保险 + 银行 + 农户（企业）"的精准脱贫模式，云南昭通医疗费用"一站式报销"以及宁夏"脱贫保"等较为成熟的模式。[1]

在研究层面，国外的保险扶贫研究成果并不多。Paulo Santos & Christopher B.Barrett（2006）指出，资本作为一项生产要素，对于穷人更为重要。为避免贫困人口陷入贫困陷阱，依托保险机制构建确保要素顺利流通的资本安全网是必然方式。如果没有这种机制，也应当有非正式的"类保险制度"发挥作用。[2] Syed A.H.，Jennifer R.&Paul M.（2011）研究发现，健康保险对提高贫困人口收入、稳定收入水平以及鼓励其扩大生产性投资、减少贫困发生率都有一定作用，但对于此类保险的财务可持续和医疗服务品质存质疑。[3]

---

① 肖扬：《保险扶贫大有可为》，《金融时报》2018 年 3 月 14 日，第 11 版。
② Paulo Santos, Christopher B.Barrett.Informal Insurance in the Presence of Poverty Traps: Evidence from Southern Ethiopia[R].The 26th Conference of the International Association of Agricultural Economists Brisbane, Australia, 2006.
③ Syed Abdul Hamid, Jennifer Roberts and Paul Mosley. "Can Micro Health Insurance Reduce Poverty? Evidence from Bangladesh" .*Journal of Risk and Insurance*, 2011, 78(1).

近年来，国内对于保险扶贫内涵、优势、机理、模式与路径的探讨不断增多。廖新年（2012）指出，保险机制在支持农村扶贫开发中具有独特优势：可成倍放大扶贫资金效用，提高贫困人口抵抗风险能力，调节利益分配关系，改善贫困地区金融生态。[①] 吴焰（2018）提出应通过三农保险"联办共保"、扶贫贷款"风险共担"的制度设计，放大财政资金扶贫的投入效应。[②] 李玉华（2017）认为：保险助力精准扶贫具有机制、服务、资金等方面优势，有助于提升贫困地区风险管控能力。利益调节功能有助于促进贫困治理方式创新；融资功能有助于向贫困地区"输血"并促进"造血"；杠杆功能有助于增强扶贫资金的使用效果。[③] 瑞士再保险的研究团队（2018）总结了保险在扶贫开发和助推脱贫攻坚中的三个主要职能——保障、增信和融资。[④] 李琴英（2018）考察了"兰考模式"，提出复制这一模式受制于政府投入的资金是否充足、产业扶贫模式是否稳定、保险公司财务是否可持续性等条件。[⑤] 吴传清（2018）等把保险精准扶贫路径模式划分为农业产业保险扶贫模式、健康保险扶贫模式、教育保险扶贫模式和社会兜底扶贫模式。[⑥]

综上，国外的保险扶贫研究中，农业险或巨灾保险有一定普遍意义；以健康险为主的人身保险方面，由于各国社保制度差异，其经验对国内借鉴性不强。相比而言，本土研究逐年增多，并呈现出由政策解读、典型案例分析向内涵机理、价值分析及路径模式总结阶段演变，研究逻辑愈加严谨，研究方法逐渐告别感性认识或主观判断，并向实证分析过渡。近期的诸多研究尽管在理论层面也做了探讨，但尚未达成共识。基于此，本研究聚焦保险扶贫的内在机理、工具构成及价值属性研究，试图通过理论分析与案例总结，得出更具普遍意义的结论。

---

① 廖新年：《商业保险支持农村扶贫开发初探》，《保险职业学院学报》2012 年第 3 期。
② 吴焰：《推广保险机制服务精准扶贫"阜平模式"》，http://money.163.com/17/0307/13/CEU9MHQV002580S6.html，2018 年 07 月 01 日。
③ 李玉华：《保险助力精准扶贫：作用机理、功能价值与对策建议》，《南方金融》2017 年第 8 期。
④ 瑞士再保险：《保险扶贫的理论与实践：以中国为例》，《上海保险》2018 年第 5 期。
⑤ 李琴英：《保险精准扶贫之"兰考模式"研究》，《保险研究》2018 年第 5 期。
⑥ 吴传清、郑开元：《保险精准扶贫的路径选择与促进机制》，《甘肃社会科学》2018 年第 3 期。

二、保险扶贫内在机理与工具构成

诺贝尔经济学奖获得者、"穷人的经济学家"阿马蒂亚·森（2001）认为，贫困不单纯是由低收入造成的，很大程度上是因为基本能力缺失造成的。[①]比如，高额的医疗、养老、教育、住房等支出，可能会剥夺居民的健康权、养老权、教育权、居住权，从而引发贫困。统计显示，中国的贫困人口中因病致贫、因病返贫的比率 2016 年为 44%，"全国 30 个省、市、自治区调查了 3000多户，1 万多人，接近上百个村，许多村因病致贫、因病返贫的比例有的达到60%、80%"；[②]此外，因灾致贫、返贫也占很大比例，这都属于典型的能力缺失致贫。

在反贫困的认识上，存在两种不同的声音，即建立在"贫困陷阱"为基础的"援助说"以及不承认"贫困陷阱"理念的"反援助说"。前者是救助式扶贫的理论基础，后者则更适合指导开发式扶贫行动的开展。对于广大的贫困群体，在一定条件下不排除必须要给予援助的必要，[③]但更多研究表明，援助可能会使人们停止寻找自己解决问题的方法，腐蚀地方机构并削弱其作用，导致一些援助机构形同虚设。他们认为，扶贫最好遵循一个简单原则：只要有自由市场和恰当的奖励机制，人们就能自己找到解决问题的方法，避免接受外国人或自己政府施舍。[④]本研究无意在此做过多争论，但认同"扶贫是一项系统性工程，需要发挥社会各方力量"的理念，在选择应对方式时更偏向于采取折中的"政府 + 市场 +NGO"（NGO，非政府组织）共同行动模式。

保险是一种社会化、市场化的风险转移机制。相比社会保险，商业保险识别人群更精准、保障范围更宽广、保障能力更强大，更有助于增强贫困人口"造血"能力；亦不同于完全的政府行为，商业保险能够实现风险合理定

---

① 阿马蒂亚·森：《贫困与饥荒》，商务印书馆 2001 年版。

② 王姝：《卫计委主任李斌回应"如何破解因病致贫、因病返贫"》2017 年 08 月 31 日，第 A002 版。

③ 尤其对于那些突然的自然灾害、战争等极端事件受害者、丧失劳动能力者或以非洲为代表生产资料严重不足者。

④ 阿比吉特·班纳吉、埃斯特·迪弗洛：《贫困的本质：我们为什么摆脱不了贫困》，中信出版社2013 年版。

价、有效补偿。

在严格的精算假设条件下，商业保险公司的经济补偿功能，可实现保险赔款"点对点滴灌"，对受灾贫困人口进行精准补偿，避免出现"撒胡椒面"和"大水漫灌"现象，一方面使得扶贫对象更精准；另一方面在助力发挥基础性保障作用的同时也能实现一定程度盈利，使之作为一种持续运行、长久不衰的商业模式存在。基于此，保险作为帕累托改进的过程，无论公平性还是效率性，都是值得依赖的风险防范与预期管理工具。保险扶贫作为商业行为服务扶贫的典范，能够更精准、更高效地利用扶贫资源，这对其他商业主体对接、实施精准扶贫战略实施能够产生一定借鉴价值。

保险扶贫的内在机理，是借助保险这一工具保障，培养贫困者摆脱贫困的能力，这不仅是一种事后补偿机制，更是对致贫因素层层剥离，并把这些因素开发成对应的保险产品的过程。当然，保险产品无法覆盖致贫、返贫的所有因素，即便所覆盖的部分，也未必能够发挥足够的作用，但至少是利用市场化手段应对、解决贫困的有益尝试。

作为一款成熟的保险扶贫产品，必须要符合精算要求的"大数法则"条件。事实上，贫困人口由于经济基础薄弱、对未来预期不足，极少有人会在完全市场条件下购买保险产品，对他们而言，保险的需求并不迫切，也非必需。尽管在政府政策鼓励下，一些保险机构开发了针对贫困人口的保险产品，结果往往是参保人数占比小的贫困人口，保险报销费用反而较高（见表 1 案例），保险机构必须承担较高的经营风险。

表1　Z市大病保险2017年前三季度数据[①]

参保人员类型	参保人数占比	入院人数占比	报销总额占比	住院比例
非贫困人口	92.1%	79.9%	66.8%	12.8%
贫困人口	7.9%	20.1%	33.2%	22.8%

数据来源：Z市医保中心

[①] 梁上聪：《保险公司助力精准健康扶贫的对策分析：基于大病保险视角》，《上海保险》2018年第4期。

这种情况下必然会导致一个问题，即保险公司普遍面临保险扶贫商业可持续性以及保险机构风险管理能力不足的挑战。可见，保险扶贫的成本与收益整体看是不对等的，这种行为存在较强的外部溢出效应。① 若使这种行为或状态长期维持下去，就必须实现正外部性内部化。这其中，政府的优惠政策至为关键。基于此得出：

结论一：保险扶贫具有极强的正外部性。政府从购买端给贫困户购买保险补贴的方式，并不能完全弥补保险公司后续的赔付支出。为补偿保险扶贫行为的正外部性，有必要在后端出台相关优惠政策、举措，提升保险公司承保的积极性。

保险扶贫的工具构成，是基于几类或一系列扶贫险种基础上的有机组合，是贯穿于贫困发生因素及演变过程中，扶贫保险能够产生和发挥作用的主要抓手。瑞士再保险（2018）认为，保险扶贫所能发挥的作用主要体现在保障、增信和融资三方面，也称为保险扶贫三支柱体系，其所对应的不同险种，可看作保险扶贫工作构成的一种划分方式（详见图1），这也是本文关于工具构成研究的重要参考框架。

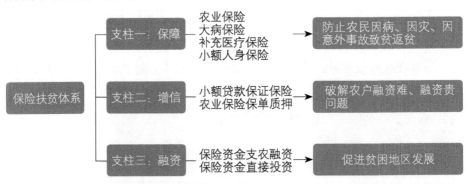

资料来源：瑞士再保险：《保险扶贫的理论与实践：以中国为例》，《上海保险》2018 年第 5 期

图 1　保险扶贫体系三支柱理论

结合保险业惯用的负债端、资产端划分方式，研究认为，保险扶贫工具由以下主要险种构成：

---

① 瑞士再保险：《保险扶贫的理论与实践：以中国为例》，《上海保险》2018 年第 5 期。

一是负债端，包括防范因灾致贫、返贫（农业巨灾保险或寿险等）、因病致贫、返贫（大病补充医疗险、健康险或寿险等）、没有启动资本金的致贫（以小额贷款保证保险、农业保险保单质押为核心的保险扶贫增信体系）[1]、因教育缺失致贫及导致的贫困代际传递（针对贫困家庭大、中学生的助学贷款保证保险）等。

二是投资端，主要包括充分利用保险资金，投资于贫困地区基础设施和民生工程等，增强贫困地区"造血"能力。[2]

根据原中国保监会收集的素材，我们总结了几种主要的保险工具构成所对应的典型案例（详见表2），这与瑞士再保险研究团队的划分方式有一定相似之处。一个总的结论是，保险扶贫"工具箱"已基本成熟，其与贫困产生的因素存在着一定对应关系。未来，随着致贫因素复杂化，其工具构成也将发生变化。

表2　不同的保险扶贫工具构成对应的典型案例

扶贫模式	一揽子扶贫计划	健康保险扶贫	责任保险、保证保险	农业保险、巨灾保险
代表地区	宁夏、甘肃、河南兰考、贵州等	云南昭通、江西赣州、云南大理	四川凉山、浙江景宁	河北阜平、黑龙江
主要特点	提供包括农业保险、农民意外健康保险、农业基础设施保险、农户小额贷款保证保险等	为特困人群购买补充医疗保险等，泛指因病致贫返贫	提供包括自然灾害公众责任保险、农村住房保险、农村小额人身意外保险等，发展扶贫小额贷款保证保险	开发特色优势农业保险品种；结合卫星遥感技术和气象监测技术，提供基于流域洪水、降雨过多、干旱及积温不足等农业巨灾保险保障

数据来源：原中国保监会（2017c）

保险是一项射幸行为，其作用重在"事后补偿"和"事前防范"。尽管在保险扶贫模式方面，已有理想化设计和成熟的体系构架，但不可否认，多数

---

[1]　可看作保险助力扶贫的增信作用。
[2]　可看作保险助力扶贫的融资功能。

贫困群体往往只关注马斯洛需求理论中最底层的生存需求，而保险作为更高层次的"安全和保障的需求"，并非眼前所需。处于社会底层的贫困人口，其所面临选择的机会相当稀缺，根本无暇顾及未来的风险。因此，对于保险扶贫模式发挥而言，除农业巨灾保险保障、保险长效资金运用，有必要主动发挥作用外，其他涉及健康、意外等方面的保障需求，都可能面临推广困境。

进一步看，公益式的扶贫救助，并非保险公司的必要职责，对处在"贫困阶段"的人群，也很难在贫困阶段就与保险产生交集。对多数保险公司而言，应当把保险扶贫的关注点放在普通人群或完成脱贫不久的人群上，综合多种手段，构建避免贫困的"第二层防护网"。[①] 如前所述，因病、因灾返贫是贫困难以根除的主要原因。脱贫人口往往也是社会弱势群体，其抵御风险的能力非常脆弱，稍有不慎就会重返贫困行列。因此，要确保扶贫工作尽量少地出现反复，就必须提高脱贫人口的风险防范能力，在完成"脱贫"后，能够在思想上认识筑牢安全防护网的必要性，进而表现在行动上，通过购买商业补充险种等，构建"社会保障 + 商业保险"双保险体系，夯实脱贫基础，提升扶贫工作的可持续性。基于此得出：

结论二：保险在助力扶贫方面或将显著作用，但从长期看，保险的作用重在"事后补偿"和"事前防范"。保险助力扶贫，应把着力点定位于避免"二次返贫"或非贫困户致贫上，构建"社会保障 + 商业保险"双保险体系，筑牢"第二层防护网"。

三、心智影响与技术助力：保险扶贫的价值属性

贫困产生的因素千差万别。贫困本身并不可怕，可怕的是形成"安贫乐道"的思维并出现代际遗传。这种与生俱来的、对未来毫无希望的思维和认知，很有可能成为引发社会危机的"导火索"。事实上，穷人的思维及心智模式影响，是造成贫困的重要因素，并极易借助代际遗传传递下去。世界银行《2015 年世界发展报告》指出，贫困不应仅从物质资源的匮乏上找原因，还需

---

① 第二层防护网是相对第一层防护网说的，第一层防护网是政府提供的，覆盖在基本社会保障体系范围内。

要从贫困主体的主观思维上加以认识。贫困主体的心理特征对其选择行为影响显著，是使其维持低收入水平的重要原因之一。[①] 研究显示，贫困人群通常具有安于现状的价值观，存在不利的风险预期和风险偏好；单调的生活经历、闭塞的信息获取渠道、低水平的家庭和社会教育，会让他们面临极少的选择机会；生活的压力、缺乏基本的公共设施和服务保障，使得他们要消耗更多的心理资源，从而导致更"短视"的时间偏好，等等。[②]

与之相对应的，保险是一项"反人性"的产物，能够锻炼着眼于长远的心智模式。正如胡适所言，"保险的意义，只是今日做明日的准备，生时做死时的准备，父母做儿女的准备，儿女幼小时做儿女长大时准备"。保险知识的普及和推广，在拓展贫困者信息渠道、提升选择长期性以及明确未来预期方面，能够起到积极的、正向的激励。试想，如果一个脱贫者能够认识保险的价值，就必然会对立足长远的思考模式给予正的强化，就会更加重视教育的价值，朝着有利于脱贫的方向去思考、选择，并尽量避免下一代陷入贫困泥沼。基于此得出：

结论三：贫穷集中表现为信息闭塞、选择短视以及预期不足。融入贫困人群心理特征，保险应当在提升贫困者心智方面发挥一定作用，改变贫困的代际传递根源。

技术创新是改变未来最强大的力量，保险扶贫应当利用一切可能推广应用的技术手段助力扶贫目的的实现。众所周知，贫困人口大多聚集在远离城市、位置偏远、交通不便、资源贫瘠的地区，保险机构在推进保险扶贫工作，如在识别贫困人口，完成承保、核保以及理赔过程中所消耗的成本，要比人口密集的城市区域要高得多。现代信息等高新科技的应用，有助于对贫困人口具体情况进行精准识别，降低展业成本，提高作业效率，是一种低成本、高效率的实现方式。

---

① 世界银行集团：《2015世界发展报告：思维、社会与行为》，https://openknowledge.worldbank.org/，2018年07月04日。
② 高考、年旻：《融入贫困人群心理特征的精准扶贫研究》，《光明日报》2016年04月06日，第C02版。

例如，借助数据精准化，有助于识别贫困人口的健康状况，做好贫困人口数据实时动态展示，便于对贫困人口情况进行动态监测和管控；借助图像识别等技术，可以实现保险流程的"化繁为简"，简化核保、理赔流程，降低上门服务的成本；[①]借助区块链技术，可以显著降低信息不对称情形，降低信用风险，核实贫困户获得贷款后的主要用途，监督其行为，避免资金无效利用甚至挥霍浪费。因此，作为精准扶贫的一项重要武器，包括互联网保险、大数据、区块链、人工智能等，将不断发挥作用，这对于处在地广人稀、距离较远或交通不便的贫困人口是一种有效的服务获取方式，也有助于降低保险公司成本，提升其参与保险扶贫的积极性。基于此得出：

结论四：保险扶贫要借助技术手段降低成本，提升效率。大数据、人工智能、区块链等技术，在降低保险扶贫成本、实现精准、高效扶贫方面能够发挥重要作用，应积极鼓励创新应用，加快新技术推广。

四、政策建议

中国的保险扶贫工作起步较晚，虽然取得了一定成绩，但仍存在短板和不足。由于对保险扶贫内在机理认识不足，对发挥长期作用的工具模式理解不够，对保险扶贫价值属性的认识的偏差，现有的一些政策、举措仍有调整、完善的空间。基于上述分析结论，提出以下建议：

一是保险扶贫的正外部性，对参与其中的保险机构主体也提出了一定要求。实力雄厚的大企业，作为企业履行社会责任的组成部分，在推进保险扶贫方面更有余力。但中小公司，尤其是实力不强的公司，很难安排专门人力、物力、财力对接相关工作，因此，保险扶贫应遵循"量力而行、尽力而为"原则，不建议监管机构对所有保险公司采取"一刀切"的任务安排方式。另外，对政府所给予的优惠政策，并非一定要采取货币化补偿方式或税收减免

---

① 这一方式在"顶梁柱健康扶贫公益保险"中已实现应用。这一保险以阿里巴巴"公益宝贝"和蚂蚁金服"爱心捐赠"两个互联网公益平台面向公众募捐，募集的善款进入中国扶贫公益基金会，由基金会通过合作保险公司完成投保，并定期向公众反馈项目进展和善款使用情况。通过保险公司为全国重点贫困县 20—60 岁的建档立卡贫困户投保。这一计划将对医保范围外的住院费用进行理赔，保额为 10 万元。

政策，可尝试对保险扶贫方面比较突出的公司，在产品结构体系、投资端资质要求上给予一定的政策宽松奖励，使保险扶贫内化为保险公司业务发展的一部分。

二是参考"阜平模式"经验，可考虑将保险机制作为一项制度安排纳入扶贫规划和政策支持体系，引导政府在脱贫攻坚中加大保险工具运用力度。同时，合理确定贫困地区保费财政补贴标准，建议减少乃至取消贫困县县级财政承担的政策性农险保费补贴。[①]

三是对于建档立卡的贫困户，在实现脱贫后仍要继续跟踪，协助和督促其在满足城乡社会保障基础上适当购买商业险种，构建"社会保障＋商业保险"双保险体系，避免因灾、因病或暂时失业时"返贫"。此外，扶贫保险应当实现层次化和菜单化，供不同类型家庭选择；逐渐减少政府补贴力度，倡导其主动购买行为。

四是针对贫困人口的教育培训要融入保险教育课程，增强保障意识，形成谋划长远，为未来思考、设计的理念，形成健康、可持续的思维及心智模式，避免贫困代际遗传现象的发生。

五是建议监管机构为互联网保险发展以及保险科技的运用创造积极的、宽松的发展环境，尤其对于地广人稀的农村偏远地区，采取优惠举措，鼓励保险机构利用先进技术手段参与保险扶贫工作，更低成本、更高效率地促进保险扶贫模式推广。

---

① 郭炎兴：《推广保险扶贫"阜平模式"——访全国政协委员、中国人保集团董事长吴焰》，《中国金融家》2017 年第 3 期。

金融扶贫内卷化效应与协同治理机制构建

肖 宇

（中国银行业监督管理委员会荆门监管分局，湖北 荆门，448000）

摘要： 当前，我国农村空心化的"失血"现象导致金融扶贫开始出现"贫血"的内卷化效应，突出表现为金融扶贫贷款的投放动力不断弱化、金融扶贫贷款的边际效应不断降低、金融扶贫贷款的承贷主体不断缩小。因此，必须坚持"造血"式扶贫原则。根据协同治理理念，构建贫困户、政府、银行机构、保险公司"四位一体"的协同治理机制；多方协同行动，共同推动我国金融扶贫工作纵深发展。

关键词： 金融扶贫；内卷化；空心化；协同治理

自从 2013 年习近平总书记提出精准扶贫的概念以及我国贫困人口必须在 2020 年全部脱贫的要求后，我国的扶贫工作开始进入攻坚克难期。在这个历史时期，金融扶贫必然要发挥自己的重要作用。然而，我国的金融扶贫在政策红利释放完毕后，不可避免地出现了内卷化效应。金融扶贫内卷化的深层次原因是农村空心化，亟待构建贫困户、政府、银行机构、保险公司"四位一体"的协同治理机制，以推进我国金融扶贫向纵深发展。

一、金融扶贫的内涵与理论基础

对于金融扶贫的定义，学术界目前尚未统一。么晓颖（2016）基于经济

作者简介：肖宇，中国银行业监督管理委员会荆门监管分局。

学视角认为，金融扶贫就是在金融领域实现资源的优化配置，即减少资金错配，目的是帮助贫困户发展生产，增加收入。[①]刘静（2014）认为，和政策性扶贫的"输血式"扶贫不同，金融扶贫主要采用创新方式并投放金融产品，发挥金融杠杆作用，培育贫困户的内生发展动力，属于"造血式"扶贫。她的观点侧重于突出金融扶贫的功能性，同时指出了金融扶贫的主体性、市场性、创新性及可持续性等特征。周孟亮、彭雅婷（2015）则利用普惠金融作为参照物论述了金融扶贫的内涵，认为金融扶贫虽然不同于普惠金融，但二者有着相同的目标函数，即通过创新金融工具来提升贫困户和贫困地区的减贫绩效。在对其他学者的定义进行了深入研究后，王山松（2016）对金融扶贫做了较为全面的定义，即"金融机构通过一定的制度安排和业务操作，以市场化的运作方式向特定对象提供金融服务，满足群众需求，扶持贫困人口脱贫致富的过程"。[②]这个定义明确了金融扶贫的主体是金融机构，客体是贫困人口，以市场化为运作方式，以减贫和脱贫为终极目标，突出了金融扶贫的金融性、市场性、功能性。

综上所述，本文认为金融扶贫是金融机构根据国家政策和安排，创新金融产品和服务，向建档立卡的贫困户倾斜配置金融资源，以帮助贫困户增强内生发展能力，实现脱贫致富的根本目的。

金融扶贫能够帮助贫困户增强内生发展能力。实现脱贫致富的根本目的是有着深厚的理论基础的。Banerjee & Moll（2010）认为金融领域的资源错配有集约型和广义型两种。破解集约型资源错配需要将资源在不同生产者之间重新配置，使资源的边际产出相等且达到最大；破解广义型资源错配需要在给定的资源总量不变的前提下，引入效率更高的生产主体，发挥规模收益递增效应，提高资源配置效率。根据资源错配理论，金融扶贫既可以通过将资金在不同的贫困户之间优化配置，向效果更优的贫困户或者企业、产业倾斜，

① 么晓颖、王剑：《金融精准扶贫：理论内涵、现实难点与有关建议》，《农银学刊》2016年第1期，第4—7页。
② 王山松、齐录明、梁立铭、刘亚聪、林辉：《对当前金融精准扶贫工作的思考及建议》，《华北金融》2016年第10期，第75—79页。

提高资金的边际脱贫作用；也可以优化运作方式，发挥规模递增效应来提升金融运作效率。Bruhn & Love（2014）研究发现，提高贫困户和贫困地区的金融可获得性有助于贫困减缓。其通过对比，向贫困户和贫困地区提供金融服务的直接方式与向该地企业和产业提供金融服务的间接方式，发现间接方式带动了经济发展，减贫效应更强。

国内学者在金融扶贫的理论基础研究方面也有着不少的论述。陈银娥（2010）研究认为，金融扶贫的理论基础源于金融与经济发展的正相关关系，金融能够带动经济发展，而经济发展能够有效增强减贫效应。其通过实证研究证明了我国农村金融的发展有利于贫困的减少。[1] 章元（2012）在对我国减贫经验进行总结时发现，贫困户因进入当地龙头企业就业而获得工资性收入及股利分红，是他们脱贫的关键。江春（2015）通过研究了大量文献进而总结到，给贫困户直接提供低利率贷款并非有效方式，而是要大力发展农村金融，改善农村经济环境，创造更多的投资和就业岗位。丁志国（2011）的实证研究也证明了这一点，他在研究我国农村金融发展与地区减贫效应之间的关系时，发现间接效应作用显著高于直接效应。

二、贫血：金融扶贫内卷化

随着金融扶贫的深入开展，目前已走入三个误区：一是将金融扶贫视同直接提供贷款；二是贷款必须是低息贷款（承贷主体为吸收贫困户资金和劳动力资源的企业）或者免息贷款（承贷主体为贫困户）；三是偏离市场化轨道，走入行政化误区。[2] 进入此三个误区之后，金融扶贫开始不可避免地产生内卷化效应，展现出"贫血"状态。内卷化概念由美国人类学家戈登维泽首先提出，用来描述一种重复再生产的文化模式。[3] 之后在农业领域被广泛应用，描述了农业发展单纯依靠劳动力密集投入，单位劳动力价值不断下降，行业

---

① 陈银娥、师文明：《中国农村金融发展与贫困减少的经验研究》，《中国地质大学学报》(社会科学版) 2010 年第 6 期，第 100—105 页。

② 罗煜、贝多广：《金融扶贫的三个误区》，《中国金融》2016 年第 22 期，第 20—21 页。

③ 李锦顺、毛蔚：《乡村社会内卷化的生成结构研究》，《晋阳学刊》2007 年第 2 期，第 42—46 页。

处于内卷型增长状态。[①] 其后，内卷化概念也被政治学领域加以运用，以研究基础组织。在金融扶贫领域，舒丽瑰（2018）首先将内卷化概念引入，提出"金融扶贫呈现消极无发展的状态，是以内卷化"。[②] 当前，我国金融扶贫内卷化突出表现在以下三个方面。

（一）金融扶贫贷款的投放动力不断弱化

这主要源于扶贫贷款的成本与收益不匹配。金融机构的信贷资金是有成本的，在多数情况下成本还不低。除了付给存款人的利息外，还有备付金、税收、人工工资、营运费用等。许多贫困地区银行机构的综合资金成本已经突破4%。扶贫贷款由于笔数多，单笔金额低，贷款主体分散，管理难度高，资金成本更是高于或远高于4%的水平。而一年期金融扶贫贷款的利率为基准利率4.35%，那么每一笔扶贫贷款从投放伊始就面临着基本保本或亏损的局面。此外，由于贫困户所从事的传统农业受气候影响较大，市场价格随之波动，尤其面对干旱、洪涝等不可抗力的自然灾害时，贷款违约风险将大幅攀升。由于贫困户抗风险能力不足，农业保险机制不健全，面对上述情况时，不良贷款率必然随之大幅攀升。由此，金融机构发放扶贫贷款的动力不断衰减。

（二）金融扶贫贷款的边际效用不断降低

由于我国贫困户多以从事传统农业为生，而粮食作物和经济作物附加值较低，导致贫困户收入较低且收入结构单一。虽然扶贫贷款可以解决其融资问题，但也仅仅局限于减少其财务成本，作用有限且边际效用不断降低。章元、许庆（2011）的实证研究结论显示，农业经济增长对农村反贫困影响效果微弱，非农经济的发展和非农收入的增长对反贫困起到了显著效果。甚至，一些自制力有限的贫困户因无法理性使用扶贫贷款，将原本应该用于生产经营的扶贫贷款挪作日常消费使用，或因超额借贷推高家庭负债规模，导致家庭陷入更加贫困的境地。金融扶贫贷款双刃剑的作用开始显现，反而成为加剧贫困户陷入贫困陷阱的消极工具。

---

① 黄宗智：《华北小农经济与社会变迁》，《中华书局》2000 年版，第 122—125 页。
② 舒丽瑰：《深度贫困地区金融扶贫内卷化——以贵州 S 民族乡的金融扶贫状况为例》，《贵州社会科学》2018 年第 5 期，第 159—163 页。

（三）金融扶贫贷款的承贷主体不断缩小

首先，金融机构发放扶贫贷款的承贷主体范围来源于当地扶贫办给予的建档立卡的贫困户名录。而当前关于贫困户的识别方法主要以纵向识别为主，以村为单位进行排查，确定贫困户，然后进行公示，公示后报给乡镇和县市审核，市省备案。这种纵向识别层级过多，容易产生"漏桶效应"以及人情因素，导致少数真正贫困的贫困户没有进入名录，承贷主体开始缩小。其次，由于金融机构没有参与对贫困户的鉴别和筛选，对于贫困户的信息掌握不够充分具体，无法了解贫困户的真实信用状况和信贷需求，导致扶贫贷款投向不够精准，不少应该获得扶贫贷款的贫困户进一步被漏掉，承担主体进一步缩小。最后，2017 年中央五部门联合印发的《关于促进扶贫小额信贷健康发展的通知》出台后，"户贷企还"模式被禁止，扶贫小额信贷也只面向有就业创业潜质、有技能有素质、有还款能力的贫困户，承贷主体加速缩小，甚至产生"扶富不扶贫"的信贷资源向农村中高收入群体转移现象。[①]

三、失血：农村空心化

金融扶贫内卷化的深层次原因是"失血"的农村空心化。[②] 农村空心化突出表现为人口空心化、产业空心化、政策空心化，由此导致农村贫困地区和贫困户的内生发展能力不足。[③]

（一）人口空心化

受城乡二元经济体制影响以及城市化和工业化创造的历史机遇，当前我国农村地区的青壮年持续外流，选择进城务工，农村的留守人口基本都属于老弱病残。这种人口空心化现象不仅使贫困地区丧失了具有自主生产能力的金融扶贫客体。同时，留守的贫困户由于受教育水平不高和自身素质较低，

---

① 郭小卉、康书生：《金融精准扶贫模式分析——基于河北省保定市的案例》，《金融理论探索》2018 年第 2 期，第 34—42 页。
② 贺雪峰：《失血的农村金融，何去何从》，《决策》2013 年第 8 期，第 20 页。
③ 王文彬、张军：《农村空心化下精准扶贫的困境与破解路径》，《地方财政研究》2018 年第 2 期，第 88—92、112 页。

开始显现信用意识淡薄的短期行为。一些贫困户在具备清偿能力的情况下仍然拒绝归还扶贫贷款，认为扶贫贷款是国家给予免费享受的"福利"。这种行为具有极强的"示范效应"，能够引发其他贫困户效仿。面对这些贫困户"老赖"，金融机构由于没有抵押和担保，只能采取诉讼手段。而由于诉讼程序烦琐、成本高、执行难等原因，这些贫困户没有得到及时制裁，违约收益高于违约成本，反而形成了不良激励，导致不良贷款难以清收。

（二）产业空心化

人口空心化必然带来产业空心化。一方面，由于贫困地区大量的青壮年劳动力选择外出打工，贫困地区大量良田荒芜，作为第一产业的基础农业的生产和发展就受到较大影响，发展疲软。另一方面，经济下行造成了大量第二产业的企业经济效益下滑，甚至倒闭。人口空心化又导致了贫困地区的第二产业的企业遭遇劳动力短缺和招工难，供求关系失衡导致工人工资升高，企业的人力资源成本不断上升。再加上贫困地区经济发展水平较低，缺乏具有一定竞争力及区域优势的大型企业，仅存的企业不仅规模小，抗风险能力弱，产品附加值低，而且在带动和辐射贫困户脱贫致富方面能力也不强。贫困户能够倚靠的保证其具有持续和稳定收入的支柱产业没有形成，信贷资源投入因此也缺乏有效产业载体。

（三）政策空心化

政策的空心化是指当前支持金融扶贫的相关政策缺失或难以落实，对金融扶贫的有效激励不够，形成了政策的空心化。一是中国人民银行没有针对金融扶贫领域制定扶贫再贷款政策和准备金定向降准政策。二是地方政府的风险补偿政策缺失或落实不到位。部分贫困地区至今未建立风险分担机制，已建立的贫困地区也存在着分担比例僵化，缺乏差异性，落实不到位等问题。由于政府财政能力有限，迟迟未能补充扶贫小额信贷风险基金，导致该地区金融机构不得不缩减扶贫贷款规模。三是地方政府的扶贫贷款贴息政策落实不到位。由于贫困地区财政资金不足，只有少部分符合贴息条件的扶贫贷款能够获得贴息，并且这一部分贴息经过金融机构的长期讨要也很难落实到位，严重挫伤了金融机构发放扶贫贷款的积极性。

四、造血：构建金融扶贫协同治理机制

当前，我国金融扶贫工作的显著特征是依靠政府强制力推动，政府"越位"与贫困户"缺位"共存。政府主导金融扶贫工作虽然从短期来看能够收到较好效果，但从长期看，贫困户和金融机构等其他主体的积极性无法得到调动，金融扶贫工作就无法形成合力。这也充分反映了当前我国金融扶贫治理机制不健全。因此，面对我国金融扶贫工作的"贫血"状态，剖析了其"失血"的原因，我们就不能走以往"输血"扶贫的老路子，必须遵循协同治理理念，构建贫困户、政府、银行机构、保险公司"四位一体"的协同治理机制，多方协同行动，共同推动我国金融扶贫工作走上"造血"式发展的新路子。[①]

（一）贫困户要强化内生能力建设，夯实金融扶贫基础

一是强化信用意识建设。由于贫困户的信用记录不仅会进入中国人民银行的征信系统，同时也会被当地政府、金融机构所掌握。所以良好的信用记录和信用意识至关重要，不仅可以减少金融机构和贫困户双方的信息不对称现象，还可以降低金融机构的交易成本，增强金融机构的信贷意愿。反之，如果一个贫困地区存在大量信用记录不良的贫困户，金融机构的扶贫贷款信用违约率较高，金融机构就会收缩扶贫贷款规模。二是强化生产能力建设。贫困户要借助当地政府和金融机构举办的各类免费的技术讲座和培训，努力掌握现代农业技术，提升自身的生产经营能力以及所从事的传统农业的科学性和效率性，同时也能提升金融机构向此类贫困户发放贷款的信心。三是强化创业能力建设。贫困地区的贫困户大多从事利润低、抗风险能力弱的传统种植业，而且种植面积偏小，其融资需求不强。因此，有能力的贫困户必须强化自身创业意识建设，利用当地政府对于贫困户创新创业的政策支持，找准项目、自主创业，以获得生产经营收入或财产性收入。四是强化财务测算能力建设。从行为经济学角度来看，贫困户由于长期处于贫困和机会匮乏状

---

① 王文彬：《协同治理视角下农村精准扶贫路径探析》，《地方财政研究》2016 年第 8 期，第 15—19 页。

态，会形成"隧道视野"。在面对金融机构提供的无息扶贫贷款时，丧失理性判断，只注重和考虑了当前的财务状况，没有预估到期偿还能力，从而出现较多的信用违约现象。这种高估当前收益而低估未来成本的现象被诺贝尔经济学奖获得者塞勒称为"现时偏见"。因此，贫困户必须强化财务测算能力建设，平衡好当前的成本和收益与未来预期的成本和收益，保证第一还款来源稳定可靠。

（二）政府要完善金融基础设施建设，降低金融扶贫成本

一是开展贫困地区和贫困户的信用等级评定工程。建立包括扶贫单位、金融机构、驻村干部、村民代表在内的信用等级评定小组，深入开展信用户、信用村、信用乡镇创建活动。这不仅为金融机构实施整村整镇的信贷批发提供了基础，也有利于提高贫困户的信用意识，强化信用声誉机理作用的发挥。二是建设金融扶贫信息系统。利用互联网和大数据技术建立金融扶贫信息系统，收集、录入贫困户的基本信息，并且定期更新其收入状况、脱贫状况、贷款情况、商业保险和社会保障等信息。通过"云平台"实现政府、金融机构、统计部门、财税部门对金融扶贫信息系统内共享，降低金融机构贷前审查和贷后管理成本，动态掌控扶贫资金的使用情况。三是构建梯次、规范、协调的扶贫金融政策支持体系。[1]例如综合使用扶贫再贷款和再贴现等政策，发挥政策激励作用，引导金融资源向贫困地区聚集；各地方政府要及时、足额落实贴息资金，中央政府可以提高贴息幅度或将发放扶贫贷款而产生的不良贷款纳入政策性核销范围；对金融机构开办的金融扶贫业务的相关税费实施梯次、规范的优惠或减免政策；允许金融机构根据自身风险偏好合理确定利率水平，维护健康的市场价格信号；对参与金融扶贫的金融机构实施差异化监管政策，提高对其扶贫贷款的不良贷款容忍度。

（三）银行机构要创新金融扶贫产品和服务，提升金融扶贫质效

一是发挥政策性银行机构的基础作用。与其他地区相比，贫困地区的基础设施较为落后，而其他银行机构无法满足贫困地区基础设施建设所需的长

---

[1]　刘献良、李彦赤：《商业银行精准扶贫模式研究及相关建议》，《农村金融研究》2016年第9期，第24—28页。

期、大额、低利率资金需求。政策性银行机构就必须发挥自身基础作用，支持贫困地区基础设施建设和政府重点项目建设。例如异地搬迁、城镇化建设等，满足三农经济的弱质性金融需求。二是发挥商业银行机构的主力作用。我国农村地区的主要商业银行机构包括农业银行、中国邮政储蓄银行以及当地的农村商业银行。这三类金融机构必须发挥自身贴近基层、网点广泛的优势，以强化"三农"服务、助力国家精准扶贫为历史使命和政治任务，以小额扶贫信贷为重点产品，以建档立卡的贫困户为重点服务对象，为贫困户提供"点对点"的精准金融服务。三是发挥新型农村金融机构的补充作用。新型农村金融机构包括村镇银行、小额贷款公司、农村资金互助社等，它们在讲究"熟人社会"的农村贫困地区具有极强的人缘、地缘优势。因此，村镇银行、小额贷款公司、农村资金互助社要大力发挥自身业务灵活、流程简洁、放款迅速、资金必须用于本地的优势，在其他金融机构无法发挥作用的地方拾遗补阙，推动贫困地区增量金融发展。四是创新金融产品和金融服务，推动普惠金融发展。各类型金融机构均要积极推广互联网金融和移动金融等新型金融服务方式，鼓励贫困户通过网上银行和手机银行办理存兑汇取、小额支付结算以及缴费等基础业务，享受流动金融服务方式。同时，要创新创业贷、助学贷、康复扶贫贷、"两权"抵押贷等产品，满足贫困户多元化金融需求。[1]

（四）保险公司要发挥农业保险作用，给予金融扶贫保障

一是完善"三元结构"农业保险体系。[2]首先要实行农业经营主体保险，保障农业经营主体；其次要实行农业再保险，分散农业保险公司的风险；最后要建立农业巨灾保险体系，应对重大的农业自然灾害。二是创新农业保险品种。要因时制宜、因地制宜、因标的制宜、因参保主体制宜，创新农业保险品种，满足个性化需求。例如创新价格指数保险、区域产量保险、气象指数保险、互助保险、农机安全保险、农房财产保险等产品。[3]同时，在制定保

① 刘芳：《贫困地区农村金融减贫效应、运作机理与路径选择研究》，陕西师范大学学位论文，2016年。
② 尹成杰：《关于推进农业保险创新发展的理性思考》，《农业经济问题》2015年第6期，第4—8页。
③ 陈曦：《我国农业保险发展态势及建议》，《金融经济》2018年第2期，第37—39页。

费收取标准方面，要根据地区风险特点做出差异化设计，以实现保费与风险发生率和损失率的有效匹配。三是简化业务手续。简化业务手续不仅能够降低业务成本，还能培育市场需求，调动贫困户参保积极性。四是争取农业保险保费补贴。在中央和各地方政府科学合理地确定了中央、地方、贫困户对于保费的分担比例后，对于财政支付能力较强的地方政府，可以呼吁扩大辖内贫困地区农业保险补贴的品种和范围。同时，补贴也可以向新型农业经营主体倾斜，体现扶持适度规模经营的政策导向。

服务动机、感知公平与金融精准扶贫政策绩效

——基于H省L镇网格化服务模式的实证研究

张毅

（渤海银行股份有限公司武汉分行，湖北 武汉，430000）

摘要： 本文基于H省L镇金融精准扶贫工作者的129份访谈问卷，运用多元回归方法系统分析金融精准扶贫工作者服务动机对金融精准扶贫政策绩效的影响机理及感知公平对二者的中介效应。研究发现，受访工作者金融精准扶贫服务动机及感知公平程度处于一般水平，政策绩效水平均相对较低；金融精准扶贫政策执行、配套和示范的综合结果可形成一个金融精准扶贫绩效治理体系，使扶贫政策发挥出最大效应；良好的服务动机能显著提升金融精准扶贫绩效水平；感知公平是服务动机与金融精准扶贫绩效的关键中介机制；差别化与精准化的扶贫情景支持有助于消解政策执行阻滞。这对提升我国金融精准扶贫工作者服务动机和感知公平对扶贫绩效的影响有着较强的现实意义。

关键词： 金融精准扶贫；政策绩效；公共服务动机；感知公平；网格化服务

一、引言

自1986年以来我国农村反贫困坚持"普遍式扶贫"的政策已发生重大转向，正从"普遍式扶贫"转向"精准扶贫"，强调扶贫政策和措施要坚持"靶

作者简介：张毅，渤海银行股份有限公司武汉分行产品经理。

向性"，改"大水漫灌"为"滴灌"，逐村逐户制定帮扶措施，从根本上消除导致贫困的各种因素和障碍。目前，中央与地方政府正逐级逐步分区域实施精准扶贫，取得许多阶段性成果。截至 2016 年底，我国仍有 4335 万农村贫困人口[1]。由于金融精准扶贫是一项面向广大贫困对象的政策实践活动，既需要精准扶贫政策的顶层设计具有政策弹性，也在很大程度需要依赖于具有激励作用的融资机制（徐月宾、刘凤芹、张秀兰，2007）[2]；因此如何发挥金融机构精准扶贫政策绩效已成为政府、学界等重点关注的焦点问题。

从国外文献来看，这方面的研究主要关注生命周期、生态保护与扶贫（poverty alleviation）的关系，认为人的前生命阶段及生活质量会对后生命阶段及生活发生决定性影响（Garcia & Gruat，2003）[3]；小额贷款等金融服务是消解先天性贫困的重要手段（Hamada，2010)[4]；关键扶贫机制对环境生态系统的保护显得尤为重要（Wunder，2001）[5]；另一项研究则表明国家对农业灌溉的投资有助于缓解永久性、暂时性或慢性的贫困（Hussain & Hanjra，2004）[6]。而国内研究主要关注金融服务机制供需与精准扶贫的关系，认为通过金融到户、资金整合等创新精准扶贫工作机制较为有效（汪三贵、郭子豪，2015）[7]；会员互助、信用小贷、内部管控和精准扶贫等是农村欠发达地区金融扶贫问题的重要解决机制（孙同全、杜晓山，2015）[8]；应当建立金融精准扶贫包容性机制（赵武、王姣玥，2015）[9]；加快金融机构主导的金融扶贫模式与产业金融扶贫模式的融合（宫留记，2016）[10]。

简言之，国内外比较关注先天禀赋、资源利用和关键扶贫机制间的作用关系，但缺乏对我国精准扶贫方面的政策分析成果。本文试图基于 H 省 L 镇金融精准扶贫网格化服务模式的调研数据，将金融精准扶贫网格化服务中的工作者纳入模型，运用多元回归方法系统分析服务动机对精准扶贫绩效的影响机理，并引入感知公平这一变量，考察其在服务动机与金融精准扶贫之间的中介作用机制。

二、文献回顾与研究假设

（一）金融精准扶贫政策绩效

金融机构精准扶贫是以包括银行、小额信贷公司等在内的金融机构为主导的精准扶贫模式（王浩，2016）[11]，主要指通过优化整合政策性金融、商业性金融和农村合作金融资源，借助产业扶持、贴息贷款、小额信用贷款、特殊农业保险和贫困村社网点延伸等金融工具和手段实施精准扶贫。当前应重点发展普惠金融，强调金融机构财务的可持续性，推动市场在金融资源向欠发达地区、弱势群体和低收入人群配置中发挥决定性作用（陆磊，2016）[12]，而推进 PPP 与金融精准扶贫互动也有利于弥补贫困地区资金投入不足的问题（廉超，2017；蒋远胜，2017）[13][14]。许多地方已将精准识别、信用评级及保险机制结合起来，推出"贫富捆绑"和"银保互动"小额信贷模式（詹东新、吴滋兴、张茂林，2015；谢玉梅等，2016；唐文浩、何军，2016）[15]-[17]。也有研究认为，"商业性金融机构—农户"模式对贫困户和非贫困户的减贫效果并不明显（申云，彭小兵，2016）[18]，而西部地区受生态环境、信用评级、不合理产业结构等影响导致金融机构缺乏参与扶贫开发的动力（张李娟，2017）[19]。

不过，政策绩效的产生 10% 源于备选方案设计，90% 则取决于政策的有效执行 [20]，我国的金融精准扶贫政策也可能在执行中偏离政策绩效目标。早在 1973 年 Smith[21] 即提出了"政策执行过程模型"，政策形式、类型、认知是否理想化，政策执行主体是否有合理的权力结构、人事配置及领导模式，目标群体是否有较高水平的组织化程度和政策认同，政策执行的政治经济文化环境，这些要素都可能会影响政策执行效果。可以认为，政策本身、乡镇政府、金融机构、扶贫对象以及政策执行的内外环境等要素也可能会贯穿在乡镇金融精准扶贫政策执行全过程之中。这些过程具体包括项目评估、授信建档和基础服务的精准覆盖，网格化工作站、建档信息、新型网格扶贫产品、跟踪考评、平台对接等精准配套，以及监管人员、银行人员、服务、资金配置的精准示范等。据此，本文提出假设：

H1：精准覆盖共建、精准配套和精准示范构成金融精准扶贫政策绩效三个维度。

（二）服务动机对金融精准扶贫政策绩效及感知公平的直接影响

这一系列的"精准工程"实际上需要解决"究竟帮扶了什么、由谁扶贫、谁参与、谁受益、谁来执行以及如何配套"等重要问题。在传统情况下，金融扶贫存在"造血式"扶贫的弊端（辜胜阻等，2016）[22]，而新常态下"精准扶贫"需探索精准识别、帮扶、管理的包容性创新机制。作为这一系列工程的执行者、参与者与评估者，金融精准扶贫工作者的扶贫动机及在扶贫过程中感知到的公平程度等会影响扶贫绩效。这里所指的扶贫动机是一个公共服务动机（Public Service Motivation，PSM）的范畴，即其作为一种促使工作者为公众服务、维护公共利益的内驱力，能促使金融精准扶贫工作者更多地自我奉献，以公共政策目标及扶贫对象需求为导向，为扶贫对象提供优质、高效的金融服务。

国内学者朱春奎等提出了"公共政策吸引、公共利益承诺、同情心、自我牺牲"的公共服务动机模型（朱春奎、吴辰、朱光楠，2011；张廷君，2012）[23][24]；而另一项针对我国中西部地区省级部门公务员的研究则表明，公共服务动机包括自我奉献、互助意愿、公共政策制定的吸引力、同情心、公共利益承诺五个维度（朱春奎、吴辰，2012）[25]。影响公共服务动机的自变量主要包括性别、年龄、就业年限、学历、宗教、政治立场、社会活动、社会资本等（Perry & Brudney et al.，2008；Moynihan & Pandey，2007）[26][27]。公共服务动机对工作满意度、离职意向、离职率、职业幸福感、组织承诺、工作投入、个体绩效、组织绩效等的影响（Wright & Moynihan，2008；朱光楠、李敏、严敏，2012；包元杰、李超平，2016；郑楠、周恩毅，2017）[28]-[31]。Perry 和 Wise（1990）[32] 认为个体的公共服务动机越强，其越倾向选择公共组织就业，其工作绩效越强，其行为也越容易受非功利性的组织激励。据此，本文提出以下假设：

H2：服务动机显著提升金融精准扶贫政策绩效。

（三）感知公平对金融精准扶贫绩效的直接影响

金融精准扶贫工作者的感知公平主要是金融工作者对金融机构重视他们对精准扶贫脱贫建设做出的努力和回应他们价值诉求的总体感知，主要是对与个体利益密切相关的政策、制度和程序公平性的感知。Eisenberger 等 [33] 认为组织对员工努力工作的重视程度及予以回报的公平度会显著影响员工的工作满意度、情感依附及组织承诺等，如果比较结果是公平的，就会具有正向激励作用。感知公平理论涵盖"个体获得组织资源支持的程序公平、分配公平和互动公平"三个重要维度[34]。如果金融精准扶贫工作者强烈感知到金融精准扶贫中的程序、分配和互动公平情景，他们就会对金融精准扶贫、脱贫工作表现出强烈的责任心和义务感，以此作为对组织支持的回报。据此，提出假设：

H3：感知公平能显著提高金融精准扶贫政策执行效果。

H3a：感知公平能正向影响金融精准覆盖共建绩效。

H3b：感知公平能正向影响金融精准配套绩效。

H3c：感知公平能正向影响金融精准示范绩效。

（四）感知公平在服务动机与金融精准扶贫绩效间的中介效应

公共服务动机是组织承诺的重要变量，动机越强组织承诺越稳定、认同越高。这些承诺包括感情承诺、规范承诺、理想承诺、经济承诺和机会承诺（凌文辁、张治灿、方俐洛，2001；叶先宝、李纾，2008）[35][37]。不过，越来越多的学者开始关注公共服务动机与组织及其成员关系的中介作用机制，认为服务动机并非直接影响组织绩效等因变量（Alonso & Lewis，2001）[36]。也就是说，金融精准扶贫工作者的扶贫动机不仅可能直接提升扶贫绩效，其本身也可能影响到感知公平度，通过感知公平进一步影响扶贫绩效。据此，本文提出以下假设：

H4：金融精准扶贫工作者的服务动机会直接正向影响其感知公平。

有研究发现职位匹配度、组织认同度等在公共服务动机与工作满意度、离职倾向间存在中介作用（Wright & Pandey，2008）[38]；组织支持感是联系人力资源实践与组织承诺的中间变量（宋利、古继宝、杨力，2006）[39]，也是分配公平和承诺的中介变量（蒋春燕，2007）[40]。而近年来，绩效工资公平感对工作投入绩效和公共服务动机均有正向影响，公共服务动机对工作投入绩效有显著正向影响且承担部分中介效应（孟凡蓉、吴建南，2014）[41]。据此，本文进一步提出假设：

H5：感知公平对服务动机与金融精准扶贫绩效的关系存在显著的中介效应。

H5a：感知公平在服务动机与金融精准覆盖共建绩效之间起中介作用。

H5b：感知公平在服务动机与金融精准配套绩效之间起中介作用。

H5c：感知公平在服务动机与金融精准示范绩效之间起中介作用。

三、数据来源、信效度检验与研究方法

（一）研究量表设计

本研究使用的量表，是针对服务动机量表，参考了国内外相关文献，设计了政策制定吸引力、同情心、政策价值承诺、自我奉献、互助意愿 5 个维度，共 19 个问项；针对感知公平量表，参考了国内外相关文献设计了程序公平、分配公平和互动公平 3 个维度，共 14 个问项；针对我国特有的金融精准扶贫理论与实践，设计了金融精准覆盖共建（精准覆盖、分片包干、共建共享）、金融精准配套（精准度、跟踪配套）、金融精准示范 3 个维度，共 17 个问项。工作者的"年龄、学历程度、政治面貌、月收入、户籍关系、职务性质"等因素可能显著影响扶贫绩效，这 6 项纳入控制变量部分。所有问项均采用李克特（Likert）五级量表制，选项为"非常""比较""一般""不太""完全不"，主观赋值为 1 到 5 分，得分可以测量金融精准扶贫工作者的服务动机、感知公平和金融精准扶贫政策绩效水平。此外，对问卷中的反向题进行了正向编码，公因子数据及水平值通过具体加权获得。

（二）样本获取

我们选择了位于 H 省 L 镇进行实地调查，L 镇属于 H 省实施金融精准扶贫网格化服务的试点镇之一。根据村镇规模与结构分配问卷比例，在镇政府主要领导的组织下针对该行政辖区内的金融精准扶贫相关工作者进行问卷调查，回收问卷 201 份。将重要变量中不适用于本研究的选项如"不适用""拒绝回答"等选项作为缺失值处理，剔除不符合规范样本后得到 129 个有效样本数据，约占总样本量 64.17%。由于本次受访者为金融扶贫工作者，属于金融精准扶贫试点县的一线从业者，具有较高的代表性、经典性，因此本文认为这 129 份样本可以很好地满足研究需要。

（三）信效度检验

表1　信效度检验情况

量表		Cronbach's α false 信度	KMO	解释度
服务动机 (X)		0.769	0.777	65.620%
感知公平 (Y)		0.746	0.824	65.894%
金融精准扶贫政策绩效 (Z)	金融精准覆盖共建 (Z1)	0.931	0.873	68.353%
	金融精准配套 (Z2)	0.880		
	金融精准示范 (Z3)	0.772		

注：为便于行文，本文使用的"精准扶贫政策绩效"与"金融精准扶贫政策绩效"同属一个概念，如精准覆盖共建、精准配套、精准示范等亦然。

采用主成分与最大方差法正交旋转，对服务动机量表提取了 4 个成分，对感知公平量表提取了 3 个成分，对金融精准扶贫绩效量表提取了 5 个成分，三者 KMO 值分别为 0.777、0.824 和 0.873，均超过建议值 0.5；而解释度分别达到 65.620%、65.894% 和 68.353%，Bartlett's 球形检验均达到显著性水平，证明量表建构效度良好，适合进行因子分析。采用内在信度指标对量表信度进行检验，所有变量的 Cronbach's α false 信度指标均在建议值 0.7 以上，量表具有内在一致性和可靠性。

（四）研究方法

为了检验主效应和中介效应，本研究采用温忠麟提出的中介检验方法[42]，将所有变量标准化处理后，用下列回归方程来描述变量之间的关系：

$$Y = cX + e1 \qquad （3\text{-}1）$$

$$M = aX + e2 \qquad （3\text{-}2）$$

$$Y = c'X + bM + e3 \qquad （3\text{-}3）$$

其中方程（3-1）的系数 c 为自变量 X 对因变量 Y 的总效应，方程（3-2）的系数 a 为自变量 X 对中介变量 M 的效应；方程（3-3）的系数 b 是在控制了自变量 X 的影响后，中介变量 M 对因变量 Y 的效应；系数 c' 是在控制了中介变量 M 的影响后，自变量 X 对因变量 Y 的直接效应；e1—e3

是回归残差。对于这样的简单中介模型，中介效应等于间接效应（indirect effect），即等于系数乘积 a*b，它与总效应和直接效应有下面关系：c=c'+a*b。

四、实证检验与研究结果

（一）描述性统计

从样本统计来看（见表2），这些工作者的性别分布为男性73人（56.6%）、女性56人（43.4%），工作者以男性为主；年龄分布为23岁到65岁，均值为38.620，呈正态分布；婚姻状况分布为已婚102人（正常，79.1%）、未婚17人（13.2%）、离异4人（3.1%）、再婚5人（3.9%）、丧偶1人（0.08%）；月收入在2000元以下的占17.1%，其他为2000—4000元（52.0%）、4000—8000元（20.2%）、8000—10000元（6.0%）、10000元以上（4.7%）。从学历结构来看受教育水平相对较高，均值为2.953，介于高中（中专）与大专之间，本科及以上学历占比38.8%；政治面貌中共党员（60.5%）和团员（6.2%）居多，其他为民主党派（0.08%）和群众（29.5%）等，大多无宗教信仰（89.9%）。从工龄和在现有精准扶贫岗位的工作年限看，调查对象的平均工龄为13.133年，在现有精准扶贫岗位的工作年限平均约为16.162个月。此外，金融工作者的服务县市大多也是其户口所在地，约为总体的66.7%。

表2 主要变量的描述性统计

问项/变量（N=129）	极小值	极大值	均值(M)	标准差(S.D.)
您的性别（Q1）	0	1	0.434	0.497
您的年龄（Q2）	23	65	38.620	10.516
您的婚姻状况（Q3）	1	5	1.341	0.785
您的学历或教育水平（Q4）	1	5	2.953	1.059
您的政治面貌（Q5）	1	7	2.201	1.612
您的宗教信仰（Q6）	1	7	6.503	1.526
您的月收入（Q7）	1	5	2.296	0.979

续表

问项 / 变量（N=129）		极小值	极大值	均值 (M)	标准差 (S.D.)
您所在的金融精准扶贫工作县市是否也是您的户口所在地?（Q8）		1	2	1.441	0.769
您的工作身份（Q9）		1	5	2.779	1.374
您的职务级别（Q10）		1	6	1.320	0.756
您是否担任领导职务（Q11）		1	2	1.740	0.454
您的工龄有 _____ 年（Q12a）		1	44	13.133	10.008
已在现有扶贫岗位工作了 _____ 月（Q12b）		1	50	16.162	11.287
服务动机 (X)		1.50	3.01	2.256	0.335
感知公平 (Y)		1.43	3.11	2.220	0.333
金融精准扶贫绩效 (Z)	金融精准覆盖共建 (Z1)	0.81	3.75	2.609	0.649
	金融精准配套 (Z2)	0.80	4.02	2.466	0.712
	金融精准示范 (Z3)	1.18	3.75	2.306	0.666

根据表 2 也可以看到，受访对象加权后的服务动机平均水平约为 2.256，处于一般水平（1.50= 非常高；3.01= 非常低），感知公平水平和服务动机差不多。而精准覆盖共建、精准配套及精准示范三个维度的绩效水平均相对较低，处于一般水平以下。结合表 1 可知，金融精准扶贫绩效可以分为三个维度，即金融精准覆盖共建、金融精准配套和金融精准示范，由此，H1 得到验证。

表3   网格内金融基础服务精准覆盖情况

N=129	我所在网格内的金融基础服务已精准覆盖	帮扶类型覆盖	重点领域覆盖	金融资金来源覆盖	金融服务网点全覆盖
均值 (M)	2.172	2.032	2.081	2.195	2.382
标准差 (S.D.)	0.971	1.131	1.122	1.020	1.114

此外，本研究对金融精准扶贫网格覆盖问题，设置了"帮扶类型、重点

领域、金融资金来源、金融服务网点"四个问项加权测量，总体覆盖水平为
2.172（1=非常高，5=非常低），而金融资金和服务网点的覆盖情况相对较差
一些（详见表3）。

（二）服务动机、感知公平与金融精准扶贫绩效的相关关系

表4描述性结果显示，服务动机与感知公平、精准覆盖共建绩效、精
准配套绩效在0.001水平下均显著正相关（相关系数依次为0.505、0.554、
0.600，p<0.001），而与精准示范绩效相关性不显著。这表明，金融精准扶贫
工作者的服务动机越高，感知公平、精准覆盖共建绩效与精准配套绩效也越
高，对精准示范绩效不影响明显。

感知公平与精准扶贫绩效的三个维度均在0.001水平下显著正相关，相关
系数依次为0.602、0.396和0.248。这表明，感知公平水平越高，金融精准扶
贫绩效及其维度均越高。同时，精准覆盖共建绩效与精准配套绩效之间也存
在显著的正相关关系，而精准示范与前两者没有显著的相关性。这表明，精
准覆盖共建绩效水平越高，其精准配套绩效也可能更高，反之亦然。

（三）服务动机、感知公平与金融精准扶贫绩效的中介效应检验

本文所有回归模型各变量的共线性诊断值（VIF）介于1.065—1.774之
间，无多重共线性问题。一般认为，当$0 < VIF < 10$时，不存在多重共线性
问题[43]。鉴于相关性分析结果，即服务动机与精准示范绩效之间不存在显著
的相关性，下文的中介效应检验将不再考虑感知公平对服务动机与精准示范
绩效的中介作用机制。

检验中介效应须满足四个条件（Baron&Kenny，1986）[44]：第一，自变量
与因变量显著相关；第二，自变量与中介变量显著相关；第三，中介变量与
因变量显著相关；第四，将中介变量纳入回归模型，自变量对因变量的影响
作用显著弱化。因此，采用层次回归验证服务动机、感知公平对金融精准扶
贫绩效的主效应与中介机制：

第1步，考察控制变量与因变量的主效应（模型2和模型6）；第2步，
仅考虑服务动机对精准覆盖共建绩效和精准配套绩效的主效应（模型3和模
型7）；第3步，仅考虑感知公平对精准覆盖共建绩效和精准配套绩效的主效

表 4 主要变量相关系数矩阵

变量	X	Y	Z1	Z2	Z3	Q2	Q4	Q5	Q7	Q8	Q11
X	1										
Y	0.505***	1									
Z1	0.554****	0.602***	1								
Z2	0.600***	0.396***	0.384***	1							
Z3	0.122	0.248**	0.593***	0.031	1						
Q2	0.174*	-0.048	0.261**	0.169	0.050	1					
Q4	-0.259**	-0.096	-0.338***	-0.222*	-0.111	-0.501****	1				
Q5	-0.208*	0.010	-0.155	-0.119	-0.028	-0.397****	0.111	1			
Q7	-0.322***	-0.058	-0.261**	-0.293**	-0.093	-0.031	0.390**	0.049	1		
Q8	-0.273***	-0.128	-0.255**	-0.227**	-0.048	-0.119	0.045	0.242**	0.177*	1	
Q11	-0.112	-0.130	-0.228**	-0.161	-0.205*	-0.281**	0.169	0.091	-0.194*	0.040	1

注：****p＜0.001，** p＜0.01，* p＜0.05，下同。

表 5　层级回归及中介效应检验结果

变量/模型	Y	Z1 (精准覆盖共建绩效)				Z2 (精准配套绩效)			
	模型 1	模型 2	模型 3	模型 4	模型 5	模型 6	模型 7	模型 8	模型 9
(常数项)	-0.000	-0.000	-0.000	-0.000	-0.000	0.000	0.000	0.000	0.000
Q2 (年龄)	-0.185	0.073	0.176	0.011*	0.160	0.061	0.058	0.126	0.086
Q4 (学历)	-0.090	-0.179	-0.093	-0.057	-0.086	-0.041	0.017	0.013	0.031
Q5 (政治面貌)	0.070	-0.033	-0.034	-0.014	-0.011	-0.022	0.044	-0.023	0.033
Q7 (月收入)	0.136	-0.194*	-0.188	-0.125*	-0.142	-0.282*	-0.142	-0.278	-0.162
Q8 (户籍关系)	-0.032	-0.187*	-0.112	-0.094	-0.090	-0.155	-0.058	-0.107	-0.053
Q11 (职务性质)	-0.084	-0.205*	-0.119	-0.170	-0.110	-0.183*	-0.117	-0.128	-0.105
X (服务动机)	0.554***		0.561***		0.178*		0.528***		0.446***
Y (感知公平)				0.914***	0.478***			0.357***	0.148
R^2	0.305	0.230	0.385	0.526	0.544	0.169	0.391	0.289	0.407
Adj.R^2	0.265	0.192	0.350	0.498	0.514	0.129	0.356	0.248	0.367
F	7.592***	6.064***	10.838***	19.157***	17.911***	0.169**	11.115***	7.032***	10.275***

应（模型 4 和模型 8）；第 4 步，仅考察服务动机对感知公平的主效应（模型 1）；第 5 步，将服务动机与感知公平纳入一个模型，考察感知公平的中介效应（模型 5 和模型 9）。

即模型 1 检测自变量对中介变量的影响；模型 2、模型 6 是只加入控制变量的基准模型；模型 3、模型 7 检测自变量对因变量的影响；模型 4、模型 8 检测中介变量对因变量的影响；模型 5、模型 9 检测中介效应（详见表 5）。

由模型 2 和模型 6 可知，月收入和职务性质均显著负向影响精准覆盖共建绩效和精准配套绩效，即金融精准扶贫工作者的月收入越高，或是领导职务越高，精准覆盖共建绩效和精准配套绩效水平越低；而户籍关系能够负向影响精准覆盖共建绩效，即金融精准扶贫工作者为当地人时更能提升精准覆盖共建绩效水平。

由模型 1 可知，服务动机对感知公平存在显著的正向影响，即提高金融精准扶贫工作者的服务动机能够显著提高其感知公平水平，由此 H4 得到验证。由模型 3 和模型 7 可知，服务动机对金融精准覆盖共建绩效和金融精准配套绩效均存在显著的正向影响，即服务动机能够显著提升金融精准扶贫绩效，由此 H2 得到验证。由模型 4 和模型 8 可知，感知公平对金融精准覆盖共建绩效和金融精准配套绩效均存在显著的正向影响，即感知公平能够显著提升金融精准扶贫绩效，由此 H3、H3a、H3b 均得到验证，H3c 假设不成立。由模型 5 和模型 9 检测可知，服务动机与感知公平能够显著正向影响金融精准覆盖共建绩效，且在引入感知公平这一变量后，服务动机的显著性从 $p < 0.001$ 降低到 $p < 0.05$ 水平。由此，感知公平在服务动机与金融精准覆盖共建绩效之间存在部分中介效应；另引入感知公平这一变量，并没有改变感知公平对金融精准配套的显著正向影响水平，不过其影响系数从 0.528 显著降到 0.446。由此，按照温忠麟的中介效应检测方法，H5、H5a 得到验证，H5c 不成立，H5b 尚不确定。

1. 感知公平在服务动机与金融精准覆盖共建绩效之间的中介效应

模型 3 为服务动机对金融精准覆盖共建绩效的回归结果，显示回归系数 $c=0.561$（$p<0.001$），说明服务动机对金融精准覆盖共建绩效存在显著正

向作用，按中介效应立论。模型1为服务动机对感知公平的影响，显示系数 a=0.554（p<0.001）；模型5检测感知公平在服务动机与金融精准覆盖共建绩效之间的中介效应，结果表明系数 b=0.478（p<0.001），c'=0.178（p<0.001），因此服务动机对金融精准覆盖共建绩效的直接效应显著。由于 a*b 为正号，与 c' 同号，所以感知公平在服务动机与金融精准覆盖共建绩效之间起部分中介效应，中介效应占总效应的比例为 a*b/c=0.472，H5a 假设成立。

2. 感知公平在服务动机与金融精准配套绩效之间的中介效应

模型7为服务动机对金融精准配套绩效的回归系数 c=0.528（p<0.001），说明服务动机对金融精准配套绩效存在显著正向作用，按中介效应立论。模型1为服务动机对感知公平的影响，显示系数 a=0.554（p<0.001）；模型9检测感知公平在服务动机与金融精准配套绩效之间的中介效应，结果表明系数 b=0.148（p＞0.05），c'=0.446（p<0.001），因此服务动机对金融精准覆盖共建绩效的直接效应显著。检验系数 a 和 b 的显著性发现 b 不显著，因此满足"至少有一个不显著"进行第三步：用 Bootstrap 法进行中介效应检验，样本量设置为5000，在95%置信区间下，中介检验的结果包含有0（-0.071，0.743），间接效应不显著，停止分析。由此，H5b 假设不成立。

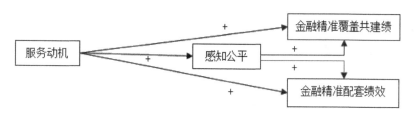

注：实线代表显著影响，虚线代表不显著，"+"代表正向影响

图1　金融精准扶贫绩效的中介效应模型

五、结论与讨论

本文研究了金融精准扶贫工作者服务动机对金融精准扶贫绩效的影响，并探讨了感知公平的中介效应。研究结果显示，服务动机对金融精准扶贫绩

效存在显著的直接正面影响，而感知公平在服务动机与金融精准覆盖之间起中介作用。

（一）金融精准扶贫政策执行、配套和示范的综合结果

研究发现，金融精准扶贫可分为覆盖共建、配套及示范三个部分。目前来看，我国金融精准扶贫的整体绩效处于一般水平，这不利于贫困地区的精准脱贫和资源优化配置。金融精准覆盖共建实际上是精准覆盖和共建共享两方面的含义，需要从帮扶类型、重点领域、金融资金来源、金融服务网点这四大领域入手。根据结果显示，金融服务网点的覆盖和金融资金来源是精准覆盖短板，这些覆盖需要大量的市场资源投入。而易地扶贫搬迁、扶贫小额信贷等重点领域，有政府的政策兜底、扶持及救助等，相对水平较高。当然，金融精准覆盖也需要分片包干，形成特定的扶贫网格，继而构建起一个共享共建的金融网格化服务治理机制。

这对于提高精准识别准确度、增加资源配置透明度以及促进金融精准扶贫参与等有很大的促进作用。同时，金融精准扶贫工作者的政策执行行为，也需要有配套的机制予以问责和激励。比如网格建设、覆盖率、基础金融服务等实施全程跟踪检测及定期考评通报，在财政资金分配、税收减免等方面争取资源倾斜等都可能进一步起到激励作用。而在金融精准扶贫政策执行及配套机制的基础上，还需要将典型事例、人物或模式进行示范，从而形成一个完整的金融精准扶贫绩效治理体系，发挥出最大的政策效果。因此，应当将金融精准覆盖共建与精准配套作为改进金融精准扶贫绩效的主要方面，同时通过金融精准示范进一步改善精准扶贫政策的执行环境。

（二）良好的服务动机能显著提升金融精准扶贫绩效水平

研究发现，金融精准扶贫工作者的扶贫动机的提高能够显著提升感知公平程度与金融精准扶贫政策执行、配套机制的整体水平。政策制定的吸引力、对贫困地区及居民的同情心、自己对政策价值的承诺、服务扶贫事业的意愿与牺牲精神等都影响工作者的金融精准扶贫态度与行为，最终改变绩效水平。当然，从结果来看，服务动机对精准覆盖、共享共建、跟踪配套等影响较为显著，而对精准示范的作用较弱。结果表明，现有金融精准扶贫工作者基本

都有 10 年多的工龄，在现有扶贫岗位工作的时间平均约为 16 个月。这预示着金融精准扶贫工作者本身具备较为扎实的业务能力，如果其服务动机更多地倾向于公共利益显然将有助于提升金融精准扶贫绩效水平。不过，结果也显示，工作者如果家庭收入越高或担任领导职务，越有可能引起较低水平的扶贫绩效。

而近 66.7% 的本地金融精准扶贫工作者，这些群体既可能结合政策弹性因地制宜地落实精准扶贫任务，也可能造成扶贫区域内形成多个利益固化的圈子文化，造成精准扶贫服务思维僵化及阻滞等。尽管地方各级政府给 L 镇安排了联动对接帮扶单位，每个村的每个贫困户都有帮扶责任人，但在实际的金融精准扶贫工作中，更多的是基层工作人员在发挥作用。而且，乡镇金融精准扶贫管理方式仍然套用目标责任制，这种上下逐级下达指标的利益联结也造成了内部矛盾加剧及"精准填表"等纸上扶贫怪圈乱象。此外，这种服务圈子也容易造成真正参与到金融精准扶贫工作的扶贫对象很少，由此导致扶贫主体与帮扶对象双方的幸福感下降，制造新的"官民矛盾"和政策不信任。

（三）感知公平是服务动机与金融精准扶贫绩效的关键中介机制

研究发现，感知公平对服务动机与金融精准覆盖共建之间有着部分中介作用。这表明，服务动机不仅直接影响金融精准扶贫绩效的水平，而且在直接影响的过程中还存在着中介机制。金融精准扶贫工作者的服务动机少部分是直接作用于扶贫绩效，更大的部分是依靠感知公平的情境获得感来刺激其服务行为，最终增进扶贫绩效或强化对扶贫绩效的正面认识。

由于政策本身缺乏合理性、扶贫主体单一、目标问责的弊端、目标群体自主参与渠道闭塞、社会不稳定因素等，工作者们可能会在政策执行中感受到各方面的不公平，从而以不作为、懒作为、乱作为等方式造成政策执行与政策目标相悖、精准帮扶不到位等负面绩效。而相对于服务动机，感知公平本身对金融精准扶贫配套机制起正向作用。也即是说，越高的感知公平，伴随着越好的金融精准扶贫配套机制及衍生效应。由此看，工作者所在单位、上级领导、扶贫环境等都可以作为提高感知公平的路径，最终引起较高水平的金融精准扶贫绩效结果。

（四）差别化与精准化的扶贫情景支持有助于消解政策执行阻滞

1. 差别化金融精准扶贫情景支持

虽然金融精准扶贫要坚持服务贫困地区的扶贫工作为本，但也不能脱离其特有的商业发展规律这个基础，使金融机构扶贫的社会性和商业可持续性有机结合。特别是金融精准扶贫政策的执行主体核心是商业银行，商业银行既有其他金融机构不可复制的网络网点资本等差异化优势，同时其积极的服务动机的来源也取决于交易成本与服务收益间矛盾的平衡，而扶贫对象则是具有人口经济先天弱质性的贫困地区，远低于市场的投资收益率是降低其服务动机的关键因素。因此，在网格建设、覆盖率、基础金融服务等金融精准覆盖共建方面，商业银行可能更有能力发挥资源优化配置作用，而精准示范和精准配套则更多的需要政府部门、金融监管机构、社会组织、企业、扶贫对象等多主体协同构建精准扶贫情景支持。从研究结果也可以看到，在精准覆盖共建方面实施差别化支持更能提高金融工作者的服务动机和感知公平，从而显著提高政策绩效，精准示范方面的效应相对则没有如此显著。

2. 精准化的回应性扶贫情景支持

这里所指的精准化并非精准扶贫中的"精准性"，而是金融精准扶贫过程中，政府部门及金融精准扶贫机构应当坚持"扶贫回应"，一是回应组织内部的员工需求，二是回应扶贫对象的利益诉求。对金融服务者而言，应当充分保证他们的公平感，在程序公平方面健全金融工作者的利益分配体制，为分配过程提供机制保障；在互动公平方面给予其充分尊重和支持，非定期与工作者进行情感沟通和交流，从而增进政策及组织认同感。对扶贫对象而言，应当将回应性支持作为提升政策认同与政策信任感的突破口和主要方向。这就需要扶贫主体在思维观念上进行转变，将扶贫对象实实在在纳入精准扶贫治理体系之中，在充分了解扶贫对象贫困状况的前提下尽可能加大对贫困户后续资金和技术的投入力度，加强对帮扶对象的金融教育及沟通协调。特别是在精准配套机制方面的回应，以此保障贫困地区经济增长及平衡贫困人群收支，从而规避"第二次贫困危机"。

总之，实现精准覆盖共建共享、建立系统全面的跟踪问责机制以及精准示范，既需要良好的服务动机，也需要较高水平的感知公平。反之，金融精准扶贫的覆盖共享共建、监督评估与问责体系、示范等具体结果也会进一步影响工作者的服务动机与感知公平。限于数据获取、时间与本人能力约束，本研究在金融精准扶贫服务跟踪模式方面仍然属于探索性研究，不可避免造成研究假设、工具及结果上均存在一些偏误。不过，从研究的容错性与实际结果来看，本研究在很大程度上反映现实问题。随着金融精准扶贫进入深水区与收获期，纳入一些被忽视的外生变量，未考虑更深层的作用机制等，有待于业界与学界进一步讨论与检验。

参考文献：

[1]中华人民共和国国家统计局：《中华人民共和国 2016 年国民经济和社会发展统计公报》，http://www.stats.gov.cn/tjsj/zxfb/201702/t20170228_1467424.html.，2017 年 02 月 28 日。

[2]徐月宾、刘凤芹、张秀兰：《中国农村反贫困政策的反思——从社会救助向社会保护转变》，《中国社会科学》2007 年第 3 期。

[3]Garcia, A. B., & Gruat, J. V..*Social protection: a life cycle continuum investment for social justice, poverty reduction and sustainable development*[J]. Geneva , ILO, Social Protection Sector, 2003.

[4]Hamada, M.. "Financial services to the poor:an introduction to the special issue on micro finance" .*The Developing Economies*, 2010, 48(1).

[5]Wunder, S.. "Poverty alleviation and tropical forests—what scope for synergies？" .*World Development*, 2001, 29(11).

[6]Hussain I, & Hanjra M A. "Irrigation and poverty alleviation: review of the empirical evidence" .*Irrigation & Drainage*, 2004, 53(1).

[7]汪三贵、郭子豪：《论中国的精准扶贫》，《贵州社会科学》2015 年第 5 期。

[8]孙同全、杜晓山：《农村欠发达地区金融扶贫创新——重庆市开县民丰互助合作会扶贫实践的启示》，《经济研究参考》2015 年第 44 期。

[9] 赵武、王姣玥:《新常态下"精准扶贫"的包容性创新机制研究》,《中国人口·资源与环境》2015 年第 25 期。

[10] 宫留记:《政府主导下市场化扶贫机制的构建与创新模式研究——基于精准扶贫视角》,《中国软科学》2016 年第 5 期。

[11] 王浩:《金融精准扶贫模式》,《中国金融》2016 年第 22 期。

[12] 陆磊:《金融扶贫的发展理念、政策措施及展望》,《武汉金融》2016 年第 7 期。

[13] 廉超:《PPP 模式助推精准扶贫、精准脱贫》,《贵州社会科学》2017 年第 1 期。

[14] 蒋远胜:《中国农村金融创新的贫困瞄准机制评述》,《西南民族大学学报》(人文社科版) 2017 年第 2 期。

[15] 詹东新、吴滋兴、张茂林:《基于"平台"思维的新时期精准扶贫开发融资模式研究》,《农村金融研究》2015 年第 9 期。

[16] 谢玉梅、徐玮、程恩江等:《基于精准扶贫视角的小额信贷创新模式比较研究》,《中国农业大学学报》(社会科学版) 2016 年第 5 期。

[17] 唐文浩、何军:《江苏省扶贫小额贷款问题研究》,《现代经济探讨》2016 年第 7 期。

[18] 申云、彭小兵:《链式融资模式与精准扶贫效果——基于准实验研究》,《财经研究》2016 年第 9 期。

[19] 张李娟:《西部地区金融支持精准扶贫的难点与对策》,《改革与战略》2017 年第 2 期。

[20] 陈振民:《政策科学——公共政策分析导论》,中国人民大学出版社 2004 年版。

[21] Smith T B. "The policy implementation process". *Policy Sciences*, 1973, 4(2).

[22] 辜胜阻、李睿、杨艺贤等:《推进"十三五"脱贫攻坚的对策思考》,《财政研究》2016 年第 2 期。

[23] 朱春奎、吴辰、朱光楠:《公共服务动机研究述评》,《公共行政评论》2011 年第 5 期。

[24]张廷君：《公务员公共服务动机维度差异的本土化分析：基于福建的调查》，《西安电子科技大学学报》(社会科学版) 2012 年第 3 期。

[25]朱春奎、吴辰：《公共服务动机对工作满意度的影响研究》，《公共行政评论》2012 年第 1 期，第 83—104，180—181 页。

[26] Perry J. L., et al. "What Drives Morally Committed Citizen A Study of the Antecedents of Public Service Motivation" .*Public Administration Review*, 2008, 68(3).

[27] Moynihan D.P., & Pandey S. K.. "The Role of Organizations in Fostering Public Service Motivation" .*Public Administration Review*, 2007, 67(1).

[28] Sanjay K., Pandey, & Bradley E.. Wright, Donald P. Moynihan. "Public Service Motivation and Interpersonal Citizenship Behavior in Public Organizations: Testing a Preliminary Model" .*International Public Management Journal*, 2008, 11(1).

[29]朱光楠、李敏、严敏：《公务员公共服务动机对工作投入的影响研究》，《公共行政评论》2012 年第 1 期。

[30]包元杰、李超平：《公共服务动机的测量、理论结构与量表修订》，《中国人力资源开发》2016 年第 7 期。

[31]郑楠、周恩毅：《我国基层公务员的公共服务动机对职业幸福感影响的实证研究》，《中国行政管理》2017 年第 3 期。

[32] Perry J. L., & Wise L. R.. "The Motivational Bases of Public Service" . *Public Administration Review*, 1990, 50(3).

[33] Eisenberger R., Huntington R., & Sowa S.. "Perceived Organizational Support" . *Journal of Applied Psychology*, 1986, 71(3).

[34]胥兴安、王立磊、张广宇：《感知公平、社区支持感与社区参与旅游发展关系——基于社会交换理论的视角》，《旅游科学》2015 年第 5 期。

[35]凌文辁、杨海军、方俐洛：《企业员工的组织支持感》，《心理学报》2006 年第 2 期。

[36] Alonso P., & Lewis G..PSM and Job Performance: "Evidence from the

Federal Sector". *American Review of Public Admin*, 2001, 31(4).

[37]叶先宝、李纾：《公共服务动机：内涵、检验途径与展望》,《公共管理学报》2008 年第 1 期。

[38] Wright B. E., & Pandey S. K.. "Public Service Motivation and the Assumption of Person-Organization Fit Testing the Mediating Effect of Value Congruence." . *Administration & Society*, 2008, 40(5).

[39]宋利、古继宝、杨力：《人力资源实践对员工组织支持感和组织承诺的影响实证研究》,《科技管理研究》2006 年第 7 期。

[40]蒋春燕：《员工公平感与组织承诺和离职倾向之间的关系——基于组织支持感中介作用的实证研究》,《经济科学》2007 年第 6 期。

[41]孟凡蓉、吴建南：《公共服务动机视角下绩效工资公平感对工作投入的影响》,《西安交通大学学报》(社会科学版) 2014 年第 1 期。

[42]温忠麟、叶宝娟：《中介效应分析：方法和模型发展》,《心理科学进展》2014 年第 5 期。

[43]陈晓萍、徐淑英、樊景立：《组织与管理研究的实证方法》，北京大学出版社 2012 年版。

[44] Baron R.M., & Kenny D.A.. "The moderator-mediator variable distinction in social psychological research: conceptual, strategic, and statistical considerations." .*Journal of Personality and Social Psychology*, 1986, 51(6).

北京市构建大扶贫格局的模式与探索

马新明　朱颖慧

（北京市扶贫协作和支援合作办公室，北京 东城，100005）

摘要： 打好精准脱贫攻坚战，是党的十九大提出的三大攻坚战之一，是我们党向全国人民作出的庄严承诺，是一场必须打赢打好的硬仗。扶贫开发是全党全社会的共同责任，要动员和凝聚全社会力量广泛参与，要形成专项扶贫、行业扶贫、社会扶贫"三位一体"大扶贫格局。大扶贫格局的实现必须依靠强有力的顶层设计、统筹高效的工作体系、健全完善的政策机制，北京市在构建大扶贫格局方面做了大量实践探索，形成了许多成功模式与重要经验。本文在对习近平总书记关于大扶贫格局相关论述认识和把握的基础上，总结了北京市的主要模式与主要经验，并提出了进一步提升和完善北京市大扶贫格局的几点思考与建议。

关键词： 脱贫攻坚；大扶贫格局；模式；探索

一、对习近平总书记大扶贫格局相关论述的认识

2015 年 6 月 18 日，习近平总书记在贵州召开部分省区市党委主要负责同志座谈会上的讲话提出，"要坚持专项扶贫、行业扶贫、社会扶贫等多方力量、多种举措有机结合和互为支撑的'三位一体'大扶贫格局，健全东西部协作、党政机关定点扶贫机制，广泛调动社会各界参与扶贫开发积极性。"

作者简介：马新明，北京市扶贫协作和支援合作办公室主任。

习近平总书记在党的十九大报告中再次强调要坚持大扶贫格局。对于扶贫协作工作，所谓"大扶贫格局"，可以从四个方面来认识。

（一）思想上要具有大格局

打好精准脱贫攻坚战，是党的十九大提出的三大攻坚战之一，是党中央的重大战略部署，事关全面建成小康社会、第一个百年奋斗目标能否实现的大局。扶贫协作首先要充分认识到这项工作的重大政治意义，站在国家民族利益的高度和对历史负责的态度，坚决落实中央的战略部署，不折不扣地落实中央的各项要求标准。

（二）工作上要形成大体系

扶贫开发作为帮助贫困地区和贫困户开发经济、发展生产、摆脱贫困的一种社会工作，不仅涉及经济、社会、文化环境等方面，还涉及吃、穿、教育、医疗、住房、产业发展和就业等方面。只有多部门相互配合形成"大扶贫格局"，才能有效解决贫困问题。建立多部门联动、各级党委政府统筹协调的工作体系对于形成大扶贫格局尤其重要。

（三）社会上要实现大参与

扶贫协作是一项社会事业，从长远来看，政府应该发挥引导作用，充分调动社会组织、企业、公众等社会力量广泛参与，充分发挥市场力量，形成各界参与的长效机制，才能使扶贫事业有基础，扶贫成效可巩固，未来发展可持续。

（四）资源要素上要大整合

扶贫协作本质上是一种要素配置，也就是要在充分把握援受双方优势和资源禀赋基础上，精准把握受援方实际需要，通过建立和完善体制机制，整合政府、社会、市场资源，实现扶贫组织、人才、项目、资金、科技、政策、平台等要素的精准配置，通过要素的注入，改善受援地的基础条件，激活受援地的内生动力。

二、北京探索大扶贫格局的主要模式和主要做法

扶贫是一项长期复杂艰巨的社会综合工程，北京市提升政治站位，落实

党政一把手负总责的责任制，弘扬"人人皆可为、人人皆能为、人人皆愿为"的社会扶贫理念，发挥多方合力，多措并举，形成了大格局、大体系、大参与、大要素的扶贫协作模式。

（一）形成"中央指针 + 全面贯彻"的政治思想格局

党的十八大以来，党中央从全面建成小康社会战略高度出发，对做好新形势下的扶贫协作和对口支援工作作出一系列重大部署。习近平总书记围绕区域发展、扶贫开发、结对帮扶等提出了一系列重要思想，为做好扶贫协作和对口支援工作提供了重要遵循。北京市牢固树立"四个意识"，高度重视脱贫攻坚和对口支援工作，充分认识脱贫攻坚的政治作用，围绕中央要求和中央考核，不折不扣地全面贯彻落实。

北京市把扶贫协作和支援合作工作当作自己的分内事，深入研究受援地区的资源禀赋、产业基础和脱贫需求，确保财政援助资金 80% 以上用于精准扶贫、精准脱贫，新增资金全部投向脱贫攻坚。其中帮扶内蒙古、河北的资金，90% 以上用于贫困村和建档立卡贫困人口。实施一批扶贫力度大、脱贫效应强的项目，支持和培育一批带动贫困户发展的产业合作组织和龙头企业，增强受援地区发展的内生动力，在支援帮扶中立标杆、做示范，着力推动与受援地区的优势互补，良性互动，使共赢发展的成果惠及更多群众。

（二）形成"顶层设计 + 精准实施"的规划实施体系

在扶贫协作和对口支援工作中，早在 2010 年北京市就率先成立了对口支援和经济合作工作领导小组。2018 年 4 月将领导小组调整为扶贫协作与支援合作工作领导小组，把扶贫协作摆在第一位，组长由中央政治局委员、市委书记担任，常务副组长由市委副书记、市长担任，过去仅是党委政府负责，现在增加了人大、政协的领导参与，变成四套班子共同推动工作，并充实了成员单位，从原来的 22 家增加到 46 家，加大了工作统筹力度。领导小组设立办公室，负责全市扶贫协作和支援合作的统筹规划与组织实施工作，贯彻落实国家对口支援与对口帮扶相关的发展战略、规划工作方案和政策。

根据全国扶贫开发工作会、东西部扶贫协作座谈会、北京市委常委会、市扶贫协作和支援合作工作领导小组会等重要会议精神，按照中央考核要求，北京市结合扶贫协作和对口支援地区多处于集中连片特殊困难地区和实施特殊政策区域的实际情况，树立一盘棋思想，把脱贫攻坚长远目标和近期工作统筹考虑，2018 年上半年制定了 20 多项政策制度。科学编制了《北京市"十三五"时期支援帮扶协作和区域合作规划》、对口支援深度贫困地区、扶贫协作地区脱贫攻坚三年行动计划（新疆和田、西藏拉萨、青海玉树、内蒙古扶贫协作地区、河北扶贫协作地区、南水北调协作地区、湖北巴东）、《关于贯彻市委办公厅、市政府办公厅〈关于助力东西部扶贫协作地区和对口支援地区打赢脱贫攻坚战的意见〉的实施方案》等扶贫协作重要文件，为提升精准扶贫可操作性夯实基础，形成有效的规划实施体系。

（三）形成"党委领导 + 政府主责"的责任落实体系

北京市坚持党委领导、政府主责、区级结对、部门主管的协同管理机制，推进精准扶贫工作。

一是建立市领导小组领导下的统筹联动机制。在北京市扶贫协作和支援合作工作领导小组领导下，北京市扶贫协作和支援合作办作为主管部门，主动做好政策研究、统筹协调、联系服务、信息宣传、督促检查、考核考评、交流培训等工作。加强对前后方的服务保障，以统筹协调理念整合资金资源，以上下联动方式提高扶贫效率和效益，抓专项扶贫规范化、精细化管理，抓行业扶贫制度化，抓社会扶贫多元化，形成统筹协调、联动援助的扶贫格局，确保精准扶贫工作高效有序运转。

二是建立四大工作体系。通过分解任务、压实责任，增强前方指挥部、挂职干部团队、16 个区、相关部门牢固树立首都、首善、首创意识，提升四个工作体系在扶贫协作和对口支援工作中的责任感、使命感和紧迫感。前方指挥部主要负责与受援地党委政府的联系协调工作，统筹组织实施本市在当地的项目建设、产业合作、智力支援等支援合作工作。挂职干部团队按照抓好统筹协调、抓好调研对接、抓好资金保障、抓好项目安排、抓好项目管理"五抓好"要求，与受援地区加强需求对接，精准落实好项目和资金。16 个区负责将携手奔小康行动各项任务落到实处，切实做到组织领导到位、谋划对接到位、精准扶贫到位、社会动员到位、交往交流交融到位、发挥主体作用到位、信息宣传到位、工作效果到位"八到位"。将扶贫协作结对帮扶工作覆盖到两地街道、乡镇、社区、村层面，开展专项扶贫，安排专项救助资金和捐赠帮扶资金。相关部门负责落实对口帮扶和对口支援专项任务，围绕各自的工作领域，制订具体的支援帮扶专项方案，积极支持配合各区开展携手奔小康行动。

三是建立工作体系的考核评价指标体系。按照国家考核要求、考核内容和考核指标，根据在扶贫协作和对口支援的职责任务不同，以量化考核为主，科学合理地制定印发《北京市扶贫协作和对口支援考核办法（试行）》，分别对前方指挥部、挂职干部团队、各区、各相关部门进行年度考核评估。考核指标分为三级设置，一级指标包括扶贫协作和对口支援考核的总体要求；二级指标包括考核的重点领域；三级指标包括考核的工作内容。考核工作由市扶贫协作和支援合作工作领导小组统一组织，市扶贫协作和支援合作办会同市委市政府督查室、市委组织部、市人力社保局等单位组成考核工作组，并根据不同考核指标体系具体组织实施。建立综合考核台账，对考核体系中涉及的事项材料实行留痕管理，确保扶贫协作工作提质增效，如期完成国家交给的任务。

（四）形成"政府引导＋市场主体"的市场参与机制

北京拥有科技、教育、文化、医疗卫生、人才、市场、资金、总部经济等方面的丰富优质资源，充分发挥体制机制优势，发挥规划内政府投入在脱贫攻坚中的主导作用和市场导向作用，把首都的优势和当地的资源条件紧密结合起来，把企业经营发展与对口帮扶有机结合起来，推动产业转移对接帮扶。引导北京市国有企业发挥带头作用，支持受援地区发展特色优势劳动密集型产业、援建扶贫车间，更多吸纳建档立卡贫困人口就近就地就业。首农集团、首旅集团等国有企业找准与受援地区产业合作的切入点，达成项目合作，推动适合当地的新型农牧业和特色产业发展。北汽福田在河北省涞水县建设新厂提供了450个保洁员、保安员岗位，带动了建档立卡贫困人口就业。

充分激发市场活力，政策和资源向扶贫力度大、脱贫效应好的项目倾斜，重点发展建档立卡贫困人口能够受益的现代农业、劳动密集型加工业和服务业、特色旅游业等产业。鼓励全市各类企业发挥资金、技术、市场、管理等优势，采取到受援地区直接投资办厂、合资合作、兼并重组、组团投资等方式，促进当地的特色资源、产品优势转化为经济优势。帮助当地优势特色产品与北京市场对接，通过农超对接、电商扶贫等方式，带动当地特色优质产品扩大销售渠道、拓展市场，积极配合提供仓储物流等服务。根据当地主导产业发展需求，开展管理、技术人员培训及技术攻关，加强人员交流，提升现有企业竞争力，支持龙头企业做大做强。推进扶贫产品进城区、进社区工作，帮助扶贫协作地区的企业扩大市场、打出品牌。

（五）形成"党建引领＋多元参与"的社会动员机制

动员社会力量参与东西部扶贫协作和对口支援工作是中国特色扶贫开发事业的成功经验，是实现先富帮后富、最终实现共同富裕目标的重要举措。北京市畅通党建领导下多元参与扶贫协作的渠道，推动各区、各部门、各单位积极发挥自身优势，把扶贫协作和支援合作融入实际工作中，作出自己应有的贡献。

一是培育多元扶贫主体。倡导各类企业积极承担社会责任参与扶贫。动员市属国有企业发挥表率，主动参与；支持民营企业直接对接贫困地区的县、乡、村，开展"万企帮万村"结对帮扶活动。引导社会团体、基金会、社会服务机构等社会组织为受援地区提供智力、技术支持和公益服务。发挥北京教育医疗资源密集、科研机构集中的优势，围绕受援地区实际需求，有针对性地赴受援地区开展教育医疗和科技帮扶服务。积极动员各民主党派和群团组织参与扶贫。倡导"我为人人、人人为我"个人参与扶贫，发挥社会工作专业人才和志愿者作用，引导广大社会成员和在京的港澳同胞、台湾同胞、华侨及海外人士，通过爱心捐赠、支教支医、志愿行动、结对帮扶等多种形式参与受援地区扶贫脱贫工作。

二是搭建各类扶贫平台。成立北京市扶贫协作和支援合作促进会，构建社会各界广泛参与支援合作的工作网络，引导和激励各类企业、社会组织、个人参与脱贫攻坚工作，培育打造成为动员社会力量的枢纽型社会组织。抓好"六个中心"建设，推进扶贫产业双创中心、文化交流中心、教育培训中心、社会动员中心、高原适应康复中心和研究中心建设相关工作，为开展扶贫协作和支援合作工作提供服务平台支持。搭建多级服务平台，利用扶贫日、社会扶贫网、首都各类社会扶贫和公益慈善类网站、"互联网＋"扶贫协作会议等平台，及时发布扶贫需求、资源供给等权威信息，为社会各界与受援地开展供需对接提供服务。

三是完善扶贫激励体系。建立动员社会力量参与的鼓励机制，帮助构建优势互补、聚焦扶贫、长期合作双赢的合作模式。将从事或参与扶贫帮扶工作列为北京市有关各级表彰评比指标条件，各部门建立政策激励机制，让积极参与的各类主体在政治上有荣誉、事业上有发展、社会上受尊重。利用扶贫协作和对口支援先进个人、先进集体表彰奖励项目，以市扶贫协作和支援合作工作领导小组名义，对为扶贫帮扶工作做出特殊贡献的企业、社会组织、个人予以表彰。对贡献突出的企业、社会组织和各界人士，在尊重其意愿前提下受援地可给予项目冠名等激励措施。对参与扶贫的企业，按照国家税收法律及有关规定，全面落实扶贫捐赠税前扣除、税收减免等扶贫公益事业税收优惠政策，以及各类市场主体到贫困地区投资兴业、带动就业增收的相关支持政策。

四是营造社会扶贫氛围。加强国家扶贫日宣传，加大在政府门户网站建立网站链接或者宣传推介查询模块，对于现有的有关鼓励、扶持政策，加大宣传，促进落实。鼓励互联网企业发挥优势，做好扶贫帮扶慈善文化的传播。鼓励社会组织在贫困地区大力倡导现代文明理念和生活方式，努力满足贫困人口的精神文化需求。推出扶贫公益广告、最美扶贫人物，推广先进典型和先进事迹，讲述好故事，弘扬正能量，运用成功的经验做法和典型启示，激发干劲。创新社会宣传形式，拓宽宣传渠道，加强舆论引导，营造全社会关心、全民参与扶贫帮扶、助力脱贫攻坚的良好社会氛围。

（六）形成"精准投入＋内生动力"的要素配置机制

北京市认真落实党委政府负责同志到扶贫协作地区调研对接和高层联席会议制度，做好双方党政代表团和相关领导的互访协调对接，加强人才、资金、项目、技术等方面的支持，建立援受双方的精准需求帮扶机制。

一是聚焦人才支持。加强干部人才选派和交流，发挥传帮带培作用。按要求完成党政干部选派，有针对性地选派专业技术人才，特别是精准选派教育、医疗等各领域专业骨干和管理人才，提升受援地区教育、医疗等社会事业发展水平。落实受援地区干部人才来京培训工作，各承办部门按照年度培训计划，科学设置培训内容，扎实开展培训，着力解决受援地区最紧迫的人才缺口问题。落实贫困村创业致富带头人培训工作，按照《关于培育贫困村创业致富带头人的指导意见》（国开办发〔2018〕2 号）和有关要求，为北京市扶贫协作和对口支援地区培训千名受援地区贫困村创业致富带头人。对扶贫协作地区贫困人口来京或在当地开展就业培训，招收建档立卡贫困家庭子女到北京职业院校接受职业教育和职业培训。

二是加大资金支持。根据中央要求，结合北京市财力增长情况，建立扶贫协作和对口支援资金的稳定增长机制，确保支援资金足额及时到位。北京加大对东西部扶贫协作和援藏、援疆、援青等援助资金的投入，市、区两级相应增加援助资金的筹措额度，全力支持受援地区打赢脱贫攻坚战。各区、各相关部门与受援地区开展的结对帮扶和交流交往活动项目资金统筹纳入年度项目资金计划。在资金拨付上，由过去先定项目后拨付资金改为先拨付资金，2018 年的资金上半年全部拨付到位。同时，积极做好配合工作，推进项目落地，力争当年项目当年启动、当年见效，提高资金使用效益。拓展支援资金筹措渠道，积极引导北京市企业到受援地区投资兴业，配合受援地区做好吸引社会资本工作。完善支援资金的投入、使用和管理机制，不断提高资金的使用效益。

三是强化项目支持。针对不同地区脱贫攻坚的特点，结合推进"一带一路"建设、京津冀协同发展等重大国家战略，结合深度贫困地区的一系列政策，以《北京市扶贫协作和对口支援项目管理办法（试行）》为遵循，科学谋划深度贫困地区扶持项目，把精准扶贫脱贫项目优先纳入年度项目计划。2018 年到 2020 年，计划完成 1000 多个项目的任务，扶贫协作和支援合作项目原则上需要纳入扶贫协作和支援合作项目储备库，年度投资计划安排实施的项目从项目储备库中选取，确保扶贫协作和支援合作项目"规划一批、储备一批、计划一批、实施一批"。指导受援地建立项目公告公示等制度，防范化解各类风险；健全完善项目管理机制，督促受援地按照要求保质保量顺利推进项目。

四是增加技术支持。重点做好本市医疗卫生机构与受援地区医院结对帮扶工作，通过远程医疗、专家巡诊、重点干预治疗，培养实用医疗人才，实施具有北京特色的医疗帮扶品牌活动等，提高医疗卫生人员技术水平，提升受援地基层医疗卫生服务水平。做好"成建制"教育援助，选派优秀管理团队和师资力量，推广远程教学，全面提高教学和管理水平，提升教育信息化水平。鼓励北京科研机构、产业技术联盟与当地企业联合组织实施一批重点技术攻关项目，为贫困人口脱贫提供保障。

三、北京探索大扶贫格局的主要经验

扶贫工作任务重、标准高、要求严、时间紧，北京市一把手高度重视、发挥体制优势、推动市场主体落地、挖掘地方特色、扶贫与扶志扶智相结合，形成大扶贫格局，有力地助推脱贫攻坚。

（一）党委高度重视、负总责是关键

全面建成小康社会，坚决打好脱贫攻坚战是党和国家的重大决策部署，要完成这一任务离不开各级党委、政府主要领导的高度重视和坚强领导。北京市委市政府强化精准扶贫的总体设计和组织领导，成立市委书记任组长的工作领导小组，统筹协调处理重大问题，指导、推动、督促各区、各部门落实党中央、国务院重大政策措施，严格落实五级书记抓扶贫的要求，把扶贫工作记在心上、扛在肩上。强化扶贫开发领导责任制，把中央统筹、省负总责、市（地）县抓落实的管理体制，片为重点、工作到村、扶贫到户的工作机制，党政一把手负总责的扶贫开发工作责任制，真正落到实处。加强与受援地区的高层互访，各级领导干部特别是党政一把手都以高度的责任感和使命感亲力亲为，履行好扶贫第一责任人的职责，明确目标任务，明确完成时限，明确帮扶措施，确保了扶贫规划和各项任务的顺利实施。

（二）充分发挥体制机制优势是保障

脱贫攻坚要取得实实在在的效果，关键是要找准路子，构建好的体制机

制。在组织好北京市、区两级政府力量加强扶贫协作的同时，动员北京企业和社会力量积极参与，形成政府、市场、社会协同推进的良好局面。注重脱贫导向、注重攻坚力度、注重深层次合作，充分发挥教育扶贫、医疗扶贫、生态扶贫、产业扶贫、金融扶贫、消费扶贫、就业扶贫、光伏扶贫、智慧扶贫、共享农庄扶贫、青少年交流扶贫等方面的帮扶措施，在各区结对帮扶的基础上，逐步完善部门、乡镇及学校、医院等结对帮扶，搭建村企交流对接平台，不断完善内部管理机制，把自身经营主业的重心向贫困地区倾斜，提高服务质量和效率，建立全面、长期和稳定的合作关系，形成利益共享、共建共治的协同共进的区域发展机制。

（三）推动市场主体落地是重点

市场主体分为投资者、经营者、劳动者以及消费者、企业、受益者，市场主体的要素由企业、居民、政府和其他非营利性机构构成，企业是最重要的市场主体。由于贫困地区自然条件恶劣、基础设施薄弱，实现企业主体的落地，推进产业扶贫，增强受援地内生动力和活力，既是重点，也是难点。北京市在扶贫协作中着力做好受援地党委政府与各类企业、社会组织、个人的统筹协调服务，努力为项目落地开通绿色通道。在北京市援助各受援地资金中，每年安排部分资金专项用于产业帮扶，对到受援地区投资兴业的本市各类企业等给予贷款贴息、定额补助。通过深入开展"携手奔小康行动"和"万企帮万村行动"，积极引导企业等社会力量广泛参与深度贫困地区脱贫攻坚，促进各类市场主体到贫困地区投资兴业、吸纳就业、捐资助贫，精准带动贫困人口就地增收脱贫，引导市场资源帮助当地脱贫攻坚。

（四）深入挖掘地方特色是基础

提升扶贫协作水平、巩固扶贫成效、着眼贫困地区未来长远发展必须与地方自然禀赋、特色优势产业、文化风俗习惯相结合，充分发挥受援地特色优势。北京市利用科技人才优势，大力推动受援地区传统农牧业现代化发展，支持受援地区优质林果业、特色种养业发展，扶持民俗旅游业、特色旅游业发展，鼓励农牧业合作社建设。发挥好"北京对口支援地区特色产品展销"活动等平台的作用，帮助当地产业打出品牌、扩大市场。加快"京藏合作交流中心"和"北京市受援地区特色扶贫产业双创中心"等的建设。如支持拉萨"两区两县"发展各具特色的高原产业,形成"一县一品"产业发展格局。重点支持尼木县发展藏鸡养殖产业、"尼木藏香"非遗品牌产业,支持当雄县发展纳木错神山圣湖旅游、羊八井温泉度假以及周边"牧家乐"休闲产业,支持城关区发展以"好客藏家"为品牌的城乡民俗旅游业、传统手工业和净土产业,支持堆龙德庆区发展现代化设施农业、建设旅游文化"香雄美朵"园区及现代物流业为主的工业示范园区。支持拉萨净土特色产业产品和民族文化产品走进北京,搭建交流平台,拓展销售市场,实现两地双赢。

（五）推动扶贫与扶志、扶智相结合是谋长远的着力点

坚持把扶贫与扶志、扶智结合起来,充分调动当地贫困群众的积极性、主动性、创造性。加大教育、医疗、科技、文化、智力等方面的帮扶力度,注重培育贫困群众发展生产和务工经商的基本技能,提高自我发展能力,带动贫困地区人民群众依靠辛勤劳动脱贫致富。按照"好中选优、优中配强"的原则,做好干部人才轮换和培训工作,新增结对帮扶地区的挂职干部及时全部配备到位。调整挂职干部岗位分工,把挂职干部"压到"扶贫一线,协助分管扶贫协作工作并保持相对稳定。适度增加教育、卫生、科技、文化等专业技术人才援助比例。与首都师范大学、北京教育学院、北京物资学院共建受援地教育培训中心,为受援地干部人才来京培训提供良好平台。举办扶贫协作工作研讨班,提高扶贫协作干部的思想认识,掌握助力精准脱贫方式方法。开展医疗卫生、科技、农技等方面的专家行、院士行活动,积极推进科技扶贫、扶农、富农。做好受援地扶贫专干、贫困村致富带头人来京轮训工作。扎实推进受援地干部人才来京培训工作,做好受援地干部人才来京培训后续跟踪服务,为受援地脱贫攻坚工作贡献北京智慧。

四、进一步提升和完善北京大扶贫格局的几点思考与建议

通过多年的不懈努力,北京市完善了工作体系建设,建立起了大扶贫格局,取得了重要成绩,高标准、严要求地完成了中央的各项要求和工作任务。在脱贫攻坚工作的最后两年多时间里,应该以更高的标准和更严的要求,着

眼长远，进一步提升工作水平。

（一）既要加强党委领导、政府负责，也要进一步发挥市场作用

发挥党统领全局、协调各方作用，强化政府政策制定、引导、监管和考核工作，建立和完善市场化扶贫机制，让市场在精准扶贫中发挥更大作用。在坚持党委领导、政府负责的前提下，培育和引导市场主体参与扶贫工作，充分发挥市场在资源配置中的决定性作用，规范市场化扶贫行为，构建开放、透明、高效的竞争机制，甄别有实力、热心扶贫事业的企业或组织。完善产业扶贫、劳务扶贫、金融扶贫等传统模式，加强政府购买服务、政府与社会资本合作、资产收益扶贫、电商扶贫等新模式的理论研究和推广。建立完善扶贫项目与贫困户、合作社与贫困户的利益联结机制。重视困难群体特别是贫困人口在享有基本公共服务权利、资产处置和收益权等的权益保障，增强贫困人口在市场中的博弈能力。鼓励北京市的企业围绕扶贫工作，开展深度合作，增强贫困地区的"造血"功能，促进受援地区经济社会持续健康稳定发展。

（二）进一步理顺对口帮扶体制机制

要创新扶贫协作和支援合作工作思路、方法和机制，注重整合社会各方力量参与支援帮扶工作，积极对接北京"互联网+"等新业态、新模式，提升受援地区公共管理水平，促进产业转型升级。调动区级精准扶贫积极性、主动性，加强区级对口帮扶机制的统筹，继续深化到结对帮扶地区对接工作，找准需求和帮扶的切入点和着力点，明确帮扶的措施和办法，把开展携手奔小康行动摆上各区重要议事日程，明确主要领导亲自抓，细化各项工作安排。建立高层互访制度，各区党委或政府主要负责同志每年要赴结对帮扶县开展调研指导，与结对帮扶县共同研究解决重点工作。明确一名分管区级领导、工作机构和工作人员，建立定期联席会议工作机制，扎实推进落实各项工作。各成员单位对照职责清单和任务清单，做到细化、量化、可验证、可核查。

（三）要着眼长远，进一步完善扶贫与扶志、扶智相结合的体制机制

要坚持扶贫同扶志、扶智相结合，充分发挥贫困群众的主体作用，激发内在活力，增强自我发展能力。坚持吸引人才和提升当地干部人才素质并重，从精神上和行动上转变当地一些官员和百姓的思想观念,帮助摆脱思想的贫困、意识的贫困,树立扶贫不能靠,脱贫不能等,更不能完全依赖政府帮扶和资助,必须自食其力、脱贫致富的愿望和勇气。着眼于长远发展,开展专家咨询、技术指导、人才培训等多种形式的智力支持,加强市政管理、教育、医疗卫生、农牧生产等方面的人才帮扶。充分发挥北京援派干部人才传帮带作用,发挥北京高校的智力优势,完善"组团式"医疗教育帮扶模式,坚持就地就近指导培养与输出派出相结合、短期与长期相结合,培养当地急需的专业技术人才,建立和完善稳定脱贫的援受双方长效机制。

(四)加强多元参与,进一步建立和完善多元参与的体制机制

坚持多元主体,健全社会力量参与扶贫的协调服务机制。按照产业、就业、带动贫困人口脱贫的数量等,建立企业等社会力量带贫的奖补机制。充分发挥各类市场主体、各类群团、社会组织和社会各界作用,结合各自优势,多种形式推进,形成强大合力。发挥各类服务平台优势,为参与对口支援的各类社会主体提供优质服务,要定期组织全市有意向的企业赴受援地区投资考察,提高招商引资项目的成功率。发挥区一级组织的优势,组织开展多层次的扶贫帮扶工作,扎实推进"携手奔小康"行动。发挥市属各部门统筹作用,按照职能分工落实相关措施,推进各项工作。发挥前方指挥部以及挂职干部领队的牵头组织作用,为本市社会力量参与支援帮扶牵线搭桥、提供服务。广泛动员北京市各行各业、社会各界力量采取结对帮扶、团队帮扶、多帮一、一帮一等多种形式,切实解决受援地区贫困群众的实际困难。聚焦贫困村、贫困户,开展关爱贫困留守儿童、空巢老人、残疾人等困难群体,资助贫困家庭学生等爱心活动,助推贫困人口脱贫步伐。

(五)注重前瞻性,加强对支援扶贫工作思路转型的研究

在保质保量完成脱贫攻坚任务的同时,注重巩固脱贫成果、防止返贫更加重要。做好三年攻坚并考虑好今后怎么持续,统筹这三年和三年后的工作,建立稳定收入来源和长效的扶贫机制。对因病、因学、因节、因婚返贫,以及因突发事故和生活变故等各种原因导致返贫的现象要高度重视和关注,援受两地要共同打好"组合拳",注重增强结对帮扶地区的"造血"功能,带动

贫困群众依靠辛勤劳动脱贫致富，让贫困地区群众真正拔掉穷根。一是注重脱贫质量，把"两不愁三保障"的标准具体化为百姓看得见、摸得着的实惠和好处，经得起实践和历史检验。二是要坚决防止返贫，时刻关注，及时有效救助。持续深化"组团式"教育、医疗扶贫，不断优化援派教师和医生结构，并向基层倾斜、瞄准贫困户，帮助解决看病难、上学难等各种难题。三是充分发挥贫困群众的主体作用，分类施策。通过加强技能培训和技术人才帮扶来补充技术，通过促进政策性金融机构开展帮扶来补充资金，通过探索实行资产收益扶贫模式等来补充劳动力，确保实现稳定脱贫。同时，北京市扶贫协作和对口支援地区具备一定的资源禀赋，组织高原旅游、生态旅游、红色旅游，发展天然矿泉水、光伏发电以及特色农畜产品具有良好基础，发展空间较大；需要进一步拓宽经济合作领域，建立完善引领经济发展新常态的体制机制，以此更好地促进受援地区贫困人口真正脱贫，促进受援合作地区特色优势产业发展，促进民族团结和社会稳定，促进受援地区民生水平改善和提升。

专业社会工作在精准扶贫中的介入视角

蒋国河　袁　梅　康颖菲

（江西财经大学人文学院，江西 南昌，330000）

摘要： 改革开放四十年以来，中国的减贫工作取得了极大成就，但就中国农村减贫行动而言，减贫过于依赖政府主导下的经济政策行动和干部包点、驻村扶贫机制，社会工作者等专业力量的作用有待加强。在国际社会，反贫困一直以来是社会工作者关注的重要主题和服务内容。梳理国内外相关研究，反贫困的社会工作可以概括为以下三大介入视角：一是社会救助角度的贫困人群社会工作服务；二是发展性社会工作；三是由资产建设理论延伸而来的金融社会工作。基于当前精准扶贫的现状，专业社会工作在农村反贫困中有很大的需求和实践空间，可在贫困人群经济救助、贫困人群关爱服务、农民合作组织的培育、生计项目的扶持、小额信贷扶贫、贫困户移民搬迁等领域发挥重要作用。

关键词： 农村；反贫困；社会工作；精准扶贫

一、问题的提出

改革开放四十年以来，中国的减贫工作取得了极大成就，尤其是近年来，响应党中央的号召，全国各地紧锣密鼓地开展精准扶贫和脱贫攻坚工作，贫困人口大幅减少，为全球贫困减缓和千年发展目标的实现作出了卓越贡献

作者简介：蒋国河，江西财经大学人文学院副院长、副教授。

（李培林、魏后凯、吴国宝，2017），^①为国际减贫贡献了中国方案，并形成了中国特色的贫困治理新体系（黄承伟，2018）。^②但总体上而言，我国的农村反贫困行动，更多依靠政府主导下的经济政策行动和干部包点、驻村扶贫机制，社会工作者等专业力量、社会力量参与不足。这种过于依赖行政力量和经济政策扶贫的机制已暴露出诸多问题和不足。一方面，驻村帮扶制度存在诸多实践困境，如中国社科院学者王晓毅（2016）指出，大多数驻村干部和工作队仍游离于乡村社会之外，实际扶贫效果不佳，主要原因包括派出干部普遍年轻、缺乏扶贫工作经验和方法，也因此缺乏权威、认同和带动能力，^③甚至受到乡村干部排斥（许汉泽、李小云，2017）；^④驻村干部的双重身份导致时间、精力有限，难以做到扎根农村，而往往追求粗放的短平快方式，导致表面化，流于形式主义，效益低下（王文龙、2015）；^⑤同时，招商引资、维稳压力也消耗了基层扶贫干部大量精力（葛志军、邢成举，2015）；^⑥等等。另一方面，政府主导的产业扶贫效果也不佳，投入的产业化扶贫资金扶贫绩效低下，易导致精英俘获或扶贫资金配置内卷化（陈成文、吴军民，2017）。^⑦这表明，单纯依靠行政力量及其机械的产业扶贫模式有很大的局限性，需要创新扶贫机制，引入专业化的力量、专业社会工作者参与到扶贫开发中来。

事实上，在西方国家，反贫困或者说贫困救助一直以来是社会工作关注的重要主题和服务内容（Linda 等，1987）。^⑧美国社会工作的发展也是始于对穷人的帮助。1877 年，美国第一个慈善组织协会在纽约布法罗成立，能力卓著的社会工作者逐渐成为协会的骨干力量，开始为那些有志于通过个别化的

---

① 李培林、魏后凯、吴国宝：《中国扶贫开发报告（2017）》，社会科学文献出版社 2017 年版。

② 黄承伟：《习近平扶贫思想论纲》，《福建论坛》2018 年第 1 期。

③ 王晓毅：《精准扶贫与驻村帮扶》，《国家行政学院学报》2016 年第 3 期。

④ 许汉泽、李小云：《精准扶贫背景下驻村机制的实践困境及其后果》，《江西财经大学学报》2017 年第 3 期。

⑤ 王文龙：《中国包村运动的异化与扶贫体制机制转型》，《江西财经大学学报》2015 年第 2 期。

⑥ 葛志军、邢成举：《精准扶贫：内涵、实践困境及其原因阐释——基于宁夏银川两个村庄的调查》，《贵州社会科学》2015 年第 5 期。

⑦ 陈成文、吴军民：《从内卷化困境看精准扶贫资源配置的政策调整》，《甘肃社会科学》2017 年第 2 期。

⑧ Linda Cherrey Reeser, Irwin Epstein. 1987. "Social Workers' Attitudes toward Poverty and Social Action: 1968—1984". *The Social Service Review*, Vol. 61: 610—622.

服务来帮助穷人的私人机构提供援助和专业支持（Gary 等，1999），①这可视为专业意义上的社会工作的开端。社会工作者注重参与式、内源式发展的反贫困模式，与国家视角的技术——现代化模式既相互对立又相互补充，代表了国际领域反贫困的两种重要的理论范式。

　　国内学者中，徐永祥（2001）较早指出了社会工作的社会策划模式对中国农村扶贫发展的启示，即可注重项目的微观管理技巧，改变粗放管理的传统。②向德平、姚霞（2009）等指出社会工作可以为反贫困提供专业的技能和优势视角。③张和清、古学斌、杨锡聪（2008）、陈涛（2011）等社会工作学者结合实务探索开创性提出的"扎根社区""能力建设""城乡合作贸易""生计社会工作"等扶贫策略也体现了有别于传统的粗放式、短平快式扶贫和一刀切、不注重差别化的传统产业扶贫的新面向。④近两年随着精准扶贫的推进，尤其是 2015 年 12 月发布的《中共中央 国务院关于打赢脱贫攻坚战的决定》提出要实施"社会工作专业人才服务贫困地区计划"以来，有更多的社会工作学者参与精准扶贫问题，王思斌（2016）从助人自助的核心价值观、注重资源整合的方法等方面分析了社会工作参与精准扶贫的优势。⑤李迎生（2016）、袁君刚（2017）等认为，现行的扶贫工作专业性不足，扶贫能力和精力有限，以扶贫济困为本、遵循个别化、差异化原则的专业社会工作介入精准扶贫是对政府传统扶贫方式的革新和有效补充。⑥

　　上述探讨或从宏观层面阐述了专业社会工作介入农村反贫困的重要性及

---

① Gary R. Lowe, P. Nelson Reid. 1999, *The Professionalization of Poverty: Social Work and the Poor in the Twentieth Century.* New York: Aldine De Gruyter.

② 徐永祥：《社区发展论》，华东理工大学出版社 2001 年版。

③ 向德平、姚霞：《社会工作介入我国反贫困实践的空间与途径》，《教学与研究》2009 年第 6 期。

④ 张和清、杨锡聪、古学斌：《优势视角下的农村社会工作——以能力建设与资产建立为核心的中国农村社会工作实践模式》，《社会学研究》2008 年第 6 期。

　　陈涛等：《震后社区生计项目实践与发展性社会工作的探索——绵竹青红社工服务站的经验及反思》，《社会工作》2011 年第 2 期。

⑤ 王思斌：《精准扶贫的社会工作参与——兼论实践型精准扶贫》，《社会工作》2016 年第 6 期。

⑥ 李迎生：《社会工作助人精准扶贫：功能定位与实践探索》，《学海》2016 年第 4 期。

　　袁君刚：《社会工作参与精准扶贫的比较优势探析》，《西北农林科技大学学报》(社会科学版) 2017 年第 1 期。

其功能，或从微观的实务模式进行了探索。本文则尝试从中观层面，结合对国内外反贫困社会工作的梳理和观察以及笔者研究团队对 J 省 5 个国家级贫困县 20 个贫困村的实地调查，对专业社会工作应用于农村反贫困的视角、实践空间进行深入探讨，并提出若干政策建议，以促进专业社会工作在农村反贫困中更好地发挥作用。

二、专业社会工作介入反贫困的三大视角

目前，全国各地都在紧锣密鼓地开展精准扶贫和脱贫攻坚工作。社会工作学界也在关注和思考社会工作在农村反贫困中的切入点或介入方向，即视角。中山大学张和清教授的研究把能力建设、资产建设理论视为其在云南平寨和广东从化等地农村社会工作实践的理论视角（张和清、杨锡聪，2016）。[①]笔者认为，优势视角是任何社会工作实务赖以运用的一般理论视角，不反映某一领域的特定视角；而能力建设或资产建设，尚属于更具体层面的视角，概括性不够，且偏向理论层面，实务内涵不足。就反贫困社会工作而言，所谓介入视角，实是一种体现理论与实务双重内涵的范式，既应该体现理论的抽象性和概括性，还应该体现实务的方向和策略。

梳理国内外的研究，我们发现，从罗斯福新政时期开始，为应对经济萧条对农业和农村家庭造成的影响，农村社会工作者开展了大量针对儿童福利、社会救济服务和农业支持运动（Back to the Farm），运用专业知识和方法帮助农村家庭改善生活状况，恢复农业发展（E. Martinez-Brawley，1980），[②]体现了扶贫的专业化（Gary 等，1999），也启示了我们今天讨论社会工作介入扶贫开发问题上可参考的视角。而近几十年来，孟加拉国尤努斯的乡村银行（又称格莱珉银行）的成功尝试，以及美国资产为本的反贫困社会工作开展和我国台湾地区社会工作者倡导的小额信贷扶贫项目的实施也启示了社会工作介

---

① 张和清、杨锡聪：《社区为本的整合社会工作实践：理论、实务与绿耕经验》，社会科学文献出版社 2016 年版。

② E. Martinez-Brawley. 1980. *Pioneer Efforts in Rural Social Welfare: Firsthand Views Since 1908*.The Pennsylvania State University Press.

入扶贫开发的新视角（高鉴国、展敏，2005）。[1]通过对文献的分析、综合与比较，我们认为，从更具概括性的角度，反贫困的社会工作可以概括为以下三大视角：一是社会救助角度的贫困人群社会工作服务；二是发展性社会工作；三是资产建设理论延伸而来的金融社会工作。社会救助角度的贫困人群社会工作服务与发展性社会工作、金融社会工作的区别是，前者的目标主要是助贫，或者更确切地说，是帮助贫困家庭维持或改善生活处境；而后两者的目标则是脱贫，即要帮助贫困家庭脱贫致富或自立发展。发展性社会工作与金融社会工作既有联系又有区别，金融社会工作系由发展性社会工作延伸而来，但它在方法上更强调金融资产的积累。

（一）贫困救助社会工作

贫困救助社会工作是基于社会救助角度的社会工作服务，也是对贫困人群的基本社会工作服务。贫困救助社会工作在社会工作的发展史上由来已久。1877 年成立的美国第一个慈善组织协会（Charity Organization Society，简称 COS），即是以穷人为主要服务对象的社会服务组织。相比同时期或稍后发展起来的其他社会服务，如睦邻运动（Settlement House Movement），COS 有更大的抱负。COS 的工作人员不但寻求帮助贫穷者，他们还以同理心去理解贫穷者，并运用专业的方法对贫穷及其带来的家庭混乱或解体的状况进行经济、社会、心理层面的干预或治愈（Gary 等，1999）；但社会工作开始大规模地介入贫困人群的救助服务，还是在 20 世纪二三十年代的大萧条和罗斯福新政时期（Great Depression and New Deal）。面对庞大的失业人群和贫困者，1934年，社会保障法颁布，大量的经济资助、公共健康、儿童福利计划由公共部门推出，社会福利系统于是迅速扩张，一大批社会工作者也开始受雇于大量出现的公立机构（Gary 等，1999）。彼时，针对贫困人群的救助服务，包括经济的救助、家庭功能的改善、心理调适和精神健康服务、儿童福利服务、就业辅导等。这些也代表了针对贫困人群的基本的社会工作服务。就国内针对农村贫困人群的社会工作实务而言，针对贫困"三留人员"（留守儿童、留守

---

[1]　高鉴国、展敏：《资产建设与社会发展》，社会科学文献出版社 2005 年版。

老人、留守妇女）的社会工作服务，贫困家庭的经济、教育、医疗救助服务、心理健康服务等都属于针对贫困人群的救助社会工作服务的范畴。

（二）发展性社会工作

发展性社会工作源自詹姆斯·梅志里（James Midgley）的发展型社会政策思想（安东尼·哈尔，詹姆斯·梅志里，2006）。[1] James Midgley 和 Amy Conley 提到，发展性社会工作（Development Social Work）受到社会发展领域的广泛跨学科领域的影响，发展性社会工作已被视为社会工作的社会发展路径，如同一般的社会工作，用于临床社会工作、社区组织和政策立法等各方面。发展性社会工作的关键特质是：强调社会投资的策略，该论点来自吉登斯的"第三条道路"理论；强调受助者的力量和赋权的重要性，就贫困而言，赋权极为重要，阿马蒂亚·森说，贫困实是权利的贫困，是贫困人口创造收入的可行能力受到剥夺（阿马蒂亚·森，2001）；[2] 为此，要对其服务对象提供实质的社会投资，以提高受助对象的能力，即能力建设；应用方法职业训练、就业安置、儿童照顾、成人识字、微型企业等；注重以小区为本的实务干预；以自我发展能力和自我赋能为导向，寻求更广泛社会目标的达成（Amy Conley，2016），[3] 以社区为本的赋能或增权，不仅是能力发展，更重要是组织增权，以培育社区自助组织或合作组织为核心。国内学者张和清等人在云南平塞的实践以及他领导的广东绿耕社会工作服务中心在广东从化等地开展的以"城乡合作贸易"为特色的农村社会工作实践，以及陈涛教授等在四川绵竹开展"生计社会工作"实务，以及江西省万载县社会工作协会社工在马步乡罗山新村开展的"致富驿栈"项目大体可归入发展性社会工作的范畴。稍有不同的是，国外的发展性社会工作更多的是个案层面的介入，而国内的倡导者更倾向于社区层面的介入，致力于社区经济整体性改变，促进社区营造和社区发展。

---

① 安东尼·哈尔，詹姆斯·梅志里：《发展型社会政策》，社会科学文献出版社 2006 年版。
② 阿马蒂亚·森：《贫困与饥荒》，王文玉译，商务印书馆 2001 年版。
③ Amy Conley：《从国际视野看社会工作与社会发展：发展性社会工作策略》，载黄琢嵩、郑丽珍主编，《发展性社会工作：理论与实务的激荡》，台北：松慧出版社 2016 年版，第 27—37 页。

（三）金融社会工作

金融社会工作（Financial social work）来自美国圣路易斯·华盛顿大学的迈克尔·谢若登教授（Michael Sherraden）的资产建设理论。在此之前，尤努斯建立乡村银行的努力，相信给了谢若登教授一些灵感。资产建设理论认为，以收入为基础的福利救助政策尽管体现了人性与公正，但并没有从根本上减少贫困（虽然可以缓解困难），没有缩小阶层或种族的差别，没有刺激经济的增长（迈克尔·谢若登，2005），[①]为此，应该更多地关注穷人（the poor）的储蓄、投资和未来资产的积累。因为，资产能够产生收入所单独不能提供的积极福利效应。进而，资产建设理论提出了以资产建设为本的扶贫策略：除了要提高对未成年儿童家庭补助、食品券和教育、住房等其他特定福利项目的资产限度，更应当建立一个支持资产积累的激励系统——个人发展账户，使穷人开始真正积累一些财富，并激励未来发展。

由资产建设理论延伸而来的金融社会工作的含义，根据首先提出这一概念的 Reeda Wolfsohn（2012）的阐述，系希望以可持续并长期改变财务管理行为的做法，使贫穷问题逐渐减少。对美国人而言，追求金融福祉、积累金融资产是个人的责任，但研究者发现许多美国人难以达到此种程度；社会工作者有长期与低收入户和弱势族群的相处历史，因此可以透过教育和训练去协助民众调整他们的行为，或是充权案主的能力，让他们有长期性的金融行为改变；如此，社工能够通过有效帮助人们掌控他们的金钱和生活，而成为优秀专业工作者。[②]金融社会工作的实务在美国开展较多。比如，在2008年国际金融危机时期，美国的一些金融社会工作的学者和社工、银行合作对芝加哥的穷人开展储蓄和理财等方面的培训服务。中国的台湾地区也有一些实践。比如，台湾辅仁大学成立的金融社会工作教育中心，开展金融资产管理或理财方面的知识培训或咨询，协助家长建立家庭生活发展账户或制定家长生涯发展规划，提供短期免费创业课程或顾问咨询，创业小微贷款支持，协

---

① 迈克尔·谢若登：《资产与穷人：一项新的美国福利政策》，高鉴国译，商务印书馆2005年版，第4页。
② Wolfsohn, R.2012. *Financial Social Work: Basics and Best Practice*.Retrieved from: http://www.financialsocialwork.com/tools/financial-social-work-ebook#.UI66hELJDzI.

助提升产品或服务的品质、包装和营销等实务（郭登聪，2015)。[1]就大陆社工实务界和学术界而言，金融社会工作实务的探索几乎还是一个空白，虽然一些实务者的探索声称以资产建设为本，但并未真正涉及金融社会工作的核心内容包括理财、信贷、个人发展账户等的尝试，是一个有待开拓的新领域。

三、专业社会工作在农村反贫困中的实践空间

明确了专业社会工作介入农村反贫困的视角，解决了农村反贫困中专业社会工作何以可为的问题。进一步还要思考实践层面的何以作为以及如何作为问题，即介入的具体领域以及实务操作路径，亦即专业社会工作在农村反贫困中的实践空间。基于当前我国农村贫困人口及精准扶贫的现状，从贫困救助社会工作的视角，一是要发挥资源整合者角色，为低保人群和支出型贫困家庭连接更多经济救助资源；二是要服务于农村"三留人员"等困境人群的关爱需求。从发展性社会工作视角，一是运用社区组织方法，培育农民合作组织，以增能和赋权贫困群体；二是发挥优势视角，实施个别化、差异化、多元化的生计项目扶持；三是介入社区发展，引领移民重建生产生活空间。从金融社会工作视角，可与金融部门合作介入小额信贷扶贫及相关理财服务，切实解决有发展能力贫困户的资金需求。

（一）贫困人群的经济救助

笔者的团队从 2015 年起一直在对 J 省 5 个国家级贫困县市的农村扶贫状况进行动态跟踪调查。从我们的调查发现，大量的贫困户是因病、因残、因子女教育致贫，还有一些是因为突发性灾难等因素致贫。对这些支出型贫困家庭来说，最迫切的需要是获得经济方面的救助，以缓解在医疗、康复、教育方面的重大支出，并维持家庭基本生活的稳定。为此，政府要加大对社会保障、社会救助的投入，以改善广大贫困户的整体经济状况。在这个方面，社会工作者不能代替政府的作用，但在使政府投入的资源更好地、更精准地服务贫困人群方面，社会工作者可以发挥独特的作用。一方面，社会工作者

---

[1] 郭登聪：《金融社会工作运用在发展性社会工作的可行性探讨》，发展社会工作在台湾：理论与实务推动的省思与展望研讨会，台湾辅仁大学，2015 年。

可以利用专业优势尽可能地为他们的案主或服务对象整合更多的经济救助资源。比如，争取慈善基金会的支持，或利用互联网众筹形式向社会爱心人士募集捐款，以应付贫困家庭的小孩、妇女或其他家庭成员在重大疾病治疗方面的经济需求，或者为面临辍学的家庭提供重要的经济支撑，帮他们渡过难关，同时也阻断因教育缺失导致的贫困的代际传递。另一方面，社会工作注重以评估为基础开展服务（王思斌，2016）。而无论是精准扶贫还是精准脱贫，都需要精准识别和动态管理贫困户或低保户。比如，农村最低生活保障制度通过发放低保金的形式对部分特殊困难家庭给予了货币形式的社会救助，但也存在一些人情保、关系保问题，为此需要社会工作式的生计调查评估，从而更精准地帮助和服务贫困人群。

（二）贫困人群的关爱服务

贫困人群除了经济救助的需求，还有精神与情感、教育与安全、照料服务等方面的关爱需求。贫困人群中的"三留"人员尤其需要关爱服务。家庭主要成员外出务工目的是要获得更多的收入，改善家庭的贫困状况，但由此带来的留守儿童、留守老人、留守妇女问题成为整个社会的一块心病。其中，留守儿童的安全问题、心理健康问题、教育问题和留守老人的照料问题尤其受社会关切。其实，美国早期的慈善组织协会（COS）所开展的贫困人群的社会工作服务也大体针对的是类似的问题。在当代的美国农村，对贫困老年人等弱势群体的关爱服务也是美国农村社会工作的主题（Turner & Krout，2006）。[1] 就我国农村而言，这些问题产生的根源是由于家庭主要成员外出导致的家庭功能的缺失或残缺，使子女或老人得不到应有的关爱和照料，从而陷入困境。就贫困留守儿童而言，社工可通过社区、小组、个案等方式，开展类似美国的"开端计划"（Head Start），依托学校、幼儿园或民政部目前正在倡导建立的社区儿童之家或少年之家，开展安全教育、学业辅导、心理辅导、亲子沟通、素质拓展等方面的服务，帮助他们矫正偏差行为，端正学业态度，提升心理素质，增强抗逆力和安全意识；同时，加强对家长监护行为

---

[1] Turner, R & Krout, J. 2006. *Service Delivery to Rural Older Adults: Research, Policy and Practice.* New York: Springer Publishing Company.

的指导和监督，增强家庭联系，加强对留守儿童的监护和保护。就贫困留守老人而言，目前我国大部分农村尚没有条件发展日间照顾或充足的机构养老设施，社工可以引导社区发展邻里互助组或结对式服务，发展社区志愿者队伍，或培育社区老年协会，促进对鳏寡孤独和留守空巢老人的生活状况的关注和关爱，丰富留守老年人的精神生活。

（三）农民合作组织的培育

农民合作组织的发展对农村扶贫开发至关重要。如马克思所言，农民像一袋袋的马铃薯（中央编译局，2009），[①] 较为分散，呈原子化状态。这种缺乏组织的状态，不利于外部的经济资源向农村的输入，因为缺乏对接平台。扶贫开发工作也是如此。比如，金融部门开展的小额贷款项目，有时在农村难以落地，因为贫困户本身缺乏抵押物等信用条件，银行难以直接向贫困户放贷，因此需要依托农民专业合作社等农民合作组织平台开展放贷。再如，产业扶贫项目要发展起来，也需要建立农民专业合作社，以保护农民在市场谈判中的能力，同时也便于开展实用技能培训等科技服务工作。而目前农民专业合作社大多规模较小，运作不够规范，农户尤其是贫困户入户比例极低，根据笔者研究团队对 J 省五个贫困县的调查，只有 8.2% 的贫困户参加了农民专业合作社。同时，已建立的合作社很多时候仅是一个摆设，未真正运转起来。社会工作者可以在农民合作组织的建设和培育方面，发挥重要作用。组织增权或赋权，是发展性社会工作的一个重要视角和工作方法。社会工作者可以通过个案工作、小组工作、社区工作等多种方法动员贫困户加入农民专业合作社，并发挥一个指导者的角色，挖掘积极分子，培育组织领袖，帮助农民专业合作社实现自我管理、自我发展，并发展更多贫困户加入合作组织。比如，江西省万载县白水乡永新村的妇女互助储金会，于 1994 年，由香港社工帮助设立，主业是百合种植。2007 年由本省高校社工师生激活和重建，目前其负责人已成为一个本土化社工，该合作社已自我管理、持续运行十多年时间。社工还可以根据农民的需求，进一步拓展农民合作组织的功能，以满

---

① 《马克思恩格斯文集》，人民出版社 2009 年版，第 566 页。

足农民在经济、社会、精神文化等多层面的需求，比如，万载永新村在妇助会的基础上成立了老年协会、秧歌队等。

（四）生计项目扶持

生计项目扶持是基于发展性社会工作的视角。目前政府扶贫开发工作部门推动的产业扶贫绩效不佳，扶贫项目不接地气，贫困户的参与水平较低，受益于产业扶贫项目的比例不高，产业扶贫的带动能力较弱。根据我们对五县市的调查，只有较少部分（10.4%）的贫困户发展了果业、畜牧养殖业等主要的农业产业化项目。导致这种状况的原因是多方面的。其中的一个主要原因是，政府干预过多、不尊重农民的主体性和市场规律，产业项目的选择盲目追求规模效应，不尊重农民对生计的差异性需求，农民缺乏参与热情。笔者认为，与区域化、一刀切的产业扶贫项目相比，个别化、差异化、多元化的生计项目扶持能更受贫困户的欢迎。而相比政府的角色，注重个别化服务的社会工作者在生计项目扶贫中更能发挥作用。具体表现为以下几个方面。一是生计项目的选择上，可发挥优势视角，发掘优势资产，因地、因人制宜，协助案主自我选择好发展项目。二是可跟进能力建设和人力资本提升以支撑案主生计项目的发展。社工本身不是专家，但可作为专家资源的整合者，加强与农业、科技部门的互动，建立专家志愿者信息库，加强个案的辅导和具体问题的跟进指导，为贫困户提供专业服务。三是可发挥链接与整合资源的优势，加强市场和网络服务，链接社会资本，促进城乡合作，着力发展有助于大大降低边际成本的协同共享经济（杰里米·里夫金，2014）。[①]比如，中山大学张和清教授在农村社会工作点开展的"城乡合作贸易"，为农村社区的农产品销往城市家庭架起桥梁；还有些地方，帮助发展社区农业，建立农超对接。在移动互联网时代，社工还可以发展电商扶贫，帮助贫困户开设淘宝店、微店，网上直销农产品。四是可以适当引导发展社会企业。社会企业

---

① 杰里米·里夫金：《零边际成本社会：一个物联网、合作共赢的新经济时代》，中信出版社2014年版，第136页。

是社会创新的一个新战略（Steven，2014）。① 在美国，著名的旧货超市 Good Will 很好地解决了二手货的市场开发与低收入人群的就业和商品需求。社工可向政府倡导建立有稳定服务需求的社会企业或半社会企业，如家政服务中心、社区服务中心、快递业、超市等，优先解决贫困户的非农就业问题。

（五）与金融部门合作开展小额信贷扶贫

当前的扶贫开发工作中，信贷扶贫也是一个重要内容。扶贫资金的来源包括政府的财政扶贫资金以及依靠该资金撬动的银行小额贷款。目前针对贫困户的小额信贷开展得很少，效果很不理想。根据我们对 J 省五县市的调查，只有 10.5% 的贫困户办理过小额贷款。原因是多方面的，比如专项扶贫信贷资金的不足，政府无贴息等，但更重要的原因是银行与贫困户之间缺乏沟通、信任和衔接，导致银行放贷意愿不足。从信用条件来说，贫困户信用不足，即使有贴息，银行也会担心贫困户缺乏理财能力而导致资金滥用或管理不善，进而没有还款能力。因此金融社会工作的介入很有必要。社会工作者在其中可发挥资源链接者和指导者的角色，扮演银行与贫困户之间的连接人的角色。其一，社工可以通过拓展更多的政府财政性资金和整合基金会等社会资金，作为风险储备金，撬动更多的银行贷款，以服务更多的贫困群体。其二，社工扎根社区，比较了解贫困户的需求及其能力、品质，从而能有针对性地为有需求、有能力的贫困户争取银行贷款。其三，社工能够借助金融社会工作的方法，协助贷款贫困户管理好信贷资金，如指导贫困户建立个人发展账户，提供理财知识辅导，协助贫困户做好产业项目的选择和产品的包装和营销等。其四，社工还可以运用互联网时代的微金融方式来众筹社会资本，直接用于为农村扶贫对象筹集低利息的贷款。尤奴斯的"乡村银行"的运作经验值得借鉴，但在互联网时代应该更新运作方法和手段，比如 P2P 在线金融平台和网络众筹资本，这些方式直接对个人和项目放贷，不需要中间人，降低了借贷成本。此方式应用在农村扶贫领域，可帮助贫困户获得低成本的金融资金。

① Steven G. Anderson. 2014. *New Strategies for Social Innovation: Market-based Approaches for Assisting the poor.* New York: Columbia University Press.

（六）贫困户移民搬迁社会工作

在扶贫开发工作中，对生存条件恶劣、不宜居住地区的贫困群众，政府鼓励采取就近搬迁安置、跨区域安置、县域内统一协调安置、依托工业园区安置和转移就业等模式，从根本上解决贫困群众的生存和发展问题。尤其是地处偏远的山区农民，地质灾害较多，基础设施和居住条件较弱，居住空间又较为分散，资源匮乏且带来潜在的居住安全问题。对这些地区的贫困户来说，移民搬迁是个合理的选择；但移民搬迁是个艰难的过程，故土难离。搬迁过程中，生活环境的变化，社会关系的陌生化，再加上可能伴随的再就业问题，搬迁户必然产生诸多的不适应和情绪，尤其是对一些中老年农民来说，更是如此。而当众多的贫困户因搬迁而集合在同一个地方时，这股情绪的效应将进一步放大，甚至转化为对社会的压力。解决之道是加强新社区的建设或社区的重建，建设或营造一个对搬迁户来说有认同感、归属感的新社区。而社区工作或社区发展是发展性社会工作的重要内容。为此，开展移民搬迁社会工作很有必要。移民搬迁社会工作的主要内容有移民心理的疏导、社会适应与融合、干群关系的协调，社区重建包括社会资本重建、就业援助等，帮助贫困户尽快适应新生活、融入新社区。比如，江西省万载县社会工作协会的社工在白水乡老山村大皇山移民搬迁过程中的介入就是一个很好的案例。在该地，万载社工以助人者和资源整合者的角色介入此事，组织了移民自助组织——移民搬迁理事会，协调移民内部矛盾，形成统一意见，与政府沟通，向政府反映移民诉求，传达政策信息，配合政府顺利实现了移民搬迁，并引领移民重建生产生活空间。这个案例充分体现了社会工作介入贫困户移民搬迁的意义。

四、结论与政策建议

参考国内外反贫困社会工作的理论与实践，本文提出了专业社会工作介入农村反贫困的三大视角：一是贫困救助社会工作；二是发展性社会工作；三是金融社会工作。进一步，结合对当前精准扶贫现状的实地调查，本文指出专业社会工作在农村反贫困中有很大的需求和实践空间，这些领域包括贫困人群经济救助、贫困人群关爱服务、农民合作组织的培育、生计项目的扶持、小额信贷扶贫、贫困户移民搬迁等。这里要强调指出的是，社会工作者在农村反贫困中的角色，可以是支持者、指导者、资源整合者，但不能是主导者，要坚持案主自决的原则，避免代替农民做决策，同时也尊重市场规律，发挥优势视角和本地特色，因地制宜开展工作。

当然，专业社会工作者要在扶贫开发中发挥更大作用，还必须从制度层面融入现有的扶贫开发体系。为此，我们提出以下几点政策建议，以创新目前的精准扶贫机制，加强社会工作参与扶贫开发的制度和能力建设。

一是可在扶贫工作部门设立社会工作岗位或部门，提升扶贫的专业化、精准化和社会参与。民政部 2016 年出台的《关于贯彻落实〈中共中央 国务院关于打赢脱贫攻坚战的决定〉的通知》提出，要完善社会工作与志愿服务力量参与脱贫攻坚机制，这有待于进一步落实。同时，国家扶贫和移民工作部门也需要充实社会工作者岗位，重点负责协调社工机构等社会组织力量参与精准扶贫的事宜，整合社会扶贫资源，真正形成大扶贫格局。

二是改善扶贫资源配置机制，建立健全政府购买扶贫社会工作服务的制度。要破除专业社会工作机构介入精准扶贫的制度壁垒，改善精准扶贫工作中的产业扶贫、智力扶贫、金融扶贫、保障式扶贫等的资源配置机制，推动建立政府购买服务制度；将部分需要专业化服务的项目，向有资质的社会工作服务机构招标或委托代理服务项目，扶贫工作部门进行监管、评估和考核。

三是加强县级社工机构建设，培育农村本土化社工队伍。一般的乡村分散、偏远，远离城市尤其是大中城市，大中城市的社工资源往往难以延伸到农村尤其是偏远的村落。而县级社工机构的发展，有助于培养农村本土化社会工作人才队伍，架起城镇与乡村的桥梁，促进专业社工服务向农村延伸，为专业社会工作服务精准扶贫提供人才支撑。

发展型社会福利视角下精准扶贫路径研究

——基于潍坊地区的调研

袁书华

（山东师范大学，山东 济南，250000）

摘要： 精准扶贫作为一种新的贫困治理实践途径，其精准度和扶贫效果在不断提升，然而在具体实践中仍然存在一些难题需要解决。发展型社会福利所强调的生产性和投资性、参与性和公平性、多元性和整合性等贫困治理理念可以为其提供理论指导。对精准扶贫过程中出现的贫困户精准认定操作难、扶贫主体碎片化现象严重、扶贫对象受益度不高和扶贫效果可持续性不强等实践困境，在发展型社会福利理念下可以通过构建多维贫困识别机制、多元主体整合机制、贫困者受益机制和扶贫效果长效机制得以解决。

关键词： 发展型社会福利；精准扶贫；贫困治理

中国从 1986 年提出开发式扶贫战略以来，贫困瞄准机制经历了县级瞄准、村级瞄准到户级瞄准的不断变迁，瞄准的单元在不断下沉，瞄准的准确度也在不断提高。但在实际扶贫过程中，对于谁是真正的贫困户、贫困的真正原因是什么、如何采取有针对性的措施开展扶贫、扶贫的效果如何等问题仍然不能很好地解决。针对扶贫实践中存在的上述问题，2013 年习近平总书记在湘西考察时首次提出"精准扶贫"的新理念，2014 年党中央、国务院对"精准扶贫"进行顶层设计，即运用国家力量矫正社会经济发展过程中存在的

作者简介：袁书华，山东师范大学系主任、副教授。

不公平和贫困群体发展的不可持续现象。而发展型社会福利政策是一种与经济发展水平相适应的、动态的、可持续的福利政策，可以让全体人民共享改革发展的成果。因此，如何从发展型社会福利的视角来分析精准扶贫中存在的问题及实现路径具有重要意义。

一、发展型社会福利视角下的贫困治理思想

（一）发展型社会福利视角下贫困治理的内涵

随着经济发展水平的变化及福利理念的不断变迁，社会福利的功能及性质也在不断发生变化，西方学界对于社会福利的理解经历了剩余型、制度型和发展型三个不同的层次。剩余型福利强调社会福利只是作为家庭和市场这两种满足个人需要的自然渠道的暂时性和替代性的补充，一旦家庭和市场能够正常运转，社会福利制度便会取消；这种福利制度往往含有"施舍"或"慈善"的意思，接受这种福利的人往往会被贴上"社会弱者"的标签从而遭受社会排斥。制度型福利把社会福利看作一种利益再分配机制，认为社会福利的接受对象不应仅仅局限于社会的弱势群体，也不应该带有"施舍"的性质而使接受者"蒙羞"，而是把社会福利看作所有公民应当享有的社会权利。在西方各个国家遵循社会福利的不同目标导向进行实践的过程中，卡恩（Alfred Kahn）和罗曼尼斯克因（John Romanyshyn）指出，即使是把社会福利作为一种制度来进行一套组织化的安排，社会福利仍然只是起到防止或矫正社会问题的作用；因此，他们从对社会福利进行更广泛理解的角度提出了发展型社会福利的观点，强调福利发展的目标应是提高人们生活质量和满足人类发展需要，确保社会正义及国家财富的公平分配，提升人们的能力从而更好地参与社会发展。在这三个不同层次的社会福利发展目标中，社会福利的价值导向经历了从施舍到社会权利、从供给和服务的最低限度到最优化、从消极的慈善济贫方式到积极的能力提升的转变。

（二）发展型社会福利视角下贫困治理的特征

发展型社会福利强调社会福利与经济发展的动态结合，这与吉登斯提出的社会投资型福利战略和积极福利制度是相通的。发展型社会福利关于贫困

治理具有以下特征：

第一，强调生产性和投资性。按照阿马蒂亚·森的可行能力理论，贫困不仅仅是因为收入低下而表现出生活窘迫的状态，更是因为能力匮乏而缺乏可持续谋生的内生动力。因此，贫困治理的目标应该从单纯地进行收入补偿而转化为贫困人口的能力提升上。而社会福利政策具有再分配和社会投资的功能，可以帮助人们实现其潜能，其核心思想在于促进个人人力资本和社会资本的增加。社会福利政策旨在改变福利开支的方向，从单纯由政府提供福利消费支出转为教育、培训、就业机会等积极的福利支出，鼓励个人积极地投入工作中去，使贫困者通过接受学习或培训形成人力资本和社会资本。而美国谢若登所提倡的资产为本的社会政策在有些国家的贫困治理中已经有了很好的先例。

第二，注重参与性和公平性。社会公平是社会福利政策的逻辑起点，也是其内在价值。发展型社会政策的提倡者梅志里（James Midgley）提出，扭曲的发展不仅体现在贫困、匮乏、健康水平低下和住房等方面，也表现在许多人口群体被排斥在充分参与的发展之外。而要实现社会公平，必须消除社会排斥，解决参与不足的问题。处于社会排斥状态的贫困群体往往会面临既没有工作又没有社会资源的困境，卡斯特尔（Castel）认为解决此问题的途径是提供工作机会及建立社会和家庭关系网络。发展型社会福利政策强调，贫困群体也有自己的长处、财产和能力，通过为他们提供良好的教育和工作机会使他们在公平的社会环境中获得更多公平的机会，使他们被动员起来积极参与发展的过程，从而使他们摆脱贫困和受排斥的困境。

第三，突出多元性和整合性。阿马蒂亚·森认为，贫困是多维的，既可能是由于收入低下引起的收入型贫困，也可能是相对于收入来说在某方面支出过多而引起的支出型贫困。亚洲发展银行把贫困划分为生存、安全和能力三个层次。针对致贫原因和表现形式的异质性，发展型社会福利政策极力提倡将福利多元主义引入贫困治理中，充分调动政府、企业、社会组织和贫困户个体的积极性，使他们各自发挥自身的优势，为贫困者提供有针对性的资源和服务。这种政府主导与第三方积极参与的社会福利政策体系既可以整合各种福利资源避免浪费，又可以为社会成员提供更有针对性的个性化服务，同时政策执行主体之间又可以实现相互监督。

二、农村精准扶贫所蕴含的发展型社会福利思想

发展型社会福利所强调的经济与社会协调发展，重视多元参与、强调家庭、突出人力资本投资的理念，可以为推进扶贫工作提供理论指导。潍坊市坚持创新、协调、绿色、开放、共享的发展理念，积极开展和布置脱贫攻坚工作，分阶段确定具体扶贫目标，确保到 2018 年末建档立卡的 20 多万农村贫困人口实现全部脱贫、贫困村全部摘帽。在实施脱贫攻坚的过程中，其实施理念与具体措施中充分蕴含着发展型社会福利思想。

（一）精准识别蕴含的发展型社会福利思想

潍坊市通过对建档立卡贫困户进行再识别、再认定，以彻底摸清贫困户的底子。在摸底过程中，通过摸底人员签字确认的方式来确保摸底工作落实到位。潍坊市运用大数据、云计算等现代化手段对扶贫开发信息进行汇集，通过建立扶贫开发台账即时在线掌握建档立卡贫困户的基本情况、致贫原因、帮扶措施落实情况等，对相关信息进行动态化和精细化管理。同时，潍坊市建立贫困户退出机制，通过制定严格、规范、透明的退出标准和程序，及时清退已经进入全国扶贫开发系统的非贫困户，做到"退出有标准、纳入有程序"，提高建档立卡贫困人口数据的真实性和准确性。对贫困户的识别认定工作，潍坊市坚持阳光操作，广泛接受干部群众的监督及扶贫工作绩效的第三方评估。对于贫困户认定中出现的"关系扶贫""人情扶贫"和"数字脱贫"等弄虚作假现象，一经发现，对其责任人进行严肃追究。截止到 2017 年 9 月，潍坊市建档立卡未脱贫贫困户共 3.3 万户，贫困人口 6.7 万人。

（二）精准帮扶蕴含的发展型社会福利思想

第一，帮扶主体多元化。精准扶贫涉及扶贫主体的问题，即"谁来扶"，潍坊市整合社会力量参与扶贫。一是充分发挥驻村工作队的作用。潍坊市对选派进村的第一书记调整了考核办法，将精准扶贫工作作为考核重点，第一书记与镇、村干部根据每个村的实际情况，共同研究制订精准扶贫计划并逐

步推进实施。截至 2017 年 9 月，潍坊市共选派第三批市直、县直第一书记 530 名，累计投入各类帮扶资金及实物折款 2.1 亿元，落实帮扶项目 4752 个。二是组织企业进行结对帮扶。各县市区根据自身实际情况，积极开展"百企帮百村"活动，如寿光市委托 10 家有实力的国有企业对 10 个省扶贫工作重点村通过帮扶资金进行结对帮扶；诸城市甄选出 32 家农业龙头企业通过发展特色产业帮助贫困户脱贫致富；青州市王坟镇组织 87 家果品加工企业对贫困户进行"一对一"帮扶，为有劳动能力的贫困户提供就业岗位，对没有劳动能力的贫困户签订捐资帮扶协议。三是积极探索社会扶贫新模式。如潍坊市先后开展"巾帼电商·居家创业"活动针对贫困妇女进行脱贫，通过"暖家"行动发动爱心人士捐赠家庭生活物资；团市委开展"牵手关爱——成长礼包"主题活动，为农村贫困儿童、留守儿童征集"成长礼包"2000 余个。四是动员社会组织积极参与精准扶贫。潍坊市委、市政府专门召开全市社会组织参与精准扶贫动员会议，印发了《潍坊市社会组织参与精准扶贫实施方案》，号召全市社会组织主动参与精准扶贫。如引导社会组织根据自身优势并结合贫困户的不同需求，与建档立卡贫困户进行逐户对接，并将项目化运作作为社会组织参与精准扶贫的切入点，通过不同项目的实施，解决不同贫困人口的个性化问题，保证精准扶贫到位。

第二，帮扶方式多样化。扶贫方式涉及"怎么扶"的问题，这也是精准扶贫最为核心的问题。潍坊市通过开展多种形式的扶贫方式，力求帮扶准确有效。一是以产业发展项目为依托，扎实推进产业扶贫。潍坊市利用各地的资源优势，充分发展特色"种养 +"、乡村旅游、电商、光伏等产业，将贫困人口纳入产业化经营链条。2017 年，337 个省扶贫工作重点村全部安排了产业项目共计 342 个，总投资 1.3 亿元。二是积极开展金融扶贫。2017 年，市扶贫办为潍坊市 7 个扶贫任务较重的县市区下达金融扶贫资金 2898 万元，市级财政配套 3600 万元，其中 1000 万元分配到 7 个县市区用于小额信贷风险补偿和贴息，2600 万元为市级担保基金，用于开发信贷扶贫金融产品，如"富民生产贷""富民农户贷"。三是广泛开展行业扶贫。在多次沟通的基础上，市扶贫办协调有关部门制订了 40 个《脱贫攻坚专项实施方案》，形成了完善的脱贫攻坚政策体系。四是大力推广"党支部＋合作社＋贫困户"扶贫模式。潍坊市作为全国现代农业综合改革试点城市，率先完成了农村土地承包经营权、农民宅基地使用权、农村集体资产股权"三权改革"，在此基础上发展了一批各具特色的农业主导产业，催生了一大批农民专业合作社。借助这个优势，潍坊市积极探索"党支部＋合作社＋贫困户"扶贫模式，即由党支部牵头创办合作社或在合作社内建党支部，合作社优先吸纳贫困人口，他们可以把土地、果树、宅院等资源通过托管、流转或入股的形式交给合作社统一经营，从而保证其收益；贫困户除了加入合作社发展外，还可以到合作社打工，通过技能水平的提高实现"一人就业，全家脱贫"的目标。五是出台"三保障"公共政策。由于贫困人口多数年老或体弱多病，自我发展能力较弱，因此除了通过多种举措提高他们收入之外，还必须发挥公共政策的兜底作用。潍坊市按照"个性问题单独解决、共性问题统一解决"的思路，研究制定了《建档立卡贫困人口基本医疗保障暂行办法》《贫困户学生资助暂行办法》《贫困户危房改造暂行办法》等，最大限度减轻贫困户在医疗、教育、住房等方面的支出和负担。

三、发展型社会福利视角下农村精准扶贫的实践困境

精准扶贫虽然在精准识别和精准帮扶过程中都蕴含着发展型社会福利思想，但在实施过程中，仍然面临着许多困难和阻力。

（一）贫困户精准认定操作难

对于贫困户的识别，国家有相应的人均纯收入作为认定标准。但是在精准识别过程中如何准确统计农户的收入是一件非常复杂的事情。由于利用专业机构成本过高，普遍的做法是在总量控制下通过基层民主评议的方式来识别。村"两委"通过民主评议的方法由村民推荐——村民代表大会讨论——结果公示的程序来进行。尽管这个程序看起来具有合法性，在一定程度上可以解决村民之间在贫困识别方面可能出现的矛盾，但是与准确的收入统计还会存在一定差距。因为民主评议过程中夹杂的一些主观因素可能将真正的贫困户排斥在外，真正的贫困户因为自身资源匮乏可能会被排斥在各种社会参

与之外。同时贫困户认定也可能会成为村"两委"在解决村民所面临的一些难题中平衡利益的一种手段。乡村内部存在的平均主义也会导致精准识别度下降。如汪三贵等所做的调查显示,仅以收入作为贫困评判标准,通过民主评议会出现高达 50% 的识别偏差。

(二)扶贫主体碎片化现象严重

按照福利多元主义的思想,各级政府部门、企业、社会组织和贫困户都是精准扶贫中的重要参与主体,然而在扶贫实践中,各主体之间却处于难以整合的"碎片化"状态。首先,各政府部门之间因为条块分割和部门利益的存在,以及缺乏有效的沟通和协调,难免会出现扶贫政策政出多门,甚至相互冲突或相互重复的现象。如扶贫政策制定和执行主体,不仅包括民政、人社、财政、农业、水利、住建等政府职能部门,也包括工会、妇联、残联等群团组织,在两大主体之间缺乏沟通和协调情况下,就会出现扶贫资金和项目等方面的分散化。同时,乡镇政府作为扶贫最基层、最重要的责任主体,在经费约束及权责不对等的情况下,其在扶贫中遇到的现实问题和实际需要与上级职能部门之间同样面临着协调困难。如乡镇政府作为最了解贫困地区和贫困户实际情况的责任主体,面对名目繁多的项目和资金,虽然可能有整合的意愿,但又面临着上级主管部门对项目开展和资金使用等方面的考核和检查的压力,其自主性和灵活性难以发挥,也难以对资金和项目有效利用。而企业和社会组织等社会力量作为精准扶贫的重要补充,在扶贫过程中由于其多元化的价值追求目标并不总能达成一致,这就使得不同的社会力量在精准扶贫过程中可能会各行其是,表现出明显的"个体化"特征;这种不能协同的现象可能会出现对同一扶贫对象进行重复帮扶,或者有些需要帮助的扶贫对象都没有去覆盖,因此会导致扶贫资源分配不均或出现巨大浪费。

(三)扶贫对象受益度不高

精准扶贫要求对贫困村和贫困户有针对性地开展私人定制式的帮扶。潍坊市针对贫困户的致贫原因和帮扶愿望,与建档立卡的贫困户进行逐户对接,对有劳动能力的选派"帮扶小组"、对无劳动能力的选派"关爱小组"进行精准对接帮扶,坚持问题导向,因人因地、因贫困原因、因贫困类型制定扶贫开发策略，实施"精准滴灌"式扶贫。然而在实践中，贫困户却不一定能够从中受益，原因是多方面的。例如扶贫开发可能对于贫困地区的基础设施进行投资建设，目的是通过环境的改善来提升贫困人口的收入能力，但贫困户可能因为缺乏相应的产业无法利用基础设施，而这些改善可能为富裕户带来了更多的便利。如邢成举等人所做的调查显示，相对于中等户和富裕户能从中受益 51% 和 33% 相比，贫困户只能受益 15%。再比如，贫困户受知识、技能、观念、能力、资金等方面的限制无法对相应的产业项目进行利用，原因在于具体产业项目往往由上级部门确定，而贫困户之间的需求存在很大差异，往往会出现由政府推动的扶贫项目与实际需求相脱节的现象，一些贫困户真正需要的项目得不到资金支持，覆盖不到贫困户的项目却有资金支持，这种供需不匹配的现象不仅使扶贫精准度下降，同时还会造成资源的浪费。

（四）扶贫效果可持续性不强

从可持续性发展的角度来看，通过精准扶贫，提升贫困人口自身的发展能力，激发农村的内生性发展动力，使贫困人口参与到社会发展过程中，阻止贫困的代际传递，这是精准扶贫的价值追求所向。但从扶贫实践来看，效果不佳。首先，扶贫项目缺乏可持续性。为了在有限的时间内取得一定的扶贫效果，地方政府往往将扶贫资源投入周期短、见效快等短、平、快项目上，导致扶贫政策缺乏长期性和系统性，其结果不是消除贫困反而可能使贫困加剧。如在产业扶贫中，各个职能部门在短期扶贫任务的压力下，主要考虑前期的资金投入等一系列工作，但由于产业扶贫周期较长，它的后续发展需要多个部门在资金、技术、管理等方面进行持续地追踪和帮扶，各个职能部门之间缺乏有效地衔接，因而扶贫政策往往短视化，缺乏长期目标和可持续发展效应。其次，扶贫对象参与度不高。贫困对象由于参与意识和能力不足，无法真正参与到精准扶贫政策制定和政策执行中，对于由政府单向供给的扶贫资源往往处于被动接受状态，贫困户可能会认为帮助自己脱贫就是政府的责任，长期以来会形成"等、靠、要"等惰性思维，从而缺乏靠自身脱贫的内在动力，导致部分贫困人口反复返贫的不可持续现象。

四、发展型社会福利视角下提升精准扶贫效果的路径

（一）构建多维贫困识别机制

精准识别真正的贫困户是精准扶贫的前提。以收入作为是否贫困的单一评价方式，由于基层政府不能对各个农户的收入进行可靠的统计，很容易使真正贫困的人口未被识别出来。更为重要的是，除了收入贫困以外，教育、健康等维度的贫困比收入贫困更为严重，且低收入农村家庭往往面临着更为严重的多维贫困。因此，在贫困识别方面应采用多维贫困的标准对贫困户建档立卡，对贫困户的识别和瞄准从单一的收入维度扩展到收入、教育、健康、生活水平、资产等多维度，根据农村居民普遍关注的功能和能力要素即外显的生活状态和内在的发展动力构建多维的评价标准，同时结合自身条件因素及外在自然环境来设定贫困标准。在贫困识别环节，改变过去自上而下分配名额的方式，推行自下而上参与式贫困识别方法，可以采取购买第三方服务的方式对识别过程进行监督和评估，切实保证将真正需要帮扶的贫困者纳入精准扶贫的范畴之内。

（二）构建多元主体整合机制

我国宪法第四十五条规定，中华人民共和国公民在年老、疾病或者丧失劳动能力的情况下，有从国家和社会获得物质帮助的权利。国家承担福利提供责任，保障公民免于陷入贫困状态，或者是帮助公民脱离贫困状态。因此，需要在政府主导下，积极引入多元力量进行扶贫。精准扶贫的"碎片化"在于各参与主体之间缺乏协调和沟通，因此要使各参与主体在扶贫过程中发挥合力，就必须对其进行整合。首先，不同层级政府之间及不同职能部门之间要进行协调和整合。中央政府要进一步发挥其强大的调控能力，同时行使其权威的监督行为，从而保证精准扶贫政策顺利执行；省、市两级政府对扶贫资金和项目进行监管，而扶贫资源支配权则下放到县、乡一级，增强基层政府在精准扶贫中的自主性和灵活性，提高其扶贫资源整合能力。各职能部门之间的协调则要以扶贫办为牵头单位，使多部门之间联动扶贫，实现部门之间的信息和资源共享，保证各项扶贫政策和制度之间有效衔接。其次，政府

在精准扶贫中发挥主导作用的同时，还要对社会力量和市场力量进行积极引导，通过对参与扶贫的合作社、农业企业等进行税费减免或奖励激发其参与扶贫的积极性，使其对政府扶贫起到补充和第三方评估监督的作用。对于贫困者个体，则要尊重和保护他们在扶贫决策中拥有话语权，保证他们在扶贫过程中的主体地位，激发他们参与扶贫的热情，提升他们自身的脱贫能力。如此一来，精准扶贫将形成由政府主导的多元主体治理格局，各种扶贫力量都将在政府主导下凝聚力量，形成扶贫合力。

（三）确立贫困者受益机制

目前的精准扶贫在扶贫各个环节依然存在突出的自上而下的供给导向，这就会出现扶贫资源供给与贫困者之间的实际需求相脱节的现象，在扶贫资源有限的情况下难以达到最大化的扶贫效应。要想使贫困者在有限的扶贫资源供给条件下真正从精准帮扶中受益，就必须将以往以"供"为主导转变为以"需"为主导，即根据贫困者致贫原因的多样性和差异性、贫困外在表现特征及贫困者自身的减贫需求，有针对性地制定相应的帮扶对策，使扶贫资源的供给与贫困者的需求实现"无缝对接"。首先，要保证贫困者有表达他们利益诉求的权利和渠道，保障贫困户对扶贫项目的知情权，充分尊重帮扶对象的意愿和现有能力，让他们在决策、实施等环节全程参与其中，激发贫困户在扶贫项目开展中的积极性和主动性，最终使他们成为扶贫项目真正的受益主体。其次，对贫困户表达的脱贫需求，在以政府为主导的多元贫困治理体系中，供给决策要充分考虑贫困户的诉求和现状，在资源约束和技术条件限制下，经过充分讨论和严格论证，作出切实可行的扶贫决策，并切实在扶贫实践中贯彻实施。这种"需求→供给→需求"的扶贫决策和资源配置方式可能相对于以往单纯的供给导向会在决策时耗费更长的时间，但是可以大大提高扶贫资源配置的精准度，使贫困者真正在精准帮扶中受益。

（四）构建扶贫效果长效机制

帮助贫困者实现可持续发展是发展型社会福利政策的最终价值目标，也是精准扶贫的最终指向。首先，在政府主导下对扶贫领域实现融合协同，实现基层扶贫治理常态化。政府通过制度优化、机制创新和政策调整，使企业、社区等多元主体通过沟通协调和资源整合，在精准扶贫中共同致力于贫困者的可持续发展。同时，在基层社区也要充分发动村级组织、自治组织和乡村精英的作用，对脱贫后的农户家庭进行动态监控，以达到扶贫治理常态化的目标。其次，要从源头上预防贫困，变"输血式"扶贫为"造血式"扶贫。根据张立冬等人所做的数据分析表明，教育维度对农村总体多维贫困的贡献度一直保持最高，而成人受教育年限和儿童辍学率则是反映教育贫困最为关键的指标。这就要强调家庭的基础作用，重点解决儿童的营养、健康和教育问题；同时加大对农村居民的就业技能培训，尤其是提升贫困家庭的社会资本和人力资本，从而使其摆脱贫困和受排斥的不利处境，阻止贫困的代际传递。最后，要建设贫困者资产个人账户，对有劳动能力的贫困户建立个人发展账户并注入扶贫基金，激发贫困户的脱贫动力，这也是给予贫困者的发展权利，给他们提供缩小与强者和强势群体之间差距的机会。

发展型社会福利政策可以发挥"蹦床"效应，不仅要承担兜底保护的作用，更要把陷入困境的人重新"弹回"到较好的生活状态。在精准扶贫过程中，政府要在发挥主导作用的同时，整合各种社会力量参与扶贫，提升贫困人口的自身发展能力，保证扶贫效果具有可持续性。对于无法通过开发式扶贫实现脱贫的贫困人口，要通过社会保障来兜住民生底线，切实提升贫困人口的生活质量。

"权利—可行能力"视域下农村
贫困者精准脱贫

——来自山东省菏泽市的调研

杨 林 丁传磊 郑 涵

（山东大学，山东 威海，264200）

摘要： 精准扶贫是当前我国解决发展不平衡不充分问题的关键环节。阿马蒂亚·森从权利和可行能力视角思考贫困问题，为我国推进农村扶贫开发事业提供了理论依据和新视角。我国农村贫困者权利和可行能力缺失表现在哪些方面、程度如何？论文构建权利和可行能力评价指标体系，以山东省菏泽市为个案，分析菏泽市农村贫困者权利和可行能力缺失的表现及程度，发现：我国的精准扶贫政策极大提高了农村贫困者的生活水平，提供了较为完善的基本公共服务，但贫困者的权利和可行能力依旧存在不同程度的缺失，权利缺失表现在政治参与和生产要素交易环境两个方面，可行能力缺失表现在经营能力和务工能力薄弱、生产资料和个人技能匮乏、脱贫意愿和发展动力不足、健康状况和健康知识较差四个方面。鉴于此，积极促进贫困者土地经营权的规范流转、建立贫困者分层分类管理制度、建立健全贫困者健康档案和认知宣传体系成为新时代培育农民自我脱贫新动能的客观选择；改善农村生产要素交易环境、扩大技能培训覆盖面、激发贫困者政治参与动力等是当前优化保障农民权益宏观环境的重要内容。

关键词： 农村贫困者；可行能力；精准脱贫；自我善治

作者简介：杨林，山东大学（威海）副院长、教授。

一、问题的提出

农村扶贫开发是改变农民生活方式和提高农民生活水平的关键所在，关系着我国的经济发展和社会稳定，因而一直是我国政府极为重视的大事。自改革开放以来，我国在减贫、扶贫方面取得了举世瞩目的伟大成就，探索出了一条具有中国特色的扶贫道路。随着党的十八大明确提出 2020 年全面建成小康社会的奋斗目标，我国正式吹响了脱贫攻坚的号角，并提出精准扶贫的战略举措；党的十九大提出乡村振兴战略，强调要打好精准脱贫攻坚战。印度籍经济学家阿马蒂亚·森（以下简称"森"）凭借其关于贫困、自由和发展问题的卓越研究荣获 1998 年诺贝尔经济学奖。森将贫困概念由收入贫困扩展到权利贫困和可行能力贫困，将对致贫原因的分析由经济因素扩展到政治、文化等领域（马新文，2008）。

森的权利理论提供了一个分析贫困问题的框架，它不仅能透过经济现象，深入分析贫困发生的社会、政治等层面的原因，还能说明权利贫困发生的本质和原因，区别不同类型的权利贫困（何爱平，2007）。而森的可行能力分析路径与我国精准扶贫政策在精准性、主动性和长效性上有高度的相关性，可为我国扶贫事业提供理论向导（马文峰，2017）。对可行能力分析路径进行深入探讨，对于当前我国精准扶贫事业的推进有重要的现实意义（杨帆、章晓懿，2016）。

森虽然提出了可行能力分析路径，但并没有明确指出能力的范围（高景柱，2009），森将其看作一个开放的理论框架，认为能力清单应当随着不同国家现实状况的不同而不同（马文峰，2017）。因此，需要基于森的理论框架结合我国现实状况进行指标的选取与构建。在这样的研究背景下，本文将森的权利理论与可行能力分析路径相结合，基于我国国情和农情设计出开放性的评价指标体系，运用定性分析与定量分析相结合的方法，以山东省菏泽市的典型区域为个案，诊断农村贫困者权利和可行能力缺失的态势，进而提出具有针对性的扶贫对策。本文试图借鉴森的贫困理论，系统构建我国反贫困的理论框架与新的实践路径，更好地促进农村贫困者的权利改善和可行能力提升，为提高精准脱贫扶贫政策的有效性提供价值参考和决策依据。

二、森的权利贫困与可行能力贫困理论及其启示

森从权利理论和自由视角观察经济问题，对贫困问题做出了全新解读。森成功地证明，只有关注贫困者的权利，贫困才能够从根本上得到缓解（赵振军，2016）。森的权利贫困理论与方法集中体现在《贫困与饥荒》（Poverty and Famines，1981）和《饥饿与公共行为》（Hunger and Public Action，1989）等论著中。森指出，人们在市场经济中的典型权利关系包括四方面内容：一是以贸易为基础的权利（trade-based entitlement），即人可以将自己的物品与其他人进行自由交换的权利；二是以生产为基础的权利（production-based entitlement），即人可以把自己所拥有的资源或是通过雇佣得到的生产要素用于生产的权利；三是自己劳动的权利（own-labor entitlement），即人可以将自己的劳动力运用于自己组织的生产或是被他人雇佣的权利；四是继承和转移的权利（inheritance and transfer entitlement），即人可以继承财产或接受他人赠予的权利。一个人可以将自己拥有的商品转换为其他商品，转换中能够获得的各种商品组合构成的集合是这个人所拥有商品的"交换权利"。显然，这种交换权以所有权为前提，一个人拥有了一个"所有权集合"，也就拥有一个"交换权利集合"，森将这种"所有权集合"与"交换权利集合"间的对应关系称为"交换权利映射"，缩写为"E-映射"。森的权利贫困理论将贫困问题置于经济学、政治学、社会学等学科的综合研究之中，开创了研究贫困问题的全新视角，不仅成为贫困理论发展的一个里程碑（马新文，2008），而且提供了一个分析贫困问题的一般框架，说明贫困不单是供给不足还包括权利不足，这与我国长期以来的城乡二元结构导致农村居民在享受公共资源方面的权利存在相对缺失的国情十分契合。在当前我国解决新时代新矛盾的背景下，森的理论为我国解决农村局部地区发展不平衡不充分问题，特别是全方位精准扶贫、精准脱贫提供了更加全面的思路和更加彻底的脱贫路径。

同时，森将人们追求好的生活所涉及的因素分为四个阶段和层次，即物资（commodity）、能力（capability）、实现（functioning）、效用（utility），他将平等的标准设在能力层次，提出了资源主义和福利主义分析路径之外的

"第三条道路"，即可行能力分析路径。它既不关注资源，也不关注效用，而是关注人们在资源和效用之间的转化能力和机会，使人们不再仅从收入这一视角关注贫困问题，而是从可行能力的视角来理解贫困问题，极大地丰富和深化了人们对贫困和不平等的理解（高景柱，2013）。森在著作《以自由看待发展》（Development as Freedom，1999）中全面而系统地提出了以可行能力剥夺来看待贫困的观点。森认为的这种可行能力是指一个人所拥有的、享受自己有理由珍视的那种生活的实质自由。森认为贫困意味着缺少获取和享有正常生活的能力，或者说贫困的真正含义是创造收入的能力和机会的贫困。森的可行能力分析路径注意到了人的异质性（即在资源转化能力上的差异），对后来的经济发展观和政策制定产生了很大影响。联合国人类发展报告和人类发展指数（Human Development Index，HDI）的制定便以此为基础，法国、英国等西方发达国家运用该方法制定了相关经济政策，以拉美国家的精准扶贫实践为代表的广大发展中国家的扶贫行动中也应用了该方法（杨帆、章晓懿，2016）。森的可行能力分析路径精准阐述了贫困的根源，要求政府在识别贫困人群时，不应单纯依赖收入指标，还应综合考虑健康、教育等因素；在帮扶贫困者时，不应简单直接地给予物质赠予，而应通过政府行为与公共政策让更多的贫困者获得发展的能力与机会（郭兴利，2015）。可行能力分析路径在以下方面为我国的精准脱贫扶贫事业提供了重要的理论指导：如何通过能力的提升、机会的供给增加农民收入；如何维护广大农民根本利益；如何提高广大农民追求美好生活的动力，让他们感觉日子越来越有奔头。

三、指标选择与样本概况

（一）指标选择

森始终拒绝提供或支持确定的"可行能力清单"，他认为能力清单应随着不同国家现实状况的不同而不同。因此，能力清单的构建和指标选择具有较强的开放性。可行能力分析路径的另一位重要学者玛莎·纳斯鲍姆（以下简称"纳斯鲍姆"）（2011）提出了一个包含十项内容的基本可行能力清单，她同时强调这是一个谦卑、开放的清单。郭建宇、吴国宝（2012）使用联合国开发计划署（UNDP）与牛津大学在 2010 年合作开发的多维贫困指数，以不同的指标选择和权重对中国山西省贫困县的住户数据进行了测量，结果显示不同的指标选择和权重确定会对多维贫困测量结果产生重大影响。因此，指标的选择需要结合我国具体的国情农情。

鉴于此，本文结合我国精准扶贫中的"两不愁三保障""五通十有"等标准，以全方位脱贫为目标，将农村贫困者的可行能力进行归类与细化，认为创收能力、脱贫意愿、身体状况和生活水平是贫困者实现脱贫目标最为重要的可行能力，并细化出 11 个一级指标和 24 个二级指标，以期全面涵盖贫困者的能力、心理等方面的内容，评价体系如表 1 所示。

同时对农村贫困者的权利进行归类和细化，认为政治参与、生产要素交易环境、基本公共服务是贫困者实现脱贫目标最为重要的权利，并细化出 8 个一级指标和 15 个二级指标，以期全面涵盖贫困者的政治生活、生产生活等方面的内容，评价体系如表 2 所示。

表 1 贫困者可行能力评价指标

评价维度	一级指标	二级指标
创收能力	农业经营能力	耕地面积（亩）
		种植作物种类
		农业净收入（元）
	个人务工能力	是否拥有个人技能
		能否得到雇用
		务工净收入（元）
脱贫意愿	务农脱贫意愿	尝试种植新作物的意愿
	务工脱贫意愿	学习新技能的意愿
	未来发展期望	对现有生活的满意度
		对自身发展的信心
		对政府等外在帮扶的依赖度
身体状况	健康状况	是否有劳动能力
	健康知识	是否有基本的健康知识

续表

评价维度	一级指标	二级指标
生活水平	房屋质量	是否居住危房或土坯房
		房屋功能是否完善
	家电与出行	代步出行工具拥有量
		常用电器拥有量
	享受公共资源	家中是否通电、通自来水
		村中是否通硬化道路、通广播电视、通互联网
	公共设施配备	适龄儿童是否有教育场所
		村内是否有基本的就医场所
		村内是否有健身设施
		村内是否有休闲娱乐场所
		村内垃圾是否集中收集处理

表2　贫困者权利评价指标

评价维度	一级指标	二级指标
政治参与	基层政务信息	对政务信息的关注度和了解度
	基层政治自治	意见表达渠道的畅通度
		政务信息了解渠道的畅通度
	政策收益	应有权益的享受程度
		政策效益分配公平度
生产要素交易环境	务农交易环境	对粮食收购价格的满意度
		粮食收购渠道完善程度
	务工交易环境	对务工价格的满意度
		务工机会丰富度
基本公共服务	义务教育服务	义务教育需求满足度
		教育质量评价
	技能培训服务	技能培训需求满足度
		技能培训质量评价
	医疗卫生服务	医疗服务需求满足度
		医疗服务质量评价

（二）样本基本情况

本文选择山东省菏泽市中比较具有代表性的牡丹区、东明县、曹县作为调研区域。其中，牡丹区的整体经济实力较强，当地贫困户呈"插花式"分布；东明县地处黄河滩区，受黄河洪涝灾害影响，当地有成群连片的贫困户；曹县的贫困人数最多、脱贫任务最重。2017 年 7—8 月在每个区县随机选取 50—60 户贫困家庭进行一对一式访谈，由访问者依据受访者的回答进行记录，共获取 154 户有效样本。为全面了解受访贫困者权利和可行能力缺失的表现，调查问卷包括基本情况、家庭状况、个人能力、个人权利四部分，涵盖上文指标体系中涉及的全部信息。样本问卷四部分的 Cronbach's α 信度系数分别为 73.8%、73.6%、72.8%、74.9%。

经统计，受访者中男性占 54.55%、女性占 45.45%；平均年龄为 47.3 岁；小学及以下学历占 58.44%、初中学历占 26.62%、高中或职高学历占 13.63%、本科及以上学历占 1.31%；受访家庭的平均常住人口为 3.5 人；人均耕地面积为 1.14 亩；人均年收入为 3423 元，略低于 2017 年山东省贫困线 3509 元，标准差为 1115 元，其中经营性收入 1319 元、工资性收入 1298 元、财产性收入 665 元、转移性收入 141 元；一般贫困户占 38.31%，低保贫困户占 50.65%，五保贫困户占 11.04%；有网络的家庭占 16.23%；拥有彩电、冰箱、洗衣机、空调、电脑的户数分别占 79.22%、53.90%、51.30%、33.12%、11.04%；拥有两轮电车、三轮车、小汽车、摩托车的户数分别为 64.29%、44.81%、10.39%、1.30%。

四、实证分析

（一）样本的描述性统计

可行能力指标体系中的创收能力、身体状况、生活水平等维度的二级指标可以通过"是/否"或具体数据衡量，因而对这三个维度进行描述性统计分析，得到表 3 所示结果。

表3 描述性统计

评价维度	一级指标	二级指标	平均值	最大值	最小值	标准差
创收能力	农业经营能力	人均耕地面积（亩）	1.14	2.45	0.00	0.71
		种植作物种类：小麦和玉米 =1，其他 =0	0.93	1.00	0.00	0.24
		农业净收入（元）	1026.00	2800.00	440.00	409.80
	个人务工能力	是否拥有个人技能	0.23	1.00	0.00	0.42
		能否得到雇用	0.22	1.00	0.00	0.41
		务工净收入（元）	1298.00	3400.00	550.00	633.10
身体状况	健康状况	是否有劳动能力	0.69	1.00	0.00	0.46
	健康知识	是否有基本的健康知识	0.27	1.00	0.00	0.44
生活水平	房屋质量	是否居住危房或土坯房	0.00	0.00	0.00	0.00
		房屋功能是否完善	0.82	1.00	0.00	0.38
	家电与出行	代步出行工具拥有量（0—4 分别代表拥有 0—4 个）	1.21	4.00	0.00	0.42
		常用电器拥有量（0—5 分别代表拥有 0—5 个）	2.29	5.00	0.00	1.68
	享受公共资源	是否通电、通自来水	1.00	1.00	1.00	0.00
		村中是否通硬化道路、通广播电视、通互联网	1.00	1.00	1.00	0.00
	公共设施配置	适龄儿童是否有教育场所	1.00	1.00	1.00	0.00
		村内是否有基本的就医场所	1.00	1.00	1.00	0.00
		村内是否有健身设施	1.00	1.00	1.00	0.00
		村内是否有休闲娱乐场所	1.00	1.00	1.00	0.00
		村内垃圾是否集中收集处理	0.13	1.00	0.00	0.33

（二）脱贫意愿和权利缺失情况的判断：基于变异系数分析

可行能力指标体系中的脱贫意愿和权利指标体系中的政治参与、生产要素交易环境、基本公共服务等维度的二级指标是定性化指标，且不同受访者对不同指标的主观感受和重视程度不同，而多指标综合评价中各评价指标权数的分配会直接导致评价对象优劣顺序的改变，进而影响评价结果的合理性、准确性和可靠性。变异系数是统计中常用的衡量数据差异的统计指标，该方法直接利用各项指标所包含的信息通过计算得到指标的权重，其基本思想是：在评价指标体系中，对取值差异越大的指标赋予越高的权重，权重大小体现了指标分辨能力的大小（杨宇，2006）。变异系数法是一种客观赋权的方法，避免了统计平均一概而论而导致信息丢失，也避免了主观赋权的非理性。因此，本文使用变异系数法确定上述维度二级指标的权重。

1. 权重的确定

笔者运用李克特五级量表收集上述维度所需信息，并对选项进行赋值，取值范围为 1、2、3、4、5。权重确定过程如下。

计算各指标标准差。各指标的标准差反映出各指标的绝对变异程度，标准差计算公式如下：

$$\sigma_j = \sqrt{\frac{\sum_{i=1}^{n}(x_{ij} - \overline{x_j})^2}{n}} \quad (1)$$

设有 n 个评价对象，m 个评价指标，则由样本数据可以得到 $n \times m$ 阶矩阵。（1）式中 x_{ij} 代表第 i 个评价对象在第 j 个指标上的观测值，$i = 1$，$2 \cdots n$，$j = 1$，$2 \cdots m$。

计算变异系数。各项指标取值的变异系数反映出各指标的相对变异程度，变异系数计算公式如下：

$$V_j = \frac{\sigma_j}{\overline{x_j}} \quad (2)$$

（2）式中 V_j 是第 j 项指标在所有样本得分的变异系数，也称为标准差系数；σ_j 是第 j 项指标的标准差；$\overline{x_j}$ 是第 j 项指标的平均数。

计算权重。对各指标的变异系数进行归一化处理，得到各项指标的权重：

$$\omega_j = \frac{V_j}{\sum_{i=1}^{m} V_j} \quad (3)$$

（3）式中 ω_j 是第 j 项指标在其所在维度内的权重，V_j 是第 j 项指标的变异系数。通过上述计算过程得到各指标的权重，如表 4 所示。

表4　脱贫意愿和权利二级指标的权重

评价维度	二级指标	变异系数	指标权重
脱贫意愿	尝试种植新作物的意愿	2.85	0.42
	学习新技能的意愿	1.73	0.26
	对现有生活的满意度	0.81	0.12
	对自身发展的信心	0.64	0.09
	对政府等外在帮扶的依赖度	0.74	0.11
政治参与	对政务信息的关注度和了解度	1.66	0.23
	意见表达渠道的畅通度	0.83	0.11
	政务信息了解渠道的畅通度	0.77	0.11
	应有权益的享受程度	3.43	0.47
	政策效益分配公平度	0.61	0.08
生产要素交易环境	对粮食收购价格的满意度	2.19	0.39
	粮食收购渠道完善程度	1.31	0.23
	对务工价格的满意度	1.34	0.24
	务工机会丰富度	0.80	0.14
基本公共服务	义务教育需求满足度	0.23	0.05
	教育质量评价	0.68	0.14
	技能培训需求满足度	1.65	0.34
	技能培训质量评价	0.82	0.17
	医疗服务需求满足度	0.79	0.16
	医疗服务质量评价	0.74	0.15

2. 计算得分

得出各指标权重后，通过样本数据得出各维度的得分，计算公式如下：

$$Q = \sum_{i=1}^{m} Q_j \times \omega_j \quad (4)$$

（4）式中 Q_j 是样本指标数据的数值，ω_j 是指标的权重，得到各维度的分值如表 5 所示。

表5 脱贫意愿和权利分值

维度	均值	最大值	最小值	标准差
脱贫意愿	56.08	86.99	26.46	18.89
政治参与	48.07	84.12	24.37	17.66
生产要素交易环境	52.63	85.86	22.85	18.39
基本公共服务	67.80	91.94	28.87	21.31

进一步将分值划分为四个层次，得到各维度所处的分值区间，如表 6 所示。

表6 脱贫意愿和权利所处分值区间

维度	20—40	40—60	60—80	80—100
脱贫意愿	很弱	较弱	较强	很强
政治参与	很少	较少	较多	很多
生产要素交易环境	很差	较差	较好	很好
基本公共服务	很不完善	较不完善	较完善	很完善

注：按照此划分，脱贫意愿处于"较弱"阶段；政治参与处于"较少"阶段；生产要素交易环境处于"较差"阶段；基本公共服务处于"较完善"阶段。

（三）实证结果分析

1. 农村贫困者可行能力缺失的主要表现

表 3 的描述性统计结果显示，随着精准扶贫的推进落实，贫困者的生活水平得到了较大提升。这体现在农村贫困者房屋质量的改善、家电与出行工具拥有量的不断提升、享受公共资源的不断丰富、公共设施配置的逐步完善等方面。但贫困者可行能力仍存在部分缺失，表现在经营能力和务工能力薄弱、生产资料和个人技能匮乏、脱贫意愿和发展动力不足、健康状况和健康知识较差四个方面。

2. 农村贫困者权利缺失的主要表现

表5和表6显示，菏泽市农村贫困者的权利缺失表现在政治参与较少、生产要素交易环境较差等方面。基本公共服务已达到了"较完善"的阶段。政治参与的缺失切断了贫困者与社会政治生活的联系，使贫困者被政治边缘化，不利于其表达诉求和享受政治权利。而生产要素交易环境较差使贫困者缺乏良好的农产品交易和劳动力交易环境，不利于其将自身生产要素转化为收入，影响了其交换权利。

五、新时代增强农村贫困者权利和可行能力的对策

党的十九大指出，我国特色社会主义发展进入了新时代，社会主要矛盾已转化为人民日益增长的美好生活需要和不平衡不充分的发展之间的矛盾。"不平衡"是我国新时代社会矛盾的重要部分，"平等"被写入社会主义核心价值观。因而，促进农村贫困者可行能力提升和权利改善，使其摆脱贫困，是我国新时代发展、2020年全面建成小康社会和实现乡村振兴的必然要求，也是践行社会主义核心价值观的应有之义。鉴于此，本文提出以下改进对策。

（一）培育农民自我脱贫新动能

1. 积极促进贫困者土地经营权的规范流转，培育新型农业经营主体。调查显示，贫困者经营农业的期望和意愿较弱，且农业经营能力和土地产值远低于当地平均水平。土地经营权归属于贫困者既不符合其自身的主观意愿，也不能最好地发挥土地效益。因此，可将贫困者的土地经营权流转给经营能力更强的主体，促进土地资源的适当集中，培育新型农业经营主体。这样的优势有：一是释放了贫困者的双手，降低了其劳动强度，使其有时间、有精力进行技能学习，符合贫困者的主观意愿；二是可为贫困者提供地租收入、工作岗位或收益分红等，扩大了贫困者的收入来源；三是有利于农业集约化，更好地发挥了土地的效益。同时，政府在实施过程中要发挥主体作用，规范流转过程，保障贫困者权益：一是要确保土地流转的综合收益不能低于流转前的土地净收益；二是要确保贫困者的知情权、参与权、上诉权；三是要确保土地性质不变并对土地流转的时长做合理限制。

2. 建立贫困者分层分类管理制度，激发贫困者脱贫的内生动力。森的可行能力分析路径考虑了人的"异质性"，即人与人之间在资源转化方面的差异，例如同样一笔收入对一个健康的人和一个身患重病的人的效用是不同的。考虑人际异质性，对不同的人实施不同的扶贫措施符合精准扶贫的本质内涵。因而，需要建立贫困者分层分类管理制度，根据贫困者的可行能力和权利缺失现状，将贫困者划分为不同的层级和类别，通过不同的扶贫措施改善其可行能力和权利缺失，是解决贫困的根本之道。例如，对于年龄不大、自身发展意愿较强、尚有劳动能力和学习能力的贫困者，通过技能培训提升其创收能力；对于年龄较大、自身发展意愿较弱、确无劳动能力和学习能力的贫困者，改善其权利缺失、加强社会保障更为重要。调查还显示，贫困者的脱贫意愿较弱。因此，扶贫要和扶志结合起来，通过设置梯级奖励机制等方法激发贫困者的内生动力，调动贫困者的主观能动性。

3. 建立健全贫困者健康档案和认知宣传体系，加强医疗保障体系建设。调查显示，贫困者的整体健康状况和健康知识水平较差。因此，要从预防和保障两个方面进行帮扶：一要建立健全贫困者健康档案和认知宣传体系，将贫困者的病情、治疗情况等信息归入专门的健康档案中，对这些信息进行归纳整理，从更深层次探究贫困者的患病原因，实施相应的预防措施和健康知识下乡活动，对与农村居民生活密切相关的健康知识进行宣传普及，从整体上降低农村居民的健康风险；二要加强贫困者的医疗保障体系建设，通过降低或免收保险金、提高报销额度、放宽报销条件等方式完善贫困者的医疗保险制度和大病保险制度，做好重特大疾病救助工作，增强贫困者的健康风险应对能力。

（二）优化保障农民权益的宏观环境

1. 改善农村生产要素交易环境，推进体制机制创新。调查显示，粮食收购价格和渠道、务工价格等是农村生产要素交易环境维度中较不均衡的指标，导致贫困者缺少交易机会或不能以合理价格进行交易。因此，要推进体制机制创新，从农产品交易和劳动力交易两方面改善农村生产要素交易环境：一要完善农业支持保护制度，深化农产品收储制度和价格形成机制改革，加快培育多元市场购销主体，提供更具吸引力的粮食收购价格和更多样的粮食收购渠道，适当提高粮食作物的收益；二要多措并举促进有能力的贫困者在当地就业或转移就业，培育支持乡村企业，促进乡村经济多元化发展，在乡村创造更多就业岗位，或向贫困者提供政策倾斜，简化贫困者转移落户手续，畅通多渠道转移就业。

2. 扩大技能培训覆盖面，培育乡村发展新动能。调查显示，技能培训需求满足度是基本公共服务维度中最不均衡的指标，贫困者虽然更希望通过学习技能提升收入，但由于缺少途径等客观限制而未能接受技能培训。因此，要扩大技能培训覆盖度，进一步满足贫困者的技能培训需求：一要加大宣传力度，主动入户宣传，技能培训直接到村开展；二要根据农业时令设置培训时间表，培训向农闲时节集中；三要在培训时考虑到不同培训对象的具体状况，力求实现培训的精准化、个性化。此外，技能培训不应局限于种植业和手工业，应向农产品加工业、乡村休闲旅游服务业等二、三产业倾斜，加快建设新型职业农民队伍，为构建农村一、二、三产业融合发展体系做好人才保障，培育乡村发展新动能。

3. 激发贫困者政治参与活力，促进贫困村民自我善治。调查显示，贫困者由于自身能力、思想或外在客观条件的限制，较少参与基层自治，贫困者的知情权、参与权、表达权、上诉权等政治权利没有得到有效保障。因此，要进一步激发农村贫困者的政治参与活力，提高贫困者的主人翁意识，促进贫困村民自我善治：一要加大贫困者在村务监督中的参与和作用，推进村务阳光工程，确保村务公平、公正、公开，提升贫困者对村务的关注度和了解度，保障贫困者的知情权；二要加大贫困者在基层协商中的参与和作用，确保贫困者参与村民会议、村民代表会议等自治活动，建设民事民议、民事民办、民事民管的多层次基层协商格局，保障贫困者的参与权和表达权；三要畅通投诉举报渠道，保障贫困者的上诉权。

参考文献：

[1]高景柱：《资源平等抑或能力平等？——评德沃金与阿马蒂亚·森的平等之

争》,《同济大学学报》(社会科学版) 2009 年第 2 期。

[2] 高景柱:《超越平等的资源主义与福利主义分析路径——基于阿马蒂亚·森的可行能力平等的分析》,《人文杂志》2013 年第 1 期。

[3] 郭兴利:《论阿马蒂亚·森的不平等理论及现实价值》,《华中科技大学学报》(社会科学版) 2015 年第 1 期。

[4] 郭建宇、吴国宝:《基于不同指标及权重选择的多维贫困测量——以山西省贫困县为例》,《中国农村经济》2012 年第 2 期。

[5] 何爱平:《失地农民权益问题的新阐释:基于阿马蒂亚·森交换权利理论的视角》,《人文杂志》2007 年第 6 期。

[6] 马文峰:《可行能力视野下我国精准扶贫的新思路》,《西北民族研究》2017 年第 4 期。

[7] 马新文:《阿马蒂亚·森的权利贫困理论与方法述评》,《国外社会科学》2008 年第 2 期。

[8] 杨帆、章晓懿:《可行能力方法视域下的精准扶贫：国际实践及对本土政策的启示》,《上海交通大学学报》(哲学社会科学版) 2016 年第 6 期。

[9] 杨宇:《多指标综合评价中赋权方法评析》,《统计与决策》2006 年第 13 期。

[10] 赵振军:《农地集体所有权的消费和生产——基于阿马蒂亚·森视角的分析》,《中国农业大学学报》(社会科学版) 2016 年第 4 期。

[11] Drèze Jean and Sen Amartya, 1989, *Hunger and Public Action*, Oxford: Oxford University Press.

[12] Nussbaum Martha, 2011, "Perfectionist Liberalism and Political Liberalism", *Philosophy & Public Affairs*, 2011,39(1):3—45.

[13] Sen Amartya, 1981, *Poverty and Famines*, Oxford: Oxford University Press.

[14] SenAmartya, 1999, *Development as Freedom*, Oxford: Oxford University Press.

以能力建设为核心的精准扶贫：一个分析框架

曹子坚　赵　敏

（兰州大学经济学院，甘肃 兰州，730000）

摘要： 基于我国农村贫困问题从生活贫困到能力贫困的判断，现阶段扶贫工作的重点已经发生了重大转变，并且具有越来越明显的能力指向，提升贫困地区和贫困人口的发展能力，已经成为扶贫开发工作的重点方向。针对当前我国扶贫开发没有始终如一地抓住能力建设这个主线、理论研究总体落后于实践的现象，本文在借鉴国内外相关研究成果的基础上，构建了以能力建设为核心的精准扶贫理论分析框架，并从能力视角，对典型区域农村贫困与反贫困问题进行了初步分析。本文认为，能力缺乏是我国农村贫困的本质，农村精准扶贫必须聚焦于能力建设。

关键词： 能力建设；精准扶贫

从哲学层面讲，能力是以人的一定的生理和心理素质为基础，在社会实践活动中形成和发展，并在主体和客体的对象关系中表现出来的完成某种活动的实际本领和能动力量。简言之，能力就是指顺利完成某一活动所必需的主观条件。

一、能力剥夺与贫困

学术界关于能力的理论研究，大致可以追溯到以亚当·斯密为代表的古

作者简介：曹子坚，兰州大学经济学院教授。

典经济学家的分工学说。最有价值的研究成果，在国外以马克思的人的全面发展理论、李斯特的财富生产能力理论、阿马蒂亚·森的可行性能力理论以及联合国开发计划署对发展能力的理论研究等为代表。

阿马蒂亚·森摈弃了发展就是国民生产总值增长、个人收入提高、工业化、技术进步、社会现代化等狭隘的观点，他认为经济发展就基本性而言是自由的扩展，并进一步把发展和自由看作相互渗透、相互补充、相互提升、不可分割的有机整体，自由是发展的首要价值和目的，发展是扩展人们享有的真实自由的过程。为了解释真实自由的内涵，阿马蒂亚·森提出了"可行能力"（capabilities）和"功能性活动"（functionings）概念。"功能性活动"体现着主体的生活状态和各种活动，包括最基本的吃、穿、住、行，有足够的营养，不受可避免疾病的侵害，正常的社交活动，参加各种团体活动以及拥有自尊和政治权利等。概括地说，一个人通过自身拥有的商品和资源所实现的生活状态构成了他的"功能性活动"集合。而"可行能力"是"功能性活动"衍生而来的，"是人们有可能实现的、各种可能的功能性活动组合，可行能力因此是一种自由，是实现各种可能的功能性活动组合的实质自由"。由此可见，发展就是人们不断扩展自己"可行能力"的过程。

阿马蒂亚·森通过考察贫困人口的生活状态，将贫困问题归结到主体人的福利状况及其影响因素上，并进一步将贫困视为能力剥夺的结果。在能力剥夺的范畴里，疾病、教育资源的缺乏、社会保障不足、发展机会的不平等等，都是导致贫困问题产生的原因。可以看出，森所强调的贫困，既包括自身发展能力的不足，也包括周围环境导致的发展权利与机会的缺乏。

二、能力研究的两个基本视角

基于阿马蒂亚·森的能力理论，结合我国的具体国情，国内学者越来越重视从"能力视角"研究经济发展特别是区域经济发展问题。由于能力是在主体和客体的对象关系中表现出来的一种能动力量，所以对区域经济发展能力的理论分析就具有两个基本视角：其一是从客体角度观察主体；其二是从主体角度观察客体。对应于这两个研究视角，存在能力研究的两个基本范式。

（一）客体视角

从客体角度看，区域发展能力表现为特定区域主体作用对象即经济资源的利用所映射出的主体能动性。经济资源（生产要素）的利用可以从静态和动态两个方面把握。静态地看，主要指特定区域各种经济资源包括自然资源、劳动力、资本以及管理等要素的组合。动态地看，则是指特定区域资源组合效率的提高。由此，区域发展能力也可以从特定区域内生产要素的组合及其组合效率的变化角度间接进行考察。考虑到生产要素的基本属性或者说对于主体的价值，区域发展能力亦可以从自然资本、物质资本、人力资本、社会资本和知识资本等的功能性结构进行分析。

（二）主体视角

从主体角度看，区域发展能力表现为特定区域广义的"人"从事相关活动的能动性。"人"是发展能力现实意义上的载体，在现代经济运行过程中，由于社会分工和协作的需要，"人"必然由群体体现，具体表现为以个体、企业、政府和组织等形式从事相关活动，由此主体能力就有个体能力和群体能力两种形式。群体能力是群体中个体能力经组合后所表现出来的力量，主要指通过协作而形成的社会群体的生产力、控制力等。据此，区域发展能力可以划分为四个方面，即个体发展能力、企业发展能力、政府发展能力、组织发展能力。

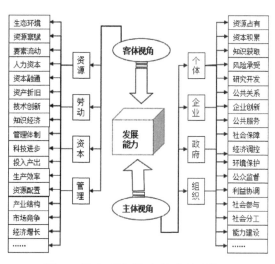

图 1　能力研究基本范式的比照

三、能力研究的功能范式：一个新的研究框架

在充分借鉴阿马蒂亚·森的能力贫困理论和国内学者的区域发展能力理论的基础上，本文认为，无论是从客体角度还是从主体角度，关于能力的理论研究并不存在截然的界限。能力产生于实践活动，也在实践活动中发展提升。在能力发挥作用的动态过程中，主体和客体交互作用，互为对照，本质上是一个统一体，主体无法离开客体，客体也不能脱离主体。只有把主体和客体有机地联系起来，才能准确把握从两者之间对象关系中表现出来的发展能力。因此，将主体和客体统一起来，从"功能性活动视角"对贫困问题进行考察，是建立一种更加具有解释力的新的研究范式的逻辑出发点。

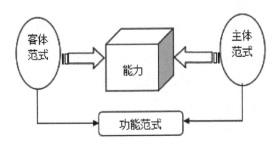

图 2　客体范式、主体范式和功能范式结构图

（一）功能范式的基本分析框架

从能力角度出发，收入低下是由能力缺乏导致的，因而贫困就源自人们获取收入的能力不足。一个人之所以贫困或者收入低下，是因为其自身能力不足并难以借助社会大环境来提高自身的能力，以至于无法在经济活动中获益。据此，发展能力可以区分为"基本能力""能力环境""能力提升机制"三个基本要素。

1. 基本能力

"基本能力"是指农民脱贫致富所拥有的一切自身能力，包括但不限于年龄、性别、智力、家庭结构、身体状况（生理和心理）、知识水平、技术技能、思想观念等。年龄、性别、智力、家庭结构等因素是与生俱来的，无法

改变，而身体状况（生理和心理）、知识水平、技术技能、思想观念等因素都可以通过就医、接受教育、培训和文化宣传等进行后天改善。

2. 能力环境

"能力环境"是指在脱贫致富过程中农民所处的社会大环境。一个良好的社会环境应该能够帮助农民提高并有效使用自身能力，其包括但不限于地理区位、自然条件、经济基础以及政府向农民提供的教育服务、医疗卫生服务、社会保障、就业机会、扶贫项目、技术推广、基础设施、金融支持等。地理区位、自然条件、经济基础等难以改变，但是政府的制度供给和要素供给则可以逐步调整和完善。一个良好的能力环境应该能够帮助农民提升自身基本能力并充分发挥其作用。

3. 能力提升机制

如果说"基本能力"是影响农民脱贫致富的内生因素，"能力环境"是影响农民脱贫致富的外生因素，只有内外因素共同发挥作用，农民才能真正实现脱贫致富的目标。简单来说，一个受教育程度不高、没有过硬技术并且思想观念落后的贫困农民，并不会仅仅因为国家大力发展教育事业、出台了劳动力培训政策或者进行文化宣传而得到基本能力的提升；相关政策必须在一系列客观实践中精准地发挥作用并且转化为主体的内在活动，才能帮助其提升基本能力，并有效运用这些基本能力实现个人的脱贫致富。显然，贫困农民能否脱贫致富，不仅取决于他拥有的"基本能力"和面临的"能力环境"，更取决于这两者间的功能性关系或者说"能力提升机制"。"能力提升机制"就是基本能力和能力环境两个基础性因素相互之间的功能性关系。在实际经济运行中，"能力提升机制"具体表现为如何构建有效的能力环境，将一系列宽泛的扶贫措施精准地落实到个人身上，落实到个人的基本能力建设上。

在此基础上，本文构建了功能范式的能力分析框架。

（二）功能范式的基本数理模型

功能范式的能力分析框架用数理模型可表述如下：农民 i 所拥有因个体差异而不同的自身资源为 X_{ij}，属于基本能力集 X_{ij}，其所处的社会环境为 Z_{ik}。

由于不同社会环境可以提供多种发展机会，因此，Z_{ik} 属于能力环境集 Z_{ik}。农民 i 获取收入或者展现一定发展状况的能力，由功能性活动表现出来，用农民生活状况 Q_i（在具体衡量过程中可以使用个人收入等指标）表示。衡量农民 i 是否在经受贫困，就可以用公式：

$$Q_i = f_i \left(\sum_{j=1}^{n} x_{ij}, \sum_{k=1}^{m} Z_{ik}, \right), x_{ij} \in X_{ij}, Z_{ik} \in Z_{ik}, f_i \in F_i$$

其中：f_i 为个体可以选择的功能函数，属于个人可选择的功能集 F_i，体现为基本能力和能力环境的交互作用，也就是能力提升机制。由此，在比较不同农民的 X_{ij} 和 Z_{ik}，特别是在考察 f_i 的基础上，就可以衡量不同农民的发展能力，从而揭示农民贫困问题的根源。

四、能力缺乏是农村贫困的本质

农村贫困首先是由自然条件、资源禀赋和历史形成的经济发展基础等方面的原因所决定的。这意味着，农村贫困客观上确实存在不以人们意志为转移的因素。但与此同时，农村贫困的原因更多是由于贫困地区和贫困农户发展能力缺乏所致。换句话说，农村贫困的本质是能力不足，农村贫困是一种能力性贫困。

（一）能力性贫困的具体表现

从功能性视角出发，能力包括基本能力、能力环境和能力提升机制三个要素。能力性贫困也就必然表现为基本能力缺乏、能力环境不完善、能力提升机制不健全三个方面。

基本能力不足。农村贫困家庭人口的年龄、性别、智力、身体素质、知识水平、技术技能、思想观念以及家庭结构等因素，对家庭劳动力所从事的职业和岗位、对劳动生产效率等有直接影响，正是决定家庭收入水平的基础性因素。农村贫困，首先是由于贫困家庭基本能力方面的相关因素存在先天性缺陷所导致的结果。

能力环境不完善。农村贫困家庭所处的地理区位、自然条件、资源禀赋以及源自外部的要素支持，对家庭劳动力和其他生产要素之间的配合、对劳动力基本能力的提升具有重大约束。现实经济运行过程中最常见的现象是，贫困农民可能有提高自身能力的强烈意愿，却心有余而力不足，其原因就在于"能力环境"方面。

能力提升机制不健全。现阶段的扶贫开发中存在的主要问题是，改善能力环境的各项扶贫措施无法精准落实到最需要帮助的贫困农民身上：真正贫困的农民由于没有能力在先期垫付一部分费用而无法申请危房改造项目；真正需要资金支持的农民由于找不到担保人而无法取得贷款；村干部整体素质偏低导致惠农政策得不到有效传达和落实；本应该惠及贫困农民的低保户项目和扶贫项目大多落到了农村强势群体身上……可以看出，贫困农民自身拥有的基本能力和能力环境之间缺乏有效的联系，"能力提升机制"不健全是导致贫困的主要原因。

（二）能力性贫困的基本特点

区别于其他形式的贫困，能力性贫困具有累积性、传承性和滞后性等独特的性质。

贫困的累积性。贫困具有再生产的特性。处于贫困状态的主体例如个人、家庭、群体以及区域等，由于贫困而不断地再生产出贫困，长期处于贫困的恶性循环或者说"贫困陷阱"之中。贫困陷阱的形成实质上是贫困主体能力缺乏所导致的状态锁定。因为贫困，贫困主体无法接受良好的教育，引起人力资本的不断退化；贫困主体因为贫困缺少物质资本的投入，丧失许多增加收入脱贫致富的机会；贫困主体因为贫困自我限制活动范围，游离于主流社会之外；贫困主体因为贫困精神颓废，情绪低落，日益被边缘化。

贫困的传承性。贫困以及导致贫困的相关条件和因素，在家庭内部由父母传递给子女，使子女在成年后重复父母的境遇——继承父母的贫困和不利因素并将贫困和不利因素继续传递给后代，使后代重复前代的贫困境遇。贫困的代际传承，与文化、习俗、环境、政策以及经济结构等因素密切相关，但本质上也是能力缺乏的必然结果。贫困家庭人口缺乏适当的学校教育、穷困的经济境遇、缺少社会活动的参与、社会资源缺乏、参与意识薄弱等，形成了一种特殊的"贫困文化"，贫困家庭成员之间的相互依赖和信任关系，使年青一代从年老的一代那里继承其价值观、态度和习俗；依赖社会资助和福利的贫困家庭，由于长期接受福利救济，家庭成员的价值观已经发生改变，能力提升意识淡薄，"等、靠、要"的思想不但存在于年老一代，同时也根植于年青一代的头脑中；特别是，贫困家庭父母受教育水平低，缺乏经济资源，影响了他们鼓励和帮助自己的孩子接受适当的教育，阻碍了后代人力资本的发展。同时，同时由于贫困家庭社会网络资源的贫乏，年青一代在成长过程中缺乏接近优质社会经济资源的机会，导致能力提升和发展机会的匮乏，继续重复前代的贫困境遇。

贫困的滞后性。贫困家庭在生活乃至生存压力的促使下，寻求各种能够增加收入的工作和机会。但由于技术、技能等能力因素方面存在的限制，他们不具有选择劳动岗位、劳动时间和劳动保护等权利的更大空间，因此只能从事基于重体力的"脏、累、苦、粗"等工作。这类工作或者说这种增加收入的途径和方式，不是以能力提升为前提，通常以损害劳动力身体健康为代价，特别是在缺乏劳动保护的前提下。在劳动力身强力壮的时候，外出务工确实能够在一段时间内显著增加家庭收入，使家庭成员摆脱贫困。但是，当外出务工者年老体衰，无法胜任重体力劳动时，就只能回到家里。长期重体力劳动所累积的身体方面的疾病，将侵扰其后半生，家庭也由此可能会再次陷入贫困状态。农村因病返贫的概率高，同这种贫困的滞后性之间存在密切的联系。

五、农村精准扶贫必须聚焦能力建设

农村贫困的本质是能力不足，扶贫开发必须聚焦贫困地区、贫困家庭和人口的能力建设。以能力建设为核心的精准扶贫，核心思路是在保障贫困家庭和人口的生存权利和基本尊严的基础之上，改善环境，创新机制，精准帮扶，提升能力。

（一）提升贫困家庭和人口的认知能力

通过大力发展农村教育，提升农村贫困家庭和人口的文化素质，消除知识贫困，彻底阻断贫困现象的代际传递，从根本上改变贫困家庭和人口的命运，是一项长期性的系统工程。从农村教育的现状观察，农村教育面临根本性转折，农村教育需要一场真正意义上的革命。要以教育公平为出发点，统筹农村城镇教育改革，优化配置教育资源，以满足受教育者的多样化需求为出发点，创新教学方法和教学内容，实施创富教育，最终形成与农村贫困地区相适应的教育体制。特别是要从拓展义务教育内涵的高度，着力解决农村学前教育问题。

（二）提升贫困家庭抵御疾病风险的能力

针对农村地区大量农户因病致贫和因病返贫的现状，要通过多样化的补贴和支持机制，确保农村贫困地区中的弱势群体有足够的机会和能力平等享有保障基本生存和发展的医疗卫生服务，不断扩大医疗保障覆盖面，切实提高医疗保障水平。在降低大病患者医疗成本的前提下，要不断探索纳入医疗保障的重大疾病和特殊疾病种类，给予风湿性关节炎、腰椎间盘突出、高血压等贫困地区农民多发病、慢性病以足够的重视，对贫困农户妇女病的医疗保障问题给予特别关注。

（三）提升贫困家庭的资源整合能力

贫困农户自有要素之间以及和外来要素之间的良好配置，是实现脱贫致富的基本前提。正确处理土地和劳动力之间的关系，实现农村土地资源的高效利用，是贫困地区实现资源优化配置的核心内容，同时也是贫困地区面临的一个长期性问题。随着不同规模城镇空间加速扩张和农村居民向城镇规模性转移，可以预期，家庭人口数量变动和耕地面积固化之间的矛盾将会集中爆发且更加尖锐。必须未雨绸缪，从前瞻性出发，通过健全土地承包制度、促进土地承包经营权流转、正确处理土地承包纠纷等，防患于未然。同时，健全机制，提高外来资源特别是金融资源的利用效率，必须在更高的层面予以重视。

（四）提升贫困家庭的技术应用能力

尽管贫困地区收入来源总体上越来越多地依靠外出务工，但是外出务工收入天然存在增长的界限，贫困地区和贫困农户收入增长的空间仍然要回到本源，最终仍然要落实到科学技术特别是农业实用技术方面。作物良种繁育、牲畜圈养舍饲、全膜双垄沟播、梯田抗旱增产和经济作物规范化种植等实用技术的应用和推广，已经取得了巨大成效，应当进一步加强。同时，要通过多种方式，继续深入总结提炼贫困地区历史经验中的高价值内涵，并通过现代科学技术和管理技术进行规范和推广。

（五）提升贫困家庭的信息利用能力

在我国信息化进程不断加速的情况下，农村和城市之间的数字鸿沟客观上将不断缩小。信息化既是贫困农户面临的巨大挑战，同时也为其摆脱贫困提供了难得的机遇。电子商务等信息化手段同个性化、多品种、小批量的优势土特产品销售和增值之间高度契合。要总结区域性信息扶贫的经验教训，全面推动现代信息技术在农业领域的应用，整合多方资源，积极探索信息化推动农村经济社会发展的新因素、新方式和新业态，把信息化和农业现代化、农民脱贫致富有效结合起来。

（六）提升贫困家庭的社会参与能力

社会参与能力低、社会联系少、社会资本匮乏，是贫困农户面临的普遍困境。提高妇女的认知能力和社会地位，确立发展的主体意识与参与意识，对于贫困地区社会经济发展和贫困家庭能力建设具有特别重要的意义。要建立专门针对妇女的健康指导、就业指导等平台，畅通妇女获取知识、信息和技术的渠道和途径，鼓励妇女积极参与到社会经济生活的各个方面。在动员和鼓励各类企业、社会组织和个人以多种形式参与扶贫的基础上，要充分尊重扶贫对象的内在要求，建立贫困农户全方位参与扶贫决策和计划的有效渠道，增强贫困农户主动参与社会经济发展的内在意识，推动真正意义上的参与式扶贫，切实提高扶贫的针对性和效率。

（七）提升贫困地区的要素流动能力

农村贫困地区位置偏远，地形复杂，环境殊异，从空间地理上造成了与外界的相对隔绝和内部不同地方的分割，区域要素同外界以及区域内部缺乏有效沟通的渠道。通过多种方式，加强要素特别是劳动力的流动，扩大与外部环境和主体之间的交流，拓展视野，增长见识，导入适合现代经济发展的思维观念、思想理念和行为方式，是加速脱贫致富步伐的重要内容。要进一步促进人口和劳动力的外向型流动，充分利用本地在外的高级人才，不断拓宽拓展与发达地区沟通的方式、渠道和途径，在政府、企业、个人以及各种组织机构层面，建立与发达地区之间的广泛联系。

（八）提升贫困地区的政府决策能力

在市场经济中，一切经济活动要以市场为标准。但对于贫困地区来说，片面的市场导向是非常有害的。实践已经证明，贫困地区社会经济发展水平与政府行为之间存在必然的联系。从一定程度上讲，贫困地区经济发展和能力建设过程中，当地政府具有决定性作用。目前来看，贫困地区政府的作用主要体现在发展路径选择和主导产业培育等方面。要不断提高决策的科学性，增强政策的决断力和执行力，在充分考虑当地自然条件、经济资源和贫困人口自身能力的基础上，科学规划和合理设计能够精确瞄准贫困户的产业发展项目，并通过多种方式，帮助贫困户从产业发展项目中获得持续性收益。

（九）提升贫困地区基层干部的政策执行能力

作为农村基层第一线的"当家人"，村干部的文化素质和工作能力直接影响国家惠农政策和扶贫政策的实施效果，直接关系到整个农村的经济社会发展。针对贫困地区普遍存在村干部队伍整体素质不高、工作能力较差的情况，有必要从制度建设、职业培训、待遇改善、加强监督等方面，加强村干部队伍建设，从根本上提升村干部素质和能力。要确立相对明确的村干部选拔标准，严格规范选举制度，确保当选者具有带领本村村民脱贫致富的能力和责任心，大胆吸纳有文化的青年、农村发展能人、回乡创业人员、机关干部等进入基层村干部队伍，充分发挥大学生村官的作用，优化村干部队伍的知识结构。

参考文献：

[1] [美] 舒尔茨：《论人力资本投资》，北京经济学院出版社 1992 年版。

[2] [印] 阿马蒂亚·森：《以自由看待发展》，中国人民大学出版社 2002 年版。

[3] [南非] 汉思·P. 宾斯万格尔：《增强农民自我发展的能力》，第 26 届 IAAE 国际会议 (International Association of Agricultural Economists Conference, Gold Coast,

Australia，August 12—18，2006) 上的大会主题演讲。

[4] 胡怀国:《从新古典主义到阿马蒂亚·森的能力方法》,《经济学动态》2010
年第 10 期。

[5] 林毅夫:《发展战略、自生能力与经济收敛》,《经济学》2002 年第 2 期。

[6] 成学真、陈小林:《区域发展自生能力界定与评价指标体系构建》,《内蒙古
社会科学》(汉文版) 2010 年第 1 期。

[7] 王科:《中国贫困地区自我发展能力解构与培育——基于主体功能区的新视
角》,《甘肃社会科学》2008 年第 3 期。

[8] 韩庆祥:《能力本位论与 21 世纪中国的发展》,《北京大学学报》(哲学社会
科学版) 1996 年第 5 期。

[9] 董岗彪:《论个体能力》,《前沿》2002 年第 12 期。

[10] 罗晓梅:《论生存方式的变革与西部自我发展能力的提升 》,《探索》2007
年第 4 期。

[11] 王春萍、刘玉蓓、王满仓:《可行能力贫困理论及其衡量方法研究》,《生产
力研究》2006 年第 9 期。

[12] 胡道玖:《可行能力：阿马蒂亚·森经济伦理方法研究》,《苏州大学学位论
文》2006 年。

[13] 钟晓华:《可行能力视角下农村精准扶贫的理论预设、实现困境与完善路
径》,《学习与实践》2016 年第 8 期。

[14] 左停、杨雨鑫、钟玲:《精准扶贫：技术靶向、理论解析和现实挑战》,《贵
州社会科学》2015 年第 8 期。

[15] 姜安印:《区域发展能力理论——新一轮西部大开发理论创新与模式选择》,
中国社会科学出版社 2014 年版。

[16] 曹子坚:《区域自我发展能力研究——兼论中国区域经济转型及其路径分
异》，中国社会科学出版社 2014 年版。

[17] 曹子坚:《农村反贫困战略研究》,甘肃人民出版社 2011 年版。

精准脱贫进程中农村集体经济发展困境与出路

——以武陵山片区新晃县为例

肖　卫　张有富

（新晃县人民政府，湖南 怀化，418000）

摘要： 发展农村集体经济，利于贫困农民参与发展、降低产业发展风险，夯实农村经济基础，加快农村整体脱贫，也是实施乡村振兴战略的重要举措。本文以习近平总书记"扶贫注意增强乡村集体经济实力"重要论述为基本遵循，对武陵山片区区域发展与扶贫攻坚重点县新晃农村集体经济发展现状进行调研，分析其农村集体经济发展面临政策落地难、投入不足、能力不足、效益缺乏、激励机制不足的困境及成因，提出了完善发展政策、夯实发展基础、健全管理机制、强化队伍建设和拓展交易市场的对策思路，发展壮大农村集体经济，保障贫困农民获得可持续性收入，在2020年后贫困农民不再返贫。

关键词： 精准脱贫；农村集体经济；新晃县；贫困农民；发展

一、引言

习近平总书记在20世纪90年代在闽东扶贫时，就闽东贫困经济状况提出了"扶贫要注意增强乡村两级集体经济实力"的重要思想，在《摆脱贫困》一书中更加明确指出：发展集体经济是实现共同富裕的重要保障，是振兴贫困地区农业发展的必由之路，是促进农村商品经济发展的推动力，是农

作者简介：肖卫，新晃县副县长，教授。

村精神文明建设的坚强后盾（习近平，1992）。时至今日，党的十九大报告也明确指出：实施乡村振兴战略……深化农村集体产权改革，保障农民财产权益，壮大集体经济。可见，习近平总书记发展壮大农村集体经济的重要论述，对于当前打赢脱贫攻坚战和实施乡村振兴战略具有重要的理论意义和现实意义。

宏观上来看：首先，农村集体经济是中国特色社会主义制度在农村的经济基础。中国特色社会主义制度，是当代中国发展进步的根本制度保障，包含了中国特色社会主义基本经济制度。以公有制为主体，多种所有制经济共同发展是中国特色社会主义基本经济制度。农村的集体经济是社会主义公有制经济的重要形式，也是社会主义基本经济制度在农村的重要体现。因此，农村集体经济是中国特色社会主义制度在农村的经济基础。其次，农村集体经济是美丽乡村建设的重要保障。"美丽乡村·幸福家园"建设是社会主义新农村的重大历史任务。农村集体经济是村级财力的主要来源，是发展农村公益事业的物质基础。发展壮大农村集体经济，积累充足集体财力，才会有更多财力投入基础设施等公益建设，为美丽乡村建设提供坚实的基础。最后，发展农村集体经济是活跃乡村经济的重要举措。通过实施"一村一品"、培育新型经营主体、整合扶贫资金等帮扶措施，发展壮大农村集体产业经济，加快三产业融合发展，利于活跃经济，繁荣市场，促进县域经济快速发展。

从微观上来看：首先，发展农村集体经济有利于贫困农民参与产业发展。农村集体经济组织依然是政府联结农民的纽带，农村集体经济组织是政府执行政策、贯彻方针的"桥头堡"，政府的涉农政策要落实到实处，最终需要农村集体经济的组织贯彻执行（王留鑫、何炼成，2017）。绝大部分贫困农民无技术、无资金、无门路，只能靠传统土地种植来解决穿衣吃饭问题，实行单干承包来发展产业经济势单力薄，而发展壮大农村集体经济，可以有效地将贫困农民组织起来参与发展产业，从原来的"分"转变为"统"，贫困农民把土地资源、有限资金等作为股份投入集体经济组织中，充分利用集体经济组织的人力、财力、技术和管理及政策协调等优势发展壮大集体产业经济，实现发展产业经济。其次，发展农村集体经济有利于降低产业发展产业风险。

从实践的经验看，农村许多村民大户、能人在发展产业时因生产管理不善、缺乏技术、市场信息不对称等原因，经营产业风险大、举步维艰。如笔者曾对湖南省新晃县能人帮带千人扶贫调查时，全县 22 名能人在谈到发展产业时，18 人处于扩大产业发展难，要退出也难的两难境地。能人尚且如此，更何况贫困农民。而发展农村集体经济，发挥组织的保障功能，技术、信息等在成员间具有溢出效应，提高技术的应用程度和信息的传播速度，从而避免单个的信息不对称而受到的风险，在众多成员的参与下，决策治理也更为科学合理，从而降低风险系数（王留鑫、何炼成，2017）。最后，发展农村集体经济有利于保障贫困农民真脱贫。从制度经济学角度看，组织的存在就在于节省交易成本。农村集体经济组织一方面是协调上级政府与农户关系的平台，降低政府与农户直接对接的交易成本；另一方面通过集体经济组织平台，减少农户与市场间的交易频次，从而达到减少交易费用的效果（王留鑫、何炼成，2017）。因此，农村集体经济可以保障参与发展集体产业的贫困农民降低交易成本，增加收入，并增强可持续发展后劲，巩固脱贫攻坚成果，在全面建成小康社会后，确保贫困农民不再返贫，实现真脱贫。

基于此，本文以习近平总书记"扶贫注意增强乡村两级经济实力"的重要论述为根本遵循，对湖南省新晃县在实施精准脱贫过程中农村集体经济发展现状进行调查，就其所面临的困境，提出破解思路与建议，以供政府决策者和研究者参考。

二、农村集体经济发展现状：以新晃县为例

新晃县旧称晃州、晃县，位于湖南最西部。全县总面积 1508 平方公里，全县总人口 27 万，其中侗族占 80.13%。1956 年成立新晃侗族自治县，现为省级扶贫开发重点县、武陵山片区区域发展与扶贫攻坚重点县和省定革命老区县。辖 11 个乡镇，1 个省级工业集中区，137 个行政村，其中深度贫困村 84 个，占了 61.3%，贫困人口在 2012 年为 10.35 万人，2018 年，有 58 个贫困村、1.41 万人未脱贫。笔者对 2016 年各乡镇农村级集体经济基本情况作了一个调查，见表 1。

表1 2016 年新晃县各乡镇村农村集体经济有无收入情况表

乡镇	有集体经济收入的村					无集体经济收入的村
	1 万元以下	1 万—3 万元	3 万—5 万元	5 万—10 万元	10 万—50 万元	
晃州镇			13 个	1 个	1 个	14 个
林冲镇		3 个	2 个	1 个		4 个
禾滩镇	5 个	2 个				2 个
中寨镇	3 个		1 个			6 个
米贝乡		1 个	3 个			4 个
波州镇		9 个		2 个		
扶罗镇	3 个		9 个			2 个
凉伞镇	5 个	2 个		3 个		12 个
鱼市镇	1 个	2 个		5 个		2 个
步头降乡		1 个				6 个
贡溪镇	3 个		2 个	2 个		
合计	20 个	20 个	30 个	14 个	1 个	52 个

呈现如下特点：

（一）发展不充分

从有无收入对比看，各乡镇农村集体经济发展不充分。从全县看，1 万元以下的村有 72 个，其中 52 个村成为空白村，无集体经济收入，占全县 137 个行政村的 38%。从乡镇看，交通便利、具有区位优势和资源的乡镇集体经济发展好些，如鱼市镇为工业新城，80% 行政村有集体经济收入；扶罗镇为中心集镇，86% 行政村有收入；贡溪镇为边贸重镇，波州镇为新晃县的后花园，两镇行政村 100% 有收入。而步头降乡、米贝乡和凉伞镇地处偏远，信息闭塞，农村集体经济发展较差，米贝乡共 8 个行政村，有 50% 没有收入；步头降乡 7 个行政村，86% 的行政村没有收入；凉伞镇 22 个行政村，55% 的行政村没有收入。从村与村来看，各乡镇农村集体经济发展也不充分。如晃洲镇，有 1 个行政村集体经济收入达 50 万元，而没有收入行政村有 14 个，占

29 个行政村的 48%。

（二）收入不稳定

全县有农村集体经济收入的 85 个村，收入很不稳定，大部分来源于山林、土地流转、山塘水库、已闲置的村小学房屋等公共设施，通过提取管理费、收取租金、承包山塘养鱼等获取收入，经营开发收入很少，农村集体经济基础差，总量较小，收入可持续较差。如禾滩镇有集体经济收入 7 个行政村主要支出靠上级转移支付，村集体经济纯收入总量 7 万元，积累总量小，大部分靠生态林获得收入 31547 元，占总收入的 45.1%，其中，闪溪村山林 10 亩出租 1000 元，生态林收益 7857 元；进蚕村生态林收益 6871 元；三江村生态林 1030 亩，收益 15116 元；龙兴村生态林收益 1713 元。

（三）收支不平衡

近年扶贫力度不断加大，许多村在基础建设方面的投入也不断加大，扶贫工作取得了新进展，但农村税费改革后，村级没有新财源开辟，村级财力有限，经济开支加大，收支不平衡，矛盾突出，入不敷出。2016 年，全县集体经济总收入 1937.3 万元，总支出 2055.8 万元，支出比收入多达 118.5 万元，其中晃州镇还是县城城镇，收入 540 万元，但支出比收入多 50 万元。

（四）来源不丰富

从全县来看，各乡镇村的集体经济收入单一，项目不丰富，收入来源可分为几类：一类是扶持型。这类主要是靠政府帮扶发展产业，如 2017 年 84 个贫困村，由政府帮扶发展光伏发电产业，未来行政村的收入主要靠光伏发电产业；如凉伞镇凉伞村 2016 年集体经济收入只有光伏发电 9 万元，其他无经济来源。二类是自然资源型。由于新晃生态覆盖率高达 69.6%，大多数村靠山林生态获得收益。三类是依赖型。全县 52 个空白村仅仅依赖上级政策补助，靠上级财政转移支付来维持运转。

三、农村集体经济发展的困境及成因

从武陵山片区区域发展与扶贫攻坚重点县新晃县调研情况看，贫困地区农村集体经济发展面临困境主要为五个方面：

（一）政策逐渐明朗但难落地

农村集体经济分为两大类：一类为传统型，即建立在生产资料集体所有制基础上，实行集体统一经营、劳动产品统一分配的集体经济组织形式。另一类为创新型，即产权清晰，通过入股等方式将生产资料联合组织起来实行集体经营的合作经济组织，如专业合作社。为了发展壮大农村集体经济，党中央多次强调农村集体经济发展的重要性，出台了一系列相关文件。如党的十七届三中全会、党的十八大报告、党的十八届三中全会、党的十九大报告都提出了发展集体经济的论断；并出台了《关于加强农村集体资产管理工作的通知》（1995 年 12 月）、《关于进一步稳定和完善农村土地承包关系的通知》（1997 年 8 月）和《稳步推进农村集体产权制度改革的意见》（2016 年 12 月）等一系列政策。虽然发展壮大农村集体经济的政策逐渐明朗，但落地难。主要原因有：一是受到 GDP 绩效考核的影响，各地方政府在思想上弱化了农村集体经济发展，主抓工业火车头，在一定程度上影响了中央出台的系列政策的落地实施。二是农村集体经济发展面临着制度上的困境，主要是成员的异质性造成利益背离，组织发展产权、成员权、公共职能和经济职能分离（王留鑫等，2017）。经济主体缺位、法人治理结构不完善和缺乏长效发展机制（孔祥智等，2017）、产权不明晰等问题，加上城乡一体化冲击问题和历史遗留问题（杨一介，2015）制约着农村集体经济政策的实施。三是地方政府缺乏发展农村集体经济配套政策。如新晃县目前除了近几年发布的《2015 年开展壮大村集体经济试点村工作的实施方案》（晃办〔2015〕22 号）、《关于成立新晃侗族自治县消灭集体经济空白村领导小组的通知》（晃办〔2016〕20 号）、《消灭集体经济空白村三年工作方案》（晃办〔2016〕21 号）强调发展村级集体经济外，原来几乎空白，更没有相应的配套政策来解决这些问题。

（二）投入有所增加但仍然不够

近年来，新晃县发展农村集体经济投入有所增加。2016 年，财政安排专项资金 1744 万元用于 35 个贫困村发展光伏发电产业。2017 年，县财政又安排专项资金 2058 万元用于 49 个贫困村发展光伏发电产业。这些村在未来20—25 年，集体经济年收益至少达到 4 万元以上。同时还安排了 100 万元专项资金用于非扶贫村发展村集体经济。但投入收益与村级财力支出对比，投入仍然不够。2016年，在新晃县农村"村支两委"换届选举时，对农村集体"三资"（资产、资金、资源）进行了清理，发现绝大部分资产处于僵尸状态，闲置荒废，没有充分利用和盘活，致使村集体经济资产难以与外部各种要素相结合产生效益，限制了集体经济发展，导致村级财力十分紧张。加上新农村建设的深入推进，村里刚性支出逐年递增，如对保洁、路灯、巡逻管理等费用开支负担更加重，尤其是在撤村并村改革后，村民人数多的村达几千人，最少的村也有1千人以上，开支加大，收支矛盾更加突出，资金运转更加困难。农民专业合作社基本靠政府扶持，效益好的帮带贫困户联益发展的不多，对村基础建设还没有达到反哺阶段。因此，村级财政零积累，甚至负债运转，没有多余资金来壮大发展农村集体经济，仍需要加大各方面的投入。

（三）创新有所增强但能力不足

党的十九大报告指出：创新是引领发展的第一动力，是建设现代化经济体系的战略支撑。实现现代化农业高质量发展的关键是科技创新。近年来，新晃以农业先进技术成果转化为支撑，投入5.2亿元，大力实施黄牛文化产业园、现代蔬菜文化产业园和龙脑特色产业园等农业科技示范园区建设，不断引领园区体制创新和机制创新，带动农村集体经济发展，带动贫困农民脱贫，起到了良好的效果。如入园的小肥牛、老蔡、亨神等牛肉加工企业已连接22家养殖合作社、139个养殖场，涉及5630户农户，其中贫困户3650户，12700贫困人口，预计养牛年人均纯收入可达1600元以上。这些创新方式使农村集体经济有所发展，但从新晃农村实际情况看，发展能力明显不足。从11个乡镇看，每镇的技术人员有指导畜牧和农业种植各1人，平时还要兼职其他社会工作，没有精力专职从事科技指导工作。从村组干部来看，绝大部分年龄偏大，文化素质较低，缺乏资本运营、管理分配与市场拓展等专业知识。从村民来看，新晃县属于中西结合部，有点知识和技术的村民基本外出务工，余下的几乎不懂什么技术，只能凭借传统经验搞土地承包经营，对于集体经济发展谈不上关心。从专业合作社社员来看，除了带头人通过政府扶贫的"阳光雨露"、职业技术培训等机会学习了一些技术理论外，其他人基本不懂技术。如何将高新技术转化为生产力，提升科技对壮大农村集体经济发展的贡献率成为难点。

（四）实现形式多样但效益缺乏

近年来，新晃县为了进一步发展壮大农村集体经济，提高农村基层党组领导农村经济社会发展的能力，增强基层组织凝聚力和服务群众的物质基础，积极探索了农村集体经济发展的多样实现途径和模式。主要有五种形式：一是开发现有资源；二是盘活农村土地资源；三是依托龙头企业和主导产业，实施"一村一品"和"一村一业"，实现农民增收和集体增利；四是培育专业合作经济组织；五是整合资金异地发展物业，对自然条件差，缺乏发展空间和能力贫困村，整合扶贫、移民等项目资金、联点帮扶单位资金和集体自筹资金建设集镇农产品销售门面或其他物业，收取租金和物业管理费，使村集体获得稳定的收入。通过这几种实现形式，新晃农村集体经济发展取得初步成效。2017 年，集体经济收入空白村减少 31 个，新增注册专业合作社 35 家，引导 84 个深度贫困村建立了 174 个农民合作社。但从这些经济合作组织看，虽然实现形式多样，但规模小、缺乏效益，难以做大做强。主要的根源之一在于缺乏管理。管理就是生产力，管理就是效益。从调研实际情况看，各乡镇的村级集体经济缺乏管理。首先，管理者管理意识较弱。村集体经济组织的管理者多数是"村支两委"干部，村干部年龄平均 55 岁，多数凭经验管理，没有市场化经营管理意识，没有形成从实物形态转向价值形态的管理理念。其次，管理制度不全。从县乡下发的文件看，没有一个统一具体的管理办法。在"三资"管理、财务管理、产业后续管理、绩效管理等方面亟待健全相关管理制度。对于村级集体经济资产处于静态管理状态，甚至过度使用公共设施，没有维护管理，导致大量集体资产损失。最后，管理技术不高。从各乡镇看，指导管理农村集体经济的只有一名兼职的农业经济管理员，日常工作量大、任务重、强度大，时常处在被动应付面上工作，顾不上指导管理村级集体组织发展集体经济。从专业合作社看，管理人才匮乏，在生产、销售、扩大规模等方面管理不科学不规范，导致产品滞销，经济效益下降，成本与效益不对等，极大挫伤了群众的积极性，参与该产业的贫困农民难以真正脱贫。

（五）发展前景看好但激励机制不足

2017 年，全国已有 100 个县开展农村集体资产股权改革，全国五年完成改革任务，逐步建立归属清晰、权能完整、流转顺畅、保护严格的中国特色社会主义农村集体产权制度，保护和发展农民作为农村集体经济组织成员的合法权益，并逐步健全乡村治理体系。发展壮大农村集体经济前景看好，但激励机制不足制约着农村集体经济发展：从许多农村干部层面看，农村干部对于发展和推进农村集体经济组织产权制度改革存在的共性思想问题，有五怕：一怕难、二怕烦、三怕乱、四怕失权、五怕失利（方志权，2014），新晃村干部难以避免这些共性问题；从一般村民层面看，自承包到户后，绝大部分土地和山林都集中在他们手中，由于他们的利益短视行为，把经营权牢牢把控在自己手中，既不管理，也不愿让给村集体经营；从贫困户层面看，希望通过发展壮大农村集体经济好让自己脱贫，又怕将来产业失败后，血本无归，对集体经济发展信心不足；从外出务工人员层面看，农村集体经济发展缺乏吸引力，主要根源在于外出务工收益大于在乡从事农业经营收益，新晃县每年都有上万青壮年劳动力外出，有些在沿海地区务工长期未归，许多村成为了空壳村，农村集体经济发展还面临劳动要素严重不足的制约。

四、农村集体经济发展思路与对策

（一）完善集体经济发展政策

首先，完善相关政策和法规。要使当前集体经济运行机制与社会主义市场经济体制相适应，需要出台相关政策，为贫困农民明确权限。一是建立健全产权制度。其目的就是明晰产权及主体。一方面，完善土地建设制度。全面完成土地确权登记颁证改革，尊重农民自主权，稳定承包权限；加强土地管理的规范性，提高效率，节约成本。建立健全土地使用权流转制度，完善农民在承包期内的转包、退包、租赁、拍卖、入股等形式，使土地使用权能够依法有序地转让。另一方面，建立乡村集体企业产权制度。明确乡村集体资产和集体企业的所有权和收益权，并保证其完整性（张成林、高建民等，

2000）。二是完善农村股权制相关法规。中央一号文件多次提出要深化农村集体产权制度改革，其目的就是壮大发展农村集体经济，增加农民财产性收入，让广大农民享受改革成果，如期全面建成小康社会。这需要相关的配套政策法规，如出台与农业部《农民股份合作企业暂行规定》相对应的地方性《农民股份合作企业条例》，修订和完善《农民专业合作社法》，将土地股份合作社这种新型的股份合作组织纳入修订和完善后的法规当中（王静，2017）。三是完善发展农村集体经济政策。首先，根据中央及上级部门的发展壮大农村集体经济相关政策，出台与之配套的县级层面的政策，从政策、资金、税费、信贷和风险防控等方面出台优惠政策，鼓励发展壮大农村集体经济，为贫困农民真脱贫提供保障。其次，科学规划产业。精准脱贫主要战场是县域，现在的扶贫要改变那种"撒胡椒"的扶贫方式，由个人扶贫转变为集体扶贫，由"一户一策"真正转变为"一村一品"。县级相关部门应按照县域各村实际情况，制定覆盖全县的集体经济发展规划，引导和规范县域集体经济发展。各村应当根据自己的资源优势，因地制宜地采取"产业带动型、服务创收型、固资租赁型和乡村旅游型"等多种类型发展壮大农村集体经济。最后，强化政策落实。再好的政策不执行也等于零。政策的执行要靠县级各部门和乡镇，引导、鼓励、调动村干部和专业合作社社员发展集体经济积极性，全面落实从中央到地方上的各项发展壮大农村集体经济政策，深化农村集体产权改革，全面激活盘活闲置要素，发展壮大农村集体经济。

（二）夯实集体经济发展基础

首先，完善基础设施。精准脱贫攻坚应由基础条件扶持转变为发展壮大集体经济，增强"造血"功能，增强精准脱贫的后劲。从近年来看，新晃县在农村基础设施投入较多，在交通、水利、新农村、卫生等方面得到很大的改善，为农村产业发展奠定了基础。现在的重点应该是要把基础设施建设转移到发展产业基础设施，改善生产经营条件，提高生产基础保障上面来。其次，抓好项目扶贫。发展壮大农村集体经济，需要加大政府扶贫开发项目投入，由瞄准个人扶贫转变为瞄准集体扶贫，优先安排对集体经济收入有作用的产业项目，优先安排带动贫困农民就业能力强的项目。以整村推进为基础，整合移民搬迁、产业扶贫、"两项衔接制度"、贴息贷款等项目资金，加快农村集体投入。建立健全政府考核机制，根据目前目标任务，统筹项目资金，从人力、财力、物力上尽可能扶持到位。最后，创新融资模式。大力发展农村金融，支持小微金融发展，引导和鼓励民间资金投向农村，助推集体经济发展。建立社会扶贫资金，发挥群众自筹资金积极性，动员村集体群众投资，调动群众积极性和主动性，形成发展壮大农村集体经济强大合力。

（三）加强集体经济组织管理

首先，健全管理制度。主要包括五个制度：一是建立承包合同管理制度。加强农村承包合同管理的法制建设，建立对农村承包合同的变更、解除及新签承包合同的审查制度，建立完善对农村承包合同纠纷的调解和仲裁制度。二是资产管理制度。依据党的方针政策和国家的法律法规，结合本地实际，制定一系列的章程和村规民约，包括防止资产流失、定期清理集体资产、提留管理、民主理财、集体股权和债权的经营管理等制度。三是积累制度。确定符合实际的积累与消费比例，在积累方面，集体的各项承包所得，除了缴税费外，征用土地补偿、固定资产折旧、上级无偿拨款等都应纳入积累，除少部分用于公共福利和社会困难补助外，大部分用于扩大再生产。四是收益分配制度。坚持按劳分配，鼓励多劳多得；建立和完善乡村股份分红分配制度，管好用好集体股权收益；探索和健全各类经济合作组织的收益分配制度。五是社会服务制度。建立健全农村社会化服务组织体系的规章制度，完善县乡村服务组织，形成上下贯通的服务网络；建立服务考核制度，规范服务组织与农户之间的利益关系；政府要加大对服务组织的扶持，推进服务组织发展（张成林等，2000）。其次，加强资产管理。由县、乡、村三级对农村集体经济组织的资产（资金、资源、资产）进行全面清理，并录入集体资产管理平台，如有变动都要经过先入系统方可变动，登记后要赋予法律效应。建立财务监管平台，及时公开财务，所有账务信息接受来自村级党组织及上级政府、第三方审计、公众和社员的监督，建立公开、透明的精细化财务管理机制。乡镇以上政府要强化对项目审核、资金使用的监管，确保每一项资金都用在发展壮大集体经济上。最后，实行绩效管理。出台县域发展壮大农村集体经济的考核办法，将发展村集体经济纳入年度考核，明确奖励办法，对做出贡献的单位和个人，给予物质奖励和精神奖励，提高村支两委干部的积极性。

（四）强化集体经济队伍建设

首先，加强集体经济组织建设。在精准脱贫过程中，发展壮大农村集体经济必须坚持党的领导，村级党组织是基层的领导核心。加强村支两委干部建设，在思想上要解决"五怕"问题，稳定村级党员干部队伍，培育村干部的干事闯劲和创业精神。把那些事业心强、懂经营、会管理，具有发展集体经济头脑，有开拓精神，无私奉献、不怕吃苦、秉公办事、廉洁自律的人选来担任村支书。继续实行大学生村官制度，对发展壮大集体经济的大学生村官给以重用提拔等激励政策。重点从能人、大户、科技致富带头人中选配村干部，提高村级班子发展集体经济的能力。其次，吸收与引进人才。一是重点加强科技扶贫专家团服务工作。二是引进职业经理人作为集体经济运作的专业营运人，既可以采取资金待遇引进，也可以投资商和运营商分离模式。三是引进专业技术人才。通过引进专业技术人才开发新产品，打造新品牌，提升产品市场竞争力。四是继续深入实施大众创业万众创新活动，鼓励外出务工人员带回资金、带回技术返乡创业，解决劳力短缺问题。最后，培育技术人才。一是建立人才信息库。将村集体经济组织人才录入信息库，以备针对性培养。二是实行技能培养。由政府相关部门选拔一批人员，定期或不定期组织开展技能培养；依据市场行业发展需求，从大专院校、科研机构、社会聘请某领域领头人或专业技术人才，进行专业性指导。相关部门派技术员经常进入村组进行精准指导。三是建立技术交流平台。鼓励人才相互交流技术，丰富技能，提高产品科技含量。四是建立人才实训基地。依托现代农业园、龙头企业、专业合作社组织等，合理规划布局一批集培训、实习、创业于一体的农村集体经济组织人才培养实训基地来培养人才。

（五）拓展集体经济交易市场

发展壮大农村集体经济，最终目的是增加农民收入，实现贫困农民脱贫，这就需要解决市场问题，来增加产业效益。首先，发展农村电子商务。县级政府要深入推动县域电子商务发展，加快贫困村电商服务平台建设，出台加快电子商务发展的优惠政策，引导企业电商融合转型发展；培育电商人才，深入推进电商进村，加快电子商务业态发展，拓展市场销售渠道，规避产品滞销、市场信息不对称等风险。其次，规模化经营。集体经济规模化经营是提升市场竞争力的重要基础。这需要政府积极引导规划，通过土地适度规模集中，资源成片集中开发或品牌集中打造，特别是培育新型经营合作组织，实现规模化经营。再次，加强品牌培育。县域要按照"一村一品"或"几村一品"等规划，充分挖掘资源优势，借助特色产品、特色景点、特色文化等现有基础，大力挖掘和培育品牌，提高市场竞争力。最后，开拓市场销售渠道。政府注重市场基础设施建设，集中产品交易，便于市场管理。积极开展年会、协会、展销会、农博会等活动，促进产品交易；利用网络资源平台，提供市场信息，拓宽产品销售渠道，提高产品效益，确保参与发展集体产业的贫困农民获得可持续收入，实现真脱贫。

五、结论

习近平总书记指出："在扶贫中，要增强乡村两级集体经济实力，否则，整个扶贫工作将缺少基本的保障和失去强大的动力，已经取得的扶贫成果也就有丧失的危险。"发展壮大农村集体经济是实现从过去统分结合的双层经营体制到现在贫困农民由"分"转变为"统"的经济发展过程，是贫困农民避免单干风险的重要手段，是贫困农民实现共同富裕和乡村振兴战略的重要举措，更是 2020 年后贫困农民不再返贫的扶贫工作重点。

参考文献：

[1] 习近平：《扶贫注意增强乡村集体经济实力》，《摆脱贫困》，福建人民出版社 1992 年版。

[2] 王留鑫、何炼成：《农村集体经济组织的制度困境与治理之道》，《西北民族大学学报》(哲学社会科学版) 2017 年第 3 期。

[3] 孔祥智、高强：《改革开放以来我国农村集体经济的变迁与当前亟须解决的问

题》,《理论探索》2017 年第 1 期。

[4]杨一介:《我们需要什么样的农村集体经济组织?》,《中国农村观察》2015 第 5 期。

[5]方志权:《农村集体经济组织产权制度改革若干问题》,《中国农村经济》2014 年第 7 期。

[6]张成林、高建民等:《社会主义市场经济条件下农村集体经济运行机制研究》,《农村经济研究》2000 年第 1 期。

[7]王静:《渐进性农村股份合作制改革的路径分析》,《农业经济问题》2017 年第 4 期。

资本缺失与多维贫困

——南疆四地州民族乡脱贫攻坚的路径选择与实践探索

张建军　汪　俊

（塔里木大学人文学院，新疆维吾尔自治区 阿拉尔，843300）

摘要： 新疆南疆四地州深度贫困区有8个民族乡，是新疆扶贫开发工作的重点之一。资本缺失是南疆四地州民族乡贫困的重要成因，民族乡贫困有着多维性特征：一是民族乡贫困程度深、贫困比例高；二是基础设施建设和经济发展落后造成少数民族农牧民收入较低；三是教育、医疗等公共服务体系不健全带来的少数民族自我发展能力薄弱；四是生态环境脆弱特性引发的普遍性生态贫困。温宿县博孜墩柯尔克孜族乡脱贫攻坚的实践表明，新疆深度贫困区民族乡要构建多维资本协同的扶贫机制：加强物质资本投入以提升村落基础设施和公共服务水平；加大生态资本投入以实现生态和谐与经济增长的良性互动；强化人力资本投入以促进少数民族贫困人口自我发展能力；重视社会资本投入以增强少数民族脱贫的内源动力。多维资本协同的扶贫机制有助于新疆深度贫困区民族乡顺利脱贫，确保新疆全面建成小康社会。

关键词： 南疆四地州民族乡；多维贫困；资本协同扶贫；博孜墩乡实践

党的十八大以来，党中央把扶贫开发工作纳入"四个全面"战略布局，实施精准扶贫、精准脱贫基本方略，我国扶贫开发已进入啃"硬骨头"、攻坚拔寨的冲刺期。新疆南疆地区民族乡大多地处边境地区、山区和牧区，地理

作者简介：张建军，塔里木大学人文学院副教授。

位置偏僻、自然灾害多发，民族乡经济社会发展尤为滞后，贫困问题突出，脱贫攻坚任务艰巨，是新疆扶贫开发的重点地区之一。

一、南疆四地州民族乡的多维贫困特征

新疆有 42 个民族乡，分布在 11 个地、州，29 个县市，人口 33.97 万人，其中少数民族 27.03 万人，占民族乡总人口的 79.58%。新疆民族乡分布呈现北疆多、南疆少，且集中于边境县市和牧区的特点，北疆 29 个，南疆 9 个，东疆 4 个。总的来看，地处南疆四地州深度贫困区的 8 个民族乡经济社会发展总体较落后，是新疆脱贫攻坚的重点。

阿马蒂亚·森基于基本能力理论提出了"多维贫困"理论，认为"除了收入和物质不足以外，贫困主要体现为基本能力被剥夺，并体现在多个维度，如早逝、长期疾病、普遍文盲等"。联合国开发计划署对贫困的界定也是多维的，不仅指经济收入不足，也从生活质量、发展机会和基本权利等方面来界定贫困，以全面反映贫困群体的经济水准和生存状态。新疆深度贫困区民族乡人口较少，集民族发展、边境安全、民生改善、扶贫开发和生态保护等于一体，贫困同样也呈现多维性特征。

（一）民族乡贫困比例高，贫困程度较深

南疆四地州深度贫困区 8 个民族乡的管辖县均为边境县和扶贫开发重点县。克州地区阿克陶县塔尔塔吉克族乡是深度贫困乡，下辖 8 个村，共有贫困人口 3939 人，占全乡总人口的 73%。阿克苏地区乌什县亚曼苏柯尔克孜族乡下辖博孜村、喀拉玉尔滚村两个深度贫困村，尤喀克亚曼苏村也是边境贫困村，贫困人口达 64%；温宿县博孜墩柯尔克孜族乡有博孜墩村、克孜勒布拉克村两个自治区级贫困村。总体而言，南疆地区民族乡下辖的贫困村普遍较多，贫困人口比例较高，贫困问题较为突出。

（二）经济发展程度较低，收入性贫困特征明显

南疆地区民族乡经济发展程度总体较低，农牧民家庭具有明显的收入性贫困特征。2012 年，温宿县博孜敦柯尔克孜族乡、阿克陶县塔尔塔吉克族乡人均纯收入分别只有 1524 元、1964 元，远远低于国家规定的贫困线 2300 元

标准。2014 年，温宿县博孜墩柯尔克孜族乡农民人均可支配收入 2648 元，阿克陶县塔尔塔吉克族乡农民人均可支配收入 3121 元。新疆深度贫困区民族乡农牧民大部分收入来源于传统种植与养殖等经营性收入，财产和工资性收入明显不足，使得贫困人口生产生活水平总体不高。

（三）基础设施建设不足，贫困群体生活条件较差、产业发展受阻

南疆地区民族乡大多位于边境山区或牧区，地理位置尤为偏远，基础设施建设成本较高、维护难度大且总体投入有限，水、电、路及通信网络等基础设施建设普遍落后，加之沿袭传统游牧生计方式，当地民众长期处于相对封闭环境。如阿克陶县塔尔塔吉克族乡位于县域的最南部，公路距离县城 400 公里，温宿县博孜墩柯尔克孜族乡距离县城 120 公里。由于处于牧区和边境地区，远离本地区发展中心，民族乡的教育、医疗卫生等条件差，少数民族贫困家庭生计更多依赖地方性知识，现代科学文化和知识技能不足，人力资本水平较低，市场经济发展成果难以有效惠及贫困人口。同时，民族乡大都地处高寒山区、荒漠化地区，人均耕地不足 2 亩，可灌溉草场面积有限致使可利用草场严重不足，农牧业生产大都只能满足基本生活需求。

（四）劳动力素质普遍较低，人力资本水平不高

新疆少数民族贫困地区大都面临劳动力素质普遍偏低，人力资本不足的问题，南疆地区一些贫困问题突出的民族乡也是如此。文化素质不高是当前南疆地区民族乡发展面临的关键难题，如乌什县亚曼苏柯尔克孜族乡是深度贫困乡，当地居民受教育水平普遍较低。根据 2017 年乌什县建档立卡信息了解到，贫困人口中 6.89% 为文盲或半文盲，46.11% 为小学文化程度，44.77% 为初中文化程度，1.94% 为高中文化程度，0.29% 为大专及以上文化程度。此外，南疆四地州民族乡的就医环境差，高血压等地方性疾病多发，影响当地居民身体健康。人力资本水平不高，劳动力素质低导致民族乡难以有效推进开发式扶贫。

（五）生态环境脆弱，自然灾害频发

南疆地区民族乡大都地处荒漠化地区或高寒山区，水资源分布不均，生态环境极其脆弱，雪灾、风灾等自然灾害频发。阿克陶县塔尔塔吉克族乡地

处西昆仑山区，温宿县博孜墩柯尔克孜族乡地处天山南麓边缘，两个民族乡极易遭受雪灾、冻灾等自然灾害，乌什县亚曼苏柯尔克孜族乡也是洪灾频发。由于自然条件恶劣，当地农牧业开发难度大，频发的自然灾害对种养殖业造成极大伤害，致使农牧业发展受阻。恶劣的自然环境导致农牧民生存、生产和发展空间不足问题尤为明显，形成较为严重的生态贫困。

总体而言，南疆深度贫困区的民族乡面临的"不是一种贫困，而是相互关联的多重贫困问题"。地处深度贫困区的民族乡经济社会发展过程中，各类资本存量都严重不足，贫困呈现出物质、生态、人力和社会等多重资本匮乏、相互交织负向叠加的复杂特征。

二、南疆四地州民族乡脱贫路径：多维资本协同扶贫

随着反贫困理论范式的不断拓展和深化，一些研究开始探讨资本与贫困关系问题。长期以来，学界对于"资本"的各种论述主要从三个维度展开：物的维度（物质资本）、社会关系的维度（社会资本）、精神生活的维度（人力资本）。20 世纪末以来，在全球生态化发展进程中，也一致认为以环境形式而存在的生物圈作为一个整体构成了一种资本，其服务价值是客观存在的，并且是人类生存、生产和生活所必需的，由此产生了生态资本概念。生态资本概念及研究范式的提出，也体现了经济学与生态学研究领域的突破，生态资本、物质资本、人力资本和社会资本等都成为推动长期经济增长的要素。随着人们对资本理解和认识的深化，贫困治理上也逐步采用多元资本协同方式推动贫困地区经济社会发展。

南疆深度贫困区的民族乡的扶贫开发上也经历了从物质资本推动型，逐步过渡到物质和人力资本并举，再到重视社会资本、生态资本介入的过程。在脱贫攻坚的冲刺阶段，南疆地区民族乡应加强社会资本和生态资本投入，合力形成"多维资本"协同联动的贫困治理格局，这应是深度贫困区民族乡精准脱贫的重要路径。

（一）加大物质资本投入是改变民族乡基础设施滞后的客观要求

物质资本是个人拥有的物质资源禀赋，通过改善贫困人口的物质资本

状况可以有效缓解贫困。物质资本效用的发挥与经济增长情况密切相关，经济增长为贫困减少提供了坚实的物质基础。南疆深度贫困区的一些民族乡，由于基础设施建设滞后、基本公共服务体系不健全等现实困难，极大制约了本地区经济发展和农牧民增收。南疆地区民族乡的脱贫攻坚，还需要加大物质资本投入以满足各族群众生产生活发展需求，着重在基础设施、公共服务体系等物质资本层面进行减贫干预，强化深度贫困区民族乡的物质基础保障，改善少数民族贫困群体的生存条件，进而提高贫困人口的生产生活水平。

（二）加强人力资本投入是提升贫困人口自我发展能力的根本方式

基于人力资本视角对贫困发生机制的研究表明，个体间的人力资本差异是影响收入差异的重要因素。贫困问题的根源在于贫困群体缺乏分享经济发展成果的能力，"智力性、素质性贫困是制约贫困地区转型发展的主要内在阻力"。舒尔茨将人力资本视为劳动者受到教育、培训、实践经验和保健等方面的投资所获得的知识和技能的累积，强调"有能力的人民是现代经济丰裕的关键"。因此，人力资本开发也成为减贫的重要政策，通过个人能力提升以增强社会竞争力，有助于贫困人口的脱贫和全面发展。

南疆四地州深度贫困区民族乡由于教育、科技和医疗卫生等事业发展薄弱，很多少数民族群众不识汉字、不懂汉语，文化教育程度较低，思想观念陈旧，加之医疗卫生条件有限，民众看病难、生病不就医等问题依然存在，农牧民生产技能和综合素质偏低，致使生产发展受阻。因而，在民族乡扶贫开发中，尤其需要重视少数民族农牧民人力资本投入，加强教育投入，积极开展农牧民培训，培养贫困人群发展生产和务工经商的基本技能，从根本上改变贫困人口的自我发展能力薄弱的局面。

（三）完善社会资本投入是激发贫困群体内源动力的有效载体

社会资本的内涵十分丰富，基于社会学视角而言，"社会资本是实际的或潜在的资源的整合，这些资源与网络身份（个体是否属于网络）息息相关，这种资源能通过集体享有的资本向网络中的每个成员提供支撑"。社会资本具有潜在的经济和社会绩效，包括改善健康状况，促进收入水平的均等和促进经济增长等。社会资本不足往往是制约贫困地区发展的一个瓶颈，贫困群体大都在社会关系和网络方面处于弱势地位，贫困者缺乏以参与网络为载体的公民互惠、信任和合作，影响了自身利益的维护和经济状况的改善。就南疆地区的民族乡而言，乡镇企业和非公经济发育严重不足，各类社会组织缺乏使得劳动中介机构和大众传媒无法提供有效信息，广大少数民族贫困群体未能分享到社会资本带来的收益。

南疆四地州民族乡在现代化和城市化发展进程中，随着牧民定居工程和深度贫困区易地扶贫搬迁政策的实施，边远地区民族乡也不可避免进入现代市场体系，社区原有的社会关系和网络格局被打破。南疆地区的民族乡要重视农牧民社会资本的培育，引导贫困与非贫困群体之间的互助合作，通过合作形成规模经济并带动发展；积极营造有利于各类社会组织生存和发展的空间环境，发展务工组织、各种养殖和种植合作社等，进而将农牧民个体积聚到各类组织网络，通过该组织纽带激活贫困群体脱贫的动力，进而增强贫困群体的内源动力。

（四）重视生态资本投入是实现生态与经济良性互动的重要保障

许多生态脆弱区生态资本水平低，促使生态贫困蔓延，但是通过生态资本投资和经营可有效改变生态脆弱区生态贫困问题。就西部民族地区而言，针对"战略地位重要、生态资源丰富、民族文化深厚、贫困连片聚集的'四位一体'地区应实施生态资本运营战略"。尽管南疆深度贫困区的民族乡大都地处生态脆弱区，但依然可以通过生态资本投资，有效增加当地群众的收益，进一步化解生态贫困问题。

新疆南疆四地州由于发展理念和现代科技支撑不足等因素，产业结构单一，生产经营方式粗放，使得本地区大量优质资源尤其是生态资源难以有效开发。南疆深度贫困区民族乡应树立生态资本理念，积极地将生态资源优势转化为生态资本，探索本地区新的生态资源型生产要素，利用现代科学技术大力发展生态产业，最终生产出满足人民绿色消费的新型农牧生态产品。"通过开发贫困地区的自然资源，支持贫困人口的农业和非农业生产等多种创收活动，来提高贫困人口的收入水平"。

三、博孜墩实践：多元资本协同扶贫的地方样本

（一）温宿县博孜墩柯尔克孜族乡基本情况

温宿县博孜墩柯尔克孜族乡地处天山南麓高寒山区，与吉尔吉斯斯坦共和国接壤，边境线长 43 公里，辖 9 个行政村和 1 个社区。2016 年，全乡共有 2215 户 7694 人，有柯尔克孜、维吾尔、汉三个民族成分，其中柯尔克孜族占总人口的 30.18%。博孜墩乡有深度贫困村 2 个，共计 486 户 1874 人，全乡有贫困户 1293 户 4664 人，贫困人口占总人口的 61%，属于深度贫困民族乡。

（二）注重生态资本投资，发展旅游产业减少生态贫困

温宿县博孜墩乡海拔为 1500—3500 米，生态资源非常丰富。该乡境内的托木尔峰自然保护区被评为世界自然遗产，有天山最高峰托木尔峰，近 700 种高寒山区植物垂直分布明显，温宿托木尔大峡谷属雅丹地貌，是中国最大的岩盐喀斯特地质景观。博孜墩乡有距今 1000 余年的古墓群、库尔干（破城子）古城遗址等，具有较高的生态旅游开发潜力。由于地理位置偏远，博孜墩乡长期处于隔绝状态，美丽富饶与极度贫困并存。

近几年来，博孜墩乡开始逐步转变发展理念，加大生态资本开发与投入，积极挖掘生态环境和自然资源优势，将生态优势转化为经济优势，全力打造旅游服务乡镇。温宿县先后投入 2500 余万元旅游开发资金，建设景区有温宿大峡谷、阿克布拉克草原（2A 景区）、天山度假村、黑加仑度假村等。当地政府部门精心设计了世界遗产天山之旅线路：温宿托木尔大峡谷—博孜墩阿克布拉克草原旅游，通过"旅游＋"模式推动地方经济发展，主打旅游绿色生态食品和柯尔克孜族民族刺绣歌舞两大特色品牌。温宿县为了加快旅游产业发展，推介"天山·托木尔"世界自然遗产品牌，2013 年起在博孜墩乡举办"天山托木尔文化旅游节"，已成功举办了四届，旅游节中的项目有自驾游、赛马叼羊、柯尔克孜民俗表演等活动，进一步推动了该乡旅游产业发展。博孜墩乡还大力推行"农牧游合一"模式，扶持当地农牧民开办牧家乐参与旅游业发展，生态资源的开发有力地促进了当地富余劳动力转移和少数民族

农牧民增收。

（三）持续加大物质资本投入，有效解决村民物质贫困

自 2010 年中央新疆工作座谈会以来，温宿县政府加大村落基础设施、生活设施及公共文化设施建设力度，每年投入 500 万元扶贫资金以完善基础设施建设，为博孜墩乡贫困改善奠定了物质基础。一是积极改善农牧民居住条件。2004 年新疆实施抗震安居工程以来，博孜墩乡先后修建 600 套砖木结构安居房，住房面积在 70 平方米左右。在"十二五"期间，博孜墩乡又完成游牧民定居房 462 套，原址新建改建 463 套，各个村都已接通自来水，广大农牧民生活环境得到明显改善。二是加强交通等基础设施建设。博孜墩乡大力扶持乡村两级硬化、绿化、亮化工程，村里主干道安装太阳能路灯，各个行政村全部通柏油路，每天通往县城的班车已从两班增至五班，农牧民日常出行更为便捷。三是推动公共文化设施建设。博孜墩乡有浙江金华市援建的文化礼堂、篮球场和排球场，乡文化馆设有图书站、多媒体室、活动室、播音室和展览室。广播人口覆盖率达 98%，电视覆盖率 97%。每个村建有农家书屋，村里的文化室每天定时播放广播。

（四）发展特色产业，有效改善农牧民收入性贫困

博孜墩乡有可耕地面积 4.7 万亩，耕地大都属坡地和谷地，人均耕地少，严重制约了农业发展。近年来，博孜墩乡政府积极调整种植业结构，发展新兴种植业，逐步引导农民由传统种植向经济作物转变。该乡积极推广马铃薯种植，在博孜墩村建成马铃薯生产基地，面积达 1000 多亩。金华市作为援建单位也积极指导农民土豆种植技术，通过引进优质新品种，2016 年亩产已达到 4 吨左右，每亩纯收入近千元。2014 年该乡还开始推广种植耐寒的榛子树，种植面积 400 多亩。此外，博孜墩乡还逐步引导当地农民向旅游农业转型，位于天山托木尔峰景区入口的阿克布拉克村，2016 年引进伊犁薰衣草品种并成功试种 50 亩，着力打造观光旅游农业。

博孜墩乡积极转变传统粗放型畜牧业发展方式，逐步发展现代畜牧养殖业。至 2016 年，博孜墩乡已建成肉羊养殖基地 2 个，万头牛养殖基地 1 个，高山牦牛养殖基地 1 个，骆驼养殖基地 1 个，养殖各类有机农牧产品 24 种，

牲畜总存栏达 6.7 万头。政府还积极扶持农民成立养殖专业合作社。2014 年博孜墩村村民成立了第一家养殖合作社，买提尼亚孜成立了青松畜禽养殖农民专业合作社，2016 年吾斯塘博依村成立了穆扎特河家禽畜牧养殖农民专业合作社。养殖业已成为博孜墩乡经济发展的重要支撑。博孜墩乡发展特色经济有力地带动了农牧民增收，2017 年农牧民人均纯收入增至 6000 多元。

（五）通过人力资本建设推动智力扶贫，提升农牧民自我发展能力

长期以来，博孜墩乡少数民族村民文化教育程度普遍较低，很多村民都不懂汉语，汉语交流十分困难，有的村民甚至从未到过县城。近几年来，温宿县和博孜墩乡政府开始重视智力扶贫，加大人力资本建设，积极提升农牧民自我发展能力。

首先，积极发展教育事业。该乡九年一贯制学校已建成为完全寄宿制学校，辖初中部、中心小学、博孜墩村小学和一所幼儿园，学生宿舍和食堂等配套设施一应俱全。其次，完善医疗卫生服务体系建设。2011 年，浙江省金华市援建了乡卫生院大楼，建筑面积达 1500 平方米，卫生院医疗水平和硬件设备明显提高，极大方便了农牧民看病就医，2015 全年住院病人达 1600 例。最后，积极开展就业培训和实用技能培训，注重少数民族农牧民文化素质和发展技能的提升。针对少数民族文化程度低、旅游服务业技能缺，许多农牧民不懂汉语的情况，开设了旅游从业人员汉语培训班、厨师培训班和旅游从业知识培训班。2016 年起，驻村工作队每周定期举办"农牧民夜校"，开展汉语、政策宣讲和农牧业生产技能的培训。几年来，博孜墩乡积极投入人力资本开发，提高农牧民综合素质和自我发展能力，有效激发了农牧民脱贫致富的内在活力。

（六）注重社会资本投入，搭建引导村民致富的组织载体

社会资本往往是以社会关系网络为载体，通过合作提高资源配置效率土地，同时有助于信息的传播。因此，积极搭建各类互助组织和信息沟通平台，有利于鼓励和引导贫困人群脱贫。博孜墩村村民利用自治区边境扶贫项目支持，成立了冰山洋芋种植合作社，通过土地流转助推脱贫攻坚。博孜墩村国家级非物质文化遗产（刺绣）保护项目传承人布如勒·依斯卡尔，成立了宝美柯尔克孜手工刺绣农民专业合作社，参与合作社妇女 20 余人，主要制作床

上用品、墙毯、服饰等刺绣产品，实现家门口就业，增加家庭收入。以村民为主导的各类合作组织有效地帮扶了贫困人口，通过合作组织载体进一步增强了农牧民内源发展动力和社区凝聚力。农牧民通过旅游参与式扶贫，开展农家乐、餐饮、休闲娱乐和民族手工艺等经营活动，提高了农牧民脱贫致富的积极性。

此外，2017 年温宿县还实施了"百企帮百村、千人帮千户"帮扶举措，博孜墩乡贫困村都有相关企业和干部进行一对一帮扶。企业直接帮扶贫困户，提供资金、技术和产业发展等方面的帮扶。温宿县的部分科级干部也都与该乡困难家庭结对帮扶，带来的不仅仅是化肥、种子等方面的物质帮扶，更为其生产发展和转移务工提供更多信息和机会，也扩大了当地贫困人群的人际关系网络，有助于贫困家庭增收。

（七）社会和谐稳定，民族关系融洽

博孜墩乡地处边远山区，当地民风淳朴，民族间团结互助，十余年里辖区内未发生暴恐案件、重大群体性事件，社会稳定。民族间的相互通婚，是维系和谐民族关系，融通民族情感，促进民族融合，增进民族团结的有效方式和重要途径。近年来，博孜墩乡各民族在频繁的互动中民族关系不断趋于融洽，族际婚姻也逐渐增多，自 2001 年以来该乡先后有 17 名汉族男子与柯尔克孜族姑娘缔结婚姻，这对当地民族关系的调节、社会和谐发展起着潜移默化的推动作用。2014 年 9 月，博孜墩乡荣获"国务院第六次全国民族团结进步模范集体"称号，成为新疆基层乡镇民族团结的典范。在博孜墩乡民族团结进步创建工作中，涌现出一大批优秀干部群众，其中 1 人被评为自治区民族团结进步模范个人、6 人被评为地区和县级民族团结进步模范个人、4 人被评为地区十佳道德模范。

（八）博孜墩乡实践的反思

自中央新疆工作座谈会以来，在党中央、国务院、援疆省市的支持下，新疆经济社会发展迅猛。温宿县博孜墩乡也积极转变发展方式，加大扶贫开发力度，以改善民生为根本，促推当地经济社会快速发展，少数民族群众生产生活水平显著提高。2017 年博孜墩乡以较好的成效通过了国务院组织的扶贫验收工作。

从温宿县博孜墩乡多维资本协同扶贫实践来看，目前还远未实现乡村物质、人力、生态和社会资本相互促进的良性循环格局。物质资本投入明显改善了农牧民的生活水平，生态资本投入使得农牧民家庭也开始转向高价值的旅游业及观光农业生产，农牧民生计方式朝向多元化发展。尽管开始重视人力资本投入，引导社会资本投入，但是村落社区和少数民族农牧民自我发展能力薄弱、内源动力不足等问题依旧突出。"贫困地区发展要靠内生动力……内外结合才能发展。"在博孜墩乡脱贫攻坚上，还需加大对农牧民思想观念、文化教育和社会网络关系的干预和改造，激发贫困群众脱贫致富的内在活力，进而增强贫困乡村脱贫的内源动力。

四、结论

在全面建成小康社会的决胜阶段，新疆南疆四地州深度贫困区各族人民日益增长的美好生活需要和不平衡不充分的发展之间的矛盾依然突出。南疆四地州民族乡集少数民族、深度贫困地区、贫困群体三重特点于一体，在历史、自然地理等综合因素作用下，民族乡的贫困问题呈现出物质、生态、人力和社会资本多重资本贫困交织叠加特征。因此，新疆深度贫困区民族乡的脱贫攻坚，需要积极构建各类资本协同扶贫机制，增进各种资源流入贫困乡村。在生态发展理念主导下，生态资本可以推进乡村自然资本加快增殖及生态产业发展，物质资本推动了农村基础设施和公共服务建设，人力资本开发有利于新型农牧民、本土技术人才的培育，社会资本有助于农民发展各类合作组织，助推乡村形成人才、土地、资金和产业汇聚的良性循环。

对于南疆四地州深度贫困区乡村而言，还需持续加大物质资本和生态资本投入，快速提升贫困人口的生产生活水平，进一步缩小贫富差距，还需加强人力资本和社会资本投入以增强个体发展能力，激发贫困人口致富的内源动力。总之，新疆南疆四地州贫困乡村只有形成各类资本协同扶贫的格局，才能实现深度贫困区民族乡少数民族群众的精准脱贫，助推南疆四地州深度贫困区乡村的发展和振兴，确保新疆深度贫困区各族民众共同迈入小康社会。

转变与发展：流动人口返乡决策视角下对新时代扶贫工作的思考

王 丽

（公安部户政管理研究中心，北京 丰台）

摘要： 乡村振兴战略是创新解决中国城乡经济社会发展差距、促进城乡文化交融的有益尝试，更是推进扶贫工作深度、拓展扶贫工作广度、丰富扶贫工作维度的新时机。流动人口作为城乡融合的重要传播者，其面临不同生活困难时确定返乡、确定留城及没想好是否返乡的影响因素作用机制是解读新时代扶贫工作的重要视角。根据 2017 年天津市流动人口动态监测调查数据，从不同地区和不同类型生活困难的角度，深入剖析老家生活困难、本地生活困难对流动人口确定返乡、确定留城、没想好是否返乡的作用方向和程度。研究发现：老家生活困难对流动人口返乡决策的影响大于本地生活困难，且在不同决策中影响方向不一致；子女照料和教育困难的解决显著提高流动人口不返乡意愿，老人赡养夫妻团聚显著提升流动人口的返乡意愿，各类生活困难对流动人口没想好意愿的影响不显著。老家生活困难的"挤出效应"显著，老家生活困难的解决更需要借助本地的经济收入和公共资源；本地生活困难的"吸引效应"显著，本地社会融入困难和经济困难提升流动人口不返乡意愿。由此，新时代新型城镇化和乡村振兴战略的共同推进将促进扶贫工作思路的创新，实现"城乡衔接、区域互动、动静结合"的新模式，注重探索和总结面临经济、教育、照料等困难流动人口个体的解决办法和可行路径，为促进新时代扶贫工作提供有效的实践参考。

关键词： 扶贫工作；流动人口；返乡意愿；生活困难

作者简介：王丽，公安部户政管理研究中心。

一、引言

改革开放四十年来，流动人口规模的扩大和各项服务管理政策的健全完善深化了流动人口对流出地和流入地经济、社会、文化的影响。从某种意义上讲，流动人口是农村地区相对贫困群体的一部分，通过流动后就业、身份的改变，很多人逐步地实现了脱贫，甚至提前进入小康生活，其子女通过接受更好的教育，实现了代际间职业的成功上升，打破了贫困的代际传递。人口流动是一个长期的过程，其对流入地和流出地的影响是逐渐发展并随着制度改革和政策调整不断发生变动的过程。对部分流入人口较多的地区来说，流动人口的集聚带来了经济的快速发展和城镇化迅速推进，促进了传统乡村文化与现代城镇文化的交流融合，改变了城镇地区劳动年龄人口与老年人口的结构，推动了城镇地区基本公共服务均等化。对部分流出人口较多的地区来说，流动人口的离开解决了农村地区剩余劳动力的问题，出现留守儿童照料、留守老人赡养、留守妇女家庭团聚的困难，扩大了乡村地区和城镇地区经济发展水平。在此进程中，部分长期工作生活在某一城市的流动人口通过户籍制度改革顺利实现身份转变，由流入人口转变为本地户籍人口，享有同等的教育、医疗、住房、就业、社会保障等资源，逐步实现从经济生活到文化观念的深度融合。同时，部分长期工作生活在流入地的流动人口通过居住证制度、积分落户制度等的梯度赋权陆续享受到基本公共服务均等化的实惠，并对未来留在现居住地的生活有明确的预期和长远的打算。

与此同时，农村地区和城镇地区的发展深刻受到流动人口居留意愿的影响，存在多重因素的重塑和博弈两个过程。从乡村地区来看，流动人口的流出—返乡过程既是经济发展的新鲜活力因素，也是社会文化变迁的创新融合因素，存在经济发展理念、制度政策支持、社会文化更新的重塑过程；从城镇地区来看，流动人口的流入—离开过程既是产业转型升级的现实需求，也是人力资本水平提高的人才发展需要，存在经济高质量发展、基本公共服务均等化、劳动力资源优化的博弈过程，这两个过程同时存在、相互并行，共同影响着城乡融合水平、扶贫工作开展及新型城镇化和乡村振兴战略的共同推进。

二、相关理论和实证研究

新古典经济学从宏观和微观两个方面解释人口迁移的动力系统，宏观理论认为劳动力供给和需求分布的不平衡引发劳动力在不同地区间的调整，其核心要素是工资水平，并进一步细分为劳动力流和人力资本流；微观理论认为个体作为理性人从预期收益和迁移成本的计算中选择预期回报最大的地区，迁移可能会伴随着"成本—回报"的"刘易斯转折点"的出现而终止。迁移新经济学不仅关注迁移决策中个体利益的最大化，更关注家庭整体收益的最大化和风险最小化，尤其是在经济状况一般、社会保障和福利缺乏、没有贷款支持的情况下通过迁移决策获得家庭经济支持和资本基础。基于中国人口流动迁移受到较多制度因素影响的原因，流入地和流出地的经济、社会、文化、环境的差异形塑着人口流动迁移的决策系统，其主导因素由最初的经济原因逐渐丰富为教育资源、医疗资源、住房保障等基本公共服务原因，尤其是当经济收益在城乡、省市区、区域间的差距不断缩小的过程中，个人职业发展、子女教育和老人医疗的重要性日益凸显。

流动人口的返乡意愿主要是指流动人口基于自身的就业状况、经济收入、家庭需求、社会发展等因素，选择是否返回流出地就业生活的主观想法，包括确定返回家乡、确定不返回家乡及不确定是否返回家乡三种情况。已有研究中，主要集中讨论农民工返乡的主题，对流动人口的返乡现状、特征、原因及对新型城镇化的影响进行了描述、总结和剖析。重点关注流动人口中确定返乡人群的再就业状况、职业农民培育状况、创业地点选择及政策支持情况等。返乡人群具有收入水平较低、职业稳定性较低、家庭老人和小孩照料需求旺盛等特征。实现再就业的主要途径是附近城镇地区产业布局转移到家乡周边的新开企业。提升技能培训制度缺乏，职业化农民发展路径相对较窄。家庭照料问题的解决会产生新的离乡返城意愿，形成"留城—返乡—留城"循环反复的流动路径。

综合来看，流动人口返乡意愿的研究更多关注了已经返乡的农民工静态结果的特征、成因及意义，较少关注还处于犹豫徘徊状态及确定不返乡流动人口决策的动态过程的现状、影响因素及价值。尤其是聚焦于流入和流出地生活困难对流动人口返乡决策的"挤出效应"和"吸引效应"的研究较少。从表层来看，生活困难的解决对经济收入结构、职业发展、劳动力资源、教育资源、医疗资源及居住安排的要求各异。怎样的资源配置和生活安排是综合解决流动人口老家和本地生活困难的最好结构是需要深入研究和分析的问题。新型城镇化和乡村振兴战略背景下，区域协调发展、城乡融合水平和扶贫工作进一步推进为综合解决流动人口两地生活困难提供了新路径。本文以2017年天津市流动人口动态监测调查数据，综合分析流动人口确定返乡、没想好是否返乡及明确不返乡三种态度的现状，重点讨论老家生活困难和本地生活困难与流动人口返乡意愿的作用机制，为更科学地解决流动人口的不同生活困难、创新新型城镇化与乡村振兴战略共同推进背景下扶贫工作的开展提供新的思考路径。

三、数据与变量

（一）数据来源

本文使用2017年天津市流动人口动态监测调查数据，该数据由国家卫生和计划生育委员会组织和实施，采用分层、多阶段、与规模成比例的PPS抽样方法，以在调查地居住一个月及以上的、2017年5月年龄为15—59周岁的、非本区（县、市）户口的流动人口为调查对象，以了解流动人口的生存和发展为主要目的，包括流动人口的家庭成员与收支情况、就业情况、流动及居留意愿、健康与公共服务、社会融合等内容，共获得5000个样本。

（二）变量及测量

1. 因变量

以流动人口返回家乡、不返回家乡及没想好三种决策作为因变量。流动人口返乡决策是综合体系，包含确定返回家乡、确定不返回家乡及还没有想好三种态度，每一类别均为虚拟变量（是=1，否=0），确定不返乡的比例最高，没想好的比例居于第二位，确定返乡的比例最低（见表2）。流动人口在流入地的工作生活状况和在流出地的工作生活状况共同影响着返乡决策的形成和发展，当流出地的生活困难需要以返回家乡为条件时，确定返乡的比例明显较高；当流出地的生活困难借助流入地的就业、经济收入及基本公共服务资源能更好地解决时，不返乡和没想好的比例明显较高。总体上看，因家乡需要照顾老人、照顾小孩及返乡创业是返回家乡的主要原因。

表1 流动人口生活困难各成分因子负载矩阵

变量		因子1	因子2	因子3	被解释变异	因子1	因子2	被解释变异
目前在老家	老人赡养的困难	0.161	0.152	0.835	0.746			
	子女照看的困难	0.882	0.041	−0.012	0.780			
	子女教育费用的困难	0.877	0.043	0.042	0.773			
	配偶生活孤单的困难	0.365	0.242	−0.538	0.481			
	家人有病缺钱治	0.120	0.734	0.242	0.612			
	土地耕种等缺劳动力	0.000	0.773	−0.189	0.633			
目前在本地	生意不好做的困难					0.658	−0.121	0.448
	难以找到稳定工作					0.686	0.118	0.484
	买不起房子的困难					0.550	0.165	0.329
	被本地人看不起					0.310	0.634	0.498
	子女上学的困难					0.069	0.335	0.117
	收入太低的困难					0.644	0.160	0.441
	生活不习惯的困难					0.004	0.813	0.661
特征根		1.842	1.123	1.060		1.967	1.011	
解释比例		28.680	20.367	18.043		24.604	17.949	

数据来源：2017 年天津市流动人口动态监测调查数据。

2. 主要自变量

以流动人口在老家的生活困难和在本地的生活困难为主要自变量。留守老人、留守妇女、留守儿童是流动人口流出地面临的主要困难；创业就业、发展家乡是流动人口返乡决策的主要动力；子女上学、房价较高、社会融入水平低是流动人口流入地面临的主要困难；就业困难、收入较低是流动人口返乡决策的主要推力。两地生活困难对流动人口的返乡决策作用是否有影响、影响的方向和程度有待进一步分析。根据 2017 年天津市流动人口动态监测数据调查，以"老人赡养的困难""子女照看的困难""子女教育费用的困难""配偶生活孤单的困难""家人有病缺钱治疗的困难""土地耕种等缺劳动力的困难" 6 种在老家的生活困难及"生意不好做的困难""难以找到稳定工作的困难""买不起房子的困难""被本地人看不起的困难""子女上学的困难""收入太低的困难""生活不习惯的困难" 7 种在本地的生活困难（有 =1，没有 =0）测量流动人口的生活困难状况，通过因子分析分为老家和本地两个类别共提取 5 个共同因子，分别命名为老家子女照料及教育困难因子、老家经济及劳动力缺乏困难因子、老家老人照料及配偶团聚困难因子、本地经济困难因子、本地社会融入困难因子作为本文的主要解释变量，分析流动人口不同生活困难对返乡决策系统的影响（见表 1）。

3. 控制变量

流动人口的个体特征对返乡决策有重要影响。已有研究表明年龄和健康是影响流动人口返乡的重要因素，年龄越大在流出地寻找稳定性较高、收入水平较高的工作越困难，因病返乡、因残返乡是早期流动人口返乡的主要原因。此外，基本公共服务均等化水平的提高和留守老人、留守儿童问题的突出进一步改变着流动人口返乡决策影响因素的作用方式，性别（男性 vs. 女性）、婚姻（在婚 vs. 其他婚姻状况，主要包括未婚、同居、离婚和丧偶）、户口性质（农业户口 vs. 非农业户口）、教育程度、就业身份（男性 vs. 女性）、个人月收入水平的影响逐渐凸显。男女比例基本持平，平均年龄为 36.90 岁，在婚人口占比达到 91.00%，农业地区人口超过非农业地区人口，受教育水平以初中为主（48.60%），身体健康状况良好，稳定雇员是主要的就业身份，个人平均月收入水平为 4348.33 元（见表 2）。

表 2   研究与控制变量

变量名称		均值或比例（%）	频数（人）	变量名称		均值或比例（%）	频数（人）
因变量					农业户口	72.60	3629
不返乡	是	86.30	4313	受教育水平	未上过小学	2.20	109
	否	13.70	687		小学	14.30	713
返乡	是	1.60	79		初中	48.60	2429
	否	98.40	4921		高中/中专	18.70	934
没想好	是	2.00	101		大学专科	10.30	515
	否	98.00	4899		大学本科	5.60	281
生活困难					研究生	0.40	19
老家子女养育困难因子		0.00（1.00）	1751	健康状况	健康	84.60	4230
老家经济劳动力困难因子		0.00（1.00）	1751		基本健康	13.40	671
老家老人赡养配偶团聚困难因子		0.00（1.00）	1751		不健康，但生活能自理	1.90	96
本地经济困难因子		0.00（1.00）	2441		生活不能自理	0.10	3
本地社会融入困难因子		0.00（1.00）	2441	流动时间		7.83（6.77）	5000
个体特征				**就业特征**			
性别	女性	49.60	2478	就业身份	稳定雇员	54.60	2240
	男性	50.40	2522		雇主	4.90	201
年龄		36.90（10.26）	5000		自营劳动者	32.90	1347
婚姻状况	不在婚	9.00	450		其他	7.60	312
	在婚	91.00	4550	个人月收入水平		4348.33（3494.41）	4097
户口性质	非农业户口	27.40	1371				

注：流动时间和年龄是平均值，其括号内为标准差；其他各项均为百分比。

4. 研究方法

因变量流动人口返乡决策为虚拟变量，所以使用 Logistic 回归模型进行分析，模型表达式如下：

$$\ln\left(\frac{p_i}{1-p}\right) = \alpha + \sum_{k=1}^{k} \beta_k x_{ki}$$

其中，$p_i = p(y_i | x_{1i}, x_{2i}, \ldots\ldots, x_{ki})$ 是系列自变量为 βx_{1i}, x_{2i}, $\ldots\ldots$, x_{ki} 时流动人口不同类型返乡决策为是的概率；x 是流动人口的主要特征，包括生活困难、个体特征、就业特征三个方面；k 为自变量个数，a 为常量，β_k 代表偏回归系数。

四、实证分析

（一）描述性统计分析

不同生活困难流动人口的返乡决策差异显著（见图 1）。通过方差分析发现，各类生活困难对流动人口返乡决策的影响程度从不返乡、没想好到返乡依次降低。老家子女养育困难、老家经济劳动力困难、老家老人赡养与配偶团聚困难对流动人口不返乡、没想好、返乡的影响逐渐降低（F=2.100，P<0.000）（F=2.270，P<0.000）（F=2.030，P<0.000）。本地经济困难、本地社会融入困难对不返乡、没想好、返乡的影响逐渐降低，但其影响水平高于老家的其他三项困难（F=2.207，P<0.000）（F=2.500，P<0.000）（F=2.218，P<0.000）。总体来看，流动人口不管是面临本地经济困难、社会融入困难，还是面临老家子女养育困难、经济劳动力困、老人赡养和配偶团聚困难，其确定不返乡的意愿相对较高。

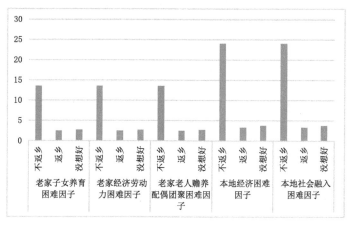

图 1　不同生活困难流动人口返乡决策的分布状况

（二）实证研究

因变量流动人口返乡决策是虚拟变量，所以使用 logistic 回归模型，分析流动人口不同生活困难对返乡决策的影响方式和程度。表 3 的回归模型结果（1）—（6）列分别汇报了老家生活困难、本地生活困难对流动人口返乡决策的单独效应，（7）—（9）列分别汇报了流动人口老家和本地生活困难对流动人口返乡决策的组合效应，（10）—（12）列分别汇报了控制流动人口个体特征、就业特征后，不同生活困难对流动人口返乡决策的综合效应。

1. 返乡意愿

流动人口返乡意愿主要受到家乡创业就业政策的吸引和家庭老人、子女照料需求的影响，是老家生活困难和本地生活困难综合作用的结果。老家老人赡养配偶团聚困难显著提升流动人口的返乡意愿，本地社会融入困难显著降低流动人口的返乡意愿。这两类生活困难的单独效应和综合效应均显著，且影响方向具有一致性。老家经济劳动力困难显著提高流动人口的返乡意愿，但仅在组合效应中显著。民政部出台关于未成年留守子女照料的要求后，女性流动人口因生育和照料未成年子女返乡的概率大幅提升，流动人口返乡意愿的性别差异显著，女性流动人口的返乡意愿显著高于男性。流动人口因健康状况返乡的模式由因病返乡、因残返乡的单人流动时代进入方便照料、共享基本公共服务的家庭流动时代。流动同住家庭的规模扩大和比例增长及本地的优质医疗资源和便利生活服务，共同提升了家庭对不健康成员照料的经济可行性和条件吸引性，流动人口健康状况越差返乡意愿越低。

2. 不返乡意愿

流动人口不返乡主要受到流入地较有保障的就业收入和优质的公共服务资源的吸引，但本地生活困难对流动人口不返乡没有显著影响。老家子女养育困难显著提高流动人口不返乡意愿，老家老人赡养配偶团聚困难显著降低流动人口不返乡意愿，这两类生活困难在单独效应和组合效应中显著，在综合效应中影响方向一致但并不显著。此外，综合经济收入、子女教育及自主经营的市场环境等因素，在婚显著提升流动人口不返乡意愿，受教育程度越高、流动时间越长、个人月收入水平越高流动人口不返乡意愿越强烈，相比

表 3 不同生活困难流动人口返乡决策的回归结果

变量名称	（1）返乡	（2）不返乡	（3）没想好	（4）返乡	（5）不返乡	（6）没想好	（7）返乡	（8）不返乡	（9）没想好	（10）返乡	（11）不返乡	（12）没想好
老家子女养育困难因子	0.787	1.238***	0.799*				0.898	1.249**	0.906	0.885	1.124	0.872
老家经济劳动力困难因子	1.139	0.959	1.123				1.440**	0.905	1.482**	1.416	0.885	1.606*
老家老人赡养配偶困难因子	1.426**	0.795***	1.439**				1.400**	0.809**	1.334**	1.429**	0.888	1.377*
本地经济困难因子				0.944	1.078	0.982	0.888	1.075	0.928	1.169	1.009	1.155
本地社会融入困难因子				0.784*	1.050	0.785*	0.726**	1.002	0.721**	0.713**	1.005	0.697**
男性（参照：女性）										0.373**	0.757	0.508
年龄										1.001	0.984	0.987
在婚（参照：不在婚）										0.702	2.092***	0.763
农业户口（参照：非农业户口）										1.291	1.027	1.600
受教育程度										0.640	1.300**	0.603*
健康状况										0.151**	1.055	0.266*
流动时间										1.002	1.049***	1.011
雇员（参照：其他）										0.383	1.364	0.527
雇主（参照：其他）										0.000	3.400*	0.000
自营劳动者（参照：其他）										0.844	1.118	1.117
月个人收入										1.000	1.000*	1.000
常数	0.019***	6.567***	0.024***	0.014***	6.972***	0.017***	0.015***	6.525***	0.02***	1.595	1.163	1.238
Cox & Snell R2	0.005	0.013	0.006	0.001	0.001	0.001	0.006	0.014	0.008	0.022	0.044	0.025
Nagelkerke R2	0.029	0.024	0.03	0.008	0.002	0.008	0.04	0.025	0.039	0.138	0.08	0.134

注：（1）显著性水平 "*" "**" "***" 分别表示 $P < 0.1$，$P < 0.05$，$P < 0.001$；（2）表中显示的是标准化回归系数，括号内为标准差。

于其他灵活就业人员，雇主不返乡意愿更强烈。

3. 没想好意愿

农村土地制度改革未落地和城镇生活压力较大共同加剧流动人口犹豫徘徊的心态。老家子女养育困难在单独效应中显著降低流动人口没想好意愿。本地社会融入困难、老家老人赡养配偶团聚困难在单独效应、组合效应、综合效应中都显著提高流动人口的没想好意愿。老家经济劳动力困难在组合效应和综合效应中显著提高流动人口的没想好意愿。此外，受教育程度越高、健康状况越差流动人口没想好意愿越低。

五、结果与讨论

本文使用 2017 年全国流动人口动态监测调查数据对在老家和本地面临不同生活困难流动人口的返乡决策进行了比较研究。老家和本地都存在生活困难的流动人口返乡决策因素具有多样性，传统因素的优先顺序、解决地点及主要方式都发生了转变，流动人口家庭面临新的贫困风险，亟待探索新的跨地域、跨城乡、可持续、科学有效的应对办法。

流动人口家庭的贫困特征、表现及解决模式具有新特点：

第一，老人赡养困难的地域流动、照料方式具有新特征。老龄化迅速发展背景下，社会化服务较为缺乏且以居家养老、"养儿防老"等传统观念为主的农村地区老年人赡养困难的解决，由流动人口返乡照料逐步转变为需要被照料老人流动到子女身边的新方式，有效地解决了老年流动人口看病就医和子女照料的困难，但同时会加重子女家庭的经济负担和时间付出。与此同时，流动人口基本公共服务扩面提质的不均衡性、社区老人照料资源的有限性、社会老年人照料服务发展的不平衡性，存在流动人口因老人照料负担加重和社会融入困难挤压下的双重贫困风险。

第二，可能出现子女和父母因缺乏可持续、优质教育资源而产生的新型贫困类型。新时代教育资源的相对劣势是改变流动人口返乡意愿的重要因素，甚至超过个人职业发展和经济收入水平提升。随着自身教育水平的提高和教育收益的分化教育资源是实现迁移、身份转变最重要人力资本的认识逐步加深，可持续性好和预期收益大的教育资源延伸出更大的教育经费压力。一方面，农民工职业教育培训和技能水平提升的缺乏降低流动人口在就业市场的竞争力，这部分人群具有返乡意愿低、留城意愿高、徘徊犹豫多的特征，存在因技能水平劣势重新返贫的风险；另一方面，子女教育的经费和质量同时并重，优质教育资源相对较高的经费支出成为部分流动人口新的生活困难，存在代际间不同特征的因教育返贫的风险。

第三，贫困人口的城乡分布、地区分布、区域分布的不确定性和不稳定性增加。农村经济发展环境支持和资源供给的有限不利于缩小城乡地区差距。农村地区土地制度改革的未落地增加流动人口返乡决策的犹豫徘徊心态；农村经济相对落后、土地收益较低降低流动人口确定返乡的意愿。人口的流动迁移不仅涉及居住生活地区的转变，更是自身生活状况、收入水平、家庭发展的承载和延伸，贫困人口的分布存在城乡、地区、区域变动的风险。

由此，从不同生活困难流动人口返乡决策影响方向和程度的视角分析，新时代扶贫工作面临新形势、新风险、新特征，构建城乡融合、区域互动、风险预防、动静结合的新型扶贫工作模式任重道远。

首先，建立城乡扶贫工作信息共享平台，及时关注人口流动迁移新趋势。伴随着我国经济的快速发展和各项配套制度改革的逐步深化，人口"流而不迁""流而不动""流迁未定"的状况还将存在一定时间，老家经济困难、教育困难的"挤出效应"和本地社会融入困难的"吸引效应"使得流动人口解决各类生活困难的地区选择具有多样性。因此，建立面临不同生活困难流动人口扶贫工作的城乡信息共享平台，是充分发挥流动人口新型城镇化和乡村振兴战略重要主体功能、提升扶贫工作城乡融合水平、增强扶贫工作城乡互动的重要方式和迫切需求。

其次，健全地区扶贫工作风险预防机制，重点追踪贫困家庭的困难解决和脱贫状况。从注重短期内贫困人口数量的减少和比例的降低转变为新时代成长周期视角下扶贫工作对贫困家庭的关注和持续发展能力的培养，从根本上提高家庭防范贫困风险的能力，实现从精准型扶贫进一步丰富为家庭发展型扶贫，健全"政府、单位、市场、社区、家庭"五位一体的贫困风险防御机制。

最后，完善区域扶贫工作长效评估体系，探索持续性好、稳定性高、发展能力足的扶贫工作经验。人口的流动迁移既是消除贫困、解决各类生活困难的重要方式，也存在贫困转移、变化的重要空间。同时，我国区域发展水平的不同增加了区域间扶贫工作交流互动的价值，流动人口流入较多的东部地区具有丰富的流动人口服务和管理经验，尤其是失业救助、医疗救助及各类生活保障方面的政策更为完善，为其他地区流动人口的服务、管理和救助工作积累了丰富的可借鉴经验。新时代扶贫工作区域交流的重要性逐渐凸显，探索将持续性好、稳定性高、发展能力足的区域扶贫经验模式化，是深入推进扶贫工作制度化进程的有益尝试。